MÉMOIRES

DE

M. LAURENT-DUCHESNE

ANCIEN MAITRE DE PENSION

OU

HISTOIRE INSTRUCTIVE

ET NON SCANDALEUSE

D'UN SINGULIER

PROCÈS EN SÉPARATION DE CORPS ET DE BIENS

> Une mère peut en permettre la
> lecture à sa fille.

PARIS
IMPRIMERIE BALITOUT, QUESTROY ET Ce,
RUE BAILLIF, 7, ET RUE DE VALOIS, 18.

—

1866

MÉMOIRES

DE

M. LAURENT-DUCHESNE

ANCIEN MAITRE DE PENSION

OU

HISTOIRE INSTRUCTIVE

ET NON SCANDALEUSE

D'UN SINGULIER

PROCÈS EN SÉPARATION DE CORPS ET DE BIENS

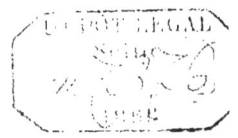

> Une mère peut en permettre la
> lecture à sa fille.

PARIS
IMPRIMERIE BALITOUT, QUESTROY ET C⁰,
RUE BAILLIF, 7, ET RUE DE VALOIS, 18.

1866

AVANT-PROPOS

J'ai copié le texte exact, sans y ajouter ni en retrancher un iota, de la première partie de mon mémoire, imprimée en 1845, il y a aujourd'hui vingt-et-un ans. Je n'y ai donc rien changé afin de mettre le lecteur à même de juger si l'on a pu, de bonne foi, trouver cent dix-neuf passages condamnables dans cette première brochure composée de cent six pages seulement. Je ne fais pas un crime de cette énormité à mon premier défenseur qui était, et est encore aujourd'hui, comme magistrat jouissant de l'estime générale, un très-honnête homme. Son seul tort, comme avocat, a été de croire mes adversaires aussi véridiques et bien intentionnés que lui. (Voir, à sa décharge, les : troisième partie, note A au bas de la page 2; quatrième partie, page 48, premier alinéa, avec les trois pages suivantes jusqu'à la 52°; et enfin cinquième partie, page 14, deuxième alinéa, ainsi que le deuxième alinéa de la page 18, où je donne les raisons qui l'excusent et le justifieraient même complètement s'il n'était de principe qu'un avocat ne doit jamais donner audience aux adversaires de son client, du moins en l'absence de ce dernier. Mais ceux-ci ayant eu le talent de se présenter et de se faire admettre comme conciliateurs, après avoir quitté fictivement leur rôle d'agresseurs, je n'ai pas le courage de le condamner, trouvant son excuse dans ce distique de notre immortel fabuliste :

« Que ne sait point ourdir une langue traîtresse,
« Par sa pernicieuse adresse ! »

Je n'ai rien changé non plus à la rédaction primitive des quatre parties suivantes, qui ont été imprimées, et successivement publiées, avec la première, à plusieurs années de distance, depuis 1845 jusqu'en 1864, date de ma dernière publication, celle de la cinquième partie.

MÉMOIRE

DE

M. LAURENT-DUCHESNE

SUR

LA DEMANDE EN SÉPARATION DE CORPS ET DE BIENS

FORMÉE

PAR LA DAME, SON ÉPOUSE,

LE 21 NOVEMBRE 1845.

PREMIÈRE PARTIE

(M. Laurent-Duchesne croit n'avoir rien à faire de mieux, pour démontrer combien cette demande est peu fondée, que de reproduire textuellement la lettre qu'au mois de septembre dernier il adressait, dans toute la sincérité de son âme, à son ancien protecteur et ami, M. Hachette de Louvain. Il n'y a intercalé qu'un très-petit nombre de passages où l'occasion se présente de faire allusion aux faits exposés dans la plainte de Madame Laurent, ou de les réfuter. Voici cette lettre :)

Belleville, 29 septembre 1844.

Je n'ai pas oublié, Monsieur, les paroles sévères que vous m'avez adressées l'an dernier à Louvain, lorsque, dans le trop court entretien qu'après vingt ans d'absence j'eus l'honneur d'avoir avec vous, je vous parlai de la nécessité, que dès lors je prévoyais imminente pour ma femme et pour moi, de vivre séparés de fait, au moins pendant un certain laps de temps, sinon d'une manière irrévocable. Il faut, me dites-vous, des motifs bien graves pour en venir à cette extrémité ; ou plutôt je n'en admets qu'un, c'est celui d'inconduite ou d'immoralité de la part de la compagne que l'on s'est solennellement engagé à couvrir de sa protection. Eh bien !

MÉMOIRE

Monsieur, le seul motif de séparation que vous admettiez ne s'est pas présenté, car je n'ai aucun reproche d'atteinte aux mœurs à articuler ; et cependant je ne m'en vois pas moins obligé de recourir à ce moyen extrême. C'est une femme, c'est une famille honnêtes, recommandables même sous plusieurs rapports, avec lesquelles la vie commune m'est devenue à charge. Mais, de grâce, suspendez votre jugement. Avant de me condamner, avant de me retirer votre estime, donnez-moi une dernière preuve de cette bienveillance dont mon séjour de trois années dans les Bas-Pays n'a été qu'un long témoignage ; donnez-la moi cette preuve, en souffrant la lecture de fastidieux détails dont la connaissance est indispensable à ma justification complète. Mais si je tiens à votre estime, je tiens plus encore à celle de moi-même. Je n'irai donc pas m'avilir à mes propres yeux en usant avec vous de dissimulation. C'est du simple récit des faits que je prétends faire jaillir la vérité, et les tristes conséquences qui en découlent. Je vous exposerai ces faits dans toute leur nudité, et je me soumets d'avance à la sentence que vous prononcerez sur mon compte.

En 1827, j'avais alors trente ans, je songeai sérieusement à m'établir. J'achetai, par l'entremise de M. Deneufchâtel, un pensionnat dirigé à Saint-Denis par M. Pelletier, qui s'engageait à le transporter à Belleville. Les conditions furent exécutées avec bonne foi de part et d'autre. Mais, sur quinze élèves dont se composait l'établissement au moment du transfert, M. Pelletier ne put en amener que neuf à Belleville, et, sous le rapport financier, ce n'étaient pas les meilleurs. J'achetais 7,000 francs et prenais un loyer annuel de 3,600 francs. Je n'avais, pour faire face à des charges aussi lourdes, que 3,000 francs d'économies ; car vous vous rappelez sans doute ce que j'ai eu plusieurs fois occasion de vous dire, que je n'avais rien à espérer du côté de mon père et de ma mère, à qui j'ai eu, au contraire, la consolation de faire partager mes épargnes sur leurs vieux jours, en compensation des sacrifices qu'eux-mêmes s'étaient imposés pour me soutenir dans mes études. Mais je débutais dans un pays où j'étais, j'ose le dire, avantageusement connu, non pas tant comme doué d'un capacité extraordinaire, que comme ayant toujours tenu une conduite des plus régulières. Timide et réservé en quittant le toit paternel, j'avais conservé à Paris la rigidité de mœurs et de principes religieux qui m'avait été inculquée dans mon enfance. M. et Madame Deneufchâtel, chez qui j'avais exercé les fonctions de sous-maître pendant dix-huit mois, ne tarissaient pas en éloges sur mon compte. Je me trouvai donc naturellement appuyé par plusieurs personnes influentes de Belleville. Madame Clausse voulut bien me présenter à la famille Duchesne, avec laquelle elle entretenait de fréquentes relations, fondées sur une longue amitié. Je demandai à M. Duchesne la main de Mademoiselle Amélie, sa fille. M. Duchesne, accueillant ma demande, quant à ce qui le concernait personnellement, me déclara sur-le-champ qu'il était dans l'intention de constituer une dot de 10,000 francs. A quelques jours de là je fus invité par Madame Clausse, avec Monsieur, Madame et Mademoiselle Duchesne, à un dîner, à la suite duquel cette dernière, consultée sur ses dispositions à m'accepter pour époux, répondit négativement. M. Duchesne me transmit cette réponse avec des ménagements infinis, dont je lui sus gré, mais le refus de sa fille ne m'étonna pas. Le moyen en effet, pour une jeune fille de dix-sept ans, d'accepter de but en blanc une proposition de mariage avec un homme qu'elle connaît à peine ! Mais comme dans les pourparlers précédents il avait été convenu que Madame Duchesne, attendu l'inexpérience présumée de sa fille, aurait la direction du matériel de la maison, au moins pendant les premières années, je proposai une association d'après cette base. Elle fut acceptée, et M. Duchesne vint immédiatement avec Madame Duchesne, fixer sa résidence à Belleville. Une marque de confiance qui me toucha beaucoup de la part de M. Duchesne, et me pénétra d'une reconnaissance dont les effets ne contribuèrent pas peu à m'éblouir longtemps sur son caractère, fut le versement immédiat, opéré par lui dans la caisse sociale, d'une somme de 15,000 francs en espèces et en billets de banque.

L'arrivée de Madame Duchesne, connue par sa grande activité dans tout son quartier, fut suivie d'un assez bon nombre de pensionnaires. Une association commencée sous de si heureux auspices ne pouvait manquer de nous inspirer de belles espérances. Nous marchions avec un accord parfait, nous témoignant mutuellement une confiance illimitée. Je fus bien des fois félicité par mes associés sur la bonne direction que j'imprimais aux études, sur l'ordre et la discipline qui régnaient dans la maison. Savez-vous, me dit un jour M. Duchesne, ce que ma femme répète souvent? qu'elle serait riche à présent, si elle avait eu un mari comme vous. Mademoiselle Duchesne, alors et depuis peu, occupée en qualité de sous-maîtresse dans une institution de Paris, venait voir ses parents une ou deux fois par semaine, et ne s'en retournait jamais sans verser des larmes en abondance. Elle ne se plaisait pas là, comme elle s'était déplu auparavant chez Madame Clausse. M. Duchesne se décida donc à faire revenir sa fille chez lui. Son entrée dans l'établissement ne me fut pas indifférente. J'ignorais alors que M. Duchesne avait toujours été pour sa fille d'une faiblesse telle qu'il n'avait jamais su lui rien refuser.

Sur ces entrefaites, un de mes amis, M. Danzel, ancien chef à l'atelier du timbre, ayant appris le peu de succès de ma première tentative de mariage, m'avait aussitôt proposé un autre parti, plus avantageux, m'avait-il dit, sous le rapport de la fortune. Il répondait de tout et se chargeait de mener l'affaire à bien. Mais surpris du retour soudain de Mademoiselle Duchesne dans notre domicile commun, et supposant, sans doute à tort, quelqu'arrière pensée sur la détermination prise antérieurement, je priai M. Danzel de suspendre la négociation qu'il avait bien voulu entamer en ma faveur, persuadé que ce serait en quelque sorte manquer à mes associés que d'introduire pour femme une étrangère dans la maison, avant de m'être bien assuré des dispositions du père et de la fille à mon égard.

J'avais remarqué que Mademoiselle Duchesne, même depuis son retour, donnait de fréquents indices de tristesse et de mélancolie. Je me permis d'en demander la cause à M. Duchesne, m'autorisant du vif intérêt que je prenais à tout ce qui le concernait. Il se borna à me répondre que sans doute lorsque sa fille serait occupée, cela dissiperait son ennui.

Cependant le nombre de nos élèves augmentant de jour en jour, nous arrivâmes à la fin de l'année scolaire, qui se termina par une distribution de prix faite sans appareil, mais à l'occasion de laquelle je reçus de nouveaux compliments de la part de mes co-associés, pour les quelques paroles que j'avais adressées aux parents et aux élèves dans cette circonstance. Me trouvant ainsi encouragé par la bonne opinion que l'on paraissait avoir conçue de moi, j'osai même interpréter en ma faveur les marques de tristesse données par Mademoiselle Duchesne, et pensai, tant l'esprit de l'homme est vain! que le regret de sa détermination première n'y était peut-être pas étranger. D'un autre côté, M. Danzel me pressait de prendre une résolution définitive. Il n'y avait donc plus à différer. Aussi, dès le lendemain de notre distribution de prix, je priai Madame Duchesne de demander à sa fille et de me dire si ses dispositions à mon égard ne seraient pas changées. Le soir même, je reçus de M. Duchesne une réponse conforme à mes désirs; mais vous concevez, ajouta-t-il, que ma position n'étant pas la même, je ne donnerai plus à ma fille 10,000 francs, mais 6,000 seulement qui vous seront imputés sur les 15,000 francs versés dans la caisse sociale. Je dis à M. Duchesne que j'accepterais tout arrangement qu'il croirait convenable, preuve que je n'ai pas *marchandé* ma femme ainsi qu'il a été dit depuis ; car si j'avais jugé d'abord que 10,000 francs m'étaient indispensables pour faire marcher ma maison, maintenant je pouvais me passer de cette somme au moyen de l'association intervenue. A bien plus juste titre, on aurait pu reprocher à M. Duchesne un calcul intéressé dans cette circonstance, puisqu'il lui était aussi facile de m'imputer 10,000 francs que 6,000 francs sur sa part de fonds social.

Quoi qu'il en soit, nous réglâmes d'abord notre position. Il fut décidé que nous aurions les deux tiers dans les bénéfices de l'établissement, parce que nous devions, ma femme et moi, y consacrer tout notre temps, tandis que M. Duchesne, conservant son emploi au Palais de Justice, n'aurait qu'un tiers, Madame Duchesne seule y donnant ses soins. Nous devions aussi faire, avant tout partage de bénéfices, un prélèvement de 300 francs chacun par année, pour notre entretien personnel, et Madame Duchesne de 400 fr. seulement. Les choses ainsi réglées, l'époque de notre mariage fut fixée au 3 octobre suivant. Certes ce fut un beau temps pour moi, mais, hélas ! trop rapidement écoulé, que celui des vacances de septembre 1827. Je n'avais compté faire que ce qu'on appelle un mariage de raison ; je n'osais, dans ma position, espérer ni la jeunesse ni la beauté, et je trouvais ces deux qualités réunies, auxquelles je n'étais pas plus insensible qu'un autre. Je regardais ces avantages comme une récompense de la modération de mes désirs.

C'est encore ici le lieu de repousser une allégation qui a été faite dans ces derniers temps. On a dit que je n'avais jamais pardonné à ma femme son refus. Mais en supposant que j'eusse été assez injuste pour ne pas tenir compte à une jeune fille de son hésitation bien naturelle dans une affaire aussi importante, ne devais-je pas, au contraire, lui savoir gré de son consentement, après qu'elle m'eût un peu plus connu ? Son acceptation, faite en pleine connaissance de cause, était bien plus flatteuse pour mon amour-propre, que son refus de prime-abord n'avait pu être humiliant pour l'homme qui lui était inconnu.

Quoique l'amour nous soit représenté avec un bandeau sur les yeux, il est certain, néanmoins, que l'air de mélancolie presqu'habituel de ma fiancée ne m'échappa pas. Bien des fois évidemment elle avait pleuré, malgré les efforts qu'elle faisait pour cacher la trace de ses larmes. J'en témoignai encore mon étonnement et ma peine à M. Duchesne qui me répondit : « Puisque nous sommes destinés à vivre ensemble, il est bon que vous sachiez que ma *vieille* (en parlant de sa femme) n'est pas tous les jours commode. » Peu satisfait de cette réponse, je voulus savoir de ma fiancée elle-même si elle n'avait pas été contrainte dans la détermination qu'elle venait de prendre, et qui, jusqu'alors, n'était point irrévocable. Je recueillis de sa bouche l'assurance qu'elle était parfaitement libre.

Cependant il circulait dans le public quelques rumeurs sur de vrais ou prétendus sentiments de jalousie que Madame Duchesne nourrissait contre sa fille. Il en parvint quelque chose à mes oreilles, et ce bruit, joint à certaines réticences de sa fille, prit assez de consistance dans mon esprit. C'est alors que, mu par un sentiment de générosité chevaleresque, je me promettais bien de ramener le contentement et la joie sur cette intéressante figure qui ne devait, selon moi, que respirer et faire goûter le bonheur le plus pur.

Ici se présente le dernier des deux beaux traits dont j'eus à m'applaudir de la part de M. Duchesne. Mon mobilier de garçon était des plus modestes, M. Duchesne me proposa de changer mes meubles contre les siens, tous en acajou, et qui en avaient vingt fois la valeur. « C'est vous qui portez le titre, me dit-il, et « qui devez être en évidence. Il convient que vous soyez décemment logé et meublé. » Je le remerciai beaucoup de son offre généreuse, et lui répondis que mon mobilier nous suffirait jusqu'à ce que, par notre travail, nous ayons su, comme lui, en gagner un plus confortable.

Nous approchions de l'époque réputée, hélas ! si fortunée, et que l'imagination nous dépeint comme devant être le commencement d'une félicité inaltérable, lorsque M. Duchesne, rentrant ce jour-là plus tard que de coutume, jeta sur les genoux de sa femme sept à huit bagues ornées de pierreries, et lui dit avec gravité : « Madame, « j'ai acheté ces joyaux à l'occasion de la cérémonie qui doit avoir « lieu incessamment. Je n'ai pas voulu vous priver du plaisir de « les partager avec votre fille; disposez-en donc selon mes inten- « tions. » Madame Duchesne les ramassa sans mot dire, et les porta dans un tiroir de son secrétaire, pendant que M. Duchesne s'étendant, en présence de sa fille, sur les éminentes qualités qui la distinguaient, me dit en me serrant la main : « Oui, Monsieur « Laurent, vous trouverez dans Amélie une femme sans volonté, « sans habitudes prises, d'une douceur angélique, en un mot, *une* « *vraie cire molle* que vous pétrirez comme vous l'entendrez. Mais,

« au nom du ciel, chargez-vous de son bonheur, car je vous le dis
« comme je l'ai répété souvent à elle-même, *je vendrais ma dernière*
« *chemise* pour la faire séparer de l'homme qui la rendrait mal-
« heureuse. » Je ne sentis pas alors toute l'inopportunité d'un
pareil langage, car j'étais épris, et n'ayant jamais attaché grande
importance aux paroles, je n'aspirais qu'au moment où je pourrais,
par mes actes, rassurer la tendresse alarmée de ce père si rempli de
sollicitude.

Cependant Amélie se préoccupait beaucoup du lot que lui écherrait dans le partage des diamants. Tous les soirs, quand nous nous réunissions sous les yeux de sa mère, elle demandait à les voir.
« Lesquels me donneras-tu, maman? Est-ce le jour, est-ce la
« semaine? Ne me fais donc pas tant languir. — Nous verrons
« cela, ma fille. » Et la précieuse collection rentrait intacte dans
son tiroir. Pareille tentative se renouvela avec un pareil succès
jusqu'au jour de la cérémonie. « Enfin, me dit Amélie, maman ne
peu plus différer de me donner ce qui m'est promis. » Néanmoins
l'heure de marcher à l'autel sonna sans qu'elle eût obtenu cette
satisfaction. Que n'eus-je pas donné alors pour avoir l'équivalent à
lui offrir!

Mais il faut encore que vous sachiez, Monsieur, que qand notre
mariage fut décidé, il ne me restait qu'un billet de 500 francs que
je destinais à faire les frais d'une corbeille. Je l'avais remis à Mademoiselle Bernardine, aussi liée d'amitié avec la famille Duchesne,
la priant d'en disposer comme elle l'entendrait, bien persuadé que
cette demoiselle, si connue pour être douée d'un tact exquis, saurait bien choisir ce qui serait le plus convenable et conforme au
goût de ma fiancée. Or, Mademoiselle Bernardine, que je revis plusieurs fois à ce sujet, avait tout mis en œuvre pour obtenir de Madame Duchesne quelque sacrifice d'argent. « Le tort que j'ai eu, me
dit-elle, a été de lui faire connaître que j'ai cette somme entre les
mains. Madame Duchesne y compte; il me faudra l'employer tout
entière à la toilette de la mariée, et il ne me restera rien pour les
objets de fantaisie que vous lui destiniez. » Effectivement, il fallut
en passer par là. Les 500 francs servirent à acheter tout ce qui est
indispensable à l'acoutrement d'une mariée, robe du jour, robe du
lendemain, même les petits cadeaux que, selon l'usage, elle fait à
son fiancé, sans que Madame Duchesne y contribuât de sa poche
pour un denier. Bien plus, elle eut soin de rappeler à Mademoiselle
Bernardine que son gendre futur devait aussi lui faire un cadeau à
elle-même, ce qui fut exécuté par le don d'une écharpe; présent

bien minime à la vérité, mais qui s'explique par le dénûment d'argent où je me trouvais, et qui était suffisamment connu. En sorte que, quand nous fûmes à peu près pourvus pour le jour des noces, je me trouvais redevoir 120 francs à Mademoiselle Bernardine qui voulut bien en attendre assez longtemps le remboursement.

Pendant le repas de noces, ayant ma belle-mère à mes côtés, je crus pouvoir profiter de la solennité du jour pour essayer de l'attendrir, et d'en obtenir au moins l'un des anneaux promis à sa fille. « Voyez, lui dis-je, comme Amélie sera contente, elle qui n'ose plus y compter, lorsqu'en le lui insérant au doigt je lui causerai une surprise aussi agréable! Refuserez-vous à votre gendre la première grâce qu'il vous demande? » — Tous mes frais d'éloquence et d'amabilité furent perdus. Mais je m'arrêtai peu alors à ce désagrément, me livrant tout entier au bonheur de posséder mon Amélie. Elle fut ravissante ce jour-là. (Ma femme pose à merveille.) J'admirais, comme tout le monde, son maintien gracieux, aisé tout à la fois et réservé; sa candeur, son innocence, et surtout l'ignorance où elle seule paraissait être de la magie de ses charmes. Mon enthousiasme eut vingt-quatre heures de durée. Le lendemain, au moment où je lui tenais le langage le plus affectueux : « Voyez-vous, « me dit-elle, vous me maltraiteriez, vous me battriez même, que « je n'en dirais rien à personne. Oh! oui, si je souffre, mon père, « qui est si bon, l'ignorera toujours. » Je sentis dès lors le vide de son cerveau. Est-ce donc que les paroles imprudentes du père, relativement au cas possible d'une séparation, avaient agi sur son esprit?

Mais, comme la rentrée des classes avait lieu à cette époque, je fus, par mes occupations, un peu distrait de l'impression pénible que cette découverte me fit éprouver. Je me livrais aux soins de la maison pendant toute la journée, dont je supportais le poids avec M. Pelletier, mon prédécesseur, pour la surveillance et l'instruction des élèves. Plein de considération pour le mérite et les malheurs de cet homme d'un talent vraiment remarquable, j'avais à cœur de lui prouver que le cas fortuit qui l'avait fait descendre du rang de chef d'établissement à celui de sous-maître, n'était pas un motif à mes yeux pour le tenir à distance. Je laissais donc rarement passer un seul jour sans aller m'entretenir quelque temps avec lui. Cette attention, qui était en même temps d'une bonne politique dans l'intérêt de l'établissement, me valut de la part de Madame Laurent le reproche d'aimer mieux mon sous-maître qu'elle. A quelques jours de là elle me reprochait aussi de lui préférer sa mère, parce que je voulais lui faire discontinuer la lecture d'un conte que je crois me rappeler être de M. de Bouilly, où il est question d'une mère jalouse de sa fille, et dont elle se faisait de continuelles applications qui l'exaltaient au dernier degré. Ce fut au sujet de Madame Duchesne que surgirent nos premières contestations. Quoique je gardasse rancune à ma belle-mère de la sécheresse avec laquelle elle avait repoussé mes supplications le jour de mes noces, je voyais néanmoins avec un regret infini qu'elle était continuellement en lutte ouverte avec sa fille, qui ne voulait lui céder en quoi que ce fût. Je sus dès lors que c'était chez ma femme une habitude prise dès l'enfance de résister sans cesse à toute volonté autre que celle de son père, qui du reste ne lui était jamais contraire; et que M. Duchesne ne rentra peut-être pas deux fois de suite chez lui sans que sa fille n'eût des plaintes à élever contre sa mère, plaintes toujours accueillies aveuglément par le père, et suivies des réprimandes les plus dures qu'il adressait à sa femme. Un jour c'était une robe que Madame Duchesne n'avait pas voulu laissé mettre à sa fille; une autre fois un mets qu'elle lui avait servi contre son goût. Le père alors intimait vertement à sa femme, qu'il n'entendait pas que sa fille *fût vêtue ou traitée comme une blanchisseuse.*

Cette persistance du père à mettre toujours le bon droit du côté de sa fille, porta les exigences de celle-ci à tel point que Madame Duchesne (c'est elle-même qui me l'a raconté) se crut un jour obligée de descendre quatorze fois d'un quatrième étage pour trouver un déjeuner qui lui convînt. Je veux bien croire qu'il y avait de l'exagération dans ce récit, et que Madame Duchesne, dont l'imagination s'exalte aussi très-facilement, aura sans doute pris la descente de chaque étage pour autant d'excursions chez le pâtissier, confiseur ou charcutier; mais quand ces quatorze excursions devraient se réduire à trois ou quatre, n'en serait-ce pas assez pour démontrer l'inconcevable maladresse qui avait présidé à l'éducation d'Amélie ?

Une autre fois (c'est encore Madame Duchesne qui parle), M. Duchesne, prenant sa fille sur ses genoux, lui répondait : « Laisse dire ta mère, c'est une folle, nous la mettrons à Charenton. » Si l'on révoquait en doute le témoignage de Madame Duchesne en cette circonstance, je citerais un fait analogue arrivé sous mes yeux : Pendant que nous étions tous réunis dans une même salle, tout-à-coup Madame Duchesne se plaignit vivement à son mari que son fils venait de *lui rire au nez,* sur une représentation qu'elle lui avait faite. « Eh bien ! tourne-toi, répondit M. Duchesne, et il te rira au dos. » Et les enfants de continuer de rire.

Aussi était-elle en butte à des lazzis continuels. Tantôt c'était une faute de français, tantôt un mot mal prononcé qui mettait en verve l'esprit satirique du père, excitait les railleries de la fille, et lui faisait, ô honte ! tirer la langue par dérision. Ne pouvant souffrir ces manières que l'on ne rencontre pas toujours même dans les dernières classes de la société, je fis ce qui dépendait de moi pour empêcher qu'elles se renouvelassent ; car vous sentez, Monsieur, que je ne désespérais pas d'abord de ramener ma femme, si jeune, à de meilleurs sentiments. Mais les efforts mêmes que je tentai pour y parvenir provoquèrent des explications qui dégénérèrent bientôt en aigreur. Dire que je m'y sois toujours pris avec les ménagements convenables, c'est une prétention qui est loin de ma pensée. J'avouerai même que souvent, au lieu de tempérer par la douceur ce que le blâme renferme toujours d'amer, je ne fus pas exempt de rudesse et de brusquerie. C'est sans doute ce qui lui fit penser que je ne l'aimais pas, sa principale erreur ayant toujours été de croire qu'on ne pouvait avoir de l'affection pour elle sans lui donner raison sur toutes choses, ainsi que le faisait son père.

De là cette tendance fatale à se présenter comme victime de la malveillance de tous ceux dont elle n'obtenait pas les applaudissements. De là les marques d'irritation fréquentes de Madame Duchesne contre sa fille, irritation qui faisait croire et dire qu'elle lui portait envie, ce dont j'ai douté longtemps ; car j'ai remarqué en elles tant d'incohérence, tant de contradictions, qu'il n'est pas rare de les voir manifester, à des instants fort rapprochés, les sentiments les plus opposés.

Les déjeuners étaient entre autres un sujet d'altercation qui se renouvelait chaque jour entre ces deux dames. Je prenais mes repas avec les élèves ; M. et Madame Duchesne prenaient du café à déjeuner, mais Madame Laurent déjeunait à part. J'ai souvent entendu dire à Madame Duchesne que le soin d'alimenter toute la maison l'embarrassait moins que celui de trouver un déjeuner qui convînt à sa fille. Quant aux motifs de contestation entre Madame Laurent et moi, ils se présentaient à peu près dans toutes les circonstances où je croyais devoir faire acte de volonté. J'étais bien sûr alors qu'elle soutiendrait la proposition contraire à la mienne.

Mais elle était d'une faiblesse telle, que ne pouvant tenir tête à sa mère en même temps qu'à moi, elle cherchait aussitôt à se réconcilier avec l'un quand elle venait de se brouiller avec l'autre. Ainsi quand je la voyais se rapprocher de moi, je supposais aussitôt qu'elle avait eu maille à partir avec sa mère ; ce qui, vérification faite, ne manquait pas de se réaliser.

Je n'ai jamais compris cette promptitude de revirements, cette succession continuelle de ruptures et de raccommodements entre la mère et la fille, de même qu'entre le père et la mère. Dans le même jour, dans la même heure, vous les voyiez se quereller à outrance, et se prodiguer aussitôt les marques de tendresse. C'est une panilodie incessante ; tout à l'heure j'étais le modèle des pères et des maris, et tout d'un coup je suis devenu époux brutal autant que père dénaturé. J'avais fini par montrer peu d'empressement pour ces réconciliations que le même instant voyait se former et se rompre ; ce qui me fit passer pour *avoir de la rancune*. Je me tins donc d'abord sur une froide réserve prenant en pitié l'inconstance de caractère dont j'étais témoin ; mais malheureusement elle a exercé la plus fâcheuse influence sur la paix de notre ménage, parce qu'aussitôt qu'il s'y était élevé une contestation, ma femme était sûre de trouver un appui dans ses parents ; et je n'hésite pas à avancer que cette intervention continuelle et toujours partiale du père et de la mère, dans nos affaires intérieures, a été le plus grand obstacle au bonheur que nous pouvions raisonnablement espérer de rapports fondés sur une estime et une confiance mutuelles.

Il paraît, néanmoins, que la vivacité avec laquelle j'avais défendu la dignité de mère, dans la personne de Madame Duchesne, produisit un certain effet, dont s'aperçurent quelques amis de la maison ; car la respectable Madame Leré, de Compiègne, qui venait de temps en temps passer quelques jours chez Madame Clausse, sa parente, s'étant trouvée à dîner avec nous, me félicita de l'heureux changement survenu dans la famille Duchesne depuis que j'en faisais partie. « Je n'ai pas dîné une seule fois, me dit-elle, chez M. Du-
« chesne, que je n'en sois sortie le cœur navré de voir une mère si
« peu respectée de ses enfants. » Et voyez l'inconséquence ou plutôt l'ingratitude de Madame Duchesne à mon égard, c'est à son occasion que s'entamèrent nos premières querelles avec ma femme, que j'essuyai ses premiers reproches ; et c'est elle, cependant (Madame Duchesne), qui a le plus envenimé sa fille contre moi, ainsi que la suite de ce récit le prouvera surabondamment.

C'est à regret, Monsieur, que je vous ai nommé Madame Leré, parce que la famille Duchesne, à qui je me propose de communiquer ma lettre, prendra texte de là pour révoquer en doute son amitié qui était pourtant des plus sincères. Mais ayant eu surtout à me plaindre du défaut de franchise de cette famille qui a fréquemment osé démentir mes assertions les plus formelles, je me vois obligé de citer les noms de toutes les personnes qui ont pris une part plus ou moins directe, quoique souvent bien involontaire, à nos tristes démêlés, afin de pouvoir, au besoin, en appeler à leur véracité.

Ce fut le 4 novembre, un mois après notre mariage, que je m'aperçus pour la première fois du peu de sincérité de Madame Laurent. C'était un jour de congé, et nous l'avions choisi pour aller rendre une visite à Paris. Comme les omnibus de Belleville n'existaient pas encore, je pris à la barrière un fiacre qui nous conduisit à notre destination. Madame Laurent voulait que nous revinssions par les voitures de Chapsal. Je lui représentai que payer pour nos deux places 1 fr. 20 c., joints à la course du fiacre, ce serait peut-être excéder les limites de notre budget qui n'était que de 25 fr. chacun par mois. D'ailleurs, ajoutai-je, au lieu de nous rendre à la place du Caire, où stationnent ces voitures, et d'attendre le départ peut-être une demi-heure, que ne suivons-nous tranquillement le boulevard en nous promenant? Nous remonterons à Belleville par un chemin que tu ne connais pas encore. Elle me répondit avec aigreur. Là-dessus je quittai brusquement son bras, lui disant : « Va cher-« cher des voitures où tu voudras, » et allongeant le pas à mesure qu'elle pressait sa marche pour me suivre, je la laissai à une légère distance derrière moi depuis le boulevard Montmartre jusqu'à la porte Saint-Denis. Nous revînmes alors ensemble par la rue de Lancry. Au bas de la rue Saint-Laurent, qui n'était pas alors pavée, mais dont je n'avais pas prévu l'état de dégradation, je portai ma femme une centaine de pas à travers la boue et les flaques d'eau. Je croyais, par cette complaisance, avoir effacé l'impression de mon refus précédent. Cependant, arrivés à la maison, elle entra la première au salon où elle trouva Madame Clausse avec M. et Madame Duchesne qui attendaient l'heure du dîner. Il paraît qu'elle se plaignit amèrement; car le soir, comme je reconduisais Madame Clausse, cette dame me dit, toutefois du ton le plus propre à adoucir l'amertume du reproche : « Monsieur Laurent, je ne suis pas contente de vous, d'avoir ainsi laissé ma petite Amélie se harrasser de fatigue : comment n'avez-vous pas pris une voiture pour aller ou pour revenir? — Quoi, Madame, Amélie ne vous a donc pas dit que nous avions pris un fiacre pour aller? » Madame Clausse, me voyant péniblement affecté, ajouta que sans doute elle avait mal compris.

Mais le lendemain, m'en étant expliqué devant ma femme et ses parents, je vis qu'ils avaient compris comme cette dame.

Mon ressentiment toutefois fut bientôt calmé; car quelques jours plus tard, le froid se faisant déjà sentir, je vis à Madame Duchesne une sorte de petite fourrure qu'elle portait autour du cou. Je lui en demandai le prix, et lui remis sur-le-champ une pièce de 5 francs, la priant de m'en acheter une semblable pour faire une surprise à Amélie. Quand je la lui présentai, elle poussa une exclamation de dédain si prononcé que j'en fus attéré. J'ignore ce que devint la fourrure, mais je ne la lui vis pas porter une seule fois; et cependant elle n'en avait pas d'autres alors, car ce n'est que plus tard qu'elle a pu s'en procurer de cinq ou six sortes à la fois. Comment ne me tint-elle pas compte au moins de mon intention? car il est certain que j'avais voulu lui faire plaisir, et ce mince cadeau était proportionné à l'état de ma bourse. C'est le seul, au reste, que j'eus occasion de lui faire pendant toute la durée de notre association, parce qu'il n'y eut jamais lieu à aucun partage dans les bénéfices de l'établissement, et que nous étions réduits à nos 25 francs chacun par mois.

On a tort, néanmoins, d'alléguer maintenant que *les commencements de notre union n'eurent aucune des douceurs ordinaires*. Pour prouver qu'il y avait échange de petites prévenances entre nous, je citerai l'habitude que j'avais prise, et qui dura près de six mois, de préparer tous les jours à Madame Laurent, après qu'elle s'était couchée, un verre de limonade qu'elle aimait beaucoup. Au moment où je le lui présentais, elle me disait : « Bois en un peu, mon ami, pour voir s'il est assez sucré. » Et je me conformais à son désir, que je pris d'abord, et fort longtemps, pour une marque de plus grande intimité. Frappé toutefois de sa persistance à refuser de boire avant moi, malgré l'observation que je lui avais faite plusieurs fois, sans y tenir essentiellement, que c'était à son tour de commencer. — « Mais aurait-elle des doutes? me dis-je à moi-même; je saurai m'en assurer. » Le lendemain, j'insistai plus que de coutume pour la faire boire la première, et comme elle portait le verre à ses lèvres. — « Arrête ! m'écriai-je, une pensée fatale s'était emparée de moi ; cette boisson est empoisonnée. — Ah ! tu plaisantes, me dit-elle en tremblant, mais en reposant le verre sur la table de nuit. Certes, si elle l'eût bu résolûment, je l'eusse comblée de caresses. — Eh bien ! ajoutai-je aussitôt, pour me punir d'avoir voulu t'empoisonner, je m'empoisonne moi-même. » Et je l'avalai sur-le-champ. Semblable à l'écolier dont parle Rousseau dans son *Émile*, Madame Laurent n'a jamais compris la sublimité du trait tant vanté d'Alexandre. Je me repentis cependant de l'avoir soumise à cette épreuve cruelle : mais telle fut la fin de l'un des effets de notre lune de miel. Passé ce jour, quand Madame Laurent voulut prendre de la limonade, elle se la prépara elle-même, et je me suis contenté depuis de la pourvoir de citrons en abondance.

Je dois dire aussi que nos tiraillements intérieurs n'altérèrent pas pour cela l'aménité de mes rapports avec M. et Madame Duchesne. Nous fûmes au contraire remplis d'égards les uns pour les autres, pendant les trois années d'existence de notre société. Nous étions convenus de nous tutoyer tous pour répandre plus d'aisance et de liberté dans nos relations; et ce ne fut d'abord qu'entre Madame Laurent et moi qu'il y eut de temps en temps, trop fréquemment même, échange de propos désobligeants. C'était mal débuter sans doute dans la carrière conjugale; mais je regardais comme un grand dédommagement à ces contrariétés, la prospérité croissante de notre établissement. Il se développait en effet de manière à nous attirer les félicitations des personnes qui s'y intéressaient.

Cependant nous ne fûmes jamais au pair, quoique le plus grand ordre régnât dans notre comptabilité. Tous les lundis Madame Duchesne rendait ses comptes, que nous enregistrions sur notre livre de caisse; après quoi ils étaient arrêtés, datés et signés par nous. C'était à la fin de chaque trimestre, surtout quand il fallait payer le terme du loyer, que le déficit apparaissait. Le fonds social une fois épuisé, nous eûmes recours à la bourse de Madame Clausse qui nous avança ainsi, dans les deux dernières années, entre 3 et 4,000 francs; j'ajouterai, par parenthèse, qu'elle ne voulait entendre parler ni de billets, ni d'intérêts; il fallut presque nous fâcher pour lui faire accepter 4 pour 100 par an.

Je n'accuserai donc aucun de mes associés de n'avoir pas travaillé dans l'intérêt de la société, à l'exception près que ces dames, toujours en désaccord sur bien des choses, s'entendaient à merveille pour se procurer, aux dépens de la caisse commune, mille objets de toilette, pour l'acquisition desquels les 25 francs mensuels de Madame Laurent ne suffisaient assurément pas; et entr'autres, un immense bonnet garni de larges dentelles, et surchargé de rubans de diverses couleurs, lequel n'allait guère cependant à sa blonde figure mieux parée de ses attraits naturels. C'était une conséquence de la rivalité qui existait entre la mère et la fille; car

Madame Duchesne s'en était donné un semblable qui, je l'avoue, convenait mieux à son âge. « Tu me parais avoir cinquante ans, » dis-je à ma femme, quand je la vis affublée de cette vaste coiffure. Le bonnet ne fut porté qu'une seule fois, et par conséquent c'était une dépense de peut-être 80 francs en pure perte ; mais c'était aussi tantôt un châle, tantôt une robe ou un tablier qu'on avait déchirés au service de la société qui, selon ces dames, devait au moins les remplacer.

Je vous ai dit, Monsieur, que bien des personnes nous félicitaient de l'extension que prenait notre établissement. C'est à M. Duchesne surtout que ces félicitations s'adressaient dans les loisirs de l'omnibus. « Sais-tu, me dit-il un jour, que tout le monde trouve que nous devons bien gagner. Et, en effet, je pense que nous pouvons déjà mettre quelqu'argent de côté. » Je lui répondis qu'il en savait autant que moi là-dessus, puisqu'il avait encore fallu emprunter l'appoint du dernier trimestre de loyer. Est-il étonnant après cela, que Madame Laurent m'ait dit plusieurs fois, quand il était question entre nous d'économie : « Puisque j'ai eu 6,000 francs de dot, pourquoi ne les places-tu pas à intérêts ? cela nous ferait 300 francs de plus à dépenser par an ? » Et comme je lui répondais que sa dot était placée dans l'établissement. — « Beau placement, en effet, qui ne rapporte rien ! c'est pour cela que je te conseille de les retirer, et d'en faire un emploi plus profitable. » J'eus assez de peine à lui faire comprendre son erreur, car elle insista longtemps sur son observation. Cela s'explique jusqu'à un certain point, par sa grande jeunesse ; mais cela prouve aussi qu'elle n'avait pas une grande précocité de jugement. Pourquoi alors se mettre toujours en travers de ce que je voulais ? J'ai dit que c'était chez elle une habitude prise dès l'enfance.

Nous approchions d'une époque bien importante pour nous, et qui devait me jeter de nouveaux embarras sur les bras. Le onzième mois après notre mariage, Madame Laurent devait être mère. La première question qui nous divisa, dès avant la naissance de l'enfant, fut de décider s'il serait allaité par sa mère. J'opinai pour l'affirmative, parce que Madame Duchesne, chargée du matériel de la maison, laissait à sa fille le temps de remplir ce devoir. Madame Laurent fut d'un avis contraire, ainsi que ses parents qui firent même, à ce sujet, la réflexion peu flatteuse pour moi que je ne ménageais guère la santé de ma femme. Cependant il fut résolut pour la forme qu'elle essaierait de le faire.

Le jour des couches était bien près lorsque M. Duchesne apportant un bol d'argent avec sa soucoupe, me dit en présence de ces deux dames : « Voici un cadeau offert par ma mère à Madame Du-« chesne, en lui présentant son premier bouillon lors de la nais-« sance de ta femme. Nous le destinons à Amélie pour le même « usage, et comptons également lui en faire présent. » Madame Laurent fut d'autant plus charmée de cette promesse que nous ne possédions pas alors une seule pièce d'argenterie. Aussi, après l'événement, eut-elle grand soin de demander au médecin et d'annoncer à sa mère quand elle pourrait prendre son premier bouillon. Chaque fois que je m'approchais d'elle pour savoir comment elle se trouvait, elle me répondait d'un ton significatif : « Assez bien pour prendre un bouillon. » A l'heure convenue le bouillon fut apporté, mais dans une tasse ordinaire. J'aurais peine à décrire son air décontenancé à la vue de cette tasse. Je lui représentai qu'elle ne devait pas s'affliger pour quelques jours de retard ; que le cadeau annoncé ne pouvait la fuir, ce que je croyais réellement d'après une promesse aussi formelle. J'abaissai ma fierté jusqu'à en faire parler à M. Duchesne, qui se rejeta sur le besoin de vivre en paix avec *sa vieille*. Comment M. Duchesne était-il aussi attentif à ne pas contredire sa femme pour un motif légitime, tandis qu'en mainte circonstance, pour un défaut d'instruction ou d'usage, qui certes ne lui était pas imputable, il ne craignait pas de la harceler jusqu'à la pousser à bout ? C'est là un problème que je ne me charge pas de résoudre.

Il fut reconnu que Madame Laurent était hors d'état d'allaiter son enfant. Nous trouvâmes pour nourrice une dame Filet, demeurant dans Belleville, assez près de nous, femme jeune, fraîche, ayant des enfants de très-bonne mine. Nous allions voir la nôtre fort souvent, et étions persuadés qu'elle ne manquait pas de soins. Au commencement du quatrième mois, sortant de ma classe, je montai dans notre chambre, et j'y trouvai ma femme et notre enfant qu'elle venait de retirer de chez sa nourrice. J'en témoignai ma surprise. « Mais elle était mal, me dit Madame Laurent, *car on l'a entendue pleurer*. » Or, c'était en effet une personne de notre connaissance qui, passant devant l'habitation de la nourrice, avait entendu les vagissements de l'enfant, et avait, en plaisantant, complimenté Madame Laurent sur la force de poumons dont était douée sa fille. Madame Laurent en avait conclu qu'elle ne pouvait avoir pleuré sans être mal soignée, et avait aussitôt, sans me prévenir, ni la nourrice, ramené sa fille à la maison. « Serais-tu contente, lui dis-je, si l'on te retirait aussi précipitamment un pensionnaire ? »

Mais que faire? Depuis plus d'une heure Madame Duchesne, aussi sans me prendre mon avis, était allée, accompagnée du médecin, au bureau des nourrices. Elle en ramena une grande et belle femme, munie de bons certificats, qui, pour plus de sûreté, devait nourrir sous nos yeux. L'enfant lui saisit avidement le sein ; et comme elle paraissait s'abreuver à longs traits, pleurant aussitôt qu'on la retirait, Madame Laurent triomphait. « Vois-tu comme on l'avait laissée jeûner? » Néanmoins, pendant tout le reste de la journée elle ne cessa de pleurer que par les efforts qu'elle faisait pour sucer le lait de sa nourrice. Pendant la nuit, ses cris furent très-peu interrompus. Evidemment elle n'était pas satisfaite. Le lendemain, sans rien dire, je courus jusqu'aux boulevards, chez un marchand de faïence, acheter une sorte de tuyau en verre recourbé, au moyen duquel les femmes peuvent se tirer du lait. J'appelai Mesdames Duchesne et Laurent en particulier, les priant d'inviter la nourrice à leur faire voir un peu de son lait. « Je pense ajoutai-je, « qu'il convient que ce soit vous qui vous chargiez de cette com- « mission plutôt que moi, cela l'intimidera moins. — Voilà encore « une de tes idées, me répondit ma femme ; je n'en ferai rien. » Et sa mère d'applaudir. Je jetai de colère l'instrument, qui fut brisé en mille morceaux, et ne remontai plus de toute la journée auprès de l'enfant; mais je l'entendais assez pour en avoir l'âme navrée. La nuit suivante, les cris n'ayant pas cessé, ces dames s'avisèrent, dès qu'il fit jour, de lui présenter à boire au biberon, ce qui l'apaisa. Elles se convainquirent alors que la nourrice manquait de lait, et la congédièrent sur-le-champ. Il fallut donc nous mettre à la recherche d'une troisième nourrice, que nous découvrîmes à Boulogne. Celle-ci ne se fit pas prier pour montrer son lait. Il lui suffisait de se presser le sein d'une main pour le faire jaillir à un mètre de distance. Mais notre enfant était son douzième nourrisson, et nous sûmes plus tard que le médecin lui avait défendu d'allaiter davantage, la menaçant d'une mort prochaine si elle continuait. Elle ne voulut en rien faire, parce que le salaire qu'elle retirait de ses nourissons était sa principale ressource pour vivre, elle et sa famille. Aussi, peu de temps après, la trouva-t-on morte d'épuisement dans son lit, notre enfant dans son berceau à côté d'elle. Nous fûmes ainsi obligés de la sevrer avant qu'elle eût atteint son septième mois, pour avoir été retirée mal à propos de chez sa première nourrice, où j'ai la conviction qu'elle ne manquait pas de soins. Il paraît que la dernière l'avait déjà habituée au biberon, ou à prendre quelqu'autre aliment, car elle était en fort bon état lorsqu'elle nous fut rendue.

A son arrivée, je courus au devant d'elle et voulus la prendre dans mes bras. Madame Laurent poussa un cri pour s'y opposer, ce qui effraya l'enfant et la fit aussi pleurer. Piqué de cette résistance, j'emportai mon enfant jusqu'au fond du jardin, et n'eus pas de peine à la calmer en lui montrant les fleurs, les fruits, etc., et la ramenai riant auprès de sa mère qui, par ses lamentations sur ce que je ne devais pas savoir tenir un enfant, avait amassé autour d'elle un groupe de huit à dix personnes. De ce nombre se trouva Madame Clausse, qui fit sentir à Madame Laurent l'inconvenance de ses appréhensions. C'est Madame Laurent qui me l'apprit le soir même, en me disant : « Si tu savais comme petite maman m'a grondée. » Et elle me fit une sorte d'excuse. Je ne vous signale, Monsieur, ce léger incident, que pour vous faire remarquer que c'est la première fois que Madame Laurent parut reconnaître un de ses travers. Preuve qu'elle aurait pu se corriger si ses caprices n'avaient pas toujours trouvé un malencontreux appui dans l'intervention partiale de ses parents.

Nous avions fait venir à la maison une sœur de lait d'Élise, la fille aînée de la dernière nourrice, âgée d'environ quatorze ans, pensant, qu'instruite par sa mère, elle saurait mieux soigner notre enfant déjà habituée à la voir. Cette combinaison aurait pu réussir si Madame Laurent avait été plus raisonnable ; mais au moindre cri que jetait sa fille, elle grondait la personne qui la tenait, appelait les bonnes de la maison, puis ne voulait plus les laisser y toucher, disant qu'elles s'y prenaient mal. Aussi essaya-t-elle de plusieurs bonnes successivement, qui toutes ne réussirent pas mieux l'une que l'autre, soit par défaut d'expérience, soit plutôt parce qu'elles étaient paralysées par l'intervention incessante de Madame Laurent. Bientôt elle eut une inflammation d'intestins des plus dangereuses. Je sentis alors que si d'un côté la paternité est douce, de l'autre elle est en proie à des soucis bien amers. J'étais à bout de mes ressources.

J'avais fait dans le temps la connaissance de Madame Conte, pour avoir eu, étant chez M. Deneufchâtel, son neveu dans ma classe, le jeune Gaultier de Chéronville. La mort lui avait depuis ravi sa fille unique, ornée de toutes les vertus. Madame Conte, anéantie de ce coup qui brisait ses espérances d'avenir pour sa fille, s'était vouée à l'isolement et à un deuil perpétuel. Elle m'avait permis toutefois de lui rendre quelques visites, parce qu'ayant connu sa fille je pouvais en causer avec elle. Elle portait jusqu'à l'exaltation la reconnaissance qu'elle prétendait me devoir pour un léger service que j'avais pu lui rendre. Sa conversation, variée et empreinte d'une piquante originalité, m'intéressait singulièrement par le récit de ses longs voyages, et de l'énergie qu'elle avait déployée pour se créer une existence indépendante.

J'allai lui exposer mon embarras. C'est sur la tombe de sa fille que je la rencontrai. Elle vint donc chez nous, pour la première fois, visiter notre enfant. Sa pénétration lui fit bientôt découvrir où gisait le mal. Elle consentit à se charger de notre enfant, à condition qu'elle en serait maîtresse absolue pendant toute la durée de sa maladie, et que personne de la maison ne se présenterait chez elle tant qu'elle le jugerait convenable. Elle permit seulement à la mère et à moi d'aller la voir, sans en être aperçus, à travers les carreaux. L'interdiction dura une huitaine de jours, après quoi nous entrâmes librement, sans que la vue de sa mère excitât les cris de notre enfant, comme cela arrivait presque toujours auparavant. Pendant cette maladie, qui nécessita une incision profonde pratiquée par le médecin, de la joue au cou, madame Conte porta le dévoûment jusqu'à sucer la plaie plusieurs fois par jour pendant assez long-temps, de sorte que notre enfant n'a conservé de cette plaie qu'une cicatrice à peine visible. Au bout de cinq ou six semaines elle était tout-à-fait rétablie. Madame Conte nous prévint que, sa tâche étant finie, elle allait nous la rendre, parce que plus elle la garderait avec elle, plus il lui en coûterait de s'en séparer. Comme il était question de son retour entre Madame Duchesne et nous, M. Duchesne nous apporta un joujou du premier âge, qu'il nous dit avoir été donné par M. le comte Bordesoult à Madame Laurent, lorsqu'elle lui fut présentée à son retour de nourrice, M. Duchesne étant alors répétiteur de M. Bordesoult fils. C'était un objet d'argent formant sifflet d'un bout, et à l'autre une sorte de grelot. Il pouvait valoir 10 francs. « Le voilà, dit-il, en le déposant dans un tiroir qui ne fermait pas à clef; il amusera Elise comme il a amusé sa mère. » Le premier jour que l'enfant nous fut rendue, comme nous étions le soir tous les quatre à nous amuser de ses gentillesses, je courus au tiroir chercher le sifflet et le lui apportai en gambadant. Une demi-heure après nous rentrions dans notre chambre à coucher, lorsque Madame Laurent me dit d'un air sinistre : « Monsieur Laurent, qu'as-tu fait? tu n'as donc pas vu le mécontentement peint sur la figure de maman quand tu as apporté le sifflet sans le lui avoir demandé ? — Mais quelle fatalité donc, m'écriai-je, plane sur toutes les libéralités de tes parents ! assurément s'ils se ruinent, ce ne sera qu'en promesses. » Et il ne fut plus question du sifflet que madame Duchesne envoya sans doute, avec le bol, au creuset; car je n'ai jamais revu ces deux objets, non plus que les diamants si solennellement étalés et promis huit jours avant notre mariage.

Moins de quinze jours après le retour de notre fille à la maison, elle retombait malade. Nous la reportâmes chez Madame Conte qui, après l'avoir guérie et rendue trois ou quatre fois, finit par la garder tout à fait chez elle. Sa présence chez Madame Conte y attira nécessairement les visites fréquentes de la mère; ce qui produisit une certaine intimité entre ces deux dames. Madame Conte avait conçu une vive affection pour elle, parce que, m'a-t-elle dit, l'extérieur de Madame Laurent lui rappelait, jusqu'à un certain point, les traits de sa fille décédée. J'ai dit que Madame Laurent était vaporeuse, ce qui fit croire d'abord à Madame Conte qu'elle éprouvait des peines qu'elle n'osait révéler, mais qu'elle s'expliquait d'autant plus difficilement qu'il lui semblait que Madame Laurent réunissait, du côté de son enfant, de son mari et de ses parents, tous les éléments du bonheur. Elle se hasarda donc un jour à me demander si je n'avais pas quelques durs procédés à me reprocher envers ma femme, si douce, si aimable, ajouta-t-elle, mais dont les exclamations accompagnées de réticences telles que celle-ci : « Ah! si vous étiez à ma place, vous ne vous étonneriez pas de ma tristesse, » étaient une énigme pour elle. — Ma foi, Madame, lui répondis-je, un jour je l'ai laissée sur le boulevard; et je lui racontai ce qui s'était passé le 4 novembre de l'année précédente. Là dessus, Madame Conte entra dans les considérations les plus étendues sur les égards qu'un mari doit à sa compagne, sur la frêle organisation de la femme, sur la satisfaction que l'homme fort, mais généreux, peut et doit légitimement éprouver de protéger convenablement un être aussi délicat; sur le bonheur d'une douce et sympathique intimité, d'une confiance mutuelle; sur la masse de pures et ineffables jouissances dont on se sèvre à jamais quelquefois, pour n'avoir pas su en savourer les délices et apprécier un pareil trésor. Plusieurs fois encore elle ramena adroitement la conversation sur le même sujet, qu'elle traita avec toute la délicatesse de sentiments, tout le pathétique d'un orateur consommé. Jamais prédicateur ne me produisit plus d'effet. Et c'est cette femme que l'on a accusée plus tard (comme bien d'autres, il est vrai) d'avoir troublé notre ménage! J'admirais en elle la justesse, la profondeur des vues sous des dehors aussi simples. Quoique confus des observations et remontrances de Madame Conte, je l'en aimai davantage. Je me hâte pourtant de dire que cette dame, de vingt ans plus âgée que moi, et d'une mise plus que négligée, ne m'inspira jamais d'autre sentiment que celui de l'admiration pour ses éminentes qualités, et d'un grand respect pour ses souffrances morales. Vous verrez bientôt que cette remarque n'est pas déplacée ici.

Cependant Madame Duchesne aussi avait voulu nous faire sa promesse, et celle-là rachetait en importance ce qu'elle avait de moins positif que celle de son mari. « Mes enfants, » nous avait-elle dit, dans un de ses bons moments, à ma femme et à moi : « Vous ne pouvez rester ainsi sans le sou ; patience ; je travaille à vous ramasser un billet de 500 francs. » Mais toutes les fois qu'à la fin d'un trimestre la caisse restée à sec ne lui permettait pas de prélever les cent francs qui lui revenaient, elle ne manquait pas de se les imputer sur le premier argent qui rentrait, disant qu'elle en avait besoin. Je savais parfaitement le contraire, puisqu'elle plaçait tout le traitement de son mari, n'ayant, par le fait de notre association, plus à supporter personnellement aucuns frais de loyer, de table, de blanchissage, de chauffage, d'éclairage, de pension pour son fils, etc. Mais enfin elle était dans son droit, et je ne m'en plaindrais pas si elle ne s'était toujours, aux yeux du monde, donné les airs de s'imposer, pour nous, d'énormes sacrifices, quand il n'en était et n'en a jamais rien été ; en sorte que je me trouvais fort humilié de son apparente générosité, sans aucun profit pour moi résultant de mon humiliation.

Je répète néanmoins que la concorde la plus parfaite n'a jamais cessé de régner entre la famille Duchesne et moi, sur nos intérêts, sur la direction de l'établissement, en un mot sur toutes nos affaires, pour peu qu'elles eussent d'importance. Ce qui prouve que je ne suis pas aussi peu endurant qu'on a voulu le faire entendre, c'est que je sus passer sur une foule d'anomalies comme celle-ci.

J'ai dit que je prenais mes repas avec les élèves pendant que Madame Duchesne leur faisait distribuer les portions. Elle avait eu soin de placer son fils le plus près d'elle qu'elle avait pu, afin d'être à portée de le servir mieux selon son goût. Émile, comme presque tous les enfants de son âge, abusant de cette complaisance mal entendue, renvoyait fréquemment son assiette à sa mère et lui demandait autre chose, ce à quoi Madame Duchesne se conformait de son mieux. Mais il paraît que les exigences du fils allaient en augmentant, car Madame Duchesne me cria un jour, en plein réfectoire, avec l'accent de l'indignation : « Monsieur Laurent, prends Émile, à côté de toi, car je ne saurais plus y tenir. » Je fis signe à l'enfant qui vint, l'oreille basse, se placer à mes côtés. Mon attention ne se porta pas plus sur lui que sur les autres élèves ; car je m'inquiétais peu s'il mangeait de tout, étant persuadé que si l'un des trois mets, dont se composait le dîner, ne lui convenait pas, il saurait bien, l'appétit aidant, se dédommager sur les deux autres. Les choses allèrent ainsi environ huit jours, au bout desquels M. Duchesne me prenant à part, me supplia de laisser Émile retourner auprès de sa mère *qui ne vivait plus,* ajouta-t-il, parce qu'elle se figurait que toutes les fois que mes regards tombaient sur son fils, c'était pour lui reprocher ce qu'il mangeait. Je condescendis, sans mot dire, à laisser Émile reprendre sa première place, malgré le mauvais effet que pouvait et devait produire sur ses condisciples le petit service à part organisé en sa faveur par Madame Duchesne ; mais le moyen de faire entendre raison à des têtes pareilles ?

J'éprouvais de bien plus grandes difficultés du côté de Madame Laurent avec les lingères. On a bien raison de dire que pour savoir commander il faut avoir su obéir. Je n'ai jamais pu obtenir d'elle qu'elle les tînt à une distance convenable. Ici pas de milieu : ou elle était avec elles d'une familiarité sans exemple, ou bien elle leur vouait une haine implacable, et encore passait-elle rapidement d'une extrémité à l'autre. Quand nous avions eu ensemble quelque contestation, si secrètement qu'elle se fût passée, elle les prenait à témoins de la justice de sa cause, et malheur à celle qui ne lui donnait pas raison et n'avait pas l'air de la plaindre. Il ne lui restait rien de mieux à faire alors que de déguerpir promptement, car elle était devenue tout d'un coup impropre à quoi que ce fût. Aussi en eûmes-nous, dans l'espace de trois ans, un assez grand nombre, parmi lesquelles je n'en citerai que deux pour prouver que l'état mental de Madame Laurent approchait parfois de la folie. La première, qui s'appelait Mademoiselle Vavoque, était d'un âge parfaitement mûr. Elle avait été, à ce qu'il paraît, garde-malades ; car aux questions multipliées que Madame Laurent, alors enceinte, lui adressait sur ce qu'éprouvent les femmes au moment de leurs couches, elle répondait avec assurance par des contes à faire dormir debout. Elle lui raconta entre autres avoir vu, de ses propres yeux vu, une femme accoucher d'un singe qui, aussitôt sorti du sein de sa mère, se sauva sous le lit en faisant des grimaces effroyables. Depuis lors Madame Laurent ne cessait de m'exprimer la crainte d'accoucher aussi d'un singe. Mais ce qui est bien plus surprenant, c'est que moi-même je ne restai pas sans inquiétude sur le résultat de ses couches, tant à cause de l'impression produite par le récit de Mademoiselle Vavoque, qu'à raison de ce qui se passa moins de quinze jours plus tard. Madame Laurent affectionnait particulièrement le Jardin-des-Plantes, et, nouvelle preuve que notre union ne fut pas sevrée *de toutes les douceurs ordinaires,* quand nous avions une après-midi de libre, je ne manquais pas de l'y conduire. Un jour donc, nous y promenant en tête-à-tête, Madame Laurent (enceinte) s'arrêta devant les singes. Je n'ai pas assez de connaissance en médecine pour m'être formé une opinion arrêtée relativement aux effets que peut produire l'impression d'une mère sur son fruit; mais le conte ridicule de Mademoiselle Vavoque, dont je redoutais l'influence sur l'imagination impressionnable de Madame Laurent, l'histoire de Jacob chez Laban, tout cela me revint à l'esprit. J'étais comme sur des épines et me reprochais amèrement d'avoir laissé ma femme visiter les singes; et, cependant, n'osant lui exposer le motif de ma précipitation à la retirer de là, de peur de la frapper davantage, je ne cessais de lui répéter qu'il nous restait bien d'autres choses à voir, tandis qu'elle ne se lassait pas de considérer le tableau qu'elle avait sous les yeux. Bref, je ne fus complétement rassuré que quand je vis, à la naissance de notre enfant, qu'elle n'avait rien du singe sur la figure.

La deuxième lingère que j'ai à citer, se présenta sous le nom de Madame Messent. C'était une jeune femme au langage doucereux et patelin, qui sut conquérir d'emblée la confiance de Madame Laurent. Dès le lendemain on s'était juré une amitié qui, cimentée par l'échange d'une foule de petits cadeaux, fut bientôt déclarée inviolable. Les confidences marchèrent en conséquence, et dès lors Madame Laurent ne cessa de m'étourdir de ses doléances sur le sort de la bonne Madame Messent dont le mari, qui l'avait épousée prématurément par amour, avait été forcé de s'arracher de ses bras pour subir la loi du recrutement. Ce mari était bien bon, bien aimant surtout, trop bon peut-être, puisque sa bonté s'exerçait envers ses camarades aux dépens de sa chère moitié dont le labeur suffisait à peine à lui fournir tout l'argent qu'il demandait. Madame Laurent elle-même racontait que l'excellente Madame Messent, admirant ses charmes, lui avait, en l'habillant, répété plusieurs fois qu'elle ne concevait pas *comment un mari pouvait rester froid en présence de tant d'attraits.* Je répondis que la prétendue froideur du mari, qui d'ailleurs, réelle ou non, aurait dû rester toujours ignorée d'une lingère, pouvait bien n'être que de la réserve, surtout dans une pension; qu'au surplus la part si vive que prenait Madame Messent à ce qui se passait entre nous, ne me paraissant pas sans danger, j'étais d'avis qu'il fallait l'envoyer porter ses réflexions et son admiration ailleurs. Mais j'étais seul contre trois. Il fallut patienter, et souffrir même que le soldat Messent ayant, après deux ans d'absence, obtenu un congé, vînt à la maison, armé du faux titre d'époux, partager la couche de la lingère. Mais je lui fis plusieurs questions et parvins, à l'aide des renseignements vagues qu'il me donna, à découvrir que notre lingère-modèle avait quitté son mari légitime pour suivre ce soldat dont elle avait pris le nom. Moins de six semaines après être sortie de chez nous, elle faisait ses couches dans une maison où elle s'était retirée à Belleville; et de son aveu, elle n'avait pas vu son prétendu mari depuis deux ans. Telle était la femme que Madame Laurent protégeait avec tant d'ardeur. Je conviendrai volontiers qu'alors elle la croyait vertueuse, car je n'ai jamais accusé les mœurs de Madame Laurent. Mais après une pareille chute, j'aurais voulu qu'elle convînt de la facilité avec laquelle elle se laissait prévenir pour ou contre les personnes avec qui elle se trouvait en rapport. Loin de là ; quand j'ai voulu lui rappeler cette bévue pour lui démontrer qu'elle n'est pas infaillible, elle n'a su que me répondre : « Tu répètes toujours la même chose. »

Vers la fin de notre association mourut Madame Bernard, mère de M. Duchesne. Ce qui avait augmenté mon estime pour lui, c'étaient les soins touchants qu'il lui avait prodigués et dont j'avais été témoin. M. Duchesne rencontrant de la sympathie en moi pour l'accomplissement de ce pieux devoir, m'avait pris pour intermédiaire et chargé de lui porter de sa part, des secours pécuniaires, à peu près toutes les semaines, afin de procurer à sa vieillesse quelques douceurs à l'insu de sa femme, outre la pension régulière dont celle-ci avait connaissance. Plusieurs fois aussi nous étions allés la visiter ensemble, et je me rappelle que M. Duchesne lui dit plaisamment : « Adieu, ma mère, prie le bon Dieu que le diable ne meure pas. » Je m'étends volontiers sur ces petits détails qui prouveront mon impartialité à l'endroit de M. Duchesne, dont j'aurai malheureusement lieu de me plaindre un peu plus tard. Au sujet même de Madame Bernard, ma femme et son père ne ménageaient guère Madame Duchesne qu'ils taxaient, à bon droit, selon moi, d'ingratitude, en opposant la lésinerie actuelle de la bru à la générosité antérieure de la belle-mère, lorsqu'elle était dans l'aisance. C'était en effet Madame Bernard qui, outre le bol d'argent dont j'ai parlé, et une infinité d'autres cadeaux qu'elle avait faits à sa bru, l'emmenait à ses frais, elle et ses enfants, presque tous les dimanches en parties de campagne, tantôt à l'île Saint-Denis, tantôt ailleurs, ne craignant pas de dépenser pour cet objet, 25 ou 30 francs dans un seul jour. J'avoue qu'à ce récit je ne trouvais guère de bonnes raisons à objecter à ma femme pour la maintenir, suivant mon plan, dans les bornes du respect qu'elle devait à sa mère.

Le propriétaire aussi de la maison que nous avions louée pour trois, six ou neuf années, venait de décéder; et sa mort nous mit dans la nécessité de changer de logement. Cette circonstance servit de prétexte à ces dames pour renouveler la demande qu'elles m'avaient déjà faite plusieurs fois, de vendre l'établissement qui leur était devenu fort à charge, et qui, du reste, ne produisait aucun bénéfice. « Je mourrai d'ennui, me disait Madame Laurent, si je reste « plus longtemps asservie comme on l'est dans un pensionnat. Au « lieu que si tu vends, papa te placera au greffe de la Cour royale, « pendant que je dirigerai, dans Paris, un externat de jeunes de- « moiselles, qui me laissera au moins un jour et demi de liberté « par semaine. Maman fera lire les petites; nous n'aurons, pour les « deux ménages, qu'une bonne, qui sera payée à frais communs, « ce qui produira une notable économie, et nous pourrons mettre « de côté tout ce que tu gagneras. » Tout en un mot devait nous réussir à souhait. Madame Duchesne faisait, de son côté, les plus belles promesses. Jamais châteaux en Espagne ne présentèrent un aspect plus séduisant. Moitié par complaisance, moitié par conviction, je cédai à tant d'instances, et chargeai de la vente de l'établissement un agent d'affaires, M. Bouchet, qui me présenta bientôt MM. Châtaing et Dunan comme acquéreurs. Nous eûmes plusieurs entrevues avant de tomber d'accord sur les conditions de la vente ; et chaque fois que Madame Laurent voyait ces Messieurs partis sans avoir rien conclu, elle montrait tout le dépit imaginable. Enfin une dernière conférence eut lieu à l'Ile-d'Amour entre mes deux acquéreurs, l'agent intermédiaire et moi. Celle-ci fut la plus longue, car c'est à grand'peine que j'obtins la faculté de me rétablir, au bout de deux ans, où bon me semblerait. Comme notre position pécuniaire était loin de nous permettre, après avoir vendu, de vivre paisiblement de nos rentes, je tins essentiellement à me réserver ce que j'appelais une seconde corde à mon arc, pour le cas où je ne trouverais pas à m'occuper utilement d'une autre manière ; car sur les 25,000 francs, prix de la vente, après que M. Duchesne eut retiré sa mise de fonds, que nous eûmes remboursé Madame Clausse, payé les 500 francs d'honoraires à l'agent d'affaires, et rendu à mes successeurs les trimestres perçus d'avance, nous nous trouvions moins avancés qu'au moment de notre entrée en ménage. Je revins donc fort tard le jour de la signature du traité, et aux questions empressées de Madame Laurent, je répondis d'abord que tout était rompu. Je ne sais quel pressentiment m'avertissait qu'elle ne tarderait pas à regretter la position qu'elle se montrait si désireuse de quitter, et je voulais constater la vivacité de son désir. En effet, après l'avoir laissée une demi-heure à ses jérémiades, je l'invitai à se trouver bien heureuse puisque ma cession était décidée pour le 1ᵉʳ mai suivant. Ceci se passait en avril. Mais dès le lendemain, en se levant : « Je suis pourtant contrariée, me dit-elle, de quitter notre petite chambre que j'avais si bien arrangée. »

Outre la maison où était transporté l'établissement rue des Moulins, 14, j'avais loué tout l'étage supérieur du n° 3, dans la même rue, pour la famille Duchesne et quelques élèves. Comme les dispositions prises par mes successeurs laissaient cet appartement vacant, je m'étais réservé le droit de l'occuper avec mes associés, jusqu'au 1ᵉʳ octobre suivant, afin d'avoir le temps de chercher à nous caser convenablement dans Paris. Mais huit jours ne furent pas écoulés que M. Duchesne se plaignit amèrement d'être obligé de remonter tous les jours du Palais-de-Justice jusque-là. Madame Laurent, de son côté, avait hâte de réaliser ses rêves de bonheur au moyen d'un externat. Aussi fallut-il traiter sans délai avec la première institutrice qu'elle rencontra. Celle-ci n'était pas moins pressée de vendre que Madame Laurent d'acheter : car elle était poursuivie pour plusieurs termes de loyer que le produit de son excellent établissement ne lui permettait pas néanmoins de payer. Mais elle avait su prendre ma femme par son faible, en lui disant qu'une dame aussi aimable qu'elle, ne pouvait manquer de faire merveille dans Paris. J'eus beau représenter que la rue Sainte-Croix-de-la-Bretonnerie ne me paraissait pas offrir de grands avantages pour ce genre d'établissement ; Madame Laurent me signifia qu'elle n'en aurait pas d'autre. Je n'eus pas même le loisir de tenter un léger rabais sur le prix ; 1,500 francs avaient été demandés, 1,500 francs furent payés comptant.

Nous voilà donc transportés rue Sainte-Croix-de-la-Bretonnerie ; M. Duchesne au n° 54 et nous au n° 48, où était situé l'externat que nous venions d'acheter. Première déception : Madame Duchesne devait faire lire les petites. Je crois, Dieu me pardonne, qu'elle ne mit pas une seule fois les pieds dans la classe, au moins pendant que les élèves y étaient. Deuxième déception : Nous devions prendre nos repas en commun pour plus d'économie ; cet arrangement dura tout justement huit jours. J'aime à croire que ce n'est pas moi qu'on accusera de l'avoir rompu ; car Madame Duchesne disait à qui voulait l'entendre que, pour la table, elle faisait de son gendre tout ce qu'elle voulait. En revanche, elle se plaignait beaucoup des exigences de ses enfants et de son mari. Troisième déception : quand il fallut payer la bonne, à la fin du mois, Madame Laurent vint me trouver avec les marques d'un tel désespoir, qu'en la voyant j'appréhendai un grand malheur. « Croirais-tu, me dit-elle, que maman refuse de payer la moitié du salaire de la bonne ? Elle me donne pour motif qu'elle s'en passe bien et que je puis m'en passer aussi. » — Je me bornai à hausser les épaules. « Mais que dis-tu de cela ? —Je dis que le vin est versé et qu'il faut le boire. Paie la bonne à toi seule, car tu ne peux être dans ta classe et à la cuisine en même temps. » Quinze jours plus tard, par suite de la rivalité qui existait entre la mère et la fille, Madame Duchesne, qui avait trouvé trop lourde la charge de payer la moitié des gages d'une bonne, en avait deux à la fois pour elle toute seule, sans doute afin de paraître dans une position sociale supérieure à celle de sa fille. Il est vrai qu'elle ne les garda pas longtemps ; elle les congédia toutes les deux le même jour, disant qu'*elles mangeaient trop*. Mais ce n'est pas tout. Vous avez vu, Monsieur, avec quelle précipitation M. Duchesne était venu habiter Paris. Eh bien ! sa femme comprenant trop tard combien le séjour de Belleville lui avait été profitable les trois dernières années, puisqu'elle se trouvait, au bout de ce temps, plus avancée, pécuniairement parlant, qu'avant le mariage de sa fille, parvint à faire consentir son mari à y retourner moins de trois mois après en être sorti. Il ne s'agissait pour cela que de trouver six pensionnaires que Madame Duchesne aurait surveillés et dirigés en l'absence de son mari qui, de son côté, les aurait instruits avant ou après ses occupations du Palais ; par cette combinaison on se trouverait défrayé de tout comme au temps de l'association. Le retour à Belleville fut donc bien décidé. Il ne fallait, pour la réalisation de ce projet que le concours de Madame Clausse qui, à la tête d'une maison nombreuse, ne manquerait pas de procurer six élèves, ni plus ni moins, d'un coup de filet. Madame Duchesne accourut pour lui communiquer son plan. Mais, ô douleur ! Madame Clausse trouva des objections de plus d'un genre à son exécution. Madame Duchesne s'en revint fort peu satisfaite de sa démarche, et bouda longtemps son amie pour le défaut de complaisance dont elle l'accusait.

Le troisième mois de notre séjour à Paris, Madame Laurent trouva plus commode de renvoyer sa bonne et de prendre une sous-maîtresse qui lui laisserait au moins la faculté de circuler un peu dans la maison. Mais, nouvelle difficulté, la sous-maîtresse se prêtait peu à seconder Madame Laurent dans les soins du ménage. « Quoi, me disait Madame Laurent, de ce ton de hauteur qu'elle ne prend que trop souvent, elle dédaigne de mettre la main à la cuisine quand je ne rougis pas de m'en occuper moi-même ! » Elle était tellement animée en appuyant sur ce *moi-même* que j'eus bien de la peine à la calmer et à lui faire sentir la différence qu'il y a entre se servir soi-même et servir autrui. Le tout, lui dis-je, dépend des conventions. Préviens donc une autre fois que tu désires une auxiliaire tant pour la classe que pour les autres petits travaux de la maison ; et, en effet, elle eut ensuite Mademoiselle Pauline Marchez, dont la douceur s'accommodait de tout.

Quatrième déception : Madame Laurent avait toujours compté et soutenait encore que son externat lui rapportait de 12 à 15 cents francs par an. Alors elle faisait la dépense, et presque toutes les semaines elle se trouvait arriérée. « Il me manque tant, » me disait-elle. Et comme pendant les trois années précédentes j'étais encore parvenu, sur mes 25 francs mensuels à détourner quelque argent, ne m'étant acheté aucun effet personnel depuis mon mariage, je lui remettais la somme qui lui manquait. Au bout de quelque temps, comme elle me demandait encore de l'argent, mes économies se trouvant au plus bas. « Tu en parles fort à ton aise, lui répondis-je, tu sais pourtant que je ne gagne rien. » Là dessus elle se mit à pleurer à chaudes larmes, me jurant ses grands dieux qu'elle ne dépensait rien inutilement. Je protestai à mon tour que j'étais loin de la soupçonner de faire, dans le moment actuel, aucune dépense inutile, et je pris texte de là pour l'engager à renoncer aux illusions dont elle s'était bercée jusqu'à ce jour, et à convenir du moins que son externat n'était pas aussi productif qu'elle l'avait toujours prétendu. Après quoi j'allai prier M. Danzel, mon ami, de me prêter 80 francs sur une pièce d'or des colonies que je tenais de Madame Conte, et je remis à Madame Laurent ce qu'elle demandait. Inutile de dire que c'est à son corps défendant que M. Danzel consentit à recevoir mon *quadruple*. Il voulait, sans ce gage, me prêter 80 francs et plus ; mais, ayant les dettes en horreur, j'insistai de manière à lui faire entendre qu'il ne pouvait m'obliger qu'en l'acceptant. Plus tard, je retirai ma pièce que je possède encore.

Vers cette époque, Madame Laurent reçut, un dimanche matin, la visite de l'une de ses cousines, la demoiselle Honorine Mahieu.

Mademoiselle Pauline était en ce moment chez sa mère, et, grande confusion ! madame Laurent fut surprise tenant un balai à la main. Or, cette cousine, ayant perdu ses parents de bonne heure, était obligée de servir ; ainsi il n'y avait pas de quoi tant effaroucher la vanité de Madame Laurent. Mais, hélas ! que certains esprits féminins raisonnent différemment ! J'écrivais dans la classe, qui n'était séparée de notre chambre à coucher que par une simple cloison. J'entendis parfaitement la conversation des deux cousines. « Pourquoi, dit la visiteuse, ne fais-tu pas faire ta chambre par ta bonne ? —Oh, les bonnes...! dit Madame Laurent, elles sont si négligentes ! je me borne à faire faire les gros ouvrages par la mienne. Quant à ma chambre, je ne la trouve bien faite que par moi. » Lorsque la cousine fut partie : « Sais-tu, dis-je à ma femme, qu'il y a de ta
« part de la cruauté à ne pas te contenter de tous tes avantages sur
« ta cousine, déjà toute contrefaite et disgraciée de la nature ?
« Fallait-il encore te prévaloir d'une opulence que tu n'as pas ? et
« quelle honte y avait-il d'avouer à celle qui est elle-même réduite
« à l'état de domesticité, que nous ne sommes pas assez riches pour
« nous faire servir ? J'aurais à ta place, profité de cette circonstance
« pour lui donner une leçon d'activité et d'économie ; car enfin
« nous sommes nés pour le travail. » Madame Laurent riposta de manière à me faire sentir que mes observations n'étaient pas de son goût, Je répliquai à mon tour, et quand elle ne sut plus que répondre, elle s'écria en frappant du pied : « *Maudit soit le jour où j'ai épousé un homme sans fortune!* » Or, vous savez, Monsieur, que pendant les trois années qui précédèrent mon mariage, j'avais été chargé de l'éducation des fils de M. le marquis de Valanglart, au château de Moyenneville en Picardie, d'où j'ai eu l'honneur de vous écrire plusieurs fois lorsque vous habitiez encore Verviers. Une tante maternelle de mes élèves, Madame de Choiseul d'Aillecourt, apprenant que j'étais inoccupé depuis la cession de mon pensionnat, avait bien voulu me faire proposer dans une famille de sa connaissance qui habitait la Normandie, une position semblable à celle que j'avais eue chez Madame sa sœur, avec les mêmes émoluments. C'est en présence de ma femme que cette offre m'avait été faite deux ou trois jours auparavant, par le père même des jeunes gens que l'on voulait me confier. De l'avis de Madame Laurent, j'avais remercié, parce qu'il aurait fallu nous séparer. Surpris et peiné des regrets qu'elle manifestait sur son malheur *d'être unie à un homme sans fortune,* je lui répondis avec plus de tranquillité qu'elle ne s'y attendait : « Qu'au moins elle ne pouvait m'accuser de l'avoir

« trompée sous ce rapport, et de lui avoir déclaré plus que je ne
« possédais. Qu'au surplus, ne pouvant faire mieux, il était proba-
« blement encore temps d'accepter l'emploi qu'elle m'avait vu
« refuser dans le courant de la dernière semaine ; que j'allais donc
« écrire sur-le-champ, et partir aussitôt que j'aurais reçu réponse.
« Tu sais, ajoutai-je, que deux ou trois cents francs par année
« suffisent à mon entretien. Je t'enverrai tout ce que je gagnerai
« de plus afin de réparer, autant qu'il est en moi, l'injustice du
« sort à ton égard. » Surprise à son tour de mon apparente tranquillité, Madame Laurent me dit : « Attends un moment, je vais
revenir. » Elle courut chercher son père qu'elle m'amena cinq
minutes après, en lui disant : « Viens consoler mon mari qui se
« décourage. » Là-dessus M. Duchesne se mit à énumérer toutes
les démarches qu'il avait faites en ma faveur (effectivement il en
faisait beaucoup) et les motifs qu'il avait de compter sur le succès.
« Mais, petit père, lui dis-je, tu ne sais donc pas ce qui m'a fait
« prendre la détermination dont il s'agit ? C'est parce que ta fille
« m'a exprimé tel regret. » Mais lui, sans paraître comprendre,
continua de me développer avec une volubilité qui ne me permettait
pas de l'interrompre, toutes les raisons qu'il croyait propres à me
rassurer sur mon avenir. Nous en étions là de notre conversation
lorsque nous reçûmes la visite de Mademoiselle Narcisse, première
maîtresse de Madame Clausse. Nous la retînmes à dîner, et par la
même occasion M. Duchesne aussi. J'ai toujours aimé la société de
M. Duchesne ; sans femme et sans enfants c'eût été le meilleur
homme du monde. D'un naturel facile, gai, léger et superficielle-
ment spirituel, il avait toujours le mot pour rire. Je ne fus donc pas
fâché de terminer la journée plus gaiement que je ne l'avais commencée.

Notre fortune du pot était naturellement fort modeste, et je me
souviens que Madame Laurent y ajouta, en l'honneur de nos deux
convives, un pâté froid d'assez petite dimension. Cependant il n'en
avait été dépecé que la moitié, et comme j'allais prendre l'autre
moitié pour en offrir une seconde fois à Mademoiselle Narcisse :
« Le reste est pour demain déjeuner, me dit Madame Laurent. » Le
rouge me monta à la figure. J'insistai néanmoins pour en faire
accepter à cette demoiselle, mais vous devinez qu'elle refusa, ce
qui augmenta encore mon dépit. Lorsqu'elle se fut retirée, je fis
d'assez vifs reproches à Madame Laurent, qui me répondit qu'elle
ne se gênait pas avec ses amies. J'en appelai au témoignage de son
père sur l'inconvenance que je prétendais qu'elle avait commise ;

mais lui, plutôt que de donner le moindre tort à sa fille, se tira d'embarras au moyen d'une pasquinade. Prenant son ton le plus jovial, il me dit : « Tais-toi, tais-toi, tu ne seras jamais qu'un novice en fait d'économie, » et je finis par rire avec lui.

Ainsi se passa ce dimanche qui a laissé des traces dans mon souvenir parce que c'est la première fois qu'il fut question de séparation entre nous. Aussi la proposition que j'en fis fut-elle la plus anodine. Je ne songeais encore en ce moment, si elle se fût réalisée, qu'à faire repentir Madame Laurent du reproche immérité qu'elle m'avait adressé, en lui envoyant tout l'argent que j'aurais pu sur les 1800 francs dont mes honoraires devaient se composer. J'attribuais en effet son humeur acariâtre à l'état de gêne où nous nous trouvions et qu'un peu d'aisance devait dissiper. Ceci avait lieu en 1831, quatrième année de notre mariage.

Cinquième déception : Madame Laurent ne pouvait venir à bout de ses vingt et quelques petites filles ; c'était un caquetage à l'étourdir, des cancans à la désespérer. « Viens donc un peu les gronder, « me dit-elle un jour ; elles t'écouteront peut-être mieux que moi. « Si je leur parle de ma grosse voix, lui répondis-je, elles auront « peur et n'oseront plus revenir. D'ailleurs, cela ne t'avancerait « pas beaucoup, car elles se dédommageraient en mon absence de la « gêne qu'elles se seraient imposée quand je suis auprès d'elles. « Tâche donc de t'en faire craindre et aimer ; parle peu et à propos, « c'est là tout le secret pour y parvenir. Mais je crois que tu donnes « dans le défaut contraire. » Bref, cet inconvénient, ou la certitude acquise par l'expérience du peu de fruit qu'elle retirait de son établissement, la fit passer promptement d'un excès de confiance à un profond découragement. Elle en tomba malade et le médecin déclara que le soin de sa santé exigeait qu'elle interrompît au plus tôt ses fonctions. Ainsi nous vendîmes à perte son externat, environ dix mois après qu'elle en eut pris la direction ; et ce ne fut qu'à la fin de 1832, lorsque nous étions déjà remontés à Belleville et que, par bonheur pour nous, Mademoiselle Pauline l'eut racheté 500 fr., que nous recouvrâmes intégralement le prix de cette vente.

Nous vînmes ensuite habiter un très-petit logement dans la petite rue du Plâtre-Sainte-Avoie. Là, n'étant que nous deux, nous n'en étions guère plus d'accord. Je l'aidais autant qu'il dépendait de moi, en faisant tout ce qui rentrait un peu dans les attributions d'un mari, tel que monter de l'eau et du bois, ou le casser, cirer ses souliers et les miens, etc. Mais, soit maladresse de ma part ou tout autre cause, il arrivait rarement que je fisse les choses à son gré. Elle me rabrouait sans cesse, et il m'est arrivé plusieurs fois de lui faire toucher du doigt son injustice, en ajoutant : « Si j'étais « ta bonne, je t'enverrais promener. — Et moi, je te mettrais à la « porte, » me répondait-elle.

Cependant il arriva que la mère et la fille se rapprochèrent tout d'un coup, et qu'il s'établit entr'elles une touchante intimité, mais, comme presque toujours, à mon grand détriment. C'est à cette époque de notre séjour à Paris que Madame Duchesne, se trouvant chez M. Lénard, parrain de notre enfant, gémissait sur ce que le mari de sa fille l'avait réduite à laver elle-même sa vaisselle (aussi n'en salissait-elle pas beaucoup alors, et plût à Dieu qu'elle n'eût pas aussitôt oublié cette position!) « Mais, Madame, lui dit M. Lénard, il me semble que vous n'avez pas doté votre fille de manière à lui donner les moyens d'avoir une femme de chambre à son service ; car enfin, me dit M. Lénard, n'est-ce pas que Madame Laurent n'a eu que 10,000 francs ? — Dites-donc 6,000, lui répondis-je. — Oh ! bien, on m'en a toujours annoncé 10. » Mais ce n'est là qu'une petite vanité et un mensonge de plus à enregistrer.

Le second effet de cette amitié renaissante, fut la résolution prise par ces dames de nous remettre ensemble pour passer l'hiver de 1831 à 1832. J'y avais bien un peu de répugnance ; mais malgré toute la bonne volonté de M. Duchesne à mon égard, il n'avait pu réussir qu'à me faire entrer comme surnuméraire au parquet de M. le procureur du roi. Toutes les places étaient prises, et je n'avais aucun espoir d'avancement. D'ailleurs j'ai toujours été fort mauvais solliciteur, et je me sentis bien soulagé quand j'eus pris le parti de renoncer à en remplir le rôle. J'avais une occasion, que je croyais bonne, de me rétablir dans Paris, m'étant mis en rapport avec un maître de pension qui se montrait disposé à me céder son établissement ; mais il me fallait le consentement de M. Châtaing, mon successeur, puisqu'il restait six ou sept mois à courir jusqu'à l'expiration de mes deux années d'interdiction. Je vins donc le trouver pour m'informer du prix qu'il mettrait à ce consentement, en lui représentant que je renoncerais dès lors et pour toujours à la faculté d'exercer dans Belleville. Il me demanda 6,000 fr. et ne voulut rien en rabattre ; je ne m'en plaignis pas, car il était dans son droit. Je le quittai bien résolu à user aussi du mien, quand le moment en serait venu, si mon intérêt l'exigeait. D'ailleurs 6,000 francs, c'était alors à peu près tout le capital que nous possédions. Ainsi je fus obligé, par économie, de souffrir la nouvelle réunion des deux ménages. Quand nous fûmes installés chez M. Duchesne, dans une petite pièce à côté de la cuisine, assez grande néanmoins pour contenir mon petit mobilier de garçon, dont jusqu'alors il avait bien fallu nous contenter, je voulus faire une gracieuseté à Madame Duchesne, en lui faisant cadeau d'environ deux stères de bois, quoique notre présence chez elle ne dût pas augmenter ses frais de chauffage. J'ai toujours été l'homme de peine de la famille Duchesne ; ainsi pour éviter les frais de transport, je montais moi-même ce bois de la cave de l'externat où il était resté, jusqu'au grenier du n° 54, ce qui faisait cinq bons étages. Vous verrez tout à l'heure que ce surcroît de combustible, auquel Madame Duchesne ne devait pas s'attendre, ne l'empêcha pas de quereller sa fille pour un peu de charbon. J'attendais la nuit pour exécuter mon travail ; puis j'ensachais autant de bûches que je pouvais en soulever, et faisais ainsi plusieurs trajets par soirée, sans que les voisins s'aperçussent de ce que je portais. Cette opération dura cinq ou six jours, après lesquels Madame Laurent, se voyant moins occupée que lorsqu'elle était chez elle, fit revenir notre fille qui, à de rares exceptions près, était restée jusqu'alors à Belleville, chez Madame Conte. Hélas! nouvelle et précoce Hélène, cette enfant devint une pomme de discorde entre les deux tyrans féminins qui se disputaient l'empire de notre intérieur. C'était à qui des deux s'en emparerait pour la diriger à sa guise. Mais on sent qu'à peine âgée de trois ans, elle avait besoin de manger plus souvent que nous. Premier sujet de mécontement de la part de Madame Duchesne, qui reprochait à la mère d'user, pour les soupers de sa fille, trop de charbon, trop de beurre, trop de chandelle. Les choses furent poussées si loin que Mesdames Duchesne et Laurent, vinrent l'une après l'autre, supplier Madame Conte de reprendre notre enfant, sans quoi il ne leur restait plus d'espérance de paix possible. Je me jetterai par la fenêtre, disait Madame Duchesne, si les choses continuent sur ce pied là ; je me précipiterai dans la Seine, disait Madame Laurent, si cela dure ainsi. Madame Conte n'était plus trop d'avis pour sa tranquillité, de se prêter aux désirs de ces deux dames, de l'inconstance de qui elle avait déjà reçu plusieurs éclaboussures. J'essayai de faire intervenir M. Duchesne, dont l'habitude était de se tenir éloigné du champ de bataille, lorsqu'il savait ses femmes aux prises. Quand le conflit avait lieu entre sa fille et moi, le cas était différent ; il n'y avait plus le même danger à se mettre trois contre un. Je le pris donc à part et le priai d'obtenir de sa femme un peu de condescendance, seulement pour cet hiver, puisque j'étais bien dé-

cidé à entreprendre quelque chose au mois de mai suivant. Je lui représentai que je ne l'avais pas traité comme un étranger, lors de la liquidation de notre société; puisque je n'avais pas réclamé d'indemnité pour les deux années d'interdiction que je m'étais imposées en vendant à M. Chataing. « Tu vois cependant, ajoutai-je,
« que c'est moi seul qui en souffre, puisque me trouvant les mains
« liées, je ne puis rien gagner; tandis que toi tu n'as rien de changé
« dans ta position qui reste aussi libre, aussi avantageuse après la
« vente qu'elle l'était auparavant. N'aurais-je pas été fondé à exiger,
« s'il se fût agi de tout autre que toi, au moins 1,000 francs de plus
« que ma part dans le produit de cette vente qui n'aurait pu avoir
« lieu, du moins au même prix, si je n'eusse consenti à me priver
« ainsi de ma liberté? Et encore 1,000 francs, c'eût été bien peu
« pour deux années. Cependant vois combien l'on aurait de beurre
« et de charbon pour cette somme. Fais donc entendre à Madame
« Duchesne qu'elle ne doit pas y regarder de si près avec nous, et
« surtout en ce qui concerne notre enfant, quand j'ai été, je pense,
« assez large avec vous, et généreux dans mon allure plus que je
« n'aurais pu l'être à l'égard de tous autres que des parents dont je
« confonds les intérêts avec les miens. » M. Duchesne me regardant d'un air malin, me dit en faisant un geste du doigt : « *Ah! tu*
« *veux me tirer une carotte*. — Mais non, petit père; songe donc
« que je ne réclame rien; je te prie seulement de représenter à
« Madame Duchesne que j'ai agi plus grandement à votre égard,
« qu'elle ne le fait en ce moment à l'égard de notre fille, quand elle
« se refuse aux petites dépenses occasionnées par son régime. —
« Mais je ne suis pas de ton avis, et prétends que tu ne nous as pas
« fait de grâce. » Voilà tout le fruit que je retirai de mon entretien particulier avec M. Duchesne; j'avoue que je ne sentis jamais mieux sa nullité complète en matière sérieuse.

D'un autre côté, ma fille se sentait fort peu à l'aise dans Paris. N'ayant plus ni cour ni jardin pour y faire les évolutions de son âge, elle me disait souvent, en me montrant l'escalier :

« Ote donc cela, papa, » prétendant sans doute, dans sa naïveté d'enfant, que, l'escalier enlevé, elle pourrait circuler de plein-pied dans toute la maison. Je la menais souvent promener, tantôt à la place Royale, tantôt aux Tuileries, mais la rue Sainte-Croix est fort éloignée de ces deux points, et il n'était pas facile d'en sortir à pied sec. J'étais fort gêné aussi pour traverser le quai Pelletier, qui s'est si bien embelli depuis. J'obtins donc encore de la complaisance de Madame Conte qu'elle reprît notre enfant pour le reste de la mauvaise saison. Mais voulez-vous un exemple de la touchante harmonie qui régna entre ma femme et sa mère, même après le départ de notre enfant, que ces dames prétendaient avoir été l'unique sujet de leur désunion ? M. Leré avait envoyé, de Compiègne, un lièvre à M. Duchesne. Ce lièvre fut suspendu à la cuisine précisément au-dessus d'un table où Madame Laurent plaçait son pot-à-l'eau, qui en reçut à l'extérieur quelques gouttes de sang. Ces taches restèrent plusieurs jours. — « Comment, dis-je à ma femme, toi qui fais si grand étalage de ta propreté, peux-tu laisser ton pot-à-l'eau dans cet état ? — Mais c'est à maman à le nettoyer, me répondit-elle, car c'est à elle qu'appartient le lièvre. » Doit-on s'étonner, après cela, que je ne sois pas toujours resté de sang-froid en présence de pareilles petitesses qu'un romancier n'oserait insérer dans son récit, de peur de donner dans l'invraisemblance ?

Je ne vous ai pas encore dit, Monsieur, à la louange de Madame Duchesne, qu'elle ne nous avait pas trop demandé pour notre indemnité de table. Nous ne lui payions que 50 francs par mois pour nous deux, et même pour nous trois, quand la petite était avec nous. Ce n'est pas qu'elle y perdît, car elle savait toujours s'arranger de manière à ce que nous allassions dîner dehors au moins la moitié du temps. Entr'autres, nous dînions fort souvent chez Madame Clausse, plus souvent encore chez M. Sirot, qui, à cette époque, habitait le second étage, au-dessous de M. Duchesne. Ma fierté se révoltait bien un peu de voir que nous recevions beaucoup plus que nous ne rendions ; car bien que je ne fusse pas personnellement responsable des actes de la famille Duchesne, je m'étais tellement identifié avec elle que j'en acceptais volontiers toute la solidarité. Cela ne m'empêcha pas néanmoins de prendre beaucoup d'agrément à ces dîners sans façon où régnait une franche cordialité ; car il y avait encore bien des intervalles de trêve, même de bonne amitié et de gaîté entre Madame Laurent et moi, ainsi qu'avec son père, quand elle ne l'attristait pas par ses plaintes et par ses airs dolents. Dans ces moments de trop courte durée, il est quelquefois arrivé que Madame Laurent m'élevait au rang d'un demi-dieu. Je me rappelle à ce sujet une querelle fort vive qu'elle eut avec Madame Sirot, chacune soutenant la prééminence de son mari sur celui de l'autre. La girouette était bien tournée ce jour-là, et, pour mon compte, je sais que j'avais considérablement augmenté de valeur. Dans la chaleur du débat, Madame Laurent s'écria : « Après tout, Madame, *mon mari ne souffrirait jamais que je lui fisse ses bottes.* »

Madame Sirot se retira fort piquée, et une guerre imminente apparaissait sur notre horizon qui allait ainsi se restreindre de moitié. Mais Madame Duchesne sut, diplomate habile, faire cesser un état de choses qui lui eût été trop préjudiciable; et les entrevues, ainsi que les dîners, reprirent leur cours ordinaire.

Une autre fois nous étions, Madame Laurent et moi, sur le point de sortir pour aller dîner en ville (chez Madame Costa). Une dame, qui peut encore, au besoin, en déposer, se trouvait avec Madame Duchesne au moment de notre départ. Madame Duchesne lui dit, en parlant de sa fille : « La voilà qui s'en va, heureuse et parée, exempte de souci, *donnant le bras à un mari qui l'adore*, et moi je reste là. » Je cite ces paroles pour montrer que Madame Duchesne n'a pas toujours été d'avis, comme aujourd'hui, que je n'ai jamais aimé ma femme.

Madame Laurent s'était éprise tout d'un coup d'un amour extraordinaire pour les robes de soie noire. Elle ne me parlait que de cela, m'en vantait sans cesse les avantages. « Une robe noire n'est « pas salissante, elle fait infiniment de profit; quand elle est usée « on s'en sert encore pour doublure, etc. » C'était le même chapitre tous les jours. « N'est-ce pas, mon ami, que tu me feras cadeau « d'une robe noire? M. Lénard a bien donné (ma foi! je ne me « rappelle plus quel colifichet) de 8 ou 1,100 francs à Eugénie. « Un doute me tourmente. Je voudrais savoir si, possédant la « même fortune, tu ferais un aussi grand sacrifice pour ta femme ? » Or, j'avais fini par avoir, chez M. Lafond, député de la Nièvre, une leçon particulière de 60 francs par mois, qui m'avait été procurée par M. Sauvillers que j'avais connu, dans le temps, professeur d'écriture chez M. Deneufchâtel. Je promis une robe quand je serais payé de cette leçon. Quelques mois s'écoulèrent, pendant lesquels Madame Laurent me demandait tous les jours si Madame Lafond m'avait payé; puis elle reprenait son thème favori sur l'excellence de la robe noire. Enfin je reçus, pour plusieurs mois de leçons, une somme assez rondelette. Vîte nous nous mîmes en quête de la robe tant désirée. Dieu sait le nombre de magasins que nous visitâmes, et la quantité de pièces que Madame Laurent fit dérouler ! Il nous fallut toute l'après-midi d'un jeudi pour cette importante opération. Le lendemain, vendredi, Madame Clausse vint chez Madame Duchesne avec une robe aussi, dont elle venait de faire emplette. « Qu'apportes-tu là, petite maman ? » — Malheureusement celle de Madame Clausse était de couleur puce. Quand Madame Laurent l'eut bien retournée, bien tâtée, bien examinée avec accompagnement de profonds soupirs, elle vint à moi d'un air contrit et me dit tout bas : « Je suis désolée de n'avoir pas pris ma robe de la même couleur que petite maman. » J'avoue que je sautai en l'air de surprise et d'indignation. Il est possible que Madame Laurent ait reculé, par une sorte de saisissement, en me voyant si dépité de son incorrigible versatilité ; mais de mauvais traitements, ou de violence quelconque, point. J'en atteste Madame Clausse, et je défie la famille Duchesne d'administrer la moindre preuve de ce qu'elle avance, quand elle métamorphose mon émotion en une scène de coups qui seraient retombés même sur ceux qui voulaient la protéger. Notez que cette robe noire n'a jamais été portée par Madame Laurent ; et l'on ose soutenir qu'elle faisait tous ses efforts pour complaire à son mari !

Dire par quel revirement subit Mesdames Duchesne et Laurent devinrent encore, peu de jours après, ennemies déclarées, cela me serait impossible. Elles ne le savaient peut-être pas elles-mêmes ; mais ce qu'elles ne pourront nier, c'est qu'un des effets de cette inimitié fut la réclamation, faite par Madame Duchesne, d'une petite commode en merisier, recouverte d'un marbre blanc, et du secrétaire pareil, que M. Duchesne avait donnés à sa fille lorsqu'elle était encore demoiselle, et qui, faute d'autres, nous étaient fort utiles. Madame Laurent vint me l'annoncer d'un air aussi bouleversé que quand Madame Duchesne refusa de payer la bonne. — « Mais ces meubles sont à nous ; et qu'est-ce que ta mère veut donc en faire ? — Maman dit qu'ils n'ont pas été comptés dans mon trousseau ; elle veut les reprendre pour meubler une chambre à Émile. » Or, Émile avait alors justement douze ans. Vous concevez, Monsieur, que l'aspect de tant de contradictions, de tant d'actes inqualifiables, dut porter quelqu'atteinte au respect, dans les bornes duquel je m'étais tenu jusque-là, pour les volontés de Madame Duchesne. L'expérience m'avait appris aussi que m'adresser à la raison, au bon sens de M. Duchesne, quand il s'agissait de contrarier sa femme en matière d'intérêts, c'eût été peine inutile. Je tranchai donc la question, et dis à Madame Laurent : « Que ta mère aille au diable chercher pour Émile un secrétaire. Je garde celui dont je suis en possession depuis cinq ans. » Et j'ai encore mon petit secrétaire avec son marbre jadis blanc. Madame Laurent rendit la commode, qui a dû être vendue depuis ; Madame Duchesne a pu en retirer 7 ou 8 francs. Comparez, Monsieur, l'offre bienveillante que M. Duchesne m'avait faite de tout son mobilier quelques jours avant mon mariage, et le refus non moins généreux, je pense, que je sus en faire, et dites-moi si quelque chose peut excuser ce dernier trait de Madame Duchesne au moment où, ma femme et moi ne gagnant rien, nous nous trouvions dans une sorte de dénuement. Dans la suite, lorsque nous pouvions nous passer de ses libéralités, elle s'est montrée même prodigue à l'égard de ma femme et de ma fille; car lorsqu'il s'agissait de quelqu'article de luxe que l'on prévoyait ne devoir pas être dans mes goûts de simplicité, c'était toujours Madame Duchesne qui était censée en avoir fait généreusement cadeau, Je vous demande quelle foi je pouvais ajouter à cette générosité tardive.

Mais ce qui prouve que l'instabilité même est le type dominant de toute la famille, et que, loin de s'appliquer seulement aux objets de peu d'importance ou de pure fantaisie, elle s'exerce au contraire dans les circonstances les plus sérieuses, c'est qu'on fit changer Émile dix fois de maîtres, dans l'espace de deux années qui s'écoulèrent entre la vente de mon premier établissement et l'acquisition que je fis du second. De peur d'être démenti, je vais vous les citer. 1° On avait résolu de le laisser chez M. Chataing, mon successeur; mais il n'y resta que six semaines ou deux mois. 2° On l'envoya ensuite comme externe chez M. Dalouzy. 3° J'en fus chargé pendant quinze jours. Cette combinaison aurait convenu puisqu'elle ne coûtait rien; mais, à cause de l'intervention continuelle de sa mère et de sa sœur, je ne pouvais rien en tirer. 4° On le mit chez M. Longepied, où il resta tout au plus deux mois. A cette époque, je m'absentai quatre jours pour une affaire que je traitais à Compiègne. 5° A mon retour, je trouvai Émile devenu externe chez M. Petit, rue de Jouy. Comme on savait que je n'étais pas partisan de tous ces changements, on me donna pour raison péremptoire de celui-ci que M. Longepied, sans crainte de blesser les familles, leur avait adressé une circulaire portant obligation de payer d'avance les mois d'externat. Ce n'est pas que Madame Duchesne n'aimât pas de payer; elle s'y montrait fort exacte au contraire; aussi n'a-t-elle pas fait mentir le proverbe : *qui paie ses dettes s'enrichit;* c'était uniquement susceptibilité de sa part. 6° Mais on n'avait pas réfléchi que M. Petit était bien éloigné, car on n'y regarde pas de si près quand il s'agit du plaisir de changer. Émile alla donc chez M. Vanier, qui était plus rapproché de la maison. 7° Puis il fut placé comme pensionnaire rue de la Roquette, 90, chez M. Caboche qui commençait, et dont la maison parut séduisante. 8° Mais on n'avait pas eu le temps de considérer qu'une maison qui commence n'offre pas toujours les mêmes garanties qu'une ancienne maison. Emile retourna donc cette fois en qualité de pensionnaire chez M. Petit, où il fit sa première communion. 9° Mais M. Petit ne plaisantait pas sur le taux de la pension. Pour garder Emile, il eût fallu qu'il ne demandât rien ou peu de chose ; aussi ne le garda-t-il pas. En conséquence, on replaça Emile comme externe chez M. Vanier, où une sottise de son âge fut cause, 10° qu'on l'envoya faire pénitence, à titre de pensionnaire, chez M. Fauchon, à Belleville, un mois avant que je prisse possession de cet établissement. Si l'on s'avise de me démentir, prétendant que l'on n'a placé Emile chez M. Fauchon qu'à raison de ce que je devais succéder à ce dernier, je dirai quelle sottise valut à Emile cet exil momentané ; et, malgré son peu de gravité, je soupçonne que lui-même ne sera pas flatté que je la fasse connaître. Ainsi, en deux années, voilà dix changements bien comptés. Que seraient devenues les études d'Emile si je ne les avais, dès ce moment, prises un peu plus au sérieux que son père lui-même ? car depuis cinq ans j'entendais M. Duchesne répéter souvent : « Quand mon gaillard aura dix ou douze ans, *il faudra bien qu'il pioche les mathématiques avec moi ;* résolution qui, ainsi que beaucoup d'autres, ne signifiait absolument rien dans la bouche de M. Duchesne, puisque je ne l'ai pas vu une seule fois faire travailler son fils en particulier. Il est vrai qu'après les fatigues de la journée, il ne trouvait de repos que loin de sa *vieille,* en allant tous les soirs faire sa partie de dominos.

Plus Madame Laurent s'était vue près de l'époque à laquelle je devais recouvrer la liberté de me rétablir, plus elle avait témoigné le désir que je m'y déterminasse. « O mon ami, m'avait-elle dit, je
« t'en prie à main jointes ; tâche de traiter avec ce maître de pen-
« sion que Madame Conte t'a dit être disposé à vendre. Si tu savais
« quel supplice a été pour moi, cet hiver, la vie commune avec
« maman ; il me serait impossible de continuer. Quelque chétif que
« soit l'établissement dont il s'agit, je m'en contenterai ; que dis-je ?
« j'en serai ravie. Un petit *chez-soi,* voilà en quoi je fais consister
« tout le bonheur de la vie. » Puis venaient les promesses de ne plus se plaindre, de ne plus murmurer, de s'astreindre avec gaîté de cœur à toutes les obligations de l'état qu'elle me conseillait de reprendre. Je n'étais pas précisément rassuré par toutes ces protestations. Je désirais même encore seulement un petit emploi de 1,200 ou 1,500 francs par an, qui m'aurait suffi au moyen de quelques leçons que j'aurais toujours espéré pouvoir y ajouter ; car il s'en était bien présenté une, mais il eût fallu contracter un engagement à long terme, et le produit n'en était pas suffisant pour me

décider à engager de nouveau mon avenir. Alors, pour acheter la paix dans mon ménage, j'eusse peut-être fait comme M. Duchesne qui, ainsi qu'il le disait lui-même, laissait sa femme *tailler* et *rogner* suivant son bon plaisir. Voilà quelles étaient mes dispositions actuelles. Mais que faire? Notre petite réserve diminuait sensiblement; car une provision s'use vite quand on en retranche toujours sans y rien ajouter. Il n'y avait donc pas de temps à perdre, si je ne voulais pas, faute de capitaux, être réduit tout à fait à l'impuissance. Ainsi, c'est comme pis aller que je pris le parti de remonter à Belleville.

C'est encore Madame Conte, à qui je devais déjà tant pour les soins qu'elle prodiguait à notre enfant, qui me rendit le service de m'informer à temps de la disposition où était M. Fauchon de céder sa pension. C'était un établissement qui, par son peu d'importance, convenait à la modicité de mes moyens d'acquisition. Aussi dès le mois de mars 1832, j'avais pris mes mesures pour entrer en exercice le 1er mai suivant. Madame Duchesne, prétextant notre changement de position, voulut aussi changer de logement; et j'eus encore le temps d'aider à son déménagement. Je transportai, entre autres, moi seul, tous les livres de la bibliothèque assez considérable de M. Duchesne. Comme j'étais haut placé dans l'estime de Madame Duchesne lorsque, par un travail de portefaix, je lui épargnais quelques sous! c'est alors qu'elle regrettait de n'avoir pas eu un mari *aussi économe et laborieux que son gendre*.

A cette époque, le choléra sévissait, dans toute sa rigueur, sur la population parisienne. Grand nombre d'habitants fuyaient loin de Paris. Ne voulant pas faire autrement que tant d'autres, nous nous retirâmes sur les hauteurs de Belleville. M. Fauchon, dont le pensionnat était loin d'être au complet, avait mis deux chambres à ma disposition. Je donnai celle du troisième à M. et Madame Duchesne, réservant à Madame Laurent et moi celle du second, au-dessous d'eux. Ainsi, après avoir voulu nous séparer, nous nous trouvions, par la force des choses, presqu'aussitôt réunis; mais ce n'était que momentanément. Cela se passait dans la première quinzaine d'avril. Un jour M. Duchesne venait de rentrer portant à sa chemise une magnifique épingle, monument de sensibilité conjugale qui lui avait été offert par sa tendre moitié pour sceller un de ces raccommodements qui leur étaient si fréquents. — « Papa, laisse-moi serrer ton épingle, tu pourrais la perdre. » Et Madame Laurent l'ayant prise la ficha dans la doublure de sa palatine. Le lendemain, dimanche, pressée de se rendre à la messe, elle revêtit sa palatine sans plus penser à l'épingle qui se perdit chemin faisant ; mais on ne s'en aperçut que quand M. Duchesne voulut en faire de nouveau sa parure. Madame Duchesne annonça qu'elle avait coûté entre trois et quatre cents francs. Madame Laurent, toute en larmes, parcourut les rues de Belleville, réclamant son épingle à toutes les personnes qu'elle rencontrait, comme Orphée sa chère Eurydice aux échos d'alentour. Je la fis moi-même réclamer à son de caisse, sous la promesse *d'une récompense honnête*. Quelques jours après, je reçus la visite d'un horloger de Paris qui, la semaine précédente, étant venu, me dit-il, remonter les pendules de M. Peradon, avait entendu ma réclamation. Or, il soupçonnait que notre épingle pouvait bien être celle qu'une petite fille lui avait apportée, pour lui demander si la pierre dont elle était montée avait une grande valeur. Sur sa réponse affirmative, la petite fille l'avait remportée sans en dire davantage, mais il croyait pouvoir découvrir son adresse et s'offrait de m'aider à la découvrir. Je remerciai beaucoup ce visiteur officieux, l'emmenai déjeuner à l'Ile-d'Amour; puis il me conduisit dans une impasse de la rue Saint-Laurent, où il reconnut la personne à qui il avait déjà eu affaire, pour la vérification précitée. La mère de l'enfant fit bien des difficultés, d'abord pour nous montrer, et ensuite pour nous rendre l'épingle, même au prix de la récompense promise. C'est bien la même, s'écria l'horloger. Je la rapportai triomphant à M. Duchesne qui ne fut pas moins enchanté que moi. Mais j'avais dépensé une trentaine de francs en frais de recherches et de récompense, et il me semblait, sinon d'une rigoureuse justice, au moins d'une sorte de convenance que M. Duchesne, qui se retrouvait possesseur de son bijoux, d'une manière tout à fait inattendue, m'offrît d'entrer pour sa part dans cette dépense. Cependant il n'en fit rien. Notez que nous vivions toujours sur notre petit capital, ne gagnant rien encore. « Tu as retrouvé « ton épingle, lui dis-je, mais moi je n'ai pas retrouvé mes trente « francs. » Il fit la sourde oreille. J'en dis un mot à ma femme confidentiellement un soir, en nous couchant; car je n'ai jamais pu m'abstenir de penser tout haut avec elle, malgré son indiscrétion bien connue. J'ignore si elle communiqua mes réflexions à son père, mais bientôt après M. Duchesne nous dit en rentrant : « Nous avons été bien refaits avec cette épingle. Je l'ai montrée aujourd'hui au lapidaire qui l'a vendue, et il m'assure que ce n'est pas la même pierre, que celle-ci est fausse et ne vaut pas six sous, et il la jeta avec dédain sur la table. — Mais, petit père, m'écriai-je, c'est une infamie ! L'horloger, ou bien la femme, est coupable, ou peut-être le sont-ils tous deux. Il ne faut pas en rester là. — Sois tranquille, me répondit-il, j'en parlerai à Fouquet, qui saura bien comment il faut s'y prendre. » M. Fouquet était un commissaire de police de sa connaissance. Pendant tout le mois suivant, chaque fois que je lui demandais s'il avait parlé à M. Fouquet ou bien à M. Moulnier, qu'il devait aussi informer de sa mésaventure, il avait toujours oublié de le faire, ou bien ses occupations ne le lui avaient pas permis. J'avoue qu'en cette circonstance M. Duchesne fut par moi véhémentement soupçonné d'avoir usé de feinte pour se dispenser de m'indemniser de mes 30 francs de dépense. Quelquefois néanmoins je me reprochais de douter de la sincérité d'un homme que la gravité de ses fonctions et ses rapports continuels avec les magistrats devaient mettre à l'abri de ces soupçons, et aujourd'hui encore je serais heureux d'apprendre qu'ils étaient mal fondés ; mais cette affaire est restée jusqu'à présent une énigme pour moi. D'ailleurs mon attention fut détournée par un incident d'une toute autre conséquence, qui eut lieu le 3 juin suivant.

Le dimanche 2 juin, un mois après la reprise de mes fonctions d'instituteur et maître de pension ; pendant que l'on se battait et que l'ordre était remis en question dans Paris, nous dînions paisiblement en famille avec M. et Madame Duchesne, que la crainte du choléra avaient retenus jusqu'alors à Belleville. A la fin du dîner seulement, il s'était élevé entre nos deux dames un léger nuage dont je ne pouvais assurément prévoir les effets. Madame Laurent, pour quelque peccadille d'Élise, l'avait fait sortir de table, au grand mécontentement de Madame Duchesne que j'ai toujours vue improuver tout acte de sévérité n'émanant pas d'elle-même ; mais le calme s'était promptement rétabli. Le lendemain, M. Duchesne était sorti dès le matin pour se rendre de bonne heure à son poste, à cause des événements de la veille que nous n'avions appris que fort tard. J'eus aussi à sortir pour quelqu'affaire dans Belleville. Comme j'allais rentrer, entre neuf et dix heures, j'entendis, du milieu de la rue, deux voix de femmes qui se disputaient à outrance ; on eût dit deux poissardes qui étaient aux prises. Bientôt je reconnus que c'étaient Mesdames Laurent et Duchesne. Par bonheur, la rue était déserte en ce moment, par suite de la stupeur qui régnait autour de Paris, où une lutte sanglante continuait. Mais on n'en distinguait que mieux tout ce qui se disait dans cette chambre du troisième, sorte de belvéder qui dominait tous les alentours. Je me hâtai d'y monter pour faire cesser un pareil scandale. Dès que je fus entré, « Figure-toi, me dit Madame Lau-

« rent, que maman me reproche d'être plus sévère pour ma fille
« qu'elle ne l'a été pour moi. » Je voulus la faire descendre. Elle
s'y refusa, et comme j'insistais : « Retire-toi, monstre, me dit-elle :
« oh ! si tu savais comme je te hais ! » Cependant elle me suivit. Or,
vous saurez, Monsieur, qu'outre 2,000 francs environ que j'avais
comptés à M. Fauchon, pour prix de son établissement, je m'étais engagé à lui servir une rente viagère de 400 francs. Quand nous fûmes
descendus dans notre chambre, « Il est fâcheux, dis-je à Madame
« Laurent, que tu ne m'aies pas fait savoir un mois plus tôt que je
« suis un monstre que tu ne peux souffrir, je n'aurais pas contracté
« envers ce vieillard un engagement qui est doublement sacré, à
« cause de son grand âge. Mais si ton père veut prendre cet enga-
« gement à sa charge, je lui céderai volontiers mon marché, et me
« retirerai sur-le-champ pour que tu ne sois pas astreinte plus
« longtemps à avoir un monstre sous les yeux. — J'y consens, me
« dit-elle d'un air bien décidé, » et elle remonta aussitôt informer
sa mère de cette proposition. Mais Madame Duchesne vint me
trouver au plus vite, me suppliant de ne pas y donner suite, au
moins pour le moment. «Je t'en prie, Monsieur Laurent, si tu veux
« te séparer, attends un peu plus tard ; car M. Duchesne va s'en
« prendre à moi ; il dira que je suis seule cause de tout cela et ne
« cessera de me le reprocher. — Que veux-tu, lui répondis-je ; ce
« sera toujours à recommencer. Comment ! il y a à peine un mois
« que ta fille me faisait toutes les promesses imaginables, et voilà
« comme elle les tient ! Une fois pour toutes, il faut en finir.
« Quelle part ai-je donc prise à votre querelle pour qu'elle m'ait
« salué de ce beau compliment ? »

Madame Duchesne me voyant peu disposé à me rendre, courut
chez Madame Conte pour qui elle connaissait toute ma vénération.
Ce ne fut qu'après bien des supplications aussi qu'elle put la déterminer à intervenir ; car Madame Conte sentait de plus en plus à
quoi elle s'exposait en le faisant. Elle vint cependant, et après un
préambule moitié plaisant, moitié sérieux, elle prit nos deux têtes
qu'elle rapprocha, en disant : « Le raccommodement s'achèvera sur
l'oreiller. » Mais je m'aperçus qu'en se retirant, elle insistait à voix
basse pour que Madame Laurent me fît quelques excuses de m'avoir
apostrophé si désagréablement sans raison. Celle-ci n'en fit rien,
et sa mère sortit en même temps, bien contente que la séparation
n'eût pas lieu immédiatement ; car c'est tout ce qu'elle avait demandé. Telle fut la scène qui motiva ma deuxième proposition de
nous séparer. J'ignore si M. Duchesne en fut informé ; dans tous

les cas, Madame Duchesne ne lui en apprit que ce qu'elle voulut. Nous restâmes toute la semaine sans revoir ni l'un ni l'autre.

Je me livrai, pendant cette semaine, à des réflexions pénibles sur l'avenir dont j'étais décidément menacé avec une femme de l'inconstance de Madame Laurent. Elle m'en avait déjà donné des marques réitérées, et cependant chaque nouvelle preuve que j'en recevais augmentait ma surprise ; car je n'avais jamais pu me figurer qu'elle fût portée à ce point. J'avoue que ces réflexions, celles que Madame Laurent pouvait faire, si jamais elle en fit, n'amenèrent pas la gaîté entre nous. Ce fut un calme plat qui dura jusqu'au dimanche suivant. Ce jour-là, Madame Duchesne se représenta à la maison. Dès que Madame Laurent la vit, elle lui sauta au cou et s'écria en la tenant étroitement embrassée : « Ne t'en va plus ma mère ; je ne te quitte plus, car je ne saurais vivre sans toi. » Je haussai les épaules à la vue de cette nouvelle palinodie. Un peu plus tard, M. Duchesne vint aussi, et ce ne fut qu'à son arrivée que nos front se déridèrent. Tel a toujours été le privilége de M. Duchesne, de me faire oublier, au moins pour le moment, mes graves sujets d'ennui, et c'est ce qui explique sans doute le bon accueil que je n'ai jamais manqué de lui faire, malgré son défaut de caractère, qui me mettait dans l'impossibilité de compter sur lui.

En voici une nouvelle preuve. Émile avait été admis chez M. Fauchon sur le pied de 400 francs par an. Lorsque l'établissement fut à mon compte, je dis à M. Duchesne que je diminuais de 100 francs la pension d'Émile, et que je ne consentirais plus à être payé qu'à raison de 300 francs par an, à titre d'indemnité seulement pour sa consommation matérielle, ne voulant pas mettre à prix mes soins, ni l'instruction qu'il recevrait chez moi. M. Duchesne me dit qu'il ne s'attendait pas à une proposition aussi généreuse, et il m'en remercia. Au mois de septembre suivant, étant allé passer quelques jours de vacances à Compiègne, il racontait qu'on avait été fort étonné chez M. Leré, d'apprendre que son gendre exigeât de lui un salaire pour la pension de son fils. A cette époque cependant il savait comme moi que ma maison ne faisait pas encore ses frais, et il ne pouvait savoir plus que moi si elle les ferait dans un temps plus ou moins éloigné. Mais ce qui eût pour le moins autant étonné les MM. Leré, eux si désintéressés en toute circonstance, c'eût été d'apprendre que l'hiver précédent, il avait été exigé de nous, malgré l'état de gêne où nous nous trouvions, un salaire pour les quelques mois que nous avions eu à passer chez M. Duchesne. Il faut dire cependant à la décharge de M. Duchesne, que le regret de payer pour son fils venait primitivement de sa femme, bien plus que de lui-même; car elle est toujours parvenue à lui faire adopter ses idées, même les plus saugrenues. En effet, Madame Duchesne avait, dès avant la fameuse querelle du 3 juin, insinué à Madame Laurent que nous comprenions mal nos intérêts en la taxant pour la pension de son fils; qu'autrement, elle saurait nous faire des cadeaux d'une valeur bien supérieure à ce que nous retirions. Je répondis que je tenais plus aux bons comptes qu'aux cadeaux qui humilient souvent ceux qui les reçoivent, et que d'ailleurs j'avais mes raisons pour me défier de ceux de Madame Duchesne.

Notre première rentrée, qui eut lieu au mois d'octobre 1832, fut des plus satisfaisantes. Le nombre de nos élèves se trouva tout d'un coup plus que doublé. Ce succès tenait à plusieurs causes. D'abord il ne fut pas difficile d'introduire quelques améliorations dans une maison tenue par deux vieillards qui n'avaient plus l'activité nécessaire pour la bien diriger. En second lieu, j'avais été précédé de quelques semaines, dans cette maison, par un excellent sous-maître, M. Denis Lempertier, qui y avait ramené une discipline admirable. Il avait succédé lui-même à deux autres maîtres qui n'avaient pu y rester à cause de l'insubordination des élèves. Une matelassière me raconta, encore sous l'impression d'une sorte de terreur, qu'elle les avait vus elle-même rangés des deux côtés de la cour, leurs couteaux et canifs ouverts, et prêts à éventrer leur maître quand il viendrait à passer. Ces dispositions étaient accompagnées du chant de la *Marseillaise* et de vociférations qui effrayaient les voisins. On conçoit que la réputation de cet établissement dut en essuyer un échec sensible. Aussi le nombre des élèves était-il réduit à seize, externes et pensionnaires compris, lorsque j'en pris la direction. Cependant je fus frappé du ton de politesse et de soumission qui régnait parmi eux, au lieu du désordre et de la confusion que je m'attendais à rencontrer. Cinq ou six semaines avaient suffi à M. Denis pour opérer cet heureux changement; mais au dehors on en attribuait le mérite au nouveau titulaire. Disons de suite aussi que Madame Laurent possédait au suprême degré le talent de gagner la confiance des familles.

Je sus un gré infini à M. Denis du zèle qu'il déployait dans l'intérêt commun; cependant c'était son début. Après s'être livré jusque-là aux travaux des champs, il était arrivé récemment de la Bourgogne à Paris, n'ayant jamais reçu d'instruction que de l'instituteur de son village. Je le fis travailler tous les soirs après le coucher des élèves : cela augmenta encore son dévoûment pour la maison et son attachement pour moi. Je n'avais pas moins d'affection pour lui, et il la méritait. Il sortait à peine une fois par mois pour son agrément, se montrant partout d'une activité infatigable. Comme il a toujours existé une opposition tranchée entre Madame Laurent et moi, sur les personnes et les choses, par la raison même de ma liaison avec M. Denis, elle ne pouvait le sentir. Ce qui prouve qu'elle a toujours été inspirée uniquement par un sentiment d'égoïsme, c'est que sa jalousie n'était arrêtée ni par l'âge, ni par le sexe des personnes sur qui elle s'exerçait. Ainsi elle haïssait M. Denis tout simplement parce qu'elle supposait qu'il tenait moins à elle qu'à moi, comme si c'eût été un larcin qu'on lui faisait que de reporter sur d'autres une partie de la considération qu'elle prétendait lui être due sans partage. Elle disait, en parlant de moi : « *Il n'aime son M. Denis que parce qu'il le flatte.* » Non, c'est parce que j'avais su, par voie indirecte, que M. Denis ne laissait échapper aucune occasion de faire remarquer aux élèves les améliorations introduites depuis notre arrivée dans la maison. Les enfants, peu habitués à juger par eux-mêmes, s'accommodent assez de trouver des jugements tout faits, et comme ceux-ci émanaient d'un homme en qui ils avaient confiance, ils les transmettaient au dehors tels qu'ils les avaient reçus formulés d'avance. En un mot, je crois que M. Denis eut une bonne part dans l'accroissement subit du pensionnat.

Mais ce qui augmenta encore, s'il est possible, la haine de Madame Laurent contre lui, c'est la fermeté qu'il déploya envers Émile. La partialité de Mesdames Laurent et Duchesne, en cette circonstance, était un écueil contre lequel bien d'autres seraient venus se briser; mais il soutint la lutte sans arrogance comme sans faiblesse. Que de regards foudroyants lui furent lancés lorsqu'Émile était privé d'un mets, ou bien mis en retenue! Il restait inébranlable. Et maintenant, si Émile avait la conscience des obligations qu'il lui a, il chercherait partout cet homme pour le remercier avec effusion. Vainement on se ligua contre lui, ce ne fut qu'au bout de cinq ans qu'il succomba, comme j'aurai occasion de le dire.

Un soir que Madame Laurent avait sans doute eu pour lui quelque procédés peu convenable qu'elle supposait avoir dû provoquer ses plaintes, supposition très-mal fondée, car aucune plainte contre elle n'est jamais sortie de la bouche de M. Denis, et c'est en quoi je l'appréciais davantage, nous étions restés à sa leçon plus tard que de coutume, ou plutôt, après la leçon, nous avions jasé, autant dire, de choses insignifiantes, mais pour le plaisir de jaser. Rien ne me dilate le cœur comme de me sentir en face d'un homme franc et loyal. Donnant donc un libre cours à nos rêves favoris de nous retirer sur nos vieux jours à la campagne, dans son beau village de Venizy, traversé par un clair ruisseau, lequel village je n'ai jamais vu, mais dont il m'a fait mainte fois la description, nous devions faire dériver un filet d'eau jusque dans notre basse-cour pour y faire baigner nos canards. Puis c'étaient de grands éclats de rire. Vous voyez, Monsieur, combien notre conversation était innocente, ou, si vous voulez, puérile. Madame Laurent, au lieu de se coucher, nous avait écoutés par la fenêtre de notre chambre, située à l'autre extrémité de la cour. Évidemment elle n'avait pu entendre de si loin, que des sons inarticulés. Quand je fus remonté : « Oses-tu « bien encore te présenter devant moi, me dit-elle, après toutes les « horreurs que M. Denis vient de te débiter sur mon compte? — « Mais tu es folle! nous n'avons pas même prononcé ton nom. Tu « as donc eu quelque démêlé avec lui, pour supposer qu'il a dû se « plaindre de toi? — Tu veux me donner le change, répliqua-t-elle, « tu fais le bon apôtre, mais tu sais mieux, par lui, ce qui se passe « en ton absence que moi. » — Et je ne pus en tirer davantage. Le lendemain je fis la même question à M. Denis, et il m'assura qu'il ne s'était aperçu de rien. Mais j'ai pensé qu'il se renfermait dans sa discrétion habituelle sur tout ce qui concernait Madame Laurent, ou bien c'était une véritable hallucination qui était passée par la tête de cette dernière.

Presque toujours Madame Duchesne, en traversant Belleville pour venir nous voir, apportait de volumineux paquets. C'étaient des blouses, des chemises ou d'autres objets de trousseau qu'elle avait raccommodés pour son fils. Comme elle montait au milieu du jour, elle rencontrait souvent quelque personne de sa connaissance qui lui disait : « Vous êtes bien chargée, Madame Duchesne? — « Hélas! on n'est pas mère pour rien ; c'est pour mes enfants qui « sont là haut. — Voilà une mère digne de ce nom, qui se dépouille « ainsi pour ses enfants! » — Et ces paroles lui chatouillaient agréablement l'oreille. Comme elle s'en retournait presque toujours à la nuit, on voyait rarement ce qu'elle remportait. Une autre fois, on la rencontra sur le chemin de la pension, portant ostensiblement une bouteille à moitié remplie de café à l'eau. « Vous portez donc « une médecine à quelque malade? — Non ; comme nous dînons « aujourd'hui chez nos enfants, je ne veux pas les induire en « dépense, et je leur porte ce café. » Mais on en avait fait aussi à la maison plus qu'il n'en fallait, et, pour que le reste ne fût pas perdu le lendemain, Madame Duchesne l'ajouta au sien et remporta sa bouteille à peu près pleine, mais cette fois dans son cabas.

Mais si Madame Duchesne tenait passer pour faire des cadeaux, en revanche elle aimait aussi beaucoup à en recevoir. Elle avait un moyen infaillible pour obtenir de sa fille ce qu'elle voulait, c'était de lui donner raison contre tous ceux qui étaient, n'importe à quel titre, l'objet de son ressentiment; car il fallait toujours à Madame Laurent ce qu'on appelle vulgairement *une bête noire*, tantôt son mari, tantôt un maître, tantôt une bonne, tout en ayant l'air de se présenter elle-même comme victime de l'injustice d'autrui. Alors elle eût donné son âme à quiconque entrait dans ce qu'elle appelait *son parti* : aussi Madame Duchesne a-t-elle manqué rarement son coup. C'est ainsi que, dès le commencement de 1833, elle s'était fait donner un édredon par sa fille. Il est vrai qu'en l'achetant on avait sans doute trop visé à l'économie, car l'été suivant il avait fallu en jeter le duvet au coin de la borne, parce que les vers s'y étaient mis. En ayant été informé par le plus grand des hasards, je sentis la nécessité d'établir une comptabilité sévère. Mais, nouvelle difficulté, et plus inextricable que toutes les autres ! Madame Laurent s'est toujours crue profondément humiliée de l'obligation que je voulais lui imposer, mais dont je ne suis jamais parvenu à lui faire comprendre l'utilité, d'inscrire jour par jour, et article par article, sa dépense. Et c'est ici qu'éclate le machiavélisme de Madame Duchesne. Tandis que d'un côté elle montait la tête à sa fille, en lui disant que c'était se ravaler que de rendre des comptes à un mari; que le sien serait mal reçu s'il venait lui en demander : « Mais loin de là, ajoutait-elle, avec M. Duchesne *je taille, je rogne* « comme je veux, » et cette jactance encore était un effet de la rivalité qui a toujours existé entre elles; tandis qu'elle donnait à sa fille ces perfides conseils dont j'avais déjà quelque connaissance, mais dont plusieurs mères de famille ont été témoins, Madame Duchesne en même temps cherchait, d'un autre côté, à me faire savoir indirectement que, si décidément je ne pouvais m'entendre avec ma femme, dont au surplus elle ne *niait pas l'extravagance,* elle (Madame Duchesne), ferait encore le sacrifice de rentrer avec nous, à titre d'associée, pour exercer les fonctions qui lui avaient été dévolues lors de notre première association. On sait qu'elle a toujours beaucoup regretté ce temps. Mais si j'eusse prêté l'oreille à ces insinuations, au lieu d'être tombé de Charibde en Sylla, ainsi que mon sort l'a voulu, je n'eusse pas manqué d'être englouti par ces deux gouffres réunis, et dès lors ma perte était inévitable; tandis que je suis encore parvenu à surnager comme par miracle et à me retirer, quoique tout meurtri, de chacun des deux successivement.

Madame Duchesne voyant que cet essai ne lui réussissait pas, voulut obtenir du moins que Madame Laurent eût plus de latitude pour sa dépense; car elle y avait bien son intérêt. Elle agit donc sur l'esprit de son mari, lui exagérant la sujétion à laquelle sa fille était réduite, et lui répétant toujours la même chose, comme elle avait coutume de faire, et de parvenir ainsi à lui inculquer ses idées, au point que M. Duchesne finissait souvent par se les approprier et s'en croire le père. Il paraît que, dans la chaleur du débit, il était échappé à Madame Duchesne de lui dire, entre autres choses, que Madame Laurent n'avait que *trois chemises;* car M. Duchesne, frappé de ce prétendu dénûment, ne put s'empêcher, aussitôt qu'il me vit, de m'en faire le reproche en termes fort acerbes, malgré sa politesse habituelle; et il me cita le fait tel qu'il lui avait été transmis. « Trois chemises! m'écriai-je; mais quel trousseau avez-
« vous donc donné à votre fille pour qu'elle n'ait que trois chemises?
« Ou bien elle les aura vendues pour avoir des chapeaux et des
« robes, car, Dieu merci, elle ne manque pas de ces dernières.
« Mais moi, qui ne me suis pas encore acheté de linge depuis mon
« mariage, il me reste encore plus de trois chemises, et pourtant
« je ne me suis pas compté 1,600 francs de trousseau! Au surplus,
« ce n'est pas à l'achat de chemises ni d'autres objets solides, et
« d'une utilité réelle que j'ai jamais prétendu m'opposer. Mais,
« enfin, voyons si Amélie n'a que trois chemises; car, sans m'être
« jamais avisé de les compter, je suis persuadé que tu es là-dessus
« dans une grande erreur. » Comme nous allions procéder à cette vérification, Madame Laurent s'y opposa en rassurant son père sur le compte de ses chemises. Ce n'était pas elle qui avait tenu ce propos; Madame Duchesne le nia aussi; comme cela arrivait ordinairement en pareil cas, ce n'était personne; il fallait donc que M. Duchêne l'eût rêvé.

Le dimanche suivant, voulant achever de tranquilliser M. Duchesne sur le sort de sa fille, j'avais mis de côté le cahier de dépenses de Madame Laurent; nous le parcourûmes ensemble, et lui faisant remarquer qu'elle avait reçu tant tel jour, tant telle semaine, car je lui donnais ordinairement 150 à 200 francs à la fois; tu vois, ajoutai-je, que ta fille ne manque pas d'argent, puisqu'il doit encore lui rester telle somme entre les mains. « Je le vois bien,
« me dit-il, mais cela ne prouve pas qu'elle te vole. » C'est ainsi que M. Duchesne était toujours à côté de la question, en matière sérieuse. « Je ne te montre pas non plus son cahier pour te prouver

4

« qu'elle me vole, petit père ; mais je te demande si aucun admi-
« nistrateur, désireux de faire honneur à ses affaires, peut agir
« autrement que je le fais? — Ah! tu as raison. » Et il ajouta en
me serrant la main : « Oui, Madame Duchêne a beau dire, tu es le
« mari qui convient à ma fille. Mais sois tranquille; je parlerai à
« l'une et à l'autre. » J'ignore ce qu'il leur dit ; mais cela n'empêcha pas que les comptes de Madame Laurent n'aient toujours été
pour nous une véritable pierre d'achoppement.

Lorsque je fus commandé pour monter la garde, Madame Laurent
prétendit que je pouvais m'en dispenser. « C'est bien à toi, disait-
« elle, qu'on ferait faire ce qui ne te plaît pas. » Dans tous les cas,
je devais, selon elle, la monter *en biset* ; et, quand elle vit le mémoire du tailleur, elle ajouta : « On n'y regarde pas de si près quand
« il s'agit de dépenses de fantaisie ; tandis que j'aurais eu une si
« belle robe pour moins d'argent, au lieu de ces habits de parade
« dont tant d'autres, qui te valent bien, savent se passer. » Ces
regrets ne prouvaient qu'une chose, que son parfait égoïsme la
rendait insensible au ridicule qui aurait pu rejaillir sur son mari,
chef d'établissement, s'il s'était refusé à ce que la grande majo-
rité de ses concitoyens faisaient de gaîté de cœur, et dont, au reste,
la loi lui imposait l'obligation.

Parmi les lingères que nous eûmes pendant cette période de mon
second établissement, s'en trouva une qui épousa chaudement la
haine insensée de Madame Laurent contre M. Denis : Dès lors,
grande intimité entre elle et Madame Laurent. Elle se nommait
Caroline. Un jour que la maîtresse et la lingère se livraient à tous
les épanchements de l'amitié, la conversation tomba sur les maris :
« Je ne me fierais à aucun, dit Caroline. — Moi, je suis sûre de la
fidélité du mien, dit Madame Laurent. — Hé! Madame, il ne faut
répondre de rien. — Comment! vous douteriez de M. Laurent,
qui n'est occupé que de sa maison, qu'on ne voit jamais sourire à
une femme ni agacer une jeune fille? — Ah! Madame, c'est qu'il y
a des hommes qui préfèrent les vieilles aux jeunes. — Mais encore,
quelle vieille aurait pu captiver mon mari? — Je vous plains,
Madame, d'être aussi peu clairvoyante ; et Madame Conte!.......
croyez-vous que c'est pour vous qu'elle vient si souvent? » En effet,
Madame Conte venait fréquemment chercher ou ramener notre
enfant qui, jusqu'alors, avait été beaucoup plus de temps chez elle
que chez nous. Cette réflexion fut comme un trait de lumière pour
Madame Laurent ; dès lors son front se rembrunit sensiblement ;
elle ne cessait de tonner contre la perfidie des maris. Peu de temps

après, comme nous avions Madame Leré, de Compiègne, à dîner, elle fit en présence de cette dame une nouvelle sortie contre les maris, en me lançant des regards qui me firent enfin comprendre que j'étais l'objet de ses imprécations. Je fis rapidement mon examen de conscience, recherchant si quelque geste ou parole inconsidérée n'avait pas allumé cette sorte de frénésie. Ne trouvant rien, absolument rien qui eût pu y donner lieu, je me proposai bien d'avoir avec elle une explication à ce sujet. En effet, lorsque j'eus reconduit Madame Leré chez Madame Clausse, je retrouvai Madame Laurent assise sur une chaise, dans une attitude tragique. Elle avait peine à respirer. « Je te demande la cause de l'agitation « où je te vois? — Que peux-tu me demander, après la conduite « infâme que tu tiens tous les jours? — Une conduite infâme!..... « et avec qui? — Avec Madame Conte, entends-tu? » Je partis d'un éclat de rire. — « La seule vengeance que je veuille tirer de « ton extravagante imputation, lui dis-je, ce sera d'en faire part à « Madame Conte elle-même. » Mais Madame Conte prit la chose plus au sérieux que moi, et me dit que, pour ne pas troubler le repos de Madame Laurent, il fallait cesser de nous voir. Elle cessa en effet de venir à la maison; Madame Laurent se présenta chez elle et ne fut pas reçue. Il y eut entre ces deux dames échange de plusieurs lettres auxquelles participa M. Duchesne, qui connut parfaitement l'acte de démence de sa fille.

Caroline passa tout au plus trois mois à la maison, et cependant elle avait su prendre un grand empire sur Madame Laurent, qu'elle tenait dans sa dépendance. Lorsque je l'eus renvoyée pour avoir cherché, plusieurs fois, à exciter les grands élèves contre M. Denis, Madame Laurent se trouva comme délivrée d'un poids pénible, et nous raconta naïvement comment lui avaient été suggérés ses injustes soupçons contre Madame Conte, qui les lui pardonna de bon cœur.

Je ne compte pas comme troisième tentative de séparation entre Madame Laurent et moi, celle dont elle-même avait pris l'initiative, ou plutôt qu'elle avait commencé d'exécuter; car je ne l'ai parfaitement connue que bien longtemps après. Voici à quelle occasion elle eut lieu :

Dès le commencement de l'année scolaire 1833-34, notre maison était à peu près au complet, ce qui m'inspira le désir de changer de local pour m'agrandir. J'étais désolé de quitter mon excellent propriétaire, M. Herbé, qui était dans le ravissement lorsqu'un locataire solvable lui fournissait l'occasion d'élever quelque construction nouvelle. Mais l'emplacement était trop restreint, et toute sa bonne volonté fut stérile pour moi. Je me mis donc sérieusement à la recherche d'une autre maison ; mais le vestibule de celle que nous occupions, ayant besoin d'être un peu approprié, je pris le parti de le faire simplement au badigeon, puisque nous pouvions quitter d'un moment à l'autre. Madame Laurent voulait une peinture à l'huile, et comme je m'y refusais positivement, elle disparut aussitôt et ne revint à la maison qu'après deux heures d'absence. Le soir même de ce jour, je rencontrai une personne employée au cimetière, qui me demanda s'il était arrivé quelque grand malheur chez nous, parce qu'elle avait vu Madame Laurent courir çà et là, cherchant Madame Conte d'un air effaré. Là dessus j'interrogeai Madame Conte, qui éluda longtemps mes questions ; car elle cherchait toujours à me donner le change. Enfin je sus que Madame Laurent était venue la prévenir qu'elle ne pouvait plus rester avec un mari qui montrait si peu de goût. « Il n'y a qu'à vous, bonne Madame « Conte, que j'ai voulu dire adieu ; ni mon père, ni ma mère ne « sauront où je suis, et je ne veux emporter que ce que j'ai sur « moi. » Depuis ce temps, Madame Laurent a fait des progrès, car, non contente de tous ses effets personnels, châles, robes, fourrures, bijoux, elle veut emporter aujourd'hui ce que nous possédons de plus précieux, linge, pendules, candélabres, argenterie qu'elle retient encore en ce moment. Madame Conte lui représenta qu'elle outrageait la Providence, de vouloir quitter pour ce motif une maison qui prenait un aspect si prospère ; et, causant ensemble, elle l'accompagna jusqu'à notre porte où, la prenant par le bras, elle la fit entrer comme de force en lui disant : « Je vous maudis, et refuse de jamais vous voir, si vous vous avisez de ressortir. »

Le 18 janvier 1834, lorsque le vestibule, qui avait failli me coûter la perte de ma femme, était à peine badigeonné, j'achetai l'une des deux maisons que nous avons habitées depuis, et je prenais l'autre en location. M. Duchesne me prêta, sur une simple reconnaissance, 17,000 francs, pour m'aider à la payer. Madame Laurent m'a reproché nouvellement, en présence de mon gendre, *que ses parents avaient déjà trop fait pour moi;* si elle a entendu des secours gratuits qu'ils m'aient jamais fournis en argent, je les nie formellement ; mais si elle a voulu parler de ce prêt, j'avouerai volontiers que Monsieur Duchesne m'a rendu service en cette circonstance. Seulement les mots *ont trop fait,* seraient mal placés ici ; car ils tendraient à signifier que M. Duchesne a eu lieu de s'en repentir, tandis qu'il ne se refusera sans doute pas à déclarer que je lui en ai toujours exactement servi les intérêts à 5 pour 100, plutôt la veille que le lendemain de chaque échéance, jusqu'à l'entier remboursement du capital. Et notez que dans les années qui suivirent surtout, l'argent bien placé ne rapportait pas toujours 5 pour 100 ; mais je repète que je ne répudie pas la reconnaissance que tout prêteur est en droit d'attendre, indépendamment même des intérêts, de la part de son emprunteur, pour la confiance qu'il lui a témoignée.

Déjà plusieurs fois M. et Madame Duchesne avaient manifesté, devant moi, l'intention de se défaire de leur meuble de salon qui leur était devenu inutile, et se perdait par le défaut d'usage. Je leur demandai alors s'ils voulaient nous le vendre, et, sur leur réponse affirmative, je leur proposai de le faire estimer par un ou plusieurs marchands de meubles, m'engageant à le payer à raison de 10 pour 100 de plus que celui qui en offrirait davantage. Ma proposition fut jugée convenable. En effet, j'avais regardé jusqu'alors, et je regardai encore bien longtemps après, mes intérêts comme tellement confondus avec les leurs, que je me souciais peu si je payais une cinquantaine de francs de plus à eux qu'à des étrangers. Il fut convenu qu'on me ferait connaître, à la prochaine entrevue, l'estimation du marchand le plus offrant. Mais Madame Laurent, avec qui je différais d'opinion sur des objets de bien moindre importance à ses yeux qu'un meuble de salon, ne pouvait à plus forte raison, partager mon avis sur celui de son père. « Comment ! tu achèterais une vieillerie semblable ? » J'eus beau représenter que nous venions de contracter une dette de 17,000 fr.; qu'il nous restait à faire beaucoup de dépenses d'agrandissement et de réparations dans la nouvelle maison ; qu'on pourrait recouvrir ce meuble de housses pour en dissimuler la vétusté, tout fut inutile. Elle trouva sans doute moyen de voir M. Duchesne, ou de lui écrire avant qu'il revînt; car lorsque nous le revîmes il avait complétement changé d'avis. Mais un mois ne s'était pas écoulé depuis lors, que j'avais acheté à une vente après décès, faite à la criée dans une maison de Belleville, en même temps que deux belles glaces, un autre meuble qui pouvait aller de pair avec celui de M. Duchesne, sinon que l'un était jaune et l'autre rouge. A l'occasion de cet achat, grave conflit, grands débats qui ne se terminèrent pas en un seul jour. Je ferai observer en passant que mon gendre aujourd'hui ne partage pas les dédains de sa belle-mère à cet égard; car il s'accommode fort bien des six fauteuils, des deux bergères et du canapé, qui pourtant, depuis 1834, ne sont pas rajeunis. Sur ces entrefaites arriva Madame

Clausse qui fut établie juge de la question. Elle voulut voir les pièces en litige, qui ornaient déjà, selon moi, et qui, selon Madame Laurent, dégradaient le salon de la nouvelle maison. J'ignore la nature des observations que Madame Clausse fit à ce sujet ; car étant arrivé subitement auprès de ces deux dames, je n'entendis que ces mots : *Songe donc, mon Amélie...* dont la suite fut interrompue par ma présence ; ce qui me détermina à me retirer sur-le-champ, sous un prétexte quelconque. Je présumai, en me retirant, que si Madame Clausse avait dit : *Songe donc, mon Amélie*, etc., c'est qu'elle avait trouvé aux vues d'Amélie quelque objection sérieuse, à laquelle cette dernière n'avait pas *songé*. Cela me fit augurer favorablement de l'arbitrage de Madame Clausse. Mais j'appris d'une manière encore plus certaine, et des plus singulières, que ses conclusions ne furent nullement en faveur de Madame Laurent. C'est ce que je vais, Monsieur, vous raconter en peu de mots, car je m'aperçois que ma lettre devient, et je vous en demande pardon, d'une longueur démesurée.

Quelques jours plus tard survint Madame Duchesne qui, sans doute, fidèle à son système, ne manqua pas de faire *chorus* avec sa fille, au sujet de ses griefs contre Madame Clausse. Ceci, Monsieur, n'est de ma part qu'une supposition ; mais vous allez voir quel degré de vraisemblance elle dut acquérir à mes yeux. Je continue donc ma supposition : Madame Duchesne, que j'ai vue, en maintes circonstances, ne pouvoir, pendant deux heures, soutenir un entretien paisible avec sa fille, fut cette fois, une partie de la journée, dans un accord vraiment édifiant avec elle. Comme on dut en débiter ! Ma petite fille, à laquelle ces dames n'avaient pas fait attention, tant elles étaient échauffées, s'amusait ou circulait autour d'elles. Ce que son intelligence d'enfant lui avait permis de comprendre de leur conversation, c'est qu'évidemment ses deux mères étaient fort mécontentes de Madame Clausse. Or, quelqu'un qui vit Élise à l'entrée de la cour, lui demanda s'il y avait longtemps qu'elle n'avait vu Madame Clausse. — « Nénaine Clausse ! dit l'enfant ; elle n'a garde de venir ici, car maman la mettrait bien vite à la porte. » Ce propos me fut rapporté, et j'eus aussitôt le mot de l'énigme ; mais je l'interprétai le moins mal que je pus à mon interlocuteur.

Aux vacances suivantes (septembre 1834), nous transportions quarante-neuf pensionnaires, de la rue de Romainville à la rue du Pré-Saint-Gervais. Deux ans plus tard (commencement de 1837) il nous fallait de nouvelles constructions pour nous agrandir, et j'achetais en même temps la maison que j'avais eue d'abord à loyer, à côté de la nôtre, et les deux propriétés furent ainsi réunies en une seule. Cette prospérité acheva de tourner la tête à Madame Laurent. Elle découvrit un moyen d'établir plus sûrement sa domination ; c'était de semer la division parmi les maîtres, de même que parmi les domestiques devenus plus nombreux, et de les opposer les uns aux autres. C'est ainsi qu'elle finit par triompher de M. Denis. Absorbé par mille autres occupations, je m'étais vu dans l'impossibilité de continuer à faire ma classe régulièrement, et je m'en étais déchargé sur un maître fort capable, nommé M. Perron. Celui-ci avait vu, d'abord sans envie, son collègue M. Denis exercer les fonctions d'inspecteur, quoiqu'il n'en eût pas le titre. Madame Laurent eut soin de lui faire remarquer sa trop grande abnégation, de laisser, lui, premier professeur de l'établissement, une voix de rang inférieur prévaloir sur la sienne, puisque c'était M. Denis qui présidait à toutes les réunions générales, au réfectoire, à la prière du matin et du soir, etc. M. Perron, si charitablement averti, ne manqua pas de réclamer ses droits. Son collègue, devenu aussitôt son antagoniste, ne voulut rien céder de ce qu'il regardait comme un privilège dont la possession lui était assurée sans conteste depuis cinq ans. De là, scission déclarée entre les deux maîtres les plus influents de la maison, et par suite entre les élèves ; ce qui les obligea de se retirer l'un et l'autre. Vous aurez, Monsieur, une idée de la vigilance de M. Denis, et de la soumission qu'il avait obtenue de ses élèves, quand vous saurez qu'une belle treille de chasselas, qui garnissait un côté de leur récréation, fut laissée intacte, au milieu d'eux, jusqu'à parfaite maturité. Il est vrai que nous leur avions promis qu'il n'en serait pas détaché une grappe sans eux, et qu'elle serait entièrement partagée entre toutes les peronnes de la maison, ce qui fut ponctuellement exécuté.

Au regret d'avoir perdu M. Denis se joignit, bientôt après, celui de perdre aussi une première lingère qui m'avait laissé un peu de répit, en ce que, pendant son séjour à la maison, il y eut très-peu de réclamations pour les divers objets de trousseaux appartenant aux élèves. Je m'étonnais que Madame Laurent eût pu la garder à peu près deux ans. C'est qu'Eugénie, fort complaisante, passait une grande partie des nuits au remaniement des robes de Madame Laurent. A la fin, la pauvre fille était sur les dents, et il n'y eut plus ni argent ni promesse qui pût la retenir. S'il fallait citer toutes les couturières en robes auxquelles Madame Laurent s'adressa dans Paris et dans Belleville, l'énumération en serait longue, et cependant il n'y en eut pas une seule dont le travail lui ait paru satisfaisant. Toutes étaient obligées d'y retoucher deux ou trois fois ; et quand leur patience était à bout, la tâche de Pénélope retombait sur les lingères. Quand c'était une couturière de grand renom qui y avait mis la main, telle que Madame Barat, rivale de Palmyre, qui cependant ne réussit pas mieux que les autres, alors Madame Laurent, n'osant la traiter comme une ouvrière d'un rang obscur, s'en prenait encore à ses lingères ; et ses exigences à cet égard ont encore été l'un des grands obstacles à ce que nous ayons pu conserver longtemps de bons sujets à la lingerie.

Dans l'embarras de remplacer Eugénie, nous en avions fait venir une de Besançon qui nous était puissamment recommandée. Elle n'était pas arrivée depuis huit jours qu'il fallait, selon Madame Laurent, la renvoyer. Quel motif alléguait-elle ? aucun. Mais elle avait le malheur d'être jolie, moins cependant que Madame Laurent. Ainsi, pour satisfaire un simple caprice, il fallait payer en pure perte deux voyages dispendieux, causer un tort considérable à cette fille dont la réputation et la fierté naturelle à toute âme droite et honnête, souffraient de ce brusque renvoi, et faire une sorte d'affront aux personnes dont les encouragements l'avaient déterminée à se rendre à notre invitation. Cependant j'eusse mieux fait, dans son intérêt, de ne pas mettre obstacle aux vues de Madame Laurent; car, outre les mille tracasseries qu'elle eut à essuyer chez nous, et qui altérèrent gravement sa santé, lorsqu'elle fut de retour dans son pays, notre enfant, qui alla aussi l'habiter presqu'en même temps, répétait, en vrai perroquet, à des personnes de la connaissance de cette fille, *qu'il était heureux que la grande Marie n'eût pas su mieux écrire ; car elle eût été chargée de la dépense de la maison à la place de sa mère, qui n'aurait plus été alors que comme en sous-ordre.* C'est ainsi qu'on avait préludé à former le cœur de mon enfant au respect qu'elle doit à son père ! Ai-je besoin de dire que rien, ni dans mes paroles, ni dans mes actions, n'a jamais autorisé une supposition semblable. J'avais trop le sentiment de ma dignité, de mon devoir, et même de mes intérêts, pour en concevoir seulement la pensée. Malgré les extravagances de Madame Laurent, je défie qu'elle cite un seul cas où je n'aie pas cherché à la faire respecter comme une maîtresse de maison doit l'être.

Ici se présente la scène relatée dans l'exposé de Madame Laurent, où il est dit *qu'en 1836, le jour de la fête de M. Duchesne, je n'ai pas craint d'affliger la famille par la proposition d'une séparation immédiate.* D'abord, c'était chez nous que se célébrait cette fête.

Pour notre compte, nous n'avons jamais eu de fête que toute la famille Duchesne ne soit venue l'embellir de sa présence, et ce n'est pas ironiquement que je m'exprime ainsi; car, j'ai déjà eu occasion de le déclarer, je la recevais avec plaisir, et l'on peut dire avec vérité que, pour nous, il n'y avait point de belle fête sans l'accompagnement obligé de la famille Duchesne. Peut-être même serais-je tenté de croire à présent que, sans la cessation de mes affaires, qui a interrompu le cours de ces fêtes, la plainte actuelle, quoique couvée longtemps, ne serait pas encore éclose. Cela posé, à qui fera-t-on croire que j'aie, sans raison, lancé brusquement au milieu de la fête une proposition de séparation immédiate? Ce n'est jamais qu'en réponse à des plaintes mal fondées, ou du moins exagérées de Madame Laurent, ou à des reproches injustes de sa famille, que j'ai parlé de séparation. « Vous prétendez, leur disais-je, que
« votre fille est malheureuse avec moi, que je la tyrannise : eh
« bien ! pour vous prouver que je tiens fort peu à la tyranniser,
« je vous invite à la prendre avec vous, et vous saurez à quoi vous
« en tenir. » Et encore n'est-ce que comme temps d'épreuve que je faisais cette proposition. Je voulais les constituer juges eux-mêmes du caractère de leur fille, persuadé que s'ils la connaissaient mieux, ils lui retireraient peut-être leur maladroit appui, qui la soutenait jusque dans ses caprices les plus bizarres, et qu'alors, peut-être aussi, elle me reviendrait plus disposée à se rendre au bon sens et à la raison ; car je n'ai jamais eu l'idée d'une séparation perpétuelle, et ne l'aurai jamais tant que ses mœurs resteront irréprochables.—
« Tu me dis, petit père, que si je m'accorde peu avec elle, *c'est que*
« *je ne connais pas le monde*. Mais c'est toi qui n'a pas *connu* ta
« fille, car tu me l'as représentée comme une *cire molle*, et tu con-
« viens toi-même qu'elle est bien *coriace* par moments ; c'est là ton
« expression. Tu la compares à sa mère, et tu ajoutes : Quand ma
« *vieille* me tourmente, je la laisse là, et m'en vais faire une partie
« de piquet. J'en ferais peut-être autant que toi si ma position me
« le permettait ; mais puis-je abandonner cent trente individus à sa
« merci ? » Ce jour-là précisément la conversation était tombée sur le peu de sincérité des écoliers dans leurs excuses, et M. Duchesne blâmait surtout la facilité avec laquelle certains parents rejettent toujours tous les torts sur le maître. Je lui dis, à contre-temps sans doute, à cause de la circonstance, que je connaissais un père dont la fille, qui n'était plus enfant, avait le talent de lui faire croire bien des choses. M. Duchesne piqué répliqua : « Te rappelles-tu qu'un jour, il y a longtemps de cela, tu nous dis, à propos d'un

procès en séparation de corps, que tu ne concevais pas comment un mari était assez nigaud pour battre sa femme en présence de témoins. *Oh! que je me suis mordu les doigts alors de t'avoir donné ma fille!* « Et en même il porta un doigt entre ses dents. Effectivement, six ou sept ans auparavant, j'avais, dans l'abandon de la conversation, tenu, en plaisantant, à peu près ce langage devant ma femme et M. Duchesne. — « Mais, petit père, lui dis-je, tu crois donc que je maltraite ta fille? Eh bien! reprends-la, garde-la avec toi, et tu seras plus sûr qu'elle n'est pas battue. » Un autre jour, comme je rappelais à M. Duchesne qu'il m'avait reproché sérieusement ce propos tenu par plaisanterie, il le nia en me disant : « Com-
« ment veux-tu que j'aie dit une pareille sottise? je sais fort bien
« que tu ne bats pas ta femme. » Eh bien! aujourd'hui cette *sottise*, car c'est bien lui qui l'a ainsi qualifiée, se reproduit à l'occasion de la plainte de sa fille, plainte à laquelle il donne tout le crédit qui dépend de lui. Ce fut donc la troisième fois qu'il fut question de séparation. Mais la famille Duchesne parut vouloir y donner suite, et voici à quelle occasion :

Deux ou trois mois auparavant, étant sur le point d'arrêter un professeur interne, je m'étais transporté, pour avoir des renseignements, au domicile du dernier patron chez qui il avait exercé. C'était M. Beauvais, maître de pension à Paris, qui me fit un accueil des plus polis. J'appris qu'il avait un jour de libre par quinzaine, et l'invitai à venir, en se promenant, visiter ma maison. Mon invitation fut acceptée. Dès que Mesdames Beauvais et Laurent se virent, elles se plurent; et comme Madame Laurent n'y va pas à demi en pareille circonstance, elle me remercia beaucoup de lui avoir fait faire la connaissance de cette dame. « Quel bonheur, s'écriait-elle sans cesse, que tu aies eu besoin de renseignements! » A sa première sortie, elle courut nécessairement chez Madame Beauvais, lui confier ses chagrins et ses peines. M. Beauvais m'en témoigna loyalement sa surprise. « Il faut, me dit-il, que votre jeune femme,
« d'ailleurs si aimable, ait le cœur bien gros, bien rempli de sou-
« cis, pour qu'ils débordent aussi facilement. — Oui, répondis-je,
« de soucis imaginaires. Mais cela prouve en même temps qu'elle
« a le cœur bien vide de sentiments raisonnables, et surtout dura-
« bles. Au surplus, Madame Beauvais me paraît avoir de l'aplomb,
« et j'aime mieux qu'elle la prenne pour confidente que la première
« venue, comme cela lui est arrivé si souvent. » Notre liaison était encore de bien fraîche date à l'époque de la fête de M. Duchesne, mais nous avions déjà eu le temps de dîner les uns chez les autres.

M. et Madame Duchesne avaient aussi été invités chez M. Beauvais, et il paraît que Madame Laurent et son père songèrent sérieusement à lui proposer une association, au moyen de laquelle il aurait dirigé l'établissement de Belleville, puisque j'avais offert de me retirer s'il se présentait un moyen de le faire sans trop compromettre nos intérêts. M. Beauvais est un homme fort instruit, dont l'allure était franche, et je ne lui aurais pas su mauvais gré d'entreprendre cette tâche. Mais lors de notre distribution de prix, qui eut lieu peu de temps après, il se brouilla tout d'un coup avec Madame Laurent et la famille Duchesne. Au dîner de ce jour, il se trouva peu convenablement placé, presqu'à l'une des extrémités de la table. Heureusement pour moi, c'étaient M. Duchesne et sa fille qui avaient fait les bulletins et désignés les places. Ainsi l'espace de six mois environ vit s'enflammer et s'éteindre cette amitié qui avait jeté un si vif éclat.

Comme M. et Madame Beauvais, privés d'enfants, avaient témoigné une grande affection à ma fille, et qu'ils lui firent plusieurs jolis cadeaux, j'ai cru, ne fût-ce que par reconnaissance, ne devoir pas cesser mes visites aussi brusquement que Madame Laurent ; et au mois de novembre de la même année, lorsqu'il fut décidé que ma fille irait en Franche-Comté, Madame Laurent accusait M. Beauvais de m'avoir conseillé cette mesure *pour se venger d'elle*. Ainsi elle croyait capable d'une telle méchanceté l'homme avec qui elle avait voulu s'associer, ce qui suppose qu'elle avait eu en lui, très-peu de temps auparavant, une confiance absolue. Et voilà comme elle a toujours passé subitement d'une extrémité à l'autre.

Autre contradiction : Madame Laurent et son père m'ont toujours représenté comme étant d'une volonté fort tenace. *C'est une barre de fer que cet homme*, ont-ils répété souvent ; et cependant à chaque détermination que je prenais, c'était toujours, selon eux, Pierre ou Paul qui me l'avait conseillée. Ainsi je cédais à tout vent, et il fallait que M. Beauvais, que je connaissais depuis sept ou huit mois seulement, vînt me guider dans une résolution aussi importante que celle d'éloigner mon enfant de la maison.

J'ignore si c'est avant ou après cet épisode que Madame Duchesne, arrivant de Paris à la maison, me vit, en entrant, casser du bois ; ce que je faisais souvent, soit pour me donner de l'exercice, soit quand je craignais qu'il n'y eût du retard pour le repas. Elle fit à cette occasion, et devant sa fille, la réflexion judicieuse que j'*étais plus complaisant* pour ma cuisinière que pour ma femme.

Pendant que Madame Laurent ruminait son projet d'association avec M. et Madame Beauvais, voulant sans doute retremper le courage de son père et le disposer à soutenir l'idée de la séparation qui devait avoir lieu, elle lui dit que j'avais eu la cruauté de faire périr des chats ; et elle le répéta à d'autres personnes, afin que l'on ne s'étonnât plus si elle se séparait d'un homme aussi impitoyable que moi. Malgré le ridicule de cette accusation, je dois pourtant m'en laver, car elle est diamétralement opposée à mon caractère. J'ai toujours eu de la répugnance à voir couler le sang, même des animaux. Pendant les trois années que j'ai passées au château de Moyenneville, les deux aînés de mes élèves, à qui l'on permettait la chasse au tir, dès l'âge de quinze ans, n'ont jamais pu me faire tirer un coup de fusil sur un oiseau. Je leur appliquais, en riant, l'épithète de *nobles bouchers*, qui, je crois, est de Buffon. Mais, enfin, le fait cité par Madame Laurent est matériellement vrai, et elle a toujours su habilement profiter des apparences pour jeter de l'odieux ou du ridicule sur son mari. Deux chats dévorants exerçaient chez nous de continuels ravages ; ils déchiraient la toile des garde-mangers, pénétraient partout ; les meilleurs morceaux étaient pour eux. C'étaient tous les jours de nouveaux méfaits. Je voulus les perdre, comme si je leur eusse dit : « *Allez vous faire pendre ailleurs*. » Je les mis pour cela dans un grand panier couvert et les portai jusqu'au canal de l'Ourcq, au milieu duquel je les jetai, à égale distance des ponts de Pantin et de La Villette ; pensant qu'une fois de l'autre côté du canal, eux, qui ne pouvaient deviner qu'il y avait des ponts et qui, d'après leur naturel de chat craignant l'eau, ne se jetteraient pas volontairement à la nage pour revenir, ils gagneraient quelques fermes des environs, et que je m'en trouverais ainsi débarrassé. Au surplus, m'étais-je dit encore : si quelque hasard les ramène en deçà du canal, ils iront peut-être se battre avec les rats à Montfaucon, et s'y établir en conquérants. Mais le troisième jour n'était pas écoulé que mes deux larrons étaient rentrés à la maison, plus affamés, plus hostiles que jamais. On eût dit qu'ils voulaient se dédommager de leurs trois jours d'abstinence. Dès lors leur condamnation fut prononcée, et presque aussitôt exécutée. Le même panier me servit à les plonger dans un tonneau d'eau, et en deux ou trois minutes ils furent asphyxiés. Mais je prétends en cela avoir fait acte de courage bien plus que de cruauté ; car ce n'est pas sans faire un effort sur moi-même que je m'étais déterminé à cette exécution, puisque j'avais préféré faire précédemment une lieue à pied, portant un poids de trente livres, afin de m'en débarrasser autrement.

J'ai toujours été persuadé que rien ne nuit à la bonne éducation d'un enfant comme la diversité de vues parmi les personnes qui ont autorité sur lui. Or, d'après le caractère de Madame Laurent et le mien, pouvions-nous être d'accord sur la manière d'élever notre fille? Notre fatale désunion s'est manifestée dès sa naissance, et l'on peut dire, qu'à de rares exceptions près, elle a continué jusqu'à son mariage. Nous avions voulu la mettre d'abord en demi-pension chez Madame Clausse; mais elle y allait fort irrégulièrement, tantôt pour cause d'indisposition, tantôt par suite de mauvais temps. Madame Laurent possédée de la manie de ne se fier à personne, pas même à l'expérience de Madame Clausse, accablait de recommandations contradictoires tout le personnel de l'institution. Par exemple, notre fille étant revenue un jour avec une forte indigestion, j'appris que, peu de temps auparavant, Madame Laurent était allée dire à la bonne Jeannette qu'il fallait donner à sa fille des portions plus copieuses; mais, fort oublieuse dans certains cas, c'est elle qui se plaignait le plus vivement qu'on lui eût laissé prendre cet excès de nourriture. Enfin, par suite de mauvaise santé, de maladies continuelles, notre fille resta tout à fait à la maison. Autre inconvénient. Elle saisissait à merveille l'instant où sa mère et moi nous nous trouvions occupés, pour aller jouer avec les autres pensionnaires. Elle était ingénieuse à trouver les moyens de manger constamment entre les repas, demandant des friandises aux uns et aux autres, ou les prenant à la dérobée, quand elle le pouvait. Ce défaut de régularité dans son régime lui fatiguait l'estomac et augmentait son malaise. Été comme hiver, sa mère la tenait couverte de flanelle des pieds à la tête, et un vésicatoire rongeur lui avait déjà fortement aminci le bras. En un mot, j'ai peine à croire, qu'elle aurait pu vivre longtemps de cette manière. Sa situation morale n'était guère plus satisfaisante. Et ici je ne crains pas qu'on révoque en doute ma tendresse pour elle, quand je signale les défauts qu'elle avait avant huit ans, et dont elle s'est corrigée depuis. D'abord, en ma qualité de père, je lui trouvais de l'esprit. Mais quel ton arrogant avec les bonnes, qu'elle menaçait du courroux de sa mère, de les faire chasser, etc. Il lui est arrivé de monter, les pieds crottés, sur une table chargée de divers objets, à la lingerie; et quand l'une de ces demoiselles, qu'elle empêchait de travailler, voulait la faire descendre : « N'êtes-vous pas la domestique? et n'ai-je pas le droit de « faire ici ce que je veux? » Quelquefois j'ai entendu ou su, par hasard, quelques-unes de ses petites impertinences, et alors j'exigeais qu'elle fît des excuses aux personnes à qui elle avait manqué. Grande irritation, à ce sujet, de la part de Madame Laurent. Elle tançait alors vertement la personne qu'elle accusait toujours, quoique souvent à tort, de s'être adressée au père plutôt qu'à la mère, qui aurait bien su punir l'enfant... à sa manière, c'est-à-dire en rejetant la faute sur celle qui se serait avisée de se plaindre. Cependant je n'avais jamais puni mon enfant autrement que par des réprimandes faites de vive voix. En 1833 seulement, elle avait environ cinq ans, l'ayant vue barboter dans la boue, je lui donnai une claque par dessus sa robe, et depuis ce temps elle n'a pas reçu de moi une seule chiquenaude ; mais Madame Laurent lui a toujours inspiré une grande frayeur de son père. Quoi qu'il en soit, sous le rapport hygiénique et moral, il n'y avait plus à délibérer, ni même à différer sur la nécessité de l'éloigner, au moins pour un temps, de la maison où elle prenait de si singulières habitudes.

Madame Conte fut encore ici ma seconde Providence. Elle, qui connaissait si bien le tempérament d'Élise, qui l'avait tant de fois rendue à la santé, qui avait pour elle l'affection d'une mère, et d'une mère éclairée, quelle sécurité pour moi si elle voulait bien encore lui donner ses soins ! Après bien des réflexions sur la grave responsabilité qu'elle assumait, elle consentit à l'emmener avec elle à Oiselay, dans la Haute-Saône, où M. Nottet, son neveu, venait d'être nommé notaire. Un trait de sa part que je trouvai sublime, fut l'acceptation qu'elle voulut bien faire d'une modique pension fixée à l'avance, comme pour me dire, et elle me l'a dit en effet : *Je suis payée, vous ne me devez rien.* Madame Laurent n'a jamais été à la hauteur de ce sentiment qui porte une amie, dont la position est au-dessus du besoin, à passer pour recevoir une sorte de salaire d'un service inappréciable.

Nous accompagnâmes tous Élise jusqu'au départ de la diligence. Certes je conçois la douleur que Madame Laurent ressentit en se séparant de son enfant. Je n'en avais pas le cœur moins brisé qu'elle, pour ne pas éclater en sanglots. Sur le soir, M. Duchesne et Émile vinrent savoir de ses nouvelles. Je les introduisis auprès de Madame Laurent qui se tenait languissamment dans sa chambre, auprès du feu. Un moment après je les quittai pour vaquer à mes occupations dans la maison. En allant et venant j'avais à traverser une pièce attenant à cette chambre, et qui y communique par une double porte. Celle du côté de la pièce que je traversais se trouvant ouverte, j'entendis, en passant, la voix de M. Duchesne prononcer mon nom avec véhémence, et avec les épithètes de *lâche*, de *monstre*, de *tyran*. J'avoue que je m'approchai davantage. « J'ai déjà consulté
« tel avocat, mais il m'a dit qu'il n'y avait rien à faire, qu'un père

« est maître de son enfant. Je verrai encore tel autre avocat. »
Puis il répétait, en trépignant, les flatteuses qualifications qu'il
appliquait à son gendre. Je n'ai jamais pu m'expliquer cette violence,
que je ne connaissais pas encore à M. Duchesne, qu'en lui supposant
une surexcitation fiévreuse et momentanée qui s'était emparée de
lui à la vue des larmes que versait sa fille. Cependant arriva aussitôt
M. l'abbé Depille, aumônier de la maison. Je rentrai en même
temps que lui, et M. Duchesne, se levant pour nous faire place,
m'indiqua de la main un siége avec son sourire ordinaire. Quand il
se retira avec son fils, je l'accompagnai comme d'habitude, et,
arrivés sous le vestibule, je le priai d'entrer un moment au parloir.
« Si c'est ainsi que tu viens consoler ta fille, je t'invite à rester
« chez toi. — Moi ! je ne lui ai jamais dit de toi que du bien. —
« Trêve de dissimulation, petit père ; j'étais à tel endroit, et j'ai
« tout entendu. — Ah ! tu nous espionnes !... Eh bien, oui, j'ai dit
« que tu es un monstre d'arracher ainsi un enfant à sa mère, etc.
« — C'est parce que je connais maintenant ton opinion que je
« t'invite à la garder pour toi, ou du moins à ne pas venir la mani-
« fester chez moi. — Mais tu ne saurais m'empêcher de venir voir
« ma fille ; j'y viendrai malgré toi. — Je pense, petit père, que tu
« y regarderas à deux fois avant de faire ce que tu dis. » Là
dessus M. Duchesne se retira.

Je revins auprès de Madame Laurent, à qui je fis part, en peu de
mots, devant M. Depille, de ce qui venait de se passer entre son
père et moi. Je lui témoignai mon étonnement qu'elle eût laissé,
même son père, parler aussi mal de son mari en sa présence. Je lui
citai à ce sujet l'exemple de ma pauvre sœur qui, malgré les torts
bien réels du sien, n'avait jamais souffert qu'on se permît devant
elle le moindre blâme contre lui.

Le lendemain Madame Clausse vint aussi. Elle resta assez longtemps avec Madame Laurent, et elle me dit, en se retirant,
qu'Amélie était plus affligée de la scène de la veille que du départ
de sa fille. Mais que je reconnus bien vite la salutaire influence de
ses conseils ! et pourquoi Amélie ne les a-t-elle pas suivis plus longtemps ! Aujourd'hui, elle et moi n'occuperions pas le public de nos
discordes.

Ce jour-là et toute la quinzaine suivante, Madame Laurent fut
infiniment mieux qu'elle n'avait jamais été dans ses rapports avec
moi. Elle me demanda si je ne trouverais pas mauvais qu'elle allât
voir son père. Elle ne m'avait pas habitué à tant de déférence. Je
lui répondis que mon intention n'avait jamais été de l'empêcher de

le voir chez lui. La première fois qu'elle le vit, ce fut pour le conjurer de ne pas chercher à se présenter chez nous malgré moi. M. Duchesne fut plus choqué de cette recommandation que de celle que je lui avais faite, quoiqu'en termes beaucoup moins adoucis. « Jusqu'à ma propre fille, a-t-il dit, qui s'est jointe à son mari « pour m'exclure! » Voilà encore un cas où M. Duchesne est à côté de la question. Pour avoir passé sa vie dans le sanctuaire de la justice, il comprend peu les prescriptions de la loi civile et religieuse. Chaque fois que Madame Laurent allait voir son père elle m'en avertissait. Je la trouvais si résignée à l'éloignement de sa fille, si bien disposée en toutes choses, que je fus tout d'un coup désarmé, et oubliai mon ressentiment. Je me représentais la peine que le père et la fille devaient éprouver de ne plus se voir aussi souvent, et chez nous, comme de coutume. Et puis, le dirai-je? M. Duchesne me manquait aussi. Je songeai donc le premier à un rapprochement, et allai prier Madame Clausse de vouloir bien être notre intermédiaire. Cette dame, si connue par son extrême bonté, tressaillit de joie en apprenant ma résolution. « Ces sortes de commissions-là, dit-elle, me font toujours plaisir. » Et, en moins de temps que je n'en mets à le raconter, notre réconciliation s'était opérée.

Les quatre années qui suivirent, c'est-à-dire de 1837 à 1841, furent nos plus heureuses. A part quelques nuages toujours assez fréquents dans les ménages même les mieux assortis, nous n'eûmes aucune de ces explications pénibles à la suite desquelles on se mettait le marché à la main. C'est que Madame Laurent, dont le cœur toujours vide, était par là même toujours ouvert aux impressions les plus diverses, avait par bonheur admis dans son intimité une personne rare, qui réunissait toutes les conditions voulues pour mettre un temps d'arrêt à son inconstance, sinon pour la fixer invariablement. A cette époque, je voulus faire l'essai chez moi d'une méthode polonaise appliquée surtout à la chronologie, et ne trouvai de professeur au courant de cette méthode que Mademoiselle Lebœuf. Elle vint, dix-huit mois de suite, en donner avec succès des leçons à nos élèves trois fois par semaine. Il s'établit donc une liaison étroite entre elle et Madame Laurent. Je fus bientôt à portée d'apprécier les belles qualités de Mademoiselle Lebœuf, son érudition si variée, si étendue pour une femme, sa modestie rare, ou plutôt cette humilité réelle qui s'inspire de l'esprit de l'évangile; sa piété si douce, si charitable, si éclairée; son dévouement à toute épreuve, et cet élan qui l'emportait vers tout le bien qu'elle trouvait à faire. En 1838, elle vint prendre la direction d'une institution de jeunes demoiselles dans notre voisinage. Ce rapprochement multiplia encore nos rapports; et quoique Madame Laurent dise dans sa plainte *que notre union ne lui offrit aucune des douceurs ordinaires,* elle n'a qu'à recueillir ses souvenirs, et elle sera forcée de convenir que cette époque fut véritablement l'âge d'or de notre existence conjugale. J'avais acheté un cabriolet de famille à six places, dont nous profitions, elle et moi, pour passer bien des journées de vacances ou de congés, à faire de délicieuses parties de campagne en compagnie, tantôt de Mademoiselle Lebœuf, tantôt de M. et Madame Duchesne et Émile, tantôt de M. l'abbé Depille, ou de quelques autres amis communs. Nos lieux de promenades ordinaires étaient le Raincy, Villemonble et les environs, dont l'isolement convenait mieux à nos rêveries ; car alors, entre nous, revenaient fréquemment sur le tapis nos beaux projets de retraite, notre filet d'eau, etc. ; et quand nous avions bien divagué sur la manière dont nous organiserions notre vie, où nous serions tous casés autour d'une salle, qui serait le centre de nos réunions, Mademoiselle Lebœuf s'est parfois écriée : « Mais ma mère, ma bonne mère, ah! pour ce temps-là que sera-t-elle devenue ? » Hélas ! et c'est la fille qui a précédé sa mère dans la tombe! Dans une de ces parties que nous fîmes à Nogent-sur-Marne, avec la famille Gautheron, M. et Madame Gautheron se rappellent parfaitement les exclamations de bonheur et de joie de Madame Laurent. Elle s'extasiait sans cesse sur la bonté et sur les autres qualités de son mari, *avec qui,* disait-elle, *elle aurait voulu vivre isolée pour le posséder plus complétement.*

Aussi me fit-elle consentir facilement à ramener notre fille auprès de nous. J'allai la chercher aux vacances de cette même année 1838 ; et quelle fut notre commune joie de la revoir grandie, embellie, ne toussant plus, d'une santé florissante, et surtout délivrée de son vésicatoire et de sa flanelle! Madame Conte, la laissant courir par monts et par vaux, avait opéré ce prodige en moins de deux ans. Madame Laurent, alors pénétrée de la plus vive reconnaissance, lui adressa, pour la remercier, une lettre baignée de larmes d'attendrissement. Croirait-on que depuis, et particulièrement dans ces deux dernières années, elle a fait de l'éloignement de sa fille, éloignement si salutaire au témoignage de toutes nos connaissances, un texte d'accusation contre Madame Conte et contre moi?

Aux vacances de 1839, nous organisâmes, avec M. Duchesne,

une promenade jusqu'au Havre. M. Duchesne m'ayant demandé à combien j'en évaluais la dépense, je lui répondis : « A 150 francs par « tête ; si cela excède, je me charge du surplus. » Ainsi nous devions dépenser 600 francs pour nous quatre, en comptant Elise comme quatrième. Nous entreprîmes cette partie à frais communs, avec M. et Madame Lartet et leurs deux demoiselles, qui étaient à peu près de l'âge de la nôtre. Je fus constitué le caissier de la société, et chargé de payer pour tous. Quand nous eûmes visité Rouen et le Havre, la famille Lartet devait se diriger sur Cherbourg, et nous, nous prîmes le chemin de Dieppe. Ainsi nous réglâmes notre dépense qui s'élevait à 640 francs, tout compris. C'était jusque là 80 francs chacun. Mais M. Duchesne était tombé dans une sorte de mélancolie. « As-tu remarqué l'air morne et pensif de papa?—Oui, « dis-je ; il craint sans doute les reproches de sa *vieille* sur sa « dépense. — C'est que maman serait bien capable de la lui repro- « cher. — Eh bien, je vais y remédier. » En effet, M. Duchesne m'avait dit plusieurs fois : « C'est que je ne suis pas propriétaire, « moi. — Non, petit père, tu n'es pas propriétaire d'immeubles ; « mais tu possèdes un emploi et des rentes qui ne coûtent pas de « frais d'entretien et ne paient pas de contributions à l'Etat. Cepen- « dant donne-moi les 80 francs dépensés pour chacun jusqu'à ce « jour, et je prends le reste du voyage sur mon compte. » Il ne se le fit pas dire deux fois, et les saillies lui revinrent avec la gaîté. Nous allâmes passer quelques jours à Dieppe, puis nous revînmes joyeusement par Eu, Abbeville et Amiens. Rentré à la maison, j'avais dépensé 650 francs pour Madame Laurent, ma fille et moi, et M. Duchesne 80 francs seulement. Cela n'a pas empêché Madame Laurent de se plaindre plus tard de mon avarice. Mais, pendant toute l'année qui suivit ce voyage, elle ne cessa d'en raconter les aventures, et d'exalter avec emphase le plaisir qu'elle y avait goûté.

Madame Laurent dit, dans sa plainte, qu'elle *avait vu la famille s'accroître d'un neveu et d'une nièce* qu'elle traita *comme ses enfants*. J'ai donc à parler de l'introduction chez nous de ce neveu et de cette nièce.

Au mois de mars 1834, était décédée, en Lorraine, Madame Bertrand, ma sœur bien-aimée, laissant trois enfants en bas âge, deux filles et un garçon, que des voisins charitables avaient momentanément recueillis, en attendant la décision que l'oncle de Belleville prendrait à leur égard. Cette mort fut un coup poignant pour moi. Ma sœur n'avait consenti à se marier qu'à condition de ne pas quitter mon père et ma mère, dont l'âge avancé réclamait ses soins, et elle n'eut que le temps de leur fermer les yeux avant d'aller elle-même les rejoindre dans la tombe. Mais, au moment d'y descendre, elle avait exprimé l'espoir, ou plutôt témoigné l'assurance que je n'abandonnerais pas ses enfants, car elle était, par son travail, leur unique soutien; et il n'y avait pas moyen de compter sur le père, dont l'absence, antérieure à la mort de sa femme, s'est prolongée jusqu'à ce jour. Mon intention était de n'amener à Paris que le petit garçon, pour l'élever avec mes pensionnaires; et il fallait une raison aussi péremptoire que la mort de sa mère pour m'y déterminer; car je n'ai jamais attiré aucun membre de ma famille chez moi, ne croyant pas, qu'en général, il soit de l'utilité publique ou privée d'enlever la jeunesse aux habitudes de province pour l'exposer dans Paris, où mille incidents d'ailleurs amènent toujours assez de monde. Mais Madame Hermel, tante paternelle de ces enfants, m'avait conjuré de lui confier l'aînée des deux filles, qui était à peine âgée de neuf ans. Je la lui amenai, conformément à ses désirs, et ne laissai en Lorraine que la cadette, dans une sorte de maison de sevrage, car elle n'avait guère que deux ans. Madame Hermel plaça immédiatement Aline dans un couvent, où elle fit sa première communion, avant d'avoir atteint sa dixième année. Au sortir de là, voulant la mettre en apprentissage chez une marchande de modes, elle vint me consulter à ce sujet. Je lui répondis qu'elle était bien libre d'agir, à l'égard de cette enfant, comme elle l'entendrait; mais puisqu'elle voulait bien demander mon avis, je lui déclarais franchement que je ne partageais pas le sien sur la convenance de la placer si jeune dans les modes. Piquée de mon improbation, Madame Hermel me la rendit deux ou trois jours après, me déclarant à son tour, qu'elle la remettait entièrement à ma disposition. Je fis quelques difficultés pour m'en charger. Madame Laurent se prévaut de m'avoir engagé la première à la recevoir. Je lui accorderai volontiers cet éloge, et ne manifesterai qu'un regret, c'est qu'elle ne m'ait pas fourni l'occasion de le faire plus souvent. Je stipulai donc, avec Madame Hermel, une légère indemnité, qui fut fixée à 10 francs par mois, pour le temps qu'Aline passerait en apprentissage; et je la confiai aussitôt à Madame Finet, maîtresse couturière à Belleville. Madame Finet sait quelles recommandations je lui fis sur la nécessité d'habituer de bonne heure au travail et à l'activité son apprentie, née sans fortune, et ne pouvant à l'avenir compter que sur elle-même pour suffire à ses besoins. Je voulus aussi qu'elle fût toujours mise très-simplement. Madame Laurent tint à lui faire porter chapeau. Sachons lui gré encore de ce mouvement de générosité. Mais qu'elle ne soutienne pas la prétention avancée par elle plusieurs fois, d'avoir fait pour cette enfant d'énormes sacrifices d'argent ; car elle n'a été à notre charge que pendant le temps de son apprentissage, pour lequel j'ai encore reçu de M. Hermel une indemnité de 300 francs.

Auguste Bertrand, frère d'Aline, a été, de la part de sa tante, l'objet de soins qui me touchèrent beaucoup d'abord, et d'une bienveillance que je crus devoir modérer plus tard, sans pouvoir y parvenir. Une seule observation, à son désavantage, m'a été faite par Madame Laurent, pendant tout le temps de son éducation. Lorsqu'il fut question de lui faire apprendre le dessin. « Tu veux donc l'éle-
« ver comme un prince, » me dit-elle, sans doute pour obéir à ce penchant qui lui était si naturel, de faire toujours de l'opposition à mes vues. Je lui représentai que le dessin d'Auguste ne nous serait nullement onéreux, puisqu'un neveu, tenant lieu du fils de la maison, ne compte pas ordinairement parmi les autres élèves, pour ces sortes de leçons. Depuis lors son amitié pour lui n'avait fait que croître, à mesure que croissait aussi son antipathie pour Aline ; mais je fus très-longtemps à m'en apercevoir. En effet, je trouvai d'abord fort naturel qu'elle la reprît de ses défauts, et la grondât quand elle le méritait ; car j'étais loin de soupçonner qu'elle pût jamais le faire sans motifs suffisants. Ma nièce, de son côté, n'a jamais exprimé une plainte contre sa tante. Durant son apprentissage, elle partait le matin, emportant ses petites provisions de bouche, et revenait à la fin de sa journée de travail. Aussitôt rentrée, aimant beaucoup la lecture, elle dévorait les charmants petits contes moraux du chanoine Schmidt, que le respectable abbé Depille, alors aumônier de la maison, avait distribué avec une sorte de profusion aux élèves. Il paraît que le goût de ces lectures la détournait parfois d'occupations plus essentielles, puisque Madame Laurent me dit un jour : « Viens faire obéir ta nièce ; je lui ai dit de se raccommoder, et je vois encore sa robe déchirée. » J'allai à la lingerie et grondai fortement Aline, la menaçant de je ne sais plus quelle punition, s'il lui arrivait encore de mettre sa tante dans le cas de lui faire deux fois la même recommandation. Vous comprenez qu'elle quitta bien vite son livre pour prendre une aiguille. Une personne qui survint dit : « Voilà une petite fille qui travaille comme une femme. » Madame Laurent répondit : « Il faut
« bien qu'elle travaille d'après ce que vient de lui dire son oncle.
« Peut-on parler si durement à une pauvre orpheline ! » Cette

réflexion, faite en présence de l'enfant, me parut un peu déplacée de la part de Madame Laurent qui avait provoqué ma réprimande ; mais, qu'elle en ait eu l'intention ou non, il semblait qu'elle prît à tâche de me faire perdre l'affection de tous mes subordonnés, comme si l'obligation de reprendre sans cesse n'était déjà pas assez odieuse par elle-même.

Presque en même temps que ma nièce, il entra chez nous, en qualité d'élève, un tout petit personnage à qui, plus tard, Madame Laurent a voulu faire jouer un grand rôle. Il avait nom M. Putôt. M. l'abbé Billette, étant encore premier vicaire à Belleville, m'avait présenté M. Bardin, son ami, qui me recommanda ce jeune homme comme étant digne, par sa position, de tout mon intérêt. En effet, son malheur avait voulu que, fils d'une personne à gages, il fût placé d'abord dans une pension qui fit mal ses affaires. Par suite de saisie pratiquée sur le mobilier du maître, le trousseau de l'élève, faute probablement de réclamation faite en temps utile, avait été vendu aux criées, et la mère ne put en recouvrer le prix. Ce n'était pas peu de chose pour elle que de renouveler le trousseau et de payer en même temps la pension de son fils. Mais je vis dans les efforts qu'elle faisait, dans les sacrifices qu'elle s'imposait, tant de dévoûment maternel, que je la laissai maîtresse de fixer les conditions, m'en rapportant entièrement à elle sur ce qu'elle pourrait faire. Ainsi je me chargeai de l'élève au prix le plus modéré possible, mais aussi au grand mécontentement de Madame Laurent, qui trouvait fort mauvais que j'eusse accueilli *le fils d'une domestique offrant si peu d'avantage*. Au bout d'un an, j'essayai de lui confier une petite classe d'abord, et il s'acquitta fort bien de ses fonctions. J'élevai successivement ses honoraires jusqu'au taux de soixante-cinq francs par mois, plus une leçon particulière qui lui valait vingt-cinq francs. Son traitement fut donc, pendant plusieurs années, de 90 francs par mois, sans y comprendre la table et le logement ; et il en faisait très bon usage, notamment pour aider à l'éducation de sa sœur.

Dans les premiers jours de janvier 1840, Mademoiselle Lebœuf succomba sous les coups d'une maladie dont les progrès furent effrayants. Je la vis, dans ses derniers moments, ne manifester qu'un regret : c'était d'avoir, par sa grande confiance, mais aussi pour empêcher un grand scandale, compromis les intérêts de sa mère. Elle savait que certains esprits frivoles font retomber sur la religion les écarts de quelques-uns de ses ministres ; et c'est en suivant l'impulsion des plus nobles sentiments qu'elle s'était dévouée. « J'espérais, me dit-elle, suppléer, par mon travail, au bien-être dont j'ai involontairement privé ma mère. Je mets le peu qui lui reste sous la sauvegarde de l'amitié qui nous lie. » Ses recommandations furent faites, à Madame Laurent et à moi, avec cette résignation, avec ce calme qui n'appartient qu'à une belle âme.

Peu de jours après sa mort, Madame Laurent m'aborda avec toutes les marques d'un grand enthousiasme. « Vois, me dit-elle, « combien cette bonne maman Lebœuf a l'âme élevée, sous des ap-« parences aussi ordinaires ! Elle veut absolument me faire accepter « les pendants d'oreilles en diamants de sa fille ; elle dit qu'elle ne « veut pas que d'autres les portent que moi, qui ai été sa meil-« leure amie. » Je lui fis observer que Madame Lebœuf n'était pas assez riche, ni nous assez pauvres, pour accepter d'elle un cadeau de cette importance.—« Je lui ai dit aussi que tu ne me permettrais « pas de les recevoir gratuitement; mais elle se fâchera, ou plutôt « elle sera très-peinée, si nous refusons. » Quelques semaines plus tard, j'éprouvai un serrement de cœur, quand j'appris que Madame Laurent avait demandé (à acheter, je suppose) ces diamants, par Mademoiselle Cornuault. Je voudrais me persuader que c'était dans l'unique désir de posséder un gage, un souvenir d'une amie comme Mademoiselle Lebœuf; mais je me le persuaderais plus facilement si elle les avait conservés tels qu'ils lui ont été remis, et qu'ils n'aient pas subi, à grands frais, plusieurs transformations entre les mains du lapidaire. En compensation de ce cadeau, je fis élever une modeste tombe à Mademoiselle Lebœuf, et pris à ma charge les frais de son inhumation ; mais j'ignorerai probablement toujours si Madame Laurent a payé de sa bourse le surplus de la valeur de ces diamants. Ce qui me porterait à le croire, c'est que Madame Lebœuf a donné, tant à elle qu'à ma fille, une infinité d'autres petits objets ayant appartenu à la défunte, tels que bracelets, bagues, etc., et que c'eût été, dans sa position, porter trop loin la générosité.

Aux vacances de 1841, Madame Laurent fit un voyage d'agrément avec son frère et ma fille. Ils allèrent ensemble à Saint-Quentin, à Guise et à Nesle, dans la famille de M. Depille. A leur retour, Emile dit à qui voulut l'entendre, qu'il ne lui arriverait plus d'accompagner seul sa sœur; qu'elle n'avait cessé, pendant tout le voyage, de réclamer son mari; que dès le lendemain de leur arrivée, elle voulait reprendre le chemin de Belleville, disant qu'elle s'ennuierait trop sans *lui*. D'où il résulte que, contrairement à ses assertions d'aujourd'hui, Madame Laurent ne se trouvait pas, du moins en tout temps, l'objet de ma violence et de mes mauvais traitements.

Lorsqu'il s'agit de placer Élise en pension chez Madame Clausse, il me fallut encore lutter contre sa générosité, que je me suis quelquefois permis de taxer, en sa présence, de prodigalité. Cette dame ne voulait pas entendre parler d'argent pour l'éducation de sa filleule. Je lui dis que si elle ne me laissait pas payer comme tout le monde, je me verrais forcé de conduire ma fille autre part. Élise devint donc son élève, à partir d'octobre 1838. Nous étions convenus qu'elle sortirait tous les quinze jours ; bientôt sa mère me fit consentir à ce qu'elle sortît tous les dimanches. J'avais promis à ma fille une pièce de vingt francs, quand elle aurait la médaille. Cela lui parut bien difficile dans le cours de la première année. Je voyais néanmoins avec plaisir les efforts qu'elle faisait pour en approcher. Les années suivantes elle l'obtint très-fréquemment, au point que je lui annonçai, mais avec bien de la joie, que, pour ne pas me ruiner, j'étais obligé de réduire de moitié la prime que je lui allouais à chaque médaille. Lors d'une explication que j'ai eue, dans ces derniers temps, rappelant cette circonstance pour prouver qu'on m'accusait à tort de ne pas aimer ma fille, il me fut répondu que je faisais bien du bruit pour deux ou trois pièces de vingt francs que je lui avais données. Eh bien! elle en a reçu plus de dix avant d'être réduite à la moitié, c'est-à-dire à dix francs, pour ses médailles. J'en appellerais au besoin à Mademoiselle Adèle Bérard, qui a été sa maîtresse de classe pendant près de deux ans, et qui alors avait des rapports très-fréquents avec Madame Laurent. En effet, Madame Laurent avait pris d'abord cette demoiselle en grande amitié, se félicitant chaque jour que sa fille fût sous la direction d'une personne qui la tenait aussi bien. Vers la fin de l'année scolaire, elle se désolait qu'Élise, en changeant de classe, dût perdre une aussi bonne maîtresse. Je ne sais par quel hasard il se fit que Mademoiselle Bérard quitta aussi cette classe, pour prendre celle qui était immédiatement au-dessus. Ce furent alors, de la part de Madame Laurent, des exclamations de joie à n'en plus finir. Ce fut une suite non interrompue d'invitations, non-seulement à dîner, non-seulement à la soirée, mais encore à coucher, malgré le peu de distance qu'il y avait, de chez nous, à l'institution de Madame Clausse. Les trois premiers mois de l'année suivante n'étaient pas écoulés que ce sentiment si vif s'éteignit entièrement. Depuis lors, Mademoiselle Bérard a écrit au moins deux fois à Madame Laurent, et n'en a pas reçu de réponse. Je n'ai jamais connu le motif de ce changement soudain, dont plusieurs dames de Paris et de Belleville, mères aussi ou parentes de différentes élèves de Mademoiselle Bérard, ont été justement étonnées.

Lorsqu'en 1837 je fis bâtir pour la seconde fois, Émile ne s'entendait plus avec sa mère. J'appris qu'il était sur le point de quitter le domicile paternel, et qu'il avait déjà arrêté une ou deux chambres dans la rue d'Arcole. Je demandai à M. Duchesne s'il souffrirait que son fils, dans un âge accessible à toutes les séductions, fût ainsi exposé à contracter des liaisons dangereuses. J'en reçus la réponse banale qu'il était bien obligé de vivre en paix avec sa *vieille*. Soit prévention de maître en faveur de mon élève, soit par tout autre motif, j'avais toujours eu assez bonne opinion d'Émile. Sans le regarder précisément comme un aigle, je le tenais pour la meilleure tête de sa famille. L'un des sujets, par exemple, de son désaccord avec sa mère, faisait à mes yeux l'éloge de son cœur. M. Léon Leré suivait alors différents cours à Paris. Émile eût désiré lui faire de temps en temps une politesse en l'invitant à dîner, lui qui avait toujours été, ainsi que toute la famille Duchesne, si gracieusement accueilli à Compiègne. Mais Madame Duchesne n'entendait pas raison là-dessus, et disait à son fils que ce n'était pas lui qui supportait l'embarras, ni la dépense de ces sortes d'invitations. Voyant les choses à ce point embrouillées, j'offris à Émile un pied-à-terre chez moi. Il fut enchanté d'occuper d'abord une chambre, d'où l'on découvre toute la plaine des Vertus et le canal Saint-Denis. Passé la belle saison, il eut sa chambre d'hiver, qu'il habita pendant près de sept années de suite, c'est-à-dire jusqu'à son mariage. J'eus aussi la satisfaction d'offrir une position analogue à la cousine germaine de ma femme, Madame Orsibal, dont le mari servait comme capitaine sous les drapeaux. Cette cousine n'en jouit que sept ou huit mois, parce que la nature de ses occupations changea; mais j'eusse désiré la conserver plus longtemps avec nous, car alors nous étions tous heureux : j'ai dit que ce fut l'époque de notre âge d'or.

Avant qu'Émile vînt habiter Belleville, il payait déjà à sa mère une indemnité proportionnée à ses appointements, qui n'étaient pas encore très-élevés. Je ne blâmerai pas Madame Duchesne de son exigence à cet égard; car il est bon d'accoutumer les jeunes gens à l'ordre et à l'économie; mais je ne stipulai aucune condition de cette nature avec Émile. Je m'attendais pourtant qu'il m'offrirait aussi une indemnité de table ou de logement, lorsqu'il gagna de 1,500 à 1,800 francs par année. Franchement je l'aurais acceptée, mais pour la placer, à son insu, à la Caisse d'épargne, et lui occasionner plus tard une surprise agréable, en la lui remettant à titre de cadeau de noces ou autrement. Mais il ne m'a pas mis dans le cas de lui procurer, ainsi qu'à moi-même, ce plaisir. Je ne lui en ai pas moins porté tout l'intérêt d'un frère dévoué. Quand il fut reçu bachelier ès-lettres, je lui annonçai, en le félicitant, qu'étant devenu mon égal, je l'invitais désormais à me tutoyer. Je l'avais aussi autorisé à amener quelques amis de son choix pour passer le dimanche avec lui, autorisation dont il usait de temps en temps, à ma grande satisfaction ; car il ne m'a jamais présenté que des jeunes gens de très-bonnes façons, dont j'ai été enchanté de faire la connaissance. Un jour je me trouvais avec M. Pommier, maire de Belleville, qui voulut bien me demander si les fonctions de lieutenant-secrétaire du conseil de discipline de la garde nationale me conviendraient. Je répondis à M. le maire que mes occupations me faisaient craindre de ne pouvoir m'acquitter convenablement de ces fonctions, mais qu'Emile Duchesne, mon beau-frère, serait sans doute flatté de porter l'épaulette ; et que, s'il le permettait, j'aurais l'honneur de le lui présenter. La nomination d'Emile eut lieu, et j'en fus content ; car mon but était de le mettre en rapport avec des personnes comme il faut, pour mieux l'engager à s'observer dans sa conduite. Lorsqu'il s'agit d'équiper le nouvel officier, M. Duchesne dit : « Je n'y mettrai pas un sou, car Emile n'est pas assez économe. » Je lui commandai, pour mon compte, un habit chez M. Bonnet, tailleur, et lui fis présent, pour la petite tenue, de ma capotte, qu'à la vérité je ne mettais plus depuis que j'étais devenu sergent-major. Je n'entre dans ces détails que pour les opposer aux reproches que l'on me fait d'avoir tant sacrifié pour ma nièce et mon neveu ; car ils démontrent, jusqu'à l'évidence, que je n'y ai pas regardé de si près pour la famille Duchesne, qui pourtant pouvait très-bien se passer de mes générosités.

On a été jusqu'à dire et persuader à M. l'abbé Depille que j'avais vu d'un mauvais œil le mariage de sa nièce avec Émile. Je dirai tout à l'heure le motif de la profonde tristesse qui m'accablait à l'époque, et surtout le jour de ce mariage, malgré l'accueil bienveillant que j'ai reçu de la part de toute la famille de ma jeune et intéressante belle-sœur. Il est vrai qu'antérieurement, dans l'abandon de la conversation, j'avais lancé un de ces propos en quelque sorte insignifiants et qui, néanmoins, résumait le fond de ma pensée. J'avais dit à ma femme : « Quand Élise et Émile seront « en âge, je ne serais pas fâché qu'ils vinssent à s'épouser. » Cela ne prouve qu'une chose, que j'aimais Émile et que j'aurais vu avec plaisir nos liens de famille se resserrer encore davantage, dans la persuasion que Madame Duchesne serait dispensée alors de porter de l'un chez l'autre, puisque tout l'héritage aurait été destiné aux mêmes individus. Mais est-ce à dire pour cela que j'aie jamais voulu contrarier les sentiments d'Émile ? C'eût été de ma part faire injure à ma fille, et montrer un empressement bien ridicule, puisqu'alors elle n'avait pas quinze ans. D'ailleurs j'avais formé le même vœu pour Emile, relativement à une personne qui m'était tout-à-fait étrangère. Au nombre des familles qui nous ont témoigné le plus d'attachement et d'intérêt, étaient Monsieur et Madame Soubrier dont le fils a compté, bien des années de suite, parmi nos meilleurs élèves. Plusieurs fois ils nous avaient invités à aller passer un ou plusieurs jours à leur maison de campagne, près d'Enghien. Y étant allé avec ma fille et sa mère, je dis rentré chez nous, à cette dernière, qu'une demoiselle que nous avions vue chez M. Soubrier, me plaisait beaucoup, qu'elle me semblait un beau parti pour Emile, et la lui souhaitais de tout mon cœur. Aussitôt Madame Laurent, qui embrasse avec ardeur tout ce qui est nouveau, s'écria : « Oh ! oui ; *chauffons* M. Soubrier. » Elle n'eut pas de peine à *chauffer* des personnes qui avaient toujours été *tout feu* pour nous obliger ou nous être agréables. Nous en reçûmes plusieurs invitations successives, auxquelles nous nous rendîmes avec M. Duchesne et Emile ; mais nous ne rencontrâmes plus leur jeune parente.

Après quatre années de séjour, comme pensionnaire chez Madame Clausse, ma fille avait atteint sa quatorzième année, et sa mère désirait la garder auprès d'elle pour la former, disait-elle, au ménage. J'acquiesçai à son désir, y mettant, pour conditions, qu'Elise s'habituerait à se lever de bonne heure, sauf les cas de maladie, et qu'elle ferait elle-même sa chambre. M. Duchesne eut la complaisance de s'offrir à lui donner différentes leçons, et il l'a fait, en effet, jusqu'à l'époque de son mariage, pour compléter son éducation. Je lui ai aussi donné constamment une maîtresse de piano. Tout en m'occupant beaucoup de l'avenir de ma fille, et par là même que je m'en occupais, je désirais lui faire contracter l'habitude du travail. C'est ce qui a motivé quelquefois mes observations, quand je m'apercevais que ce n'était pas elle qui faisait sa chambre, ou que je la voyais inoccupée. Sa mère alors ne manquait pas de faire observer à son tour que je n'en *disais pas tant à ma nièce ;* et c'est ainsi qu'elle a inoculé à ma fille un sentiment de jalousie contre sa cousine. Mais ai-je donc eu besoin de faire les mêmes observations à ma nièce, puisqu'elle a toujours été employée et traitée, chez nous, comme les personnes à gages, mangeant avec elles, excepté les dimanches, qu'elle dînait à notre table, quand il y avait place pour elle? car lorsqu'il nous survenait des convives sur qui l'on n'avait pas compté, ou quand je voyais que nous eussions été trop gênés avec elle, j'étais le premier à dire qu'Aline ne dînerait pas avec nous ce jour-là. Il est vrai que je dis un jour à ma femme qu'elle élevait sa fille comme si elle était destinée à avoir dix mille francs de rentes. M. Duchesne en a conclu que je trouvais que ma fille était trop instruite. Voilà une conséquence qui, du moins, n'est pas très-rigoureuse. J'étais fort aise, au contraire qu'il eût bien voulu continuer de l'instruire, car elle en avait besoin. Madame Conte ne s'était occupée que de sa santé, pendant son séjour en Franche-Comté; et je n'ai jamais cru que les quatre années qu'elle avait passées depuis en pension, étaient suffisantes pour son instruction, puisque je n'avais consenti à la retirer qu'à la demande de Madame Laurent. Dès son jeune âge elle avait joué beaucoup à la poupée avec ma nièce, qui faisait toujours preuve d'adresse dans l'accoutrement de ces poupées. On commençait par procéder à la cérémonie du baptême, ce qui occasionnait une dînette qui ne déplaisait à personne; puis elle les habillait en premières communiantes, en mariées; et en temps de carnaval, elle les déguisait sous toutes sortes de costumes qu'elle confectionnait elle-même, des pieds à la tête, avec une habileté et un goût qui ont été souvent admirés même de Madame Laurent. J'eusse désiré que ma fille devînt habile aussi dans tous ces petits travaux d'aiguille, qui contribuent pour une forte part, selon moi, au bonheur intérieur de la femme, et lui offrent du moins l'inappréciable avantage de l'attacher à sa maison, sans qu'elle ait besoin de chercher autant de distractions au dehors. Mal secondé en cela par Madame Laurent, comme en plusieurs autres choses, je l'ai entendue dire dédaigneusement : « Quant à ma fille, elle ne sait rien » semblable à ces anciens hobereaux qui se glorifiaient de ne savoir signer, *attendu leur qualité de gentilshommes.*

Quand ma nièce eut terminé son apprentissage, nous l'occupâmes de suite à la lingerie, aux appointements de 10 francs par mois seulement. Je fis aux premières lingères les mêmes recommandations à son égard, que j'avais faites à Madame Finet, sa maîtresse d'apprentissage. J'invoquerai à ce sujet le témoignage de Madame Bonnet, qui était alors chargée de notre lingerie, et que j'avais priée de ne pas ménager Aline pour l'assiduité au travail. Elle se plaignit un jour de quelque négligence, et je fis à ma nièce une si verte réprimande, que cette dame exprima, ma fille s'en souvient, le regret de l'avoir fait autant gronder. Et cependant l'on ose dire que j'avais, entre ma fille et ma nièce, une préférence marquée pour cette dernière. Mais je ne lui ai fait apprendre aucun art d'agrément, ni la danse, ni la musique, ni le dessin; elle n'avait eu, la pauvre enfant! des maîtres de calcul et de français que jusqu'à l'âge de dix ans. J'avoue qu'un peu plus tard Madame Laurent me fit observer que les 10 francs que nous donnions à Aline n'étaient pas suffisants pour son entretien, et alors je la mis à 15 francs; et ce ne fut que la dernière année de son séjour à la maison qu'elle gagna 20 francs par mois; tandis que nous n'avons jamais eu de lingère à moins de 3 et 400 francs par an, sans compter les profits qui se sont toujours élevés à plus de 100 francs pour chaque part, et auxquels ma nièce ne participait pas. Cependant elle tarda peu à devenir première lingère de fait, par sa capacité et l'ordre qu'elle sut mettre dans une partie qui comporte tant de minutieux détails. Bien des mères de famille m'ont témoigné combien elles étaient satisfaites de la précision avec laquelle elle leur rendait compte de l'état du trousseau de leurs enfants; et pendant tout le temps qu'elle fut à le tête de la lingerie, c'était une grande sécurité pour Madame Laurent et pour moi que de nous voir à l'abri des réclamations souvent fatigantes qui s'étaient tant de fois renouvelées antérieurement, et qui occasionnaient quelquefois de graves mécontentements. Elle sut aussi, dans ses rapports avec les jeunes maîtres et les grands élèves, conserver assez de gravité pour les tenir à distance; en sorte qu'elle n'a jamais donné lieu à aucun reproche de légèreté; tandis que le défaut de tenue ou le peu de réserve d'une infinité de bonnes ou lingères, m'avait souvent donné bien de la tablature et péniblement exercé ma surveillance. Il est vrai que sa tante lui a toujours reproché d'être froide et trop peu démonstrative. Mais qu'eût-ce été, avec les dispositions de Madame Laurent à son égard, si elle se fût livrée, dans un pensionnat de jeunes gens, à ces minauderies, à ces airs agaçants dont tant de jeunes personnes, même sans mauvaises intentions, ne sont pas exemptes?

On a bien raison de dire *qu'il ne faut jamais jurer de rien*. Élise n'avait peut-être pas douze ans que déjà Madame Laurent répétait sans cesse qu'elle ne serait pas maîtresse de pension, parce que c'est un état trop pénible, ce qui avait peu à peu habitué ma fille à l'idée d'une position plus douce que celle d'être à la tête d'un personnel nombreux, ce qui demande tant d'activité et de surveillance; et elle m'avait elle-même prié plusieurs fois de ne pas la destiner à devenir maîtresse de pension. Je n'avais rien dit ni pour ni contre cette tendance de la mère et de la fille ; mais quand je la crus bien arrêtée, espérant qu'en effet je serais peut-être assez heureux pour établir ma fille unique conformément à ses goûts, je songeai à jeter les yeux sur l'un de mes jeunes professeurs, capable de me succéder plus tard au moyen d'un mariage avec ma nièce, si bien au courant elle-même de la tenue de ma maison.

Ainsi ce n'était qu'au refus d'Élise que j'avais eu l'idée d'établir Aline ; et Madame Laurent, d'un naturel si communicatif, avait eu soin d'informer presque toutes les familles de la répugnance de sa fille à devenir maîtresse de pension ; en sorte que, quand son mariage avec mon successeur fut décidé ou accompli, je ne rencontrais pas un père ni une mère de nos élèves qui ne m'en témoignassent leur surprise. Ne sachant que répondre, je leur disais en riant que les beaux yeux de son mari avaient opéré ce changement. Je reviens à mon projet d'établir ma nièce avec l'un de mes professeurs, non pas en leur donnant mon établissement, en quoi consistait la plus forte partie de ma fortune ; mais en fixant un temps encore assez éloigné pour le leur vendre, un très-bon prix, et en m'associant avec eux, de manière à tenir tout entre mes mains, pour être plus sûr d'en recouvrer la valeur, outre ma part d'associé. C'était aussi m'assurer le concours énergique de deux auxiliaires intelligents, que j'intéressais aux succès de ma maison. Je communiquai ces vues à Madame Laurent, dans l'espérance qu'elle comprendrait que nous étions nous-mêmes tous trois, elle, ma fille et moi, intéressés à leur accomplissement. Mais, hélas ! Mademoiselle Lebœuf, l'ange tutélaire de Madame Laurent, ne veillait plus sur elle. Je me suis souvent étonné que Madame Clausse, en possession de tant de titres à la confiance, et même à la reconnaissance de Madame Laurent, n'ait pas eu sur elle une influence aussi constante que mademoiselle Lebœuf. Je n'en trouve pas d'autre raison que celle-ci : Les obligations que Mademoiselle Lebœuf croyait avoir contractées envers nous, pour les avis que sa modestie la portait souvent à me demander relativement à son institution, la constituaient dans une sorte de dépendance et d'infériorité à l'égard de Madame Laurent, qui s'en trouvait flattée, et suivait néanmoins son impulsion, sans peut-être s'en douter. Les relations de Madame Clausse avec Madame Laurent ne lui ont jamais permis de prendre cette attitude ; et puis, s'il faut tout dire, Mademoiselle Lebœuf n'était point jolie ; et c'est en ce sens que j'ai avancé qu'elle réunissait *toutes les conditions voulues* pour ne point éveiller l'ombrageuse susceptibilité de son amie. Aussi Madame Laurent, livrée à elle-même par son éloignement volontaire de toutes les personnes qui ne la flattaient pas ou qui ne partageaient pas exclusivement sa manière de voir, s'est-elle laissée aller à une suite de démarches et d'actions inqualifiables, et toutes plus inconséquentes les unes que les autres, à partir du moment où je lui communiquai mon projet. *Jamais,* s'écria-t-elle, Aline ne sera maîtresse de pension. Dès lors sa jalousie n'eut plus de bornes.

Ce qui acheva de tourner la tête, déjà si faible, de Madame Laurent, c'est qu'alors nous étions parvenus à l'apogée de notre prospérité, et qu'elle s'est toujours fait d'étranges illusions à cet égard. En conséquence, nulle réserve dans ses prétentions, nulle modération dans sa dépense.

Elle avait été témoin des preuves de dévoûment que la demoiselle Césarine Vascheron avait données à Mademoiselle Lebœuf, dans ses derniers moments ; ce qui lui inspira le désir de s'attacher cette jeune personne. Elle lui offrit de l'emploi chez nous. Soit que Césarine, douée d'assez de pénétration, ait en quelque sorte deviné le caractère de Madame Laurent, et pressenti ce qui devait lui arriver, soit qu'elle en ait su quelque chose au rapport d'autrui, elle refusa. Madame Laurent revint à la charge. Nouveau refus de la part de Césarine, qui s'était établie maîtresse couturière, et avait déjà formé une sorte de clientèle. Enfin Madame Laurent insista si vivement, eut recours à tant de promesses, qu'elle la détermina à quitter son petit établissement pour accepter ses offres. Je n'étais pas fâché non plus de son entrée à la maison, redoutant toujours le contact de personnes inconnues avec ma nièce, tandis que j'étais sûr des principes et des mœurs de Césarine, éprouvée déjà par Mademoiselle Lebœuf, et que je savais avoir été élevée par la bienfaisance de Mademoiselle Junot, qui a fondé et dirige elle-même, à Besançon, une maison destinée à recueillir de jeunes personnes que des malheurs de famille privent des moyens de pourvoir à leur éducation et à leur apprentissage. La similitude de position entre ma nièce et cette demoiselle, qui avait aussi perdu ses parents dès son bas âge, fut sans doute ce qui les rapprocha encore davantage; mais leur liaison causa la perte de Césarine dans l'esprit de Madame Laurent. Voyant qu'elle ne pouvait la gagner à ce qu'elle appelait son *parti,* elle se permit contre elle les insinuations les plus malveillantes, au point que Césarine fut obligée de se retirer, pour ne pas être exposée à perdre tout à fait sa réputation, qui avait déjà reçu de si vives atteintes.

Une jeune bonne avait été, à l'âge de quatorze ans, procurée à Madame Laurent par Madame Duchesne, qui, l'ayant eue plusieurs mois à son service, l'avait merveilleusement formée au travail et à la sobriété. Nulle autre n'avait jamais tant convenu à Madame Laurent, par sa grande souplesse et le soin qu'elle prenait de s'accommoder à tous ses goûts, de prévenir ses moindres désirs. Qu'elle fût grondée à tort ou avec raison, elle saisissait le moment favorable pour faire des excuses, pour prendre un air et un ton qui lui étaient particuliers, demandant à sa maîtresse si elle était encore fâchée; et celle-ci de répondre avec dignité : « Allez, petite sotte, je vous pardonne. » Aussi Madame Laurent a-t-elle préconisé la petite Marie au delà de toute expression ; aussi l'a-t-elle gardée pendant plus de dix ans consécutifs, déclarant à tout le monde qu'elle ne s'en séparerait jamais, qu'elle l'emmènerait avec nous dans notre retraite, etc. Mais, dans ces derniers temps, la petite Marie a eu un tort irrémissible aux yeux de Madame Laurent; elle a hasardé quelques mots de justification en faveur de ma nièce. Dès lors, tous ses services passés ont été oubliés; de ce moment la petite Marie n'est plus bonne à rien, et sa réputation, aujourd'hui, grâce à Madame Laurent, se trouve gravement compromise. Je pourrais citer d'autres personnes à qui l'amitié de ma nièce a été fatale.

Nous avions fait la connaissance d'un homme infiniment recommandable, dont le nom se trouve, bien involontairement de sa part, ainsi que de la mienne, mêlé à ces fâcheux débats. M. le docteur Durand nous avait confié d'abord l'éducation du jeune Pector, son petit-fils, en même temps que celle de quatre Havanais qui lui avaient été recommandés. Un peu plus tard, il nous amena encore quatre frères, nés aussi à la Havane. C'étaient donc neuf élèves, dont huit pensionnaires, qu'en peu de temps il nous avait procurés. Et cependant c'était là son moindre titre à ma considération et à ma reconnaissance. Son esprit juste et pénétrant, sa rare expérience résultant de ses nombreux voyages et de sa longue habitude des hommes et des choses, me faisaient attacher le plus grand prix à l'intérêt qu'il voulait bien nous porter. N'exerçant plus la médecine que gratuitement en faveur des indigents, il disait plaisamment que s'il n'était pas le meilleur médecin de Belleville, il en était le moins cher, puisqu'il ne faisait jamais payer ses soins. Doué d'une grande activité, il passait presque tous les jours à la maison, où il s'arrêtait rarement, demandait des nouvelles de ses protégés, et à peine lui avait-on répondu qu'il était déjà disparu. Il fut souvent consulté par Madame Laurent sur les malaises qu'elle éprouvait, et que M. le docteur jugea souvent plus imaginaires que réels. Est-il étonnant que j'aie cherché à convaincre un homme aussi important de la justesse de mes vues, relativement à la cession de mon établissement, espérant que son avis serait d'un grand poids dans l'esprit de Madame Laurent? Car vous savez, Monsieur, que je n'ai jamais pu m'appuyer sur M. Duchesne, toutes les fois qu'il s'est agi de faire prévaloir un sentiment qui n'était pas adopté par sa fille. Ici, comme ailleurs, avoir Madame Laurent contre moi, c'était avoir M. Duchesne pour adversaire. Un jour, M. le docteur, qui savait déjà, par Madame Laurent, que notre maison n'était pas destinée à ma fille, me parlait précisément d'un maître de pension de sa connaissance qui, ayant cru vendre son établissement un assez bon prix, n'en avait pas été payé. « C'est ce « qui est arrivé souvent, » ajouta-t-il. — « Oui, lui répondis-je, « et pour éviter pareil inconvénient, j'avais conçu un plan que « je vous demanderai la permission de vous communiquer ; » et je lui en lus les bases principales, que j'avais jetées sur le papier. J'ajoutai que, dans notre profession, je ne concevais d'association possible, et surtout durable, qu'entre proches parents, telle qu'entre un père et son fils, entre l'oncle et le neveu, lorsque l'une des deux parties est tenue dans la dépendance de l'autre, de manière à laisser à la volonté dominante toute sa liberté d'action. Au lieu qu'entre associés dont l'autorité et les droits sont parfaitement égaux, il se produit trop tôt une divergence d'opinions, si ce n'est d'intérêts, qui arrête ou du moins ralentit le succès de toute l'opération. (C'est ce qui m'est arrivé avec Madame Laurent, qui a toujours voulu avoir une autorité égale, et souvent supérieure à la mienne. Tel est le principe de la lutte qui dure encore, au grand préjudice de notre considération et de nos intérêts.) M. le docteur approuva mon projet, et comme je lui objectais l'opposition qu'y apportait Madame Laurent, il me répondit : *Sachez être le maître.* Avant d'en venir à cette extrémité, je voulus encore essayer de convaincre Madame Laurent en présence de son père, et ne manquai pas d'invoquer l'autorité de M. le docteur. Madame Laurent comprit dès lors de quelle importance il était pour elle de mettre M. le docteur dans ses intérêts. Elle s'employa donc à le *chauffer*, selon son expression, ainsi que Madame Pector, sa fille. Madame Pector l'accueillit d'abord assez froidement, parce que, m'a-t-elle raconté elle-même, on lui avait dit que Madame Laurent, après avoir témoigné la plus vive affection à ses amis, les abandonnait bientôt, et sans qu'on sût pourquoi, *comme un paquet de linge sale*. Mais Madame Laurent est fertile en ressources. En allant visiter tous les jours Madame Pector, qu'une indisposition grave retient constamment chez elle, et qui s'est déjà trouvée flattée de cette marque d'attention, elle est parvenue à lui inspirer, ainsi qu'à M. le docteur, de grandes préventions contre ma nièce, qui alors était à peine connue du père, et que n'avait jamais vue la fille. Il lui suffit pour cela de leur citer, sur son compte, un certain nombre de faits plus ou moins vrais ou vraisemblables, qu'elle interprétait à sa manière, où le vrai et le faux étaient habilement combinés, et qui donnèrent à ses interlocuteurs une triste idée de la malheureuse Aline, qu'ils condamnèrent ainsi sans l'entendre. La vérité, dit-on, est au fond d'un puits ; et cependant la Providence permet toujours qu'il s'en manifeste quelque chose. L'un des plus jeunes protégés de M. le docteur (enfant de cinq ou six ans) était d'un tempérament très-mou et très-apathique. Dans les premiers mois de son séjour à la maison, il fit, nuit et jour, tant de sottises, que Madame Laurent, sans doute pour l'effrayer, dit à ces demoiselles que s'il recommençait il faudrait le fouetter. Par le plus grand des hasards, ma fille me raconta que le baragouin du petit Raphel était bien extraordinaire, lorsqu'il demandait *pâdon* à Césarine, qui voulait mettre à exécution la menace de Madame Laurent. Le lendemain M. le docteur me dit en se pinçant les lèvres, qu'*Aline savait très-bien fouetter les petits garçons*. Me rappelant aussitôt le récit d'Elise, je répondis ; « Pardon, Monsieur le docteur, la ressemblance des deux noms vous « aura trompé : c'est Césarine, et non Aline, qui a donné le fouet. « —Oh ! je sais très-bien que c'est Aline, votre nièce. » Je ne voulus pas insister d'abord, par respect pour M. le docteur. Mais je m'assurai de la vérité par toutes les voies possibles, en interrogeant Aline, Césarine, les autres personnes de la maison et les frères du petit élève dont il s'agissait, ainsi que lui-même. Toutes et tous se sont accordés à déclarer que ce n'était pas Aline, mais Césarine qui avait administré cette petite correction, dont au reste l'effet fut très-salutaire à l'enfant. Et cependant je n'ai jamais pu faire revenir de son erreur M. le docteur, qui n'a pu y être induit que par Madame Laurent, et qui a fini par me dire que ce n'était pas la peine qu'on s'en occupât davantage. Assurément la chose était peu importante par elle-même ; mais s'il avait pris la peine de s'assurer du défaut de sincérité de Madame Laurent, son dévouement chevaleresque pour elle ne l'eût pas entraîné à des actes qui n'ont fait qu'aggraver le mal, contrairement à son intention, j'en suis certain.

Une autre fois, jetant les yeux sur le cahier de dépenses de Madame Laurent, je vis qu'elle y avait porté une certaine somme *pour achat d'une robe à Aline*. Content de cette marque de bienveillance que Madame Laurent lui avait donnée, moi qui restais quelquefois quinze jours sans adresser la parole à ma nièce, je lui dis, quand je la rencontrai : « Votre tante vous a acheté une robe ? » — *Non, mon oncle*, fut la réponse qu'elle me fit dans son premier mouvement. Et puis, se reprenant : « Ah ! oui ; oui, mon oncle ; ma « tante m'a donné une de ses robes, qui est encore bien bonne et « qui m'a fait plaisir. » Je remarquai bien l'embarras d'Aline, qui était fâchée de m'avoir répondu de manière à mettre en évidence la petite supercherie de sa tante. Mais je ne me doutais pas qu'elle irait de suite l'en prévenir et lui en témoigner ses regrets. Son excès de précaution produisit un effet diamétralement opposé à celui qu'elle attendait. Sa tante la reçut au plus mal, en lui disant : « Retire-toi, malheureuse ; tu me feras toujours faire mauvais « ménage. » Cependant je ne fis aucun reproche à Madame Laurent, car nous n'en étions plus à nous quereller pour une somme de 30 à 40 francs ; notre dissentiment portait sur des objets beaucoup plus sérieux. Je n'ai connu ces détails que quand ma nièce fut tout-à-fait sortie de la maison, lorsque je voulus aller au fond des choses, et savoir en quoi elle avait pu s'attirer une telle animadversion de la part de sa tante. Mais on conçoit le parti que Madame Laurent sut tirer de ce fait, tout simple cependant, en représentant Aline comme étant venue se plaindre à moi de ce que sa tante lui faisait mettre une robe déjà portée.

Un troisième fait, aussi indépendant de la volonté de ma nièce que les deux précédents, servit encore merveilleusement à sa tante, pour la représenter comme un esprit ingrat et malfaisant, qui ne cherchait qu'à troubler son ménage. Elle éprouvait une indisposition qui lui fit prescrire, par le médecin, du chocolat ferrugineux, tel qu'il en avait déjà été ordonné plusieurs fois à ma fille et à ma femme, qui s'en étaient bien trouvées. Je dis à ma nièce que je lui en rapporterais à ma première sortie dans Paris. Mais le soir même, elle me prévint que ce n'était pas la peine d'en rapporter, attendu que sa tante lui en avait donné. « Voyons, lui dis-je, ce chocolat. » Car je savais que Madame Laurent n'était pas sortie et n'avait probablement pas envoyé un exprès rue Saint-Merry, chez M. Colmet, où nous avions l'habitude de le prendre. En effet, ma nièce me montra du chocolat bon, assurément, mais ordinaire, et qui provenait de la fabrique de M. Fleurimont à Belleville. Celui-là coûtait

2 francs, tandis que l'autre valait 5 francs la livre. Je ne dis rien, et n'en achetai pas moins une livre de chocolat ferrugineux que je me proposais, il est vrai, de donner à ma nièce à l'insu de sa tante, pour éviter le bruit. Mais moi, qui suis si peu accoutumé à me cacher, je n'eus pas plutôt serré le chocolat dans mon secrétaire, que je l'ouvris tout au large en présence de Madame Laurent, sans plus penser à ce que j'avais voulu y soustraire à ses regards. Madame Laurent aperçut le fatal paquet, reconnut l'enveloppe et jeta les hauts cris. Longtemps elle raconta à ses intimes, avec force réflexions et commentaires, qu'Aline avait eu l'indignité, pour la brouiller avec son mari, de trouver mauvais du chocolat dont elle l'avait généreusement gratifiée, lequel cependant était assez bon pour la santé du petit Fleurimont, qui *la valait bien.*

Mais, Monsieur, ce qui acheva de perdre entièrement cette pauvre enfant dans l'esprit de M. le docteur et de Madame Pector, ce fut le fait suivant, pour l'intelligence duquel, au risque de vous ennuyer, il faut encore que je reprenne les choses de plus haut.

M. Putôt avait passé, soit comme élève, soit comme maître, les huit premières années de son séjour à la maison, en butte au mauvais vouloir de Madame Laurent. Elle ne cessait de critiquer sa raideur et ses prétentions, lorsqu'il fut devenu maître. Plusieurs fois elle m'avait dit en plaisantant : « Il faudra le marier avec ta nièce ; ce sera un couple bien assorti. » Car elle accusait aussi ma nièce de raideur. Lorsqu'il témoignait qu'un mets n'était pas de son goût, ou que, sans rien dire, il le laissait sur son assiette, elle accusait ce *petit morveux* d'être plus difficile et plus exigeant que les autres maîtres. M. Duchesne aussi, qui n'a jamais su suivre chez nous que l'impulsion de sa fille, ne laissait échapper aucune occasion de railler impitoyablement M. Putôt sur l'exiguité de sa taille. C'était l'*imperceptible collègue* par-ci, le *minime confrère* par-là. Bref, je me crus obligé d'exagérer à Madame Laurent les qualités de M. Putôt, pour le lui rendre un peu plus supportable, et de prier M. Duchesne de ménager un peu la susceptibilité du jeune professeur, à qui il faisait monter le rouge à la figure, lorsque, par les sarcasmes dont il était si prodigue à son égard, il tournait tous les rieurs contre lui. J'invitais, à tour de rôle, deux de mes professeurs à notre table, tous les dimanches et quand nous avions du monde ; et je ne voulais pas que ce que je leur offrais comme un agrément devînt un sujet de peine pour aucun d'eux. J'avoue que M. Putôt s'était donné une sorte de ridicule, parce qu'étant passé subitement de la position d'élève à celle de maître, sans que sa taille en fût grandie d'un millimètre, il s'était fâché sérieusement contre les lingères, quand il vit qu'elles avaient rangé son linge dans la même catégorie que celui des élèves. Or, on avait l'habitude, à la maison, de faire plisser et amidonner avec plus de soin le linge des maîtres. Les lingères donnèrent pour excuse que la petitesse des chemises de M. Putôt trompait le blanchisseur, qui les prenait pour des chemises d'élèves. Je crois bien que d'abord il n'y eut pas de leur faute ; mais peut-être y mirent-elles plus tard de la malice ; car l'erreur se renouvela souvent, et M. Putôt se fâcha de plus en plus. Madame Laurent s'égaya longtemps avec ses familiers aux dépens de M. Putôt, dont la colère excitait des rires inextinguibles. Cependant il réunissait toutes les qualités essentielles de son état ; il était exact, capable de donner une bonne instruction primaire, et, ayant été à l'école de M. Denis, il tenait fort bien les élèves, même ceux qui le passaient de toute la tête. Par un revirement assez ordinaire à Madame Laurent, elle s'éprit tout d'un coup d'une vive amitié pour lui. Ce fut, tous les dimanches, son tour de venir dîner avec nous ; car elle s'y prenait de manière à éloigner les autres professeurs. Je m'en aperçus et en fis l'observation à M. Putôt qui, de dépit, ne dîna pas du tout ce jour-là, et alla bouder dans son dortoir. Madame Laurent, pour le consoler, lui fit porter quelque friandise ; ce qui excita la jalousie des uns et provoqua la censure des autres. Bientôt elle eut tant de rapports, tant d'entretiens particuliers avec lui, que ce fut une sorte de scandale dans la maison et même au dehors. Comme on me croyait dans l'ignorance de ce qui se passait, j'étais plaint ou raillé en secret. Certes, les préférences de Madame Laurent pour ce jeune homme étaient trop patentes pour que je ne m'en aperçusse pas ; mais comme j'étais sûr des mœurs de Madame Laurent, et d'autant plus sûr qu'elle ne se doutait même pas que sa conduite pût être incriminée, je ne voulais pas me donner encore à ses yeux le ridicule d'un mari jaloux, par des remontrances dont elle n'aurait probablement pas tenu compte, qu'elle aurait mal comprises ou ébruitées, et qui auraient pu ainsi confirmer les accusations de ceux qui la croyaient coupable. Cependant, je me creusais la tête pour deviner le motif de ses longues et fréquentes entrevues avec M. Putôt, puisqu'il n'y avait pas moyen, selon moi, de supposer entr'eux une intrigue amoureuse. Ce motif ne tardera pas à vous être connu ; et si d'un côté il disculpe Madame Laurent des soupçons qui planaient sur elle, de l'autre il ne fait pas honneur à sa raison. Depuis que la grande amitié de Madame Laurent s'était manifestée en sa faveur, M. Putôt s'était mis tout d'un coup à travailler sans relâche pour se disposer, disait-il, à subir l'examen du baccalauréat. Il passait à ce travail une grande partie de ses nuits, ce qui, par parenthèse, lui fit un peu négliger sa classe ; car il faut que l'homme se dédommage le jour du repos qu'il se refuse la nuit. Un soir qu'Auguste Bertrand et Aline, sa sœur, s'étaient arrêtés un moment dans une salle où tout était déjà prêt pour M. Putôt, Madame Laurent y arriva aussi; et comme Auguste, gâté par sa tante, ne se gênait pas avec elle, il se mit à la plaisanter en lui demandant pour qui cette chaufferette, pour qui cette boisson préparée, ce lait coupé, ce joli petit tapis? Madame Laurent crut que c'était Aline qui avait instruit son frère de ses prévenances pour M. Putôt, et lui fit une scène des plus violentes. Aussi, dès que M. le docteur me vit, il me demanda si ce n'était pas une *infamie* que ma nièce allât révéler à son frère, plus jeune qu'elle, la conduite de sa tante, lors même qu'elle eût été coupable. J'eus beau lui représenter que le frère, dans sa dix-huitième année, en savait autant que sa sœur sur ce sujet, puisque c'était devant moi seulement qu'on se gênait pour en parler. « Comment, ajouta-t-il, elle a osé dire à sa tante qu'elle se proposait d'en prévenir M. l'abbé Depille, pour qu'il lui fît quelques représentations, s'il le jugeait convenable ! » Eh bien ! ma nièce, me croyant dans l'ignorance de tout cela, se gardait bien de m'en informer ; et cependant elle souffrait de toutes les plaisanteries qu'elle entendait; à qui donc pouvait-elle en parler, si ce n'est à M. l'abbé Depille, qu'elle savait bien intentionné et ami de la maison ?

Avant que M. le docteur eût conçu de ma nièce une opinion aussi désavantageuse, il m'avait conseillé de la faire sortir de la maison, parce que, m'avait-il dit : « Madame Laurent se plaint d'elle avec « tant d'aigreur, qu'on serait tenté de croire à d'autres motifs que « ceux qu'elle allègue ; et cela doit nécessairement jeter des doutes « sur la conduite de cette jeune personne. » Je remerciai M. le docteur de son avis, et me mis bien vite en devoir de l'exécuter. Renonçant dès lors à mon projet de l'établir chez moi, je résolus de lui faire apprendre le commerce. Madame Laurent ne fit aucune démarche pour la placer, si ce n'est qu'elle m'indiqua un magasin moins cher, quand je lui annonçai que je n'en avais trouvé qu'un où l'on me demandait 500 francs pour une année d'apprentissage. J'allai donc, sur l'indication de Madame Laurent, trouver Madame Millon, qui réunit la lingerie et la mercerie, rue Sainte-Avoie. Je convins avec cette dame de payer 200 francs seulement, pour la première année, au bout de laquelle ma nièce, qui savait déjà travailler, devait gagner et se suffire à elle-même. On a fait grand bruit de ce que je lui avais assigné, pendant cette année-là, 25 francs par mois pour son entretien, tandis que je n'en donnais que 20 à ma fille pour le même objet. Mais, outre qu'ayant constamment ma fille sous nos yeux, nous étions à portée de connaître ses besoins et d'y suppléer, c'est qu'elle n'avait à payer ni son blanchissage, ni ses sorties en omnibus, etc., et qu'elle recevait ou était censée recevoir une infinité de cadeaux de Madame Duchesne qui, je le répète, n'a jamais été plus généreuse à son égard que quand nous avons pu nous passer de ses libéralités; au lieu que ma nièce, réduite à ses 25 francs tout secs, était obligée à une tenue plus soignée et plus dispendieuse que quand elle restait à la maison. On m'a dit : Pourquoi n'avoir pas laissé ignorer à votre femme ce petit supplément que vous faisiez à votre nièce? Je l'eusse fait, sans aucun doute, si j'avais prévu tant de récriminations. Mais, outre que, je l'ai déjà dit, je suis peu habitué à dissimuler, je regardais la chose comme si naturelle, que je ne soupçonnais même pas qu'on pût y trouver à redire. Et cependant, voilà encore un point sur lequel M. le docteur n'a pas voulu entendre raison. Il a eu du moins, lui, le mérite de la franchise; car c'est par lui que je tardais peu à connaître les imputations nouvelles enfantées contre moi par l'imagination en délire de Madame Laurent. Au reste, je pardonne volontiers à M. le docteur ses préventions, quand je songe qu'une personne bien plus à portée que lui de me connaître ainsi que Madame Laurent, m'a avoué avoir été assez longtemps indécise entre elle et moi, tant elle mettait d'art et d'habileté à tirer parti des moindres circonstances, pour jeter de l'odieux ou du ridicule sur l'oncle et sur la nièce.

J'étais aussi convenu avec Madame Millon, qu'il serait permis à Aline de venir passer à la maison les quelques heures qu'elle aurait de libres le dimanche. La première fois qu'elle vint, nous étions à dîner, et aussitôt Madame Laurent quitta la table pour aller se coucher. Qu'avait-elle éprouvé? Une indisposition; et je n'en sus pas davantage. La deuxième et la troisième fois, même manège de la part de Madame Laurent. Dès lors, il n'y avait plus à en douter, c'était la présence de ma nièce qui produisait sur sa tante l'effet de la tête de Méduse. Ainsi, ce fut une habitude prise; aussitôt que ma nièce apparaissait, faisant timidement la révérence à toutes les personnes de la société, Madame Laurent devenait invisible. Une attaque de nerfs était là toute prête pour lui servir d'excuse. Un jour, Madame Meunier, maîtresse chez Madame Clausse, et amie d'enfance de Madame Laurent, était venue la voir dans l'après-midi, ainsi qu'elle le faisait de temps en temps. — « Rose, tu vas rester à dîner avec nous. — Mais c'est qu'il faut que je serve aujourd'hui les élèves, chez Madame Clausse. — Eh bien! tu te dépêcheras. Nous retarderons un peu notre dîner, Viens; nous rirons bien. » Mais ma nièce arriva dans l'intervalle. Quand Madame Meunier revint : — « Où est donc Amélie ? — Elle est malade, dit tristement Élise. — Malade! impossible. » Ceux qui connaissent les manières ouvertes et décidées de Madame Meunier, ne seront pas surpris qu'elle ait voulu de suite monter auprès de Madame Laurent, forcer la consigne et lui dire avec une brusque franchise : — « As-tu fait une chute? Dis-moi ce que tu as, ou je ne te crois pas malade. » Sur la réponse à peine articulée de Madame Laurent. — « Tu joues la comédie, ma chère. Quoi ! tu étais gaie, folâtre tout à l'heure ; il ne t'est rien survenu, et tu ne peux plus desserrer les dents. » Là dessus elle redescendit en riant aux éclats. Il est heureux pour cette dame qu'elle n'ait pas été dans la dépendance de son amie : elle aurait pu payer cher les paroles qu'on se borna, pour le moment, à traiter d'indiscrètes. Elle en a été quitte pour ne plus être invitée par Madame Laurent, car je ne l'ai pas revue depuis à la maison.

A cette époque seulement, je vis que j'avais eu tort de compter sur le bon sens ou sur l'affection d'Émile. Car, à défaut du père, de l'influence de qui je n'attendais plus rien depuis longtemps sur sa fille, le fils, témoin de tout ce qui se passait, n'aurait-il pas dû faire sentir à sa sœur combien son refus de recevoir ma nièce, deux ou trois heures le dimanche, pouvait m'être un sujet de peine et d'irritation. On a dit qu'elle pouvait aller chez ses deux autres oncles. D'abord, le lien qui l'unissait à l'un d'eux avait déjà été rompu par la mort de Madame Hermel, sa tante. Ce n'est pas que M. Hermel n'ait continué d'être bon pour elle ; il l'a toujours, au contraire, accueillie très-favorablement; mais devenu veuf, son fils unique marié, il était rarement chez lui le dimanche. M. Bertrand son autre oncle, chargé d'une nombreuse famille, n'avait guère pu s'occuper d'elle. Cependant, elle y allait à peu près une fois par mois, ainsi que chez M. Hermel. D'ailleurs, compte-t-on pour rien mon affection pour cette enfant, et devais-je me priver de la recevoir à ma table deux ou trois fois par mois, quand j'étais toute la journée, et presque toute la semaine, entouré de la famille Duchesne, pour qui je montrais tant d'empressement? Ce n'était qu'à table, en effet, que je pouvais un peu lui parler et savoir le goût qu'elle prenait à son nouvel état. — Mais je pouvais aller la voir à son magasin. — Madame Millon sait combien étaient rares et discrètes mes visites à son magasin. Je ne crois pas y être jamais resté plus de deux minutes, et le plus souvent sans m'asseoir. C'est, qu'en effet, je ne devais pas déranger ma nièce au milieu de ses occupations. Si l'on m'avait allégué un motif plausible, si elle avait été coupable en quoi que ce fût, j'eusse été le premier à l'exclure. Mais fallait-il sans raison, la sevrer de l'innocent plaisir de revoir la maison où elle avait passé une grande partie de son enfance. Ceux qui tiennent ce langage n'ont jamais senti battre leur cœur.

Aline cependant n'a jamais, que je sache, manqué aux égards qu'elle devait à sa tante. Toujours elle la saluait à son arrivée et à son départ. L'année même dont je parle, malgré le redoublement de rigueurs dont elle était l'objet, elle avait préparé, pour la fête de sa tante, une paire de manchettes que Madame Laurent reçut et jeta sur sa commode en lui tournant le dos. Elle, qui aime à se proclamer si bonne, a toujours été implacable pour cette enfant. « Au nom du ciel, lui ai-je répété souvent, dis-moi ce qu'Aline t'a fait. — Elle est raide, elle est ingrate. » Voilà tout ce que j'ai pu en tirer. Mon gendre a été jusqu'à me dire qu'*il était bien plus simple de la renvoyer à son père.* Mais ma femme, qui a pris soin de si bien l'informer de l'existence du père d'Aline, n'a donc pas ajouté ce qu'elle savait aussi bien que moi, que ce père n'avait jamais pu ou su être utile à aucun de ses enfants. Était-ce bien le moment de lui envoyer cette jeune fille, sans connaître le sort qui lui était réservé? J'eusse failli, je pense, à la tâche que je m'étais imposée, de mettre, le plus économiquement possible, ces orphelins en état de se suffire à eux-mêmes. J'y suis parvenu, le ciel aidant ; et quoi que vous en disiez, cette action ne pourra être qu'approuvée des âmes sensées et honnêtes.

Madame Laurent n'a jamais été plus étroitement unie à sa famille que quand elle était au plus fort de ses divisions avec moi. J'ai déjà signalé sa tactique en cette circonstance, ainsi que celle de Madame Duchesne, qui savait très-bien en faire son profit. La fille, toute dévouée à sa mère, pour prix de l'appui qu'elle en recevait, croyait faire acte de vertu quand elle trouvait moyen de disposer en sa faveur de ce qui nous appartenait en commun. Les allées et venues quotidiennes d'Emile la servaient admirablement sous ce rapport. J'avais d'abord hésité, par respect pour la robe d'avocat qu'il portait déjà, à révéler tant de petitesses dont il se rendait l'agent complaisant ; mais ce n'est pas un roman que j'écris, c'est de l'histoire, et de l'histoire assez sérieuse pour que je ne prenne pas sur moi d'en altérer la vérité. Est-ce ma faute, à moi, si mes héros ne sont que des pygmées ? Malgré le ton grave et doctoral qu'Emile affectait déjà, il consentait à renfermer dans son portefeuille, en guise de dossiers, différents morceaux que Madame Laurent prenait pour notre compte à la boucherie, et qu'il portait fréquemment de Belleville chez sa mère. Qu'il nie ce tripotage ; je lui citerai, moi, les personnes qui lui ont demandé s'il ne craignait pas la visite des employés de l'octroi, et auxquelles il a répondu : « Les employés sont habitués à me voir passer avec mon portefeuille sous le bras. » Dire que Madame Duchesne ne remboursait pas à sa fille la valeur de ces provisions, c'est ce que je n'affirmerai pas ; mais à coup sûr il n'en rentrait rien dans ma caisse. Je suis loin cependant de prétendre que Madame Duchesne eût agi ainsi envers tous autres que ses enfants. Je suis certain, au contraire, de son extrême délicatesse, en matière d'intérêts, avec les personnes qui lui étaient étrangères. Mais elle professait une doctrine que, sans la partager, je ne crois nullement en désaccord avec les principes d'une stricte probité. « Tout ce que j'amasse, disait-elle, est destiné à mes enfants ; mais j'aime mieux qu'ils m'en demandent que d'être obligée de leur en demander. »

C'est quand je fus contraint d'éloigner ma nièce pour avoir la paix chez moi, qu'eut lieu le mariage d'Emile. Ce qui augmenta ma tristesse à cette époque et me suggéra des réflexions accablantes, ce fut précisément le contraste qui me sauta aux yeux entre les procédés touchants de tous les oncles et tantes de Mademoiselle Callou-Depille envers leur nièce, et ceux de Madame Laurent envers la mienne. Impossible de faire les choses avec plus de bonne grâce et de splendeur que tous ces généreux et dévoués parents, qui pourtant avaient aussi des enfants à pourvoir, selon leur rang et leur condition. Et moi, qu'avais-je demandé pour l'orpheline ? Le verre d'eau offert de bon cœur, une petite place au soleil. Cependant j'avais autorisé Madame Laurent à consacrer 500 francs aux cadeaux de noces qu'elle destinait à Emile. Cela ne l'a pas empêchée de dire que j'avais voulu m'opposer à son mariage. De quel droit et pour quel motif m'y serais-je opposé ? Il est vrai qu'à cet égard j'avais les apparences contre moi. J'ai eu l'air de bouder ma belle-sœur, qui pourtant était bien innocente du chagrin que j'éprouvais. Je ne lui ai pas fait de visite, parce que, n'étant pas maître de l'affliction qui me navrait le cœur, je n'ai pas voulu assombrir son entrée en ménage. Ici donc encore Madame Laurent a eu beau jeu pour mettre en relief mon exigence et ma tyrannie.

Madame Laurent se plaisait à exalter les qualités d'Auguste, pour les opposer aux défauts d'Aline. Aussi M. le docteur me disait-il qu'il serait à souhaiter que ma nièce ressemblât à son frère. (Je voudrais savoir ce qu'il en pense, maintenant que le neveu est détesté de sa tante à l'égal de la nièce.) Auguste, en effet, était tellement cajolé par sa tante et sa cousine, qu'il ne laissait passer aucune récréation, aucun jour de congé sans leur en consacrer le plus de temps qu'il pouvait, au point que je crus devoir représenter à ma femme qu'il n'était pas prudent de le souffrir toujours ainsi en compagnie d'Elise, attendu qu'il pouvait se former insensiblement, entre ces deux cœurs encore tout neufs, une liaison dont ils ne seraient peut-être plus maîtres dans la suite ; car je ne suppose pas, ajoutai-je, que tu aies jamais envie de les unir par les liens du mariage. Je supposais alors à Madame Laurent d'immenses prétentions pour sa fille. Elle ne tint compte de mes avis, et se borna à me répondre qu'elle ne pouvait faire affront à un garçon si gentil de caractère. Plusieurs fois je le grondais au sujet de ses fréquentes visites, ce qui l'obligea à ne plus venir qu'à mon insu. Mais il n'en conserva pas moins ses entrées libres et familières auprès de ces dames, jusqu'aux vacances de 1844. Sans manquer de moyens intellectuels, il n'avait pas la constance nécessaire pour suivre avec avantage la carrière de l'instruction, à laquelle je l'avais d'abord destiné, et qu'il avait prise en dégoût. Je lui faisais, sur sa demande, apprendre un métier. Un soir que j'étais absent, rentrant de son apprentissage, il alla droit à la niche du chien pour le caresser, selon sa coutume. Or, cette niche était placée auprès d'une fenêtre, restée ouverte, de la salle à manger, où Madame Laurent avait réuni plusieurs convives. Il entendit même, sans le vouloir, une censure amère que M. Duchesne, Madame Laurent et Elise faisaient, à haute et intelligible voix, de son oncle et de sa sœur. La droiture de son cœur en fut froissée. Il revint tout triste au réfectoire, où l'attendait son souper ; mais il put à peine manger. La cuisinière, habituée à lui voir bon appétit, lui demanda ce qu'il avait. « Je n'ai rien, » dit-il d'abord. Comme elle insistait : « Eh bien ! c'est ce que j'ai entendu là-bas qui m'a fait de la peine. » Et il indiqua du doigt la salle à manger. La cuisinière n'en sut pas davantage. Je n'en aurais rien su non plus, à mon retour, si je n'avais entendu Madame Laurent lui dire avec véhémence : « Si ce sont là les leçons de politesse que ton oncle te donne, je l'en félicite. — Quoi ! dis-je à Auguste, vous mettez votre tante dans le cas de vous rappeler que vous devez la saluer? — Je salue ma tante aussi, mon oncle, mais c'est elle qui ne répond pas à mon salut. — Quand elle ne vous répondrait pas, ce ne serait pas une raison pour vous dispenser des égards que vous lui devez. — Mais je porte toujours la main à mon chapeau. — Cela ne suffit pas ; il faut l'ôter tout-à-fait toutes les fois que vous passez à côté d'elle. » Il paraît que mon neveu, depuis qu'il avait entendu l'intéressante conversation dont j'ai parlé, n'était pas retourné faire l'aimable auprès de ces dames. De là cette colère de Madame Laurent, dont l'emportement fut cause que j'eus connaissance des critiques du père, de la fille et de la petite-fille, sur mon compte ; car mon neveu ne m'en avait rien dit. Mais je voulus savoir le motif de sa disgrâce, et, serré de près par mes questions, il m'apprit seulement que M. Duchesne avait dit : « Qu'il m'aurait fallu pour femme une cuisinière, que je trouvais que ma fille était trop instruite, etc... Mais c'est surtout Elise, me dit-il. Elise qui m'a fait le plus de peine. » Et en même temps de grosses larmes lui tombaient des yeux. Ainsi ce garçon, en apparence si léger, avait senti mieux que Madame Laurent, mieux que M. Duchesne, tout ce qu'il y avait d'inconvenant dans le blâme des actions d'un père par sa fille. Aussi sa tante ne pouvait-elle plus le souffrir ; et ma fille, depuis son mariage, m'a dit, en parlant de lui, *qu'il était encore plus traître que sa sœur.* — « Traître ! et pourquoi ? lui demandai-je. — Oui, ajouta-t-elle devant son mari : Après tout le mal qu'il venait nous dire de toi, se mettre à présent de ton parti ! » Voilà, je pense, un aveu naïf et précieux à recueillir. Parce que cet enfant venait se plaindre de la sévérité de son oncle, il était bien reçu par sa tante qui le comblait de caresses. Eh bien ! c'est ce qui me donne la clef des préférences marquées qu'on avait toujours eues pour lui sur sa sœur. Celle-ci, d'un caractère ferme, judicieux et prudent, n'a jamais laissé échapper une plainte contre sa tante ni contre moi, malgré les remontrances un peu dures que je lui ai quelquefois adressées, au dire même de ma fille. Elle n'est jamais entrée dans les petits complots qui se tramaient contre mon autorité, répondant poliment, mais froidement, aux avances qui lui étaient faites de temps en temps. Rien de mystérieux ni de caché dans sa conduite. Je puis citer un exemple qui remonte déjà à plusieurs années, et qui prouve sa parfaite soumission. Dans les premiers temps que M. l'abbé Depille avait été nommé à la cure de Noisy, Madame Laurent et ma fille avaient formé le projet d'aller le visiter dans sa position nouvelle. Je les vis prêtes à partir, un dimanche après midi, avec ma nièce qu'elles avaient invitée à les accompagner. « Mais il me semble, dis-je à Aline, que l'autre lingère est déjà sorti? — Oui, mon oncle. — Eh bien! mon enfant, il ne faut pas vous habituer à sacrifier le devoir au plaisir. Vous savez que la lingerie ne doit jamais rester abandonnée, le dimanche surtout, où il vient toujours des parents qui sont bien aises de trouver à qui parler. Vous irez à Noisy un autre jour. » Elle remonta sans mot dire. Je me retirai aussi. Mais sa tante alla lui dire : « Viens toujours, ton oncle ne le saura pas. Au reste, de quoi se mêle-t-il? — Mais, ma tante, je ne puis sortir malgré sa défense. — Eh bien! fais-toi remplacer par la petite Marie. » Elle vint me prévenir que cette bonne, assez au courant de la lingerie, par son ancienneté dans la maison, pouvait la suppléer, et elle ne sortit qu'avec mon consentement. J'ai eu connaissance de cet incident par une personne qui a cru devoir me prémunir contre les préventions qu'elle savait qu'on cherchait à faire naître dans mon esprit à l'égard de ma nièce. Mais elle ne donnait aucune prise sur elle. Si ce n'est là le véritable motif de la haine de sa tante, il m'est impossible d'en assigner d'autre.

Poussé à bout par toutes les contrariétés que j'éprouvais, j'avais manifesté hautement l'intention de céder mon établissement à la première occasion. Ici, comme ailleurs, même résistance de la part de Madame Laurent. Il lui convenait peu d'être dépossédée de l'autorité qu'elle exerçait sur toute la maison. Pensant bien que je chercherais à traiter avec le premier de mes professeurs capables que je rencontrerais, elle avait un moyen sûr de paralyser mes intentions ; c'était de miner l'influence de quiconque elle savait pourvu du diplôme qui lui conférait le droit de me succéder. Tous les auteurs qui ont écrit sur l'éducation s'accordent à dire que la plus légère improbation, faite par autrui, d'une punition le plus justement infligée, peut en faire manquer l'effet. Que sera-ce si c'est la maîtresse elle-même qui blâme ou qualifie d'injustes les punitions infligées dans une maison nombreuse, où la discipline a besoin d'être maintenue avec plus de nerf et de vigueur? C'est néanmoins ce que se permettait Madame Laurent. De quelque côté que lui vinssent les plaintes, qu'elle savait même très-bien provoquer, elle les accueillait favorablement, et c'était toujours l'élève qui avait raison contre le maître. Aussi je fus obligé de changer quatre fois de premier maître dans la même année. Résolu d'en finir, je pris les plus grandes précautions, les renseignements les plus minutieux, pour m'en procurer un cinquième. J'allai aux Batignolles, chez M. d'Astès, où celui qui se présentait, avait enseigné avec succès pendant deux ans ; à Rueil, chez M. Mathias ; et ces Messieurs m'assurèrent que M. Jacob, qu'ils connaissaient parfaitement, avait eu tout l'ascendant désirable sur leurs élèves. Cependant ce maître, d'un extérieur imposant, d'un organe sonore, et réunissant toutes les conditions propres à lui attirer la considération, ne réussit pas mieux chez nous que ses quatre devanciers. Sous sa surveillance, au contraire, eurent lieu des désordres qui avaient été jusqu'alors inconnus dans ma maison. M. Bellemain, mon voisin de droite, m'avait cité au tribunal de paix pour les dommages que lui causaient mes élèves, en franchissant les murailles ; M. Poupelose, mon voisin de gauche, sans aller jusque-là, eut bien des réclamations à me faire, pour les dégâts occasionnés par les projectiles lancés dans ses carreaux et sur son toit, au risque de le blesser lui-même. Concevez-vous mon embarras ? Connaître d'où venait le mal, et ne pouvoir y remédier ! Je réunis les élèves, auxquels j'adressai une allocution sévère, menaçant d'expulser le premier de l'insubordination de qui l'on aurait à se plaindre. L'un d'eux, que je connaissais comme le principal meneur, fut particulièrement maltraité en paroles par moi ; j'avais cherché à l'humilier, pour le mâter et lui faire perdre sa funeste influence sur ses condisciples. Madame Laurent, qui m'avait entendu, car elle voulait être au courant de tout, me dit que j'avais été trop loin ; que ce que j'avais dit pouvait faire plus de mal que de bien ; qu'au surplus *tous les maîtres me désapprouvaient*. Je voulus savoir si M. Demonclair, en qui j'avais particulièrement confiance, était du même avis. J'appris de lui-même que c'était tout le contraire. J'en fis l'observation à Madame Laurent, qui me répondit : « Eh bien ! M. Demonclair est un flatteur, car ce n'est pas ce qu'il m'a dit. » Lui, flatteur ! l'homme le plus indépendant par caractère, qui, pour conserver ses aises, n'était venu qu'une seule fois, en dix-huit mois, à nos dîners du dimanche ; qui ne se mêlait de rien, se renfermant strictement dans son devoir, et ne m'adressant presque jamais le premier la parole ! Sans doute *il ne le lui avait pas dit*, car il était fort peu causeur, et Madame Laurent lui ayant témoigné, immédiatement après ma mercuriale, *combien elle était fâchée de ce que j'avais dit aux élèves*, il ne répondit rien, et s'en alla, pour ne pas entamer avec elle une discussion inutile. Eh bien ! c'est son silence que Madame Laurent avait pris pour une approbation de ce qu'elle avançait ; et c'est ainsi qu'elle se faisait illusion sur l'excellence de son jugement, qui s'est pourtant trouvé assez souvent en défaut, dans ces dernières années surtout. Mais ma fille, qui était présente à notre entretien sur ce sujet, me dit : « Cependant, papa, toutes ces demoiselles ont trouvé aussi que tu avais eu tort de tant ravaler Émile B...... qui est si aimé des autres. » A la bonne heure ! Madame Laurent soumettait son mari au contrôle de ces demoiselles, qui ne pouvaient, bien entendu, se dispenser de l'applaudir, de plaindre et consoler l'élève que Madame Laurent plaignait et consolait. Je renvoyai cet élève et un autre à huit jours d'intervalle. Mais y avait-il moyen d'administrer longtemps dans un gâchis pareil ?

Je me crus quelque temps sauvé. M. de Juranvigny, l'un des plus anciens collègues et amis de M. Duchesne, me présenta, à l'entrée des vacances de 1844, un jeune homme de son pays, qu'il connaissait et me recommandait particulièrement. Je l'accueillis volontiers, pensant que Madame Laurent lui serait moins hostile qu'à d'autres, par considération pour M. de Juranvigny. Je convins avec lui qu'il entrerait chez moi, en qualité de premier maître et d'inspecteur, au mois d'octobre suivant, dans l'espérance d'arriver à un prompt arrangement. Les choses ainsi réglées, j'allai en Belgique et en Lorraine, pour chercher quelque occupation paisible, et un lieu où je pourrais me retirer avec Madame Laurent, si toutefois elle voulait m'y suivre ; car je sentais plus que jamais le besoin de vivre loin de la famille Duchesne, pour ma tranquillité et la sienne.

Au retour de ce voyage, je reçois du protégé de M. de Juranvigny une lettre où il m'annonce qu'il est décidé à ne se présenter qu'au mois d'avril suivant. Était-ce encore un tour de la façon de Madame Laurent ? Je veux bien croire que non ; mais je n'étais pas tiré de peine ; et je ne me serais pas absenté, si je n'avais cru pouvoir compter sur ce jeune homme pour le moment même de la rentrée des élèves. Il me restait huit jours à peine pour me procurer trois maîtres ; et cependant Madame Laurent m'annonce qu'elle va passer ces huit jours, à Bellevue, chez Madame Landon. Je lui répondis qu'elle trouverait sans doute extraordinaire que moi, qui venais de prendre des vacances, je m'opposasse à sa sortie ; mais qu'aussitôt que j'aurais traité de la vente de mon établissement, elle pourrait aller où bon lui semblerait. Au surplus, ajoutai-je, tu sais qu'il y a huit ans que je n'avais vu ma famille, et toi tu es tous les jours au milieu de la tienne. Excepté le temps de mon voyage avec toi au Havre, je n'ai pas découché une seule fois pendant ces huit années ; et toi tu es allée tous les ans faire d'assez longues excursions jusqu'en Picardie. Le lendemain, de bonne heure, je ne l'en vis pas moins toute disposée à partir avec Élise. C'est alors que je défendis à ma fille de quitter la maison. Je conviens que c'était par là même empêcher aussi la mère de s'absenter; mais est-il défendu, quand on n'est pas le plus fort, de tâcher d'être le plus adroit? Madame Laurent courut porter ses doléances chez M. le docteur, qui vint aussitôt me trouver et me demander si j'avais des raisons pour empêcher ma femme de fréquenter Madame Landon. Assurément non, je n'avais pas de raisons pour cela. Madame Landon! mais elle eût tenu une place très-distinguée dans l'esprit de Napoléon, si la réponse qu'on cite de lui à Madame de Staël est vraie. L'auteur de *Corinne* lui ayant demandé, à son retour d'Égypte, quelle était, à son avis, la première femme de l'Europe? il lui répondit brusquement : « C'est celle qui a fait le plus d'enfants. » Eh bien! Madame Landon, à l'âge de vingt-huit ans, avait déjà donné le jour à douze enfants; et malgré les soins de sa nombreuse famille, elle trouvait encore le temps de venir mêler en secret ses larmes à celles de Madame Laurent sur les malheurs domestiques de cette dernière. « Alors, me dit M. le docteur, d'où vient votre redoublement de rigueurs envers Madame Laurent? » Je lui expliquai la nécessité, flagrante à mes yeux, de ne pas laisser la maison seule pendant la huitaine qui précède la réouverture des classes; j'ajoutai que cependant j'allais être obligé de sortir plusieurs jours de suite, soit à l'occasion des maîtres dont j'avais besoin, soit pour mes approvisionnements de bois et autres. « Dans ce cas, je viens vous proposer une séparation à l'amiable. — Comment l'entendez-vous, Monsieur le docteur? — Vous ferez une pension à votre femme, et elle ira vivre chez sa mère. — Puis-je promettre une pension à ma femme, sans savoir moi-même sur quoi compter? Et qui vous dit que cette séparation, une fois connue, ne fera pas tomber tout à fait ma maison, qui est déjà sur son déclin, par suite de notre fatale division? — Vous la tiendrez avec votre nièce. Mais je vous déclare que c'est un monstre d'ingratitude et d'hypocrisie. — (Notez que ma nièce, alors à son magasin, n'avait pas mis le pied chez nous depuis trois semaines.) Si vous n'y consentez pas, ajouta M. le docteur, on vous y forcera; car ne croyez pas qu'il faille toujours pour cela des violences ou des mauvais traitements; il suffit qu'il y ait antipathie de caractère. » M. le docteur errait sur ce point; mais je prends acte de sa déclaration. Au mois de septembre 1844, Madame Laurent ne m'imputait donc encore ni coups ni violences; autrement elle n'eût pas manqué de s'en plaindre à M. le docteur, dans l'esprit de qui elle m'avait si bien servi. « Enfin, me dit M. le

« docteur, vous ne voulez donc rien faire pour éviter le scandale?
« Cependant vous savez ce dont un avocat mordant est capable; il
« pourra *plaider l'adultère*. » Le même jour M. le docteur revint,
vers l'heure du dîner, me demander si je voulais venir chercher
ma femme. Je lui répondis qu'étant sortie sans moi, elle pourrait
rentrer de même. « Voulez-vous que je la ramène? — Je vous en
serai très-reconnaissant, Monsieur le docteur. » Et c'est ce qu'il
eut la complaisance de faire.

Environ six semaines auparavant j'avais fait une tentative auprès
de Madame Lecomte, de Belleville, pour lui demander si elle accorderait la main de l'une de ses deux demoiselles, que je savais
bien élevées, à un jeune homme, très-bon sujet, qui avait été deux
ans professeur chez moi, et à qui j'aurais cédé mon pensionnat?
Madame Lecomte me répondit que celle de ses demoiselles qu'elle
aurait crue propre à cet état, était promise; et en effet elle la maria moins de quinze jours après.

Ce n'est donc en quelque sorte que comme pis-aller que je résolus
de faire revenir ma nièce, et de l'établir chez moi, malgré l'opposition bien déclarée de Madame Laurent. Mais après sa dernière
incartade surtout, je ne voyais plus moyen d'y tenir.

Heureusement je rencontrai, pour premier maître, M. Le Blévec,
qui avait été, par une personne tierce, mis parfaitement au courant
de ce qui se passait chez moi. Il s'offrit loyalement à seconder mes
vues. A la suite d'un commencement de révolte qui s'était manifestée hors de sa surveillance, je le fis reconnaître comme inspecteur, et il sut mettre fin à tous les désordres. Dès lors j'eus un peu
de repos quant à la discipline des élèves. Il faisait parfaitement sa
classe, et M. le docteur lui-même m'exprima combien il était satisfait du travail de son petit-fils, sous ce professeur. M. Le Blévec me
fournit tous les documents propres à me renseigner sur ses antécédents, et sa sincérité ne s'est jamais démentie. Je fis le voyage de
Compiègne où il avait exercé pendant dix-huit mois; j'écrivis au
collège de Beauvais qu'il avait habité, comme professeur suppléant,
avant d'aller à Compiègne, et tous les témoignages que je recueillis
sur son compte étaient à son avantage. Il m'avait demandé la main
de ma nièce. Je la lui avait promise avec mon établissement au prix
de 50,000 francs qu'il devait me payer sur les bénéfices qu'il en
retirerait, se réservant seulement de prélever une somme annuelle de
1,200 francs, pour son entretien et celui de sa femme. Je devais, au
moyen d'une association dont il me laissait libre de fixer les prinpales conditions, rester à la tête de la comptabilité, et ne me

dessaisir de mes droits qu'autant que j'en verrais l'utilité, dans notre intérêt commun. Je restais seul juge de cette question.

Je crus devoir alors annoncer à Madame Laurent que, si elle tenait à la séparation qu'elle m'avait fait naguère proposer par M. le docteur, j'étais à même de la satisfaire. Je lui offrais 2,400 francs par an pour aller vivre chez sa mère, où elle me conserverait un lit, si elle n'y avait pas trop de répugnance, et où j'aurais, dans tous les cas, mon domicile de droit. Je lui fis même espérer 3,000 francs de pension annuelle, mais à condition qu'elle ne porterait pas préjudice à l'établissement quand elle en serait sortie. Il s'entend que je comptais remplir ces engagements au moyen de mon travail et de l'association résolue. Mais les attaques de nerfs ont toujours été un expédient très-utile à Madame Laurent. « Ne m'en dis pas davantage, me dit-elle, je me trouve mal. » Le lendemain je lui demandai si elle était plus disposée à entendre la suite de mes développements. « M. l'abbé Depille et Émile les écouteront. — Et quand les écouteront-ils? — Vendredi prochain, qui est ton jour de sortie, entre midi et une heure chez Émile. » J'allai donc au rendez-vous indiqué. Là, je trouvai ces deux Messieurs dont la figure allongée me saisit. « Nous avons bien autre chose à vous apprendre. — Quoi donc de tellement sinistre? — Votre malheureuse fille qui s'est éprise d'un amour violent pour M. Putôt! — Eh bien, quand ma fille aura l'âge de raison, si elle persiste à vouloir épouser M. Putôt, je lui donnerai mon consentement, puisque ce ne sera pas pour moi, mais pour elle qu'elle se mariera. Je me réserve cependant de lui faire quelques observations d'ici à cette époque. — Mais ne ferez-vous rien pour elle? — Si, assurément; je lui promets 20,000 francs de dot, parce que je crois pouvoir les faire, pourvu que l'on n'entrave pas mes arrangements avec M. Le Blévec. » Car il est certain que nous pouvions réaliser d'assez beaux bénéfices en ne tenant plus table ouverte comme nous l'avions toujours fait, pour la plus grande satisfaction de Madame Laurent, et un peu pour la mienne aussi, je n'en disconviens pas, puisque j'avais eu beaucoup d'agrément à recevoir M. Duchesne et les charmantes sociétés qu'il nous amenait. « Mais ne pourriez-vous réserver à M. Putôt votre établissement? — Non; je n'ai jamais vu dans M. Putôt l'étoffe d'un successeur. Il n'est pas bachelier, et il lui manque encore autre chose. » L'avis de ces Messieurs tendait à me faire patienter jusqu'à ce que la prétendue passion d'Élise pour M. Putôt se fût affaiblie, ou bien que cet *imperceptible* gendre, pour me servir de l'expression de M. Duchesne, fût en mesure de me succéder. Mais je leur repré-

7

sentai que, d'après la proposition formelle de séparation que Madame Laurent m'avait fait faire par M. le docteur, et les obstacles de tout genre qu'elle me suscitait, je ne pouvais plus diriger avec elle ma maison. En parlant de M. le docteur, je m'étais oublié, je l'avoue, jusqu'à dire : *Cette vieille bête!* Je n'eus pas plutôt prononcé ce mot que j'y mis un certain correctif, en disant à Emile, qui me regardait tout surpris de mon apostrophe : « Je n'ai pourtant pas l'habitude de manquer aux personnes plus âgées que moi.» En effet, j'éprouvai une sorte de remords comme si j'avais blasphémé, en parlant avec si peu de respect d'un homme qui nous avait rendu des services réels, et qui était animé des meilleures intentions, j'en suis sûr, dans toute la part qu'il avait prise à nos démêlés.

Croirait-on que, malgré la surprise et les regrets que j'éprouvais d'apprendre que Madame Laurent avait pu choisir M. Putôt pour gendre, cette nouvelle me causa cependant un mouvement de satisfaction intérieure, en me faisant connaître enfin le véritable motif de ses relations si fréquentes avec ce jeune homme. Ainsi c'était pour sa fille qu'elle lui faisait la cour. Sa moralité, sa réputation étaient donc désormais à l'abri des soupçons injurieux que l'inconséquence de ses démarches faisait planer sur elle.

Vers le même temps, M. Demonclair, qui tenait la première classe de français, m'avait donné sa démission. Je signale les motifs de cette démission dans une lettre que j'ai adressée depuis à mon gendre, et dont je me propose, Monsieur, de vous donner connaissance dans la seconde partie de ce mémoire. Je confiai à M. Jeanroy, qui enseignait déjà depuis cinq ou six mois chez nous, la classe de M. Demonclair. Madame Laurent se récria sur ce choix, disant que M. Putôt était plus ancien dans la maison, et d'ailleurs plus instruit que M. Jeanroy. Je maintins ce dernier au poste que je le savais très en état de remplir. Aussitôt il circula un bruit parmi certains élèves, *que M. Jeanroy ne savait pas le français.* L'un d'eux interrogé, par un père de famille, sur les preuves qu'il pouvait fournir de l'ignorance de ce professeur, répondit qu'il n'en avait pas de preuve, mais *qu'il l'avait entendu dire.* Un dimanche que j'avais été obligé d'aller à Arpajon pour affaires, M. Jeanroy, de service ce jour-là, avait donné un *pensum* de quatre cents lignes à l'un des élèves recommandés à M. le docteur, qui en eut connaissance, et intervint pour faire diminuer le *pensum*. Le lendemain, M. le docteur me rendit compte de son intervention. « Je suis bien aise, lui dis-je, que vous soyez intervenu plutôt que moi dans cette petite affaire;

car si j'interposais ostensiblement mon autorité pour exempter d'une punition, c'en serait assez pour faire perdre au maître tout confiance de la part des élèves. — Oh! je le crois bien, me répondit M. le docteur, *car votre M. Jeanroy ne sait pas un mot de français.* »

Il est heureux que je puisse ici invoquer le témoignage d'un homme compétent, je pense, en cette matière, pour réhabiliter un peu ce pauvre M. Jeanroy, si maltraité par Madame Laurent, pour s'être trouvé sur le chemin de M. Putôt. Lorsque M. Pascal Allain, mon gendre, eut fait sa première tournée d'inspection dans les classes, il me fit particulièrement l'éloge de la manière dont M. Jeanroy tenait la sienne. Et, en effet, M. Jeanroy est le seul de tous mes professeurs qu'il ait conservé chez lui jusqu'aux vacances suivantes.

M. Duchesne lui-même a concouru, peut-être sans le vouloir et sans le savoir, à l'accomplissement des vues de Madame Laurent, en cette circonstance. J'avais organisé un cours d'algèbre dont était chargé M. Jeanroy. Madame Laurent, qui trouvait que ce cours donnait trop d'importance à un maître qu'elle avait résolu de faire *sauter,* se fit remettre, par ses affidés, une liste exacte des élèves qui le suivaient, et obtint de son père qu'il entreprît aussi, et sans me consulter, le même cours, avec les mêmes élèves; ce qui fit suspendre nécessairement les leçons de M. Jeanroy. Mais M. Duchesne donnait les siennes très-irrégulièrement, à cause de ses occupations au Palais, tantôt un jour, tantôt l'autre, jamais qu'une fois par semaine, et de temps en temps pas du tout. Il sentit donc lui-même, après un mois d'essais infructueux, qu'il ne pouvait mettre assez de suite dans une matière ardue, où il faut si peu de chose pour dérouter des têtes que l'on a déjà bien de la peine à fixer, même avec toute la régularité désirable. Il reprit ses problèmes détachés, et M. Jeanroy son cours, mais après une perte de temps et un dérangement occasionnés encore par l'intervention déplacée de Madame Laurent.

J'avais remarqué un jeudi, que M. le docteur, contre sa coutume, n'était pas venu à la maison depuis le dimanche précédent. J'allai chez lui pour avoir de ses nouvelles, et lui offrir en même temps mes services pour les petites commissions que j'avais l'habitude de lui faire le vendredi, qui était mon principal jour de marché. Nous entrâmes bientôt en explications, et M. le docteur, s'animant tout d'un coup, me reprocha vivement le propos que j'avais tenu, « en « présence, ajouta-t-il, d'un homme bien respectable; voilà pour-

« quoi vous ne sauriez le nier. » Sans songer le moins du monde à le nier, je répondis à M. le docteur que je voyais bien que j'avais perdu sa confiance, d'après ce qu'il m'avait dit, et de ma nièce, que je regardais comme très innocente, et de M. Jeanroy que je jugeais un très-bon maître. Qu'à cela je ne voyais qu'un remède, qui était de retirer ses élèves, puisque j'étais si peu capable de les diriger ; que le trimestre commencé ne devait pas même l'arrêter, parce que j'étais disposé à lui rendre la portion de ce trimestre non encore écoulée. Or, qui avait pu répéter à la face de M. le docteur le propos irrévérent qui avait été tenu par moi troisième, en tête à tête avec M. Depille et Emile ? Ce n'était pas M. Depille, qui m'a assuré ne l'avoir même pas entendu ; ce n'était pas Emile, qui depuis longtemps n'avait pas vu M. le docteur ; ce ne pouvait être que Madame Laurent, qui le savait par Emile. Et quand je revis M. le docteur pour lui rendre ce que je redevais sur le trimestre, comme je faisais cette réflexion, lui, trop franc pour soutenir longtemps un mensonge, même officieux, me contredit faiblement, et, d'un air qui me confirma de plus en plus dans la persuasion que Madame Laurent seule était capable d'une indiscrétion nuisible à ses intérêts autant qu'aux miens, ainsi que cela lui était arrivé souvent, en décriant, suivant son caprice, des personnes attachées à la maison.

Je demande si toute personne de bon sens ne comprendra pas qu'il ne me restait que l'alternative de fermer ma maison, ou de la céder à M. Le Blévec, ainsi que je l'avais résolu ? C'est en ces termes que j'avais posé la question à M. Duchesne qui me répondit : « Donne une dixaine de mille francs à ta nièce, mais n'en fais pas « une maîtresse de pension. » Ainsi il partageait complétement les illusions de sa fille sur ma position pécuniaire, et ses préventions sur la prétendue insuffisance de ma nièce à remplacer sa tante. Madame Laurent, en effet, publiait partout que je voulais la ruiner ainsi que ma fille, en donnant ma maison, sous prétexte de la vendre, à des gens qui n'avaient ni sou ni maille pour la payer.

Mais ce qui me jetait dans d'étranges perplexités, c'était de voir ma fille si jeune, abandonnée à la direction inhabile de sa mère, malgré toute ma confiance dans l'intégrité de ses mœurs. L'exemple de M. Putôt n'était pas propre à me rassurer. Voulez-vous un autre exemple de l'inconséquence de Madame Laurent au sujet de sa fille ? Emile avait tout simplement formé un vœu pour elle ; il avait dit qu'il voudrait la marier à l'un de ses amis, excellent sujet, qui a beaucoup de fortune, et qui lui avait témoigné qu'il tiendrait moins à l'argent qu'à d'autres qualités, dans le choix d'une épouse. Eh bien! Madame Laurent avait déjà fait part à sa fille de ce désir, qui n'était même pas arrivé à l'état de projet; car la petite Marie, très-familière avec Madame Laurent avant d'être tombée dans sa disgrâce, appelait déjà Elise, en plaisantant, *Madame une telle*, du nom de cet ami qui ne l'avait même pas vue. Et cependant, l'on sait avec quelle réserve une mère prudente communique à sa fille ses projets d'établissement pour elle, lors même qu'ils paraissent bien arrêtés.

Je voulus faire quelques observations à Elise relativement à ce qui m'avait été révélé par M. Depille et Emile. Je lui demandai comment, à son âge, elle avait pu disposer de son cœur sans consulter ses parents. Elle me répondit, en personne bien renseignée, qu'elle n'avait pas été maîtresse de ce sentiment pour un jeune homme dont elle entendait dire tant de bien; qu'elle avait confié son secret à sa mère sous la condition expresse qu'elle ne m'en parlerait pas ; que sa mère avait eu plusieurs entretiens avec M. Putôt pour savoir quels fonds il y avait à faire sur lui, et que l'épreuve avait été en sa faveur; qu'Oscar, et bien d'autres élèves interrogés devant elle sur le maître qu'ils préféraient, avaient tous unanimement répondu : *M. Putôt;* qu'elle avait entendu plusieurs mamans d'élèves faire l'éloge de M. Putôt. « Mais toi-même, papa, tu as fait bien souvent son éloge, » ajouta-t-elle. La pauvre enfant eut beau dire, elle ne me convainquit pas de la réalité de son attachement à M. Putôt; mais je vis avec douleur qu'elle était sous l'influence absolue de sa mère. Une dame, en effet, intimement liée avec Madame Laurent, était venue, à propos de son fils qui n'était pas dans la classe de M. Putôt, me vanter les rares perfections de ce jeune professeur.

Cette circonstance est peut-être la seule où M. Duchesne ne fut pas du même avis que sa fille. Rien n'égalait son courroux contre ce qu'il appelait *l'impertinence* de M. Putôt. Mais ce n'était pas ce jeune homme que je trouvais le plus à blâmer, il cherchait à s'établir, il aspirait à la main d'une fille unique, jeune et jolie, parce que la mère lui avait promis son appui et fait espérer le succès : quoi de plus naturel? Je me contentai de lui enjoindre de ne plus chercher à revoir ma fille pour le moment; il ne tint pas compte de mon avertissement, et ce fut au mois de janvier 1845 seulement que je le remerciai. Peu de temps après je lui ai donné toutes les attestations que son long séjour à la maison lui avait méritées.

Pendant les deux mois précédents (novembre et décembre 1844) ses communications avec Madame Laurent et ma fille n'en furent pas moins suivies, pour être plus cachées, et c'est ce qui fit qu'on y donna une interprétation d'autant plus fâcheuse. Presque tous les soirs, après son dîner, Madame Laurent allait avec sa fille chez M. le docteur, où elle était toujours sûre de trouver Madame Pector. Elle se faisait accompagner, en y allant, par Joseph, notre domestique, parce qu'il était déjà nuit. Mais deux heures plus tard, ces dames étaient censées revenir seules. Madame Laurent, dans sa préoccupation, ne s'apercevait pas de cette contradiction, C'était M. Putôt qui, à l'heure présumée, ou convenue, de la sortie de ces dames, allait les attendre, dans la rue des Lilas, pour avoir la faveur de les ramener; et il rentrait toujours quelques minutes après elles. Comme il y avait de la dignité dans cette allure mystérieuse !

Madame Laurent dit maintenant que ses vues sur M. Putôt n'étaient pas sérieuses ; que ce n'était qu'un moyen, par elle employé, pour m'empêcher de céder mon établissement à M. Le Blévec. En vérité, je la plains de n'avoir pas de meilleures raisons à donner. Mais elle avait donc trompé son père, son frère, ainsi que M. l'abbé Depille, qui ne se serait certainement pas prêté à une pareille comédie ! Elle s'était donc joué des sentiments du jeune professeur qui, je pense, lui, avait pris la chose au sérieux ! Au moins lui a-t-elle remboursé les dépenses considérables qu'il a faites en bouquets et en gants jaunes ? Et cette mère, qui s'était à tel point compromise, et qui plus encore avait pu compromettre sa fille, prétend avoir plus de tact, plus de discernement que son mari, dans l'appréciation des hommes et des choses! C'est elle qui obtenait toujours l'appui, le concours le plus formel de sa famille, pour faire triompher sa manière de voir en opposition avec la mienne ! car un jour, à l'occasion de ce sot projet de mariage, qu'Émile désapprouvait complétement, je dis à mon beau-frère : « Eh bien ! me blâmeras-tu encore d'avoir envoyé, dans le temps, Élise chez Madame Conte ? — Oui, sans doute, me répondit-il ; vous auriez pu l'envoyer à dix lieues de Paris mais non à quatre-vingts. » Comme si l'on rencontrait, de dix en dix lieues, un dévoûment comparable à celui dont Madame Conte avait fait preuve en faveur de mon enfant ! « Je te souhaite une telle rencontre, mon ami, si jamais tu deviens père, et que, par malheur, la mère de tes enfants ne sache ni les nourrir, ni les élever. »

Je ne parle pas d'un bruit qui a encore circulé dans Belleville, sur ce que des personnes dignes de foi et paraissant bien informées, prétendent que Madame Laurent, qui descendait si souvent à Paris, et à mon insu tant qu'elle pouvait, allait consulter des tireuses de cartes. Je voudrais ne pas troubler les habitudes paisibles de ces personnes qui regrettent peut-être d'avoir dit, sans conséquence, ce qu'elles avaient aperçu ou cru apercevoir. Mais que le besoin de ma cause l'exige, j'invoquerai leur témoignage devant la justice. Les magistrats auront alors à décider si la femme qui réclame d'eux son émancipation complète, est réellement capable de se conduire, affranchie de la tutelle de son mari.

C'est quand j'étais en proie à tant d'incertitudes cruelles sur les moyens à prendre pour sauver ma fille, que le ciel m'offrit un secours inespéré. Un homme, haut placé dans Belleville, me proposa, pour Élise, un parti des plus avantageux. M. Allain père, prévenu par lui, me manifesta des dispositions qui coïncidaient parfaitement avec les miennes; car je n'avais pas hésité à me transporter le premier chez lui. En peu d'instants, les principales bases de l'union projetée de part et d'autre furent arrêtées. Je donnais mon établissement pour dot à ma fille, quoiqu'une promesse verbale de le céder au prix de 50,000 fr. à mon neveu, lui eût été faite antérieurement; mais je ne l'estimais plus alors que 40,000 fr., parce qu'une dot est censée un argent comptant. Bien plus, en considération de ce que M. Allain promettait, pour son fils, certains avantages qui ne devaient pas être portés au contrat, je retranchai encore, par esprit de justice, 5,000 fr. de mon estimation, et voilà pourquoi elle ne figure dans le contrat de mariage de ma fille que pour 35,000 fr. Quant aux détails qui furent la conséquence de ce premier arrangement, je me montrai d'une facilité sans égale. Ainsi, pour la durée du bail de ma maison, on me demanda de m'obliger à dix-huit années consécutives, avec faculté, de la part de mon futur gendre et successeur, de me donner congé tous les trois ans, et j'adhérai à cette condition, sans en exiger la réciprocité. J'abandonnai de moi-même, les six mois d'avance que tout locataire paie ordinairement. Il en fut de même d'une partie détachée de la maison que j'avais voulu me réserver. L'idée de m'en faire une petite retraite, ou un pied-à-terre, si je fixais mon domicile à quelque distance de Paris, avait été le rêve de toute ma vie ; sur quelques représentations qui me furent adressées, j'en fis l'abandon; on m'avait offert, comme dédommagement, outre le prix du bail, une somme annuelle de 200 fr., et j'en fis encore l'abandon. Voilà ce que j'ai fait pour ma fille. Et qu'ai-je fait pour ma nièce? Elle était dans le commerce depuis neuf mois, et n'en n'avait plus que trois à parcourir pour être en état de se suffire à elle-même ; et je l'avais retirée de cette carrière, plus encore pour sauver mes intérêts compromis, que pour lui assurer un sort à venir ; car, je l'ai déjà dit, dans l'impasse où je me trouvais, nul autre moyen de tirer parti de ma maison. Son mariage avec M. Le Blévec était résolu, le consentement de son père lui était parvenu ; et tout d'un coup, par le changement survenu dans mes projets, elle se trouvait frustrée dans cette double attente. Cependant M. Le Blévec, aussi déçu de l'espérance que je lui avais donnée d'être, au mois d'avril suivant, mis à la tête de mon établissement, n'avait pas pour cela renoncé au désir de devenir son époux ; et c'est là la meilleure preuve que ses vues étaient moins intéressées que Madame Laurent ne s'est plu à le proclamer. Dans ces circonstances, que pouvais-je faire de moins pour ces deux jeunes gens, que de leur offrir 6,000 fr., à titre d'indemnité, pour mes promesses et leurs espérances avortées.

Le tort que j'ai eu seulement, ça été de ne pas prélever, sur la cession de mon établissement, le montant de cette indemnité ; mais j'avais trop peur de laisser échapper l'occasion si belle, selon moi, d'assurer le bonheur de ma fille. Voilà quelles étaient mes dispositions à son égard ; et je trouve néanmoins, dans la plainte de Madame Laurent, ce passage que je copie textuellement : « On « comprend bien l'affection de M. Laurent pour son neveu et sa « nièce ; mais cependant on comprend aussi qu'il devait exister « une différence entre cette affection et celle qu'il devait à sa fille. « La différence était en faveur de la nièce. Quand le moment « d'établir la demoiselle Laurent fut arrivé, il se refusa à lui faire « les avantages que sa position commandait ; la fille ne fut dotée « qu'à condition que la nièce le serait aussi, et c'est à l'aide de « violences, de menaces, qu'il est ainsi parvenu à forcer l'exposante « à s'obliger solidairement avec lui à constituer une dot de « 6,000 francs au profit de sa nièce, Mademoiselle Aline Bertrand. » Je mets Madame Laurent au défi de fournir la moindre preuve des violences qu'elle allègue ; et je fournirai, moi, des témoignages irrécusables du contentement qu'elle manifestait de ce qu'au prix de 6,000 francs promis à ma nièce, les choses avaient ainsi changé ; car au lieu d'être reléguée au fond du petit bâtiment qu'elle demandait d'habiter, sous l'administration projetée de M. Le Blévec, ne devant plus, disait-elle, se mêler de rien qu'autant qu'on le désirerait, c'était sa fille qui allait devenir maîtresse de la maison, sa fille sur qui elle a toujours exercé, et elle exerce encore une influence illimitée. Puisse cette influence ne pas tourner au détriment de l'une et de l'autre !

Ce qui prouve que je ne m'étais pas trompé, lorsque je révoquais en doute la sincérité des sentiments qu'Elise m'avait témoignés pour M. Putôt, c'est que, moins d'un mois plus tard, elle accueillait, comme ils méritaient de l'être, les hommages de M. Pascal Allain, mon gendre. En cela elle faisait preuve de bon goût. Ce jeune homme n'eut qu'à m'être présenté pour conquérir mon suffrage. Mais ses qualités extérieures étaient son moindre mérite : ses beaux antécédents, ses titres et ses triomphes universitaires, son excellente conduite, tout se réunissait en lui pour en faire un jeune homme accompli. Avec quel charme inexprimable je contemplais alors un avenir de bonheur pour ma fille, et de prospérité pour mon établissement!

Je suspens mon récit, pour jouir encore un peu du souvenir de cet heureux moment ; car je n'ai plus d'autre jouissance à espérer.

FIN DE LA PREMIÈRE PARTIE.

Nota. — 1° Voilà l'écrit que mes adversaires ont cherché à flétrir de la qualification *d'odieux pamphlet*, de *libelle diffamatoire ;* et ils y ont réussi aux yeux des magistrats qui ne l'avaient pas lu. J'ai eu la bonhomie de n'en communiquer que trois exemplaires à mon premier défenseur qui m'avait bien défendu de le publier, dans l'intention, assurément très-louable de sa part, de ne pas irriter la famille de ma femme qui ne lui avait apporté que de feintes paroles de conciliation.

Quant à mes juges qui ont eu constamment les oreilles rebattues de tant de clameurs et de récriminations sur mes prétendues diffamations qu'ils n'ont pas jugé à propos de vérifier, ils ont cru ne pouvoir mieux faire, pour éviter le scandale, que de prononcer *de plano*, et comme à huis clos, ma condamnation, puisque mon défenseur leur avait dit, ce qui était vrai, que j'y consentais. Je donne, plus loin, les raisons qui m'y ont fait consentir ; consentement qui m'a été si préjudiciable dans toute la suite du procès.

Mais quand l'avocat qui s'était chargé de ma défense était si manifestement influencé par mes adversaires, pouvais-je me dispenser de raconter naïvement les dix-huit années de notre vie commune, tout en affirmant la pureté de mœurs de ma femme, comme je n'ai pas manqué de le faire dans maints passages de ma brochure?

2° On remarquera que, dans cette première partie, je n'ai parlé qu'en bonne part de mon gendre, quoique déjà, et depuis six mois, par suite des suggestions de Madame Laurent, il n'avait cessé de me donner de graves sujets de plaintes contre lui. Mais j'espérais toujours qu'il finirait par ouvrir les yeux ; car il dépendait de lui d'arrêter le procès, rien qu'en observant une stricte neutralité entre son beau-père et sa belle-mère. Ainsi ce n'est que convaincu de ses dispositions de plus en plus hostiles à mon égard que j'ai rédigé ma seconde partie qui est encore des plus anodines, et que je n'ai livrée à l'impression qu'après la lui avoir vainement communiquée manuscrite. Tous mes ménagements, indignement travestis en autant de piéges insidieux que je lui aurais tendus, n'ont paru aboutir qu'à l'exaspérer davantage.

DEUXIÈME PARTIE

En vous parlant, Monsieur, de la dot que je constituais à ma fille, je ne vous ai rien dit des avantages que M. Allain père faisait à son fils. C'est qu'en effet je les ai longtemps ignorés, ou plutôt, longtemps je les ai crus bien autres que ce qu'ils étaient en réalité. La personne qui m'a mis en rapport avec M. Allain m'avait d'abord annoncé qu'il jouissait de 11,000 francs de revenus, et donnait 30,000 francs en mariage à chacun de ses trois enfants. Satisfait de ce renseignement sur l'authenticité duquel j'avais droit de compter, je m'étais mis aussitôt à découvert, et avais communiqué toutes mes intentions, persuadé que, dans une affaire où il s'agissait de tout l'avenir de mon enfant, je devais manifester la plus grande franchise, pour en provoquer une semblable de la part de celui avec qui j'étais entré en négociation. C'était agir en véritable niais, j'en conviens, mais il ne faut pas perdre de vue la joie que j'éprouvais de pouvoir, si heureusement à mon avis, sortir de la crise pénible où je m'étais trouvé. Or, on sait que la joie est naturellement expansive et confiante. M. Allain, de son côté, montra autant d'empressement que moi pour arriver à une prompte solution, et me témoigna combien son fils et lui le désiraient ; mais quant à ses dispositions particulières, il fut de la dernière circonspection, et c'est précisément ce qui me faisait regarder comme chose convenue les 30,000 francs annoncés ; car M. Allain n'eût pas manqué de me prévenir, m'étais-je dit à moi-même, si ses intentions étaient différentes de celles qu'il sait que je connais. Cependant à la cinquième ou sixième entrevue je crus devoir hasarder une question, et j'eus

presque honte de lui dire : « Mais vous, Monsieur, vous ne m'avez
« pas encore informé de ce que vous ferez pour M. Pascal. —
« N'ayant donné, me répondit-il, que 10,000 francs à mon fils
« cadet, je ne puis aujourd'hui en porter davantage sur le contrat
« de mariage de Pascal, afin d'éviter tout sujet de jalousie entre
« les deux frères; mais sans avoir jamais eu à me plaindre de
« Candide (c'est le nom de M. Allain cadet) l'aîné, cependant, nous
« a toujours procuré bien plus de satisfaction en nous rendant
« témoins de ses succès. Je veux lui en tenir compte, et faire
« quelque chose de plus pour lui que pour son frère; mais cet
« avantage restera secret entre nous. D'ailleurs, ajouta-t-il, je veux
« aussi dédommager Pascal de ce que son frère a été plus favorisé
« que lui à la mort de sa tante. » Après bien des circonlocutions, et
comme nous étions sur le point de nous séparer, il me fallut encore
demander à M. Allain père, en quoi consistait ce *quelque chose* qu'il
promettait en particulier. « En une somme de 5,000 francs, » me
répondit-il enfin. Et c'est ce qui me détermina aussi à retrancher
5,000 francs des 40,000 auxquels j'avais d'abord évalué mon établissement ; car j'aurais cru causer une sorte de préjudice à mon
gendre futur, en le laissant apporter dans la communauté 5,000 fr.
qui ne devaient pas figurer au contrat, sans que ma fille en· fît
autant de son côté. Ainsi, les futurs conjoints devaient être censés
avoir déjà fait bénéficier la communauté d'une somme de 10,000 fr.
au moment de leur entrée en ménage. Dès lors l'époque du mariage
fut fixée et annoncée.

Ce ne fut que bien peu de jours avant la célébration des noces,
lorsque nous étions tous réunis chez le notaire pour la rédaction et
la signature des conventions matrimoniales, que M⁰ Piat, ayant
demandé à M. Allain père, quand étaient payables les 10,000 fr.
stipulés, M. Allain répondit : *dans deux ans.* Nous fûmes, Madame
Laurent et moi, très-surpris de ce délai. Assurément ce n'était pas
dans deux ans, mais présentement que le jeune couple avait besoin
d'être aidé. Mais fallait-il rompre pour cela? Je ne crus pas devoir
le faire, d'autant plus que les fiancés paraissaient parfaitement se
convenir. Voilà encore un cas où ma prudence s'est trouvée bien en
défaut. Quand M. Allain, me dira-t-on, vous a promis 10,000 fr.,
il fallait le faire expliquer si c'était au comptant ou non. J'avoue
n'avoir pas même eu l'idée que ce pouvait être à terme. Quoi!
M. Allain m'avait vu retrancher d'un trait de plume le cinquième
du prix de ma cession à M. Le Blévec, uniquement « parce qu'il ne
« serait pas juste, lui avais-je dit, d'estimer aussi cher ce qui est

« censé payé comptant que ce qui est vendu à terme, » et tandis qu'il applaudissait à cet acte de loyauté de ma part, pouvais-je lui supposer la moindre arrière-pensée dans une affaire de cette nature? Si j'avais eu assez de défiance pour le soupçonner à ce point, j'eusse préféré ne pas traiter du tout avec lui. Quoi qu'il en soit, j'étais encore satisfait, à cause des merveilles que l'on m'avait fait espérer du prétendant à la main de ma fille ; car ce n'est souvent que par comparaison que l'on apprécie les choses, et j'étais à peine remis d'une sorte de stupeur, que m'avait causée la position ridicule qui avait été faite à ma fille relativement à M. Putôt. Après tout, avais-je pensé, il n'est pas nécessaire que les jeunes gens aient tant de fonds entre les mains à leur début en ménage ; cela pourrait ralentir leur ardeur et les porter à ne travailler qu'en amateurs ; et dans tous les cas, si M. Allain père a réellement de la fortune, il n'est pas homme à la dissiper.

Enfin, deux ou trois jours après le mariage seulement, je sus que les 5,000 francs promis en particulier devaient aussi n'être comptés *qu'au bout de deux ans*. C'est mon gendre lui-même qui me l'apprit, en me déclarant qu'il n'avait pas d'argent pour faire marcher la maison, et je lui avançai 700 francs en espèces.

Voilà ce qu'a fait M. Allain, pour un fils qu'il aime si tendrement. Le tout se réduit à zéro, du moins pour le présent. Mais suis-je en droit de l'accuser d'avoir manqué de parole? Non certes ; car il m'est impossible de prouver, ou même d'affirmer qu'il a promis plus qu'il n'a donné, tant il y a eu d'ambiguité dans son allure ?

Cependant aussitôt le mariage résolu, la famille Duchesne m'avait complètement tourné le dos. Emile peut se flatter d'avoir donné le signal d'attaques d'autant plus imprévues que je m'attendais à recevoir, au lieu d'outrages, des félicitations sur la détermination que je venais de prendre, et qui devait satisfaire Madame Laurent et les siens, puisque ce n'était pas à ma nièce que je laissais ma maison, ce qu'ils avaient pardessus tout appréhendé. Lors d'une soirée à laquelle nous fûmes tous invités chez M. Eugène Depille, oncle d'Émile, j'allai d'abord présenter mes salutations à M. Duchesne, père, et à Madame Duchesne, mère ; car il était de mon devoir de les prévenir ; quelques moments après se présenta M. Duchesne, fils, donnant le bras à sa jeune femme. Il se retourna brusquement dès qu'il m'aperçut, et entra dans l'appartement par une autre porte. Je n'en allai pas moins saluer ma belle-sœur, à qui je devais aussi cette prévenance en sa qualité de dame. Quant à **Emile,** j'avais vu son mouvement et je résolus de le laisser venir.

Mais je l'attendis en vain pendant quatre ou cinq heures que nous restâmes à cette soirée. Nous nous coudoyâmes bien des fois, nos regards se rencontrèrent, mais il resta dans un mutisme complet. Décidément il avait à se plaindre de moi. Que pouvait-ce être? Personne n'a daigné me le dire. Jusqu'alors je l'avais trouvé convenable; soit défaut d'habitude, ou pour tout autre motif, il n'avait pas usé du droit que je lui avais donné de me tutoyer, et m'avait toujours témoigné plus d'égards extérieurs que je n'en demandais. De retour à la maison j'exprimai ma surprise à Madame Laurent, qui sut si bien envenimer la question que, de très-minime qu'elle était d'abord, elle devint une cause de rupture ouverte. J'ai vu plusieurs femmes conciliantes dans la position de Madame Laurent, et toujours par adresse autant que par douceur, elles formaient le point de réunion entre des caractères souvent opposés. Madame Laurent au contraire n'a jamais su qu'aigrir sa famille contre moi, comme elle avait déjà cherché à me desservir dans l'esprit de plusieurs parents d'élèves, et comme elle m'en a donné une dernière et triste preuve, en inspirant je ne sais quelle défiance à mon gendre.

Cette rupture éclata lors du dîner qui eut lieu chez nous pour la signature du contrat. Je ne voulus pas qu'Émile y assistât sans avoir eu préalablement une explication avec moi. Il s'y refusa, et M. et Madame Duchesne, sans doute pour mieux témoigner leur adhésion aux procédés d'Émile, ne se rendirent pas non plus à ce dîner où ils étaient formellement attendus. M. Duchesne a dit depuis *qu'il n'y avait pas été invité*. Mais ce qui prouve la futilité de son excuse, c'est qu'il n'eut pas besoin de mon invitation pour venir, ainsi que sa femme, à celui du lendemain. Et dans quel but y étaient-ils venus? Madame Duchesne, moins réservée que son mari, prit grand soin de me le faire sentir. Elle répéta, en ma présence, jusqu'à trois fois, qu'il était inouï qu'un oncle fût privé de signer le contrat de mariage de sa nièce (et ce n'était pas ma pensée puisque je consentais à ce qu'il fût témoin); qu'il venait pourtant d'être investi des fonctions de greffier à la Cour de cassation *par préférence sur dix-sept prétendants*. Si c'est sous le rapport du mérite qu'il l'a emporté, je plains ses concurrents. Mais qu'on ait voulu tenir compte au père du nom honorable qu'il s'est fait au Palais, et de ses anciens services, tout en reconnaissant ceux que le fils avait pu rendre lui-même, puisqu'Émile, quoique bien jeune, était, depuis une dizaine d'années, attaché au greffe de la Cour royale, à la bonne heure, et je le félicite du poste qu'il a obtenu; mais cela ne l'autorisait pas à être impoli et ingrat envers moi.

Peu de jours avant ce dîner, Madame Laurent m'ayant demandé où nous fixerions notre domicile, une fois le mariage de notre fille accompli, je lui avais répondu : « Ou dans ta famille, ou loin de ta « famille. » J'eusse préféré ce dernier parti, mais Madame Laurent y avait une telle répugnance qu'il me fallut bientôt y renoncer. Mon but était, en consentant à prendre mon domicile de droit chez M. Duchesne père, de laisser à Madame Laurent toute la latitude imaginable, d'éviter tout sujet de conflit avec elle, afin de bien convaincre ses parents que je ne suis pas un tyran, comme elle a si souvent réussi à le leur persuader. Ce reproche m'a toujours pesé sur le cœur, et je croyais être arrivé au moment de me disculper entièrement. En effet, ne voulant plus rien avoir à démêler avec elle ni sur les affaires intérieures du ménage, ni sur le personnel de la maison, ni sur sa dépense, toutes choses auxquelles j'allais rester étranger, l'opposition de Madame Laurent devait manquer tout à fait d'aliment. J'espérais donc, sous ce rapport, une tranquillité au moins matérielle, dont je m'étais vu privé depuis longtemps. Ce qui cadrait merveilleusement avec ce plan, c'était une résolution que j'avais prise de concert avec mon gendre futur et son père. Ce dernier, dans un accès de modestie qui ne lui est pourtant pas habituelle, m'avait dit : « Mon fils ne saura peut-être « pas administrer sa maison aussi fructueusement que vous. Il n'est « pas homme, par exemple, à aller, dès quatre heures du matin, « faire ses approvisionnements lui-même à la halle. — A cela ne « tienne, lui avais-je répondu ; qu'il se charge des études, et moi « je me chargerai de la partie commerciale de l'administration. » Vous voyez, Monsieur, que je prenais le rôle le moins relevé, et que je me constituais tout simplement l'intendant de mon gendre ; mais on n'y regarde pas de si près avec ses enfants. — « Et que lui « demanderez-vous pour ce service ? — Rien, tant qu'il n'aura pas « prélevé 8,000 francs par année, et le quart seulement de ce qui « excèdera cette somme, si toutefois il y a de l'excédant. » Mais j'entrevoyais tant d'éléments de succès dans le concours de nos efforts pour la prospérité morale et matérielle de l'établissement, que je ne doutais nullement d'un bénéfice considérable. MM. Allain, père et fils, furent enchantés de ma proposition, et me répétèrent à plusieurs reprises qu'ils y comptaient essentiellement. Nous essaierons, leur répondis-je, car j'avais une sorte de pressentiment que Madame Laurent parviendrait encore à entraver cette combinaison.

Quand j'avais consenti à prendre mon domicile chez M. Duchesne, j'entendais bien que ce serait dans Paris, pour éloigner un peu Madame Laurent de la maison où j'avais de si justes sujets de redouter son influence ; mais, pour la centième fois, il me fallut céder aux instances de M. et Madame Duchesne qui, en cela comme en toutes choses, ne voulant pas contrarier leur fille, résolurent de venir demeurer à Belleville, *pour y prendre l'air*. Mesdames Duchesne et Laurent s'empressèrent d'arrêter un logement chez M. Allain père, avec qui elles ne marchandèrent pas, afin de gagner la faveur de ce père si dévoué... à ses intérêts, en le prenant par son endroit sensible. Le prix d'un appartement assez restreint, au second étage, fut fixé à 650 francs par an. Il fut divisé en deux parts à peu près égales ; et dire comment la mienne fut taxée à 400 francs, et celle de M. Duchesne à 250 seulement, c'est ce qui me serait impossible. Madame Duchesne s'était donc encore arrangée de façon qu'elle pût prendre l'air à bon marché.

Madame Laurent procéda elle-même à notre déménagement, dans lequel elle fit entrer à peine la vingtième partie de notre mobilier personnel. Il est vrai que l'exiguité de notre logement ne lui en permettait guère davantage ; et si tel fut son dessein en louant chez M. Allain père, elle fut servie à souhait : car, à l'exception d'une chambre assez belle qu'elle s'était réservée exclusivement, et où elle plaça un lit, une armoire à glace et une commode, il ne resta pour moi qu'une petite chambre qui se trouva de suite encombrée d'un lit de sangles, d'une table et de trois chaises. Une sorte de cabinet formant antichambre, et un simulacre de cuisine où une seule personne pouvait justement pivoter sur elle-même, voilà ce qui complétait notre appartement. Ce n'est pas que je m'en inquiétasse beaucoup, ne devant guère l'habiter que la nuit. Il n'y eut donc lieu à déménager ni fontaine, ni vaisselle, ni batterie de cuisine. Las de lutter contre les caprices de Madame Laurent, je l'avais laissée se caser à sa guise, heureux encore de l'espérance, que je nourrissais jusque là, de trouver enfin une occupation que je croyais pouvoir mettre à l'abri de ses tracasseries. Cette occupation était celle que je comptais me créer, ou plutôt continuer chez mon gendre, comme je l'avais fait chez moi.

Or, d'après la rupture annoncée plus haut, je prévins M. Duchesne que j'avais l'intention de passer la meilleure partie de mon temps à la pension ; qu'il ne fût donc pas surpris de ne pas me voir prendre mes repas chez lui, où je ne voulais pas m'exposer à rencontrer Émile qui m'avait manqué si essentiellement. Je comptais en effet assister aux repas des élèves et présider au service de leur table, ce dont j'avais une grande habitude, voir à ce qu'il n'y eût pas de *coulage,* en un mot surveiller tout le matériel de la maison, comme auparavant; car il faut bien dire que le fort de Madame Laurent n'a jamais été l'article du ménage; elle brillait au salon, elle excellait à mettre en relief ses soins minutieux pour chaque enfant, inutile de lui en demander davantage. Aussitôt qu'elle apprit ma résolution, elle sortit précipitamment, sans même écouter les observations de son père qui voulait la retenir, criant partout qu'elle était trahie, que je m'étais furtivement arrangé pour voir mes enfants plus souvent qu'elle, etc. Qu'alla-t-elle leur dire? Quelles supplications leur fit-elle? Quelle défiance sut-elle leur inspirer contre moi? Je l'ignore. Ce qu'il y a de certain, c'est qu'ayant annoncé, dans l'après-midi de ce jour-là même, que je devais passer la nuit à la pension afin de pouvoir partir le lendemain de bonne heure avec le voiturier, qui avait l'habitude de m'éveiller en venant arranger son cheval, il n'y eut rien de prêt quand je rentrai le soir pour coucher. Croyant que c'était un oubli de la petite Marie, à qui j'avais recommandé de me préparer un lit, je passai ma nuit sur un matelas que j'allai chercher au grenier, et je n'en dormis pas plus mal. Le lendemain je partis avec la voiture, laissant toute la maison livrée au sommeil. Ce ne fut qu'à mon retour du marché que voulant reprocher à la petite Marie sa négligence de la veille, elle me répondit nettement qu'il n'y avait pas eu négligence de sa part, mais intention manifeste de la part de mes enfants; qu'elle leur avait demandé un matelas et des draps pour moi jusqu'à trois fois, les deux premières sans qu'on lui répondît, quoiqu'on eût fort bien entendu, et qu'enfin étant allée dire à M. et Madame Pascal, qui se trouvaient ensemble : « Pour « la troisième fois, je vous demande de quoi préparer un lit à « M. Laurent. » M. Pascal lui avait répondu : « Mêlez-vous de vos « affaires. » Evidemment il était contrarié que je vinsse parfois coucher à la pension, ainsi que je l'avais d'abord entendu. Mais pourquoi ne m'en avait-il rien dit la veille? J'aurais su de suite à quoi m'en tenir; je lui eusse épargné ces détours et ces marques de répugnance à m'accueillir, qui scandalisèrent beaucoup toutes les personnes de la maison.

Ce que la petite Marie venait de m'apprendre demandait nécessairement une explication. Je voulus l'avoir de suite avec mon gendre. Il me dit avec aplomb qu'il donnerait volontiers 10,000 fr. pour que je n'eusse pas révélé à M. Duchesne et à Madame Laurent notre projet d'association qui ne méritait pas même, ajouta-

t-il, le nom d'*association*, mais tout au plus celui d'une sorte de *participation*; qu'au surplus *il n'avait pas été convenu que je prendrais mes repas chez lui*. Mais je n'avais prétendu faire mystère à personne d'une combinaison assurément très-licite. Pourquoi donc avait-il à cœur de la tenir secrète, et ignorée surtout de Madame Laurent? Et voyez comme ces mots : *dix mille francs*, sonnaient bien dans sa bouche, lui qui venait de me déclarer n'avoir pas le sou pour faire marcher la maison! Et puis, concevez-vous que, dans la première semaine de son entrée en jouissance, il m'ait signifié que je n'avais pas le droit de prendre mes repas chez lui, quand je venais de lui laisser pour plus de 1,000 francs d'approvisionnements de bouche et autres, sans les lui compter? Et comme je sais qu'il faut ici mettre les points sur les *i*, je citerai, entr'autres, une trentaine de terrines, dites *calottes*, de confitures de groseilles, que j'avais l'habitude de réserver pour la saison où les fruits manquent aux desserts des élèves; un porc gras et prêt à être abattu; le tiers d'un autre porc salé; un baril d'huile à manger entamé; un idem d'huile à brûler; un idem raisiné; un idem de pruneaux, raisins de caisse et figues sèches; une grande quantité de légumes divers; une assez forte provision de bois; une quantité de livres de classe, règles, crayons, papier, etc. J'entrevis dès lors la difficulté de lui prêter le concours qu'il avait paru tant désirer, et qui me convenait beaucoup aussi, je l'avoue. Comme il prétendait que je pouvais très-bien aller deux fois par semaine au marché sans cesser de coucher, ces jours-là, dans la maison de son père, et que je lui représentais que c'était multiplier inutilement les difficultés et les embarras. « —Vous le pouvez, me dit-il, avec un peu de bonne volonté.
« — Eh bien! lui répondis-je, piqué, c'est cet excès de bonne vo-
« lonté que je n'aurai pas; s'il faut tant de gêne pour vous conve-
« nir, je ne suis pas votre homme, et je cesse dès ce jour de m'oc-
« cuper de vos affaires. » Il me pria cependant, en adoucissant la voix, de continuer d'acheter les provisions, m'autorisant à venir coucher deux jours par semaine à la pension, *puisque je le voulais*, ajouta-t-il. Je consentis à le faire provisoirement, jusqu'à ce qu'il eût trouvé quelqu'un pour me remplacer, et que je m'offris à mettre au courant. Mais ce qui fut une nouvelle niaiserie de ma part, c'est que je fis les provisions pendant tout le mois de mai et une partie de juin, en payant de ma poche ce que j'achetais, comptant bien n'en faire que l'avance; et d'après la tournure que nos affaires ont prise, je crains bien que ce ne soit une dépense définitive à ajouter à toutes les autres. Heureusement, la première femme de confiance

de M. Pascal Allain (je dis la première *en date*, car il n'en a pas eu plusieurs à la fois), Madame Géry, que j'ai conduite deux fois à la halle, dans la première quinzaine de juin, peut déclarer qu'elle n'a rien payé elle-même de ce qu'elle était chargée d'acheter.

Comme je continuais de travailler pour la maison, je continuai, pendant les premiers quinze jours de mai, d'y prendre aussi mes repas, parce qu'après tout c'était en grande partie mon propre bien que je consommais. Mais j'eus à essuyer, de la part de ma fille et de mon gendre, les marques de la plus grande froideur. On ne m'appelait pas pour les repas, et le plus souvent je mangeais seul, me servant moi-même ; car j'étais humilié surtout que les domestiques s'aperçussent de l'éloignement qu'on me témoignait. Ce qui augmenta mon dépit, c'est que la cuisinière Sophie m'ait dit plusieurs fois : « Mais, Monsieur, vous devez avoir faim, vous ne « mangez pas : voulez-vous que je vous prépare quelque chose ? » Je la recevais mal dans ces cas là, et la rabrouais, lui disant qu'elle faisait injure à moi et à mes enfants, en croyant que je me gênais avec eux. Enfin, pour dernière épreuve, voyant un jour ma fille servir seule du poisson aux élèves, mets réputé assez difficile à servir, je lui demandai si elle voulait que je l'aidasse. Elle me répondit avec insouciance qu'une bonne pouvait lui rendre le même service. Dès lors mon parti fut pris. Depuis le 16 mai j'allai régulièrement chez les restaurateurs, à Paris d'abord, car j'avais encore honte d'être remarqué dans Belleville, à cause des commentaires, et je ne pris plus une seule bouchée à la pension.

Je me hâtai de terminer les comptes de ce qui me revenait, ainsi qu'à mon gendre, sur les trimestres échus et à échoir, et je lui eu remis une note détaillée, que jusqu'alors il n'a pas encore trouvé le temps de vérifier. Cinq ou six fois je lui ai demandé où il en était de cette vérification, et j'en ai toujours obtenu la même réponse. Cette vérification, terminée, devrait me valoir un solde de mille à douze cents francs.

Dès le lendemain de la cérémonie des noces, comme nous étions à déjeuner, ma femme et moi, avec les nouveaux époux, Madame Laurent me dit devant eux : « Je viens de donner à M. Pascal mon « rond de serviette en argent, donne le tien à ta fille aussi. » Je lui répondis qu'elle me retirait le mérite de la spontanéité en prenant ainsi l'initiative, et je n'exécutai pas ce qu'elle me conseillait. Cela suffit pour lui faire publier que j'avais le cœur assez dur pour refuser à mes enfants un objet d'aussi peu de valeur. Quand je lui demandai si elle avait mis de côté notre argenterie, « Comment

« me dit-elle, tu ne leur laisses pas même l'argenterie? Mais que
« veux-tu en faire puisque nous ne devons pas manger chez nous ? »
Et c'est par cette générosité outrée, aux risques de ce qui pourra lui
en arriver plus tard, qu'elle a su gagner les bonnes grâces de son
gendre, qui n'a vu en elle qu'une mère prête à tout mettre à ses
pieds, et dont le dévoûment contrastait singulièrement avec la
réserve de son beau-père. Elle voulut aussi leur laisser tout le
mobilier du salon ; car M. Allain père, qui n'avait pas donné, lui,
une obole, osa me le demander pour eux, *du consentement de
Madame Laurent,* me dit-il ; et jusqu'à présent je n'ai même pu en
retirer la pendule.

Mais ce qui vous donnera une idée de la soumission absolue de
Madame Laurent aux volontés de son gendre, c'est la sentence
d'exil qu'il prononça contre son petit chien favori, et à laquelle
Madame Laurent se conforma sans sourciller. Laissez-moi, Monsieur,
vous raconter en peu de mots l'histoire de Pretty. Hélas ! dans la
position qui m'est faite, j'ai besoin de me reporter aux premières
années de l'enfance de ma fille, pour ressentir encore un arrière
goût des joies de la paternité ! A l'âge de trois ans, ma fille m'avait
dit, en estropiant les mots : « Papa, fais-moi un petit *quien* (pour
« chien), car tu m'as bien faite, et je suis plus difficile à faire qu'un
« *quien* qui ne parle pas, tandis que je parle. » Un homme, dont la
célébrité s'annonçait déjà, mais qui a bien grandi depuis, M. Musard
venait de temps en temps, par un excès de confiance dans ce
qu'il voulait bien appeler mes lumières, prendre mon avis sur la
partie littéraire d'une œuvre musicale qu'il composait. Frappé de la
tournure originale du raisonnement de ma fille, il lui dit : « Mon
enfant, je n'ai pas plus de talent que votre papa pour vous faire un
petit chien ; mais je sais à qui m'adresser pour vous en commander
un ; » et un mois plus tard il nous en apportait un gros comme le
poing, que nous nommâmes Pretty, et que je gardai, tout l'hiver de
1832-33, dans la poche de mon paletot pendant que je faisais ma
classe. Pretty grandit et vieillit à côté de sa petite maîtresse qui en
fit ses délices, ainsi qu'Emile qui était alors élève. Jamais chien ne
fut plus choyé et protégé, surtout de Madame Laurent, qui ne
souffrait pas qu'on le corrigeât de ses défauts. Pendant les cinq ou
six premières années de sa vie il put, grâce à la faveur marquée de
sa maîtresse, ronger impunément les gants et les robes, les pan-
talons des élèves, gratter les chaises et les fauteuils, se coucher sur
l'édredon, sans qu'il fût permis à personne de chercher à lui faire
contracter de meilleures habitudes. Si je m'avisais de lui montrer

une verge pour arrêter le cours de ses méfaits, Madame Laurent criait à la cruauté, prétendant qu'il ne comprendrait pas ce que je voulais l'empêcher de faire ; et elle se fût brouillée vingt fois avec moi plutôt que de causer la moindre contrariété à Pretty. Il avait donc trôné en sultan, dans toute l'étendue de la maison, jusqu'au mariage de ma fille. Mais l'arrivée de mon gendre marqua le terme de son triomphe. Deux ou trois jours après sa prise de possession, entendant Pretty aboyer, il dit, d'un air sec et tranchant, devant Madame Laurent : « Ce chien ne saurait rester ici, car il nous « étourdit. » Vite, Madame Laurent l'emporta hors de la maison où il n'a plus reparu depuis. Je n'ignore pas que M. Pascal était dans son droit ; mais lui qui prenait l'établissement avec tant d'avantages, devait-il en répudier sitôt ce léger inconvénient ? Jamais surprise ne fut égale à la mienne de voir Madame Laurent si résignée, n'osant même ouvrir la bouche en faveur de son protégé. Si elle avait eu pour son mari le quart de la déférence qu'elle témoignait à son gendre, nous aurions fait un ménage modèle. Et c'est ainsi qu'une femme s'expose à un asservissement ridicule, pour se soustraire à l'influence la plus légitime. D'un autre côté, l'on sait que M. Allain père souffre avec peine les chiens dans sa maison ; il a donc fallu qu'Emile se chargeât de donner les invalides à Pretty, et je lui en sais bon gré.

Le mariage de M. Le Blévec avec ma nièce avait eu lieu un mois avant celui de ma fille, afin qu'ils pussent l'un et l'autre diriger la maison, dont Madame Laurent et moi n'avions guère le temps de nous occuper à cette époque. M. Le Blévec continua pendant quinze jours, avec mon gendre, les fonctions qu'il remplissait chez moi, et ce dernier m'en témoigna d'abord sa satisfaction. Au départ de nos deux lingères, qui eut lieu dans les premiers jours de mai, à propos d'un lait de poule que mon gendre trouva fort mauvais qu'elles se fussent fait sans permission, je lui proposai d'employer, au moins provisoirement, Madame Le Blévec, qui était fort au courant de cette partie. Il accepta mon offre, mais il ne s'aperçut pas que la tante mit tous ses soins à paralyser la bonne volonté de la nièce. Madame Laurent déploya, dans cette circonstance, une activité fébrile ; elle se faisait éveiller, dès quatre heures du matin, par le portier de M. Allain père, courait à la pension avant le lever des élèves, et s'installait à la lingerie sans plus en sortir de toute la journée, montrant ainsi un empressement dont M. Pascal se fit tous les honneurs, tandis que c'était la haine contre ma nièce qui en était le principal mobile, et le désir de la réduire à l'impuissance ;

car elle la tenait reléguée dans sa chambre, lui disant qu'elle n'avait pas besoin d'elle. Aussi ma nièce me pria-t-elle de prévenir M. Pascal qu'elle comptait bien ne pas être payée pour le mois de mai, puisqu'elle travaillait à peine pour sa nourriture, sa tante ne lui envoyant, de loin en loin, que quelques paires de bas à raccommoder. Je dis, en effet, à mon gendre que ma nièce ne croyait pas avoir assez à travailler pour mériter un salaire. Il me répondit par un geste que je ne sus trop d'abord comment interpréter. Mais un peu plus tard il me manifesta son étonnement *qu'elle se fût si peu prêtée à la circonstance*. Madame Laurent avait donc encore réussi à lui faire prendre le change; car les observations que je lui fis à cet égard furent accueillies par lui avec les marques de la plus grande défiance. Je sentis dès lors l'impossibilité où étaient M. et Madame Le Blévec de rester à la pension avec utilité, soit pour eux, soit pour mes enfants.

Je me mis donc en quête d'un petit établissement proportionné à leurs ressources, externat ou pensionnat. Je le cherchai dans la banlieue et dans Paris, m'adressant à plusieurs agents d'affaires qui s'occupent de ces sortes de ventes. L'un d'eux, M. Bonnet, m'indiqua M. M....., dirigeant à Paris un petit établissement de ce genre. Je ne cite pas son nom en toutes lettres, parce que je sais qu'il n'a pas encore vendu; mais il est connu de M. Pascal. Lorsque je crus l'affaire près de se conclure, je m'empressai de prévenir mon gendre qu'il eût à remplacer M. Le Blévec, afin que sa classe ne restât pas en souffrance. Mais M. M..... éleva tout d'un coup une prétention qui parut insolite à mon gendre lui-même, et qui fit manquer l'affaire. Cependant M. Le Blévec avait été remplacé du jour au lendemain, et n'ayant plus d'occupation fixe dans la maison, il craignait d'y être à charge. Je manifestai ses craintes à M. Pascal, en le prévenant que M. Le Blévec ne serait plus payé depuis le jour où il avait cessé ses fonctions; car c'est moi qui payais tout le monde, comptant toujours n'en faire que l'avance. J'ajoutai que, malgré cette cessation de paiement, M. Le Blévec était encore mal à son aise. Mon gendre se borna à répondre qu'il ne lui avait jamais rien dit qui pût lui inspirer de telles craintes. Mais nul encouragement, nulle invitation à se gêner un peu moins avec un parent; et cependant il ne s'agissait plus, momentanément, que de la nourriture de deux personnes sur plus de cent individus. D'un autre côté, ma fille, rencontrant par hasard sa cousine sur l'escalier, lui avait dit : « C'est donc bien difficile de trouver à vous caser? » Ajoutez à cela les manières si peu dignes avec lesquelles Madame Laurent sait narguer ceux qu'elle croit avoir mis sous ses pieds, et vous vous persuaderez facilement que la position n'était plus tenable pour mon neveu et sa femme. J'acquiesçai donc à leur résolution d'aller attendre à Paris une occupation quelconque. Le but de M. Le Blévec était de se placer comme sous-maître dans quelque pensionnat, afin de ne pas absorber leur petit avoir en attendant une occasion. Mais, à cette époque de l'année, les places de professeurs ne sont pas faciles à trouver, parce que l'on approche des vacances. Je l'avais adressé à M. Franque, maître de pension à Boulogne, qui comptait d'abord l'employer en l'absence de l'un de ses professeurs malade; mais le prompt retour de ce professeur empêcha M. Franque de réaliser son projet; j'ai encore sa lettre, portant le timbre de la poste, et qui constate ce que j'avance. Ce fut un grand crève-cœur pour moi de voir ce jeune couple réduit à l'inaction, dès son début en ménage, tandis que les maîtres et les lingères se succédaient à la pension avec une rapidité étonnante. M. Dussault, le remplaçant de M. Le Blévec, était parti, et mon gendre ne me proposa pas de rappeler au moins provisoirement M. Le Blévec. Je ne crus pas devoir le lui proposer non plus. Enfin, après deux mois de courses et de recherches vaines, Madame Balan m'écrivit qu'on désirait un maître de pension à Charonne. Je n'avais nullement pensé à cette localité, mais j'avoue que je conseillai bien vite à M. Le Blévec de profiter de l'offre qu'on lui faisait.

Lorsque M. Pascal en eut connaissance : « Je n'aurais pas cru, « me dit-il, qu'un parent *pour qui j'ai eu des égards,* viendrait « établir une concurrence aussi près de moi. » Je ne sus d'abord si je devais en croire mes oreilles, tant cette réflexion me causa de surprise. « Vous vous targuez des égards que vous avez eus pour « M. Le Blévec! mais j'en cherche la moindre trace et ne la trouve « nulle part. Dites qu'il n'a rien à vous reprocher, j'y consens, « puisqu'il n'a pas compté sur cette parenté que vous invoquez si « tardivement; mais il serait étonnant qu'elle lui devînt un titre « d'exclusion ailleurs que chez vous. Du reste, il ne croit pas se « mettre en hostilité avec vous, en acceptant, à Charonne, la seule « position qu'il ait trouvée depuis deux mois, et qui, à son défaut, « serait occupée par un autre. » Mon gendre me répliqua de manière à me convaincre qu'il était sous l'empire d'un véritable accès de jalousie. « Quoi! m'écriai-je, les qualités du cœur, chez vous, ne seraient-elles pas à la hauteur de celles de l'esprit! » C'est un demi-compliment que je lui faisais encore, et que ma sincérité ne m'aurait pas permis de lui adresser un peu plus tard.

M. Le Blévec ouvrit donc, le 15 juillet, un externat et pensionnat à Charonne. La requête de Madame Laurent me représente comme *ayant présidé à son établissement* dans cette commune; mais mon intervention n'était nullement nécessaire dans cette circonstance. Il ne s'agissait, pour M. Le Blévec que de louer une maison, et de déposer son diplôme entre les mains de l'autorité compétente. Aussi à peine fut-il installé que je quittai Belleville, pour aller passer deux mois en Lorraine et en Franche-Comté. N'importe, c'est moi, au dire de ma famille, qui étais l'âme de son établissement, c'est moi qui l'ai dirigé à cent lieues de distance ; car bientôt il compta de quinze à vingt élèves. Mais si j'étais capable d'opérer cette merveille, pourquoi mon gendre n'a-t-il pas su me garder avec lui? Il a dit, pour s'excuser de cette maladresse, qu'il eût été obligé d'interdire sa maison à Madame Laurent. Cette assertion se trouve démentie par l'avis que je lui donnai des plaintes, fondées ou non, que formaient les élèves sur la manière dont ils étaient servis au réfectoire par ma fille, peu au courant de ce genre de service. « Obtenez, lui dis-je, de Madame Laurent, sur qui vous avez tant « d'empire, qu'elle assiste votre femme au moins jusqu'à ce qu'elle « ait acquis la même habitude que sa mère. » Et je lui citai les observations que m'avait faites Madame Michaud, dont le fils est l'un des plus sages de la pension, pour lui faire comprendre que ses plaintes devaient être prises au sérieux. D'ailleurs, j'ai toujours déclaré que Madame Laurent peut être fort utile à sa fille, pourvu qu'elle se renferme dans certaines attributions.

La veille de mon départ, je laissai mes notes parfaitement en règle à mon gendre. Je lui comptai 30 francs pour la nourriture d'Auguste Bertrand, mon neveu, pendant le mois de mai, qui était son dernier mois d'apprentissage. Cette nourriture consistait en un morceau de pain qu'il prenait le matin en allant au travail, et dans le souper à son retour; car je m'étais arrangé pour le faire dîner à Paris. Mon gendre voulut bien me dire qu'il ne s'attendait pas à ces 30 francs que je lui payais pour Auguste ; mais s'il les eût biffés en même temps, cela eût mieux valu que toutes ses protestations de désintéressement que la suite n'a nullement justifiées.

Une personne à qui j'avais annoncé mon prochain départ, se doutant bien que je ne serais pas allé en vacances avant la distribution des prix, s'il y avait eu accord parfait entre mon gendre et moi, me chargea de lui proposer 40,000 fr. de l'établissement, tel que je le lui avais donné pour dot. Je le pris à part pour lui faire cette proposition, « Afin, lui dis-je, que si vous ne jugez pas à propos d'ac-

« cepter, vous puissiez vous soustraire aux sollicitations de votre
« femme, dont je connais parfaitement les dispositions à ce sujet. »
Il me répondit qu'il en parlerait à son père, et celui-ci lui conseilla
de ne point céder à moins de 50,000 francs. Ce qui ne les empêcha
pas, l'un et l'autre, de se récrier, un peu plus tard, sur le taux
élevé auquel j'avais porté mon établissement ; et ils venaient d'en
demander 10,000 francs de plus que mon évaluation.

Quelques jours aussi avant mon départ, étant allé déposer ma
démission de membre du comité local d'instruction primaire, entre
les mains de M. le maire de Belleville, président dudit comité,
l'appelai l'attention de ce magistrat sur mon gendre, et le lui
recommandai comme étant très-capable de me succéder dans ces
fonctions. Je cite cette recommandation, que M. Pommier pourrait
attester au besoin, pour prouver que je n'étais pas animé, contre
mon gendre, des sentiments de malveillance dont on m'accuse
aujourd'hui.

Mon gendre m'avait laissé partir sans me témoigner le moindre
désir que j'assistasse à sa distribution des prix, et en me disant
même ironiquement que j'avais *grand besoin de repos*. Que se
passa-t-il, en mon absence, qui lui fît sentir que j'aurais pu lui être
utile à quelque chose? c'est ce que je ne puis dire. Mais, à mon
retour, lui, ma femme et ma fille, me reprochèrent amèrement
l'abandon dans lequel je les avais laissés, et, malheureusement pour
eux et pour moi, ces reproches étaient conçus en des termes qui
n'étaient rien moins que propres à me rapprocher d'eux ; car on y
mêlait une foule de récriminations toutes plus outrageantes les unes
que les autres. Je crus y couper court en adressant à mon gendre la
lettre dont je donne ici copie dans son entier, quoiqu'il y ait quelques redites.

« Dimanche, 12 octobre 1845.

« Monsieur Pascal,

« Lors de notre première entrevue, depuis mon retour, vous m'avez en quelque sorte sommé d'entrer dans des explications pour
lesquelles j'éprouvais une répugnance bien facile à concevoir. Vous
m'avez dit que votre plus grand désir avait toujours été de vous tenir en dehors de nos tristes démêlés. Je vous loue de cette intention,
mais vous vous en êtes écarté probablement contre votre volonté et
à votre insu ; car il résulte de vos paroles et de vos actions, que

vous êtes placé dans la position d'un juge qui prononce après n'avoir entendu que l'une des deux parties. N'épiloguons pas sur cette qualification de juge que vous ne revendiquez pas, que je ne vous concède pas non plus, mais qui vous est déférée par la force des choses.

« Je dis que cela résulte de vos paroles et de vos actions. Commençons par ces dernières, car on agit souvent avant de parler, et j'ai moi-même suivi cette marche à votre égard.

« M. Pascal peut-il nier qu'il ne m'ait, dès les premiers jours, témoigné la plus grande défiance? Ce qui m'a de suite convaincu que je n'avais rien de mieux à faire, pour le mettre à son aise, que de me tenir à l'écart, et de renoncer par conséquent à la coopération cordiale que je m'étais promis de lui prêter, et dont la pensée seule n'avait pas été sans charme pour moi. Je présume qu'il ne me contestera pas cette pensée, dont je prouverais au besoin la réalité par l'empressement que je mettais, ses listes de prix à la main, à faire valoir ses titres à la confiance et à la considération publique. Je n'insisterai donc par là-dessus, voulant restreindre cette note le plus possible. Ce sur quoi il faudrait peut-être plus insister, c'est sur cette défiance dont je suis loin au surplus de lui faire un crime, eu égard à l'influence sous laquelle il se trouvait, et dont il ne pouvait se défendre sans être doué d'un discernement extraordinaire; et c'est pour cette raison qu'il croit, avec bonne foi, que ma grande susceptibilité seule voit de la défiance où il n'y avait qu'une prudence toute naturelle. Eh bien! la prudence ne prescrivait-elle pas de regarder comme vrais, jusqu'à preuve contraire, les renseignements sincères que je donnais sur le personnel de ma maison? J'étais donc bien mauvais juge du mérite de mes gens, bien sujet à partialité, s'il a fallu prendre le contre-pied de tout ce que j'avançais! Et ne pouvait-on essayer quelque temps de suivre mes errements, sauf à les rectifier à mesure qu'ils sembleraient défectueux?

« J'ai la franchise de déclarer qu'une complication nouvelle, survenue dans mes rapports avec la famille Duchesne, ne me permet plus de prendre mes repas au sein de cette famille, en présence de l'un de ses membres, dont je crois, à tort ou avec raison, avoir particulièrement à me plaindre; et mes propres enfants, non-seulement ne me font pas appeler pour le dîner, dont ils changent les heures, sans doute pour me dérouter, mais encore ils fuient à mon approche, laissant un repas inachevé!

« J'abaisse ma fierté jusqu'à me servir seul, pendant la première quinzaine, ou me faire servir contre la volonté désormais bien connue du chef actuel de la maison, puisqu'il eut soin de me déclarer tout d'abord que *ma table n'avait pas été comprise dans notre projet d'arrangement;* je me fais, dis-je servir malgré lui, parce'qu'en définitive c'étaient mes approvisionnements qui se consommaient alors; mais, dans la réalité, parce que je sentais le préjudice que pouvait causer à l'établissement ma présence remarquée chez les restaurateurs de Belleville. J'ai eu pendant quinze jours ce courage, qui a sans doute été taxé de sordide avarice.

« M. Pascal explique sa conduite en cette circonstance, par son désir de se montrer parfaitement impartial à l'endroit de Madame Laurent et au mien. Prenons cette excuse pour bonne, en supposant qu'il n'y ait pas eu d'autres moyens de témoigner son impartialité.

« J'ai dit que j'avais agi avant de parler. En effet, après quinze jours de tortures morales, je me suis vu forcé de subir, aux risques et périls de qui de droit, la nécessité de prendre mes repas chez le restaurateur, et n'ai parlé que quand je n'ai pu faire autrement, parce que les paroles vont souvent plus vite que les actions.

« Mais ce n'est pas tout : ne voulant pas, en me retirant, laisser dans nos comptes la confusion qui existait déjà dans le partage du mobilier, je me livrai, sur ces comptes, à un travail long et minutieux que je ne pouvais faire commodément au dehors. Ce travail fut souvent interrompu par l'habitude que j'avais prise de distribuer aux élèves ce qu'à chaque instant ils venaient me demander, habitude à laquelle je ne voulais pas, moi présent, renoncer tout d'un coup, dans la crainte de produire un mauvais effet sur les esprits, toujours disposés à la critique au moment d'un changement. M. Pascal aurait-il vu, dans ce travail, un prétexte de prolonger mon séjour chez lui? Car il me redemandait tantôt une pièce dont il disait avoir besoin, tantôt une armoire, puis une autre, même celle du second, qui renfermait mes habits de garde national et n'avait jusqu'alors servi qu'à cet usage. Je crus, en un mot, qu'on avait hâte de se délivrer de ma présence.

« Au surplus, ne m'avez-vous pas formellement signifié vous-même que vous vous opposiez à ce que je vinsse, deux fois par semaine, coucher à la pension ? « Avec un peu de *bonne volonté*, me « dites-vous, vous pourriez faire autrement. » Je n'avais donc déjà plus de bonne volonté, selon vous, dès le second ou troisième jour après le mariage ? Et cependant vous n'ignoriez pas qu'une séparation de fait bien réelle, entre madame Laurent et moi, existait depuis plus d'une année auparavant; que, pour ne pas donner lieu aux commentaires, je me proposais de coucher cinq fois par semaine au domicile conjugal, n'exceptant que deux jours. Cette exception était suffisamment motivée par l'habitude, que tout le monde me connaissait, d'aller dès quatre ou cinq heures du matin à la halle ces deux jours-là. Mais vous ne vouliez probablement pas vous rendre complice des désordres que je pouvais occasionner chez vous; car de quoi n'ai-je pas été rendu suspect à vos yeux?

« Voilà pour les actions, voyons les paroles.

« La première que vous m'avez adressée sur mes affaires particulières, était une ironie. Lorsque je vous annonçai que mon projet avait toujours été d'aller me reposer à la campagne, si notre combinaison ne réussissait pas, combinaison dont j'avais mis en doute le succès, à cause de l'opposition que j'avais à bon droit pressentie : « Oui, allez à la campagne, *vous en avez grand besoin,* » me répondîtes-vous d'un air dont je saisis parfaitement l'intention.

« La seconde parole fut une menace de m'appeler en justice, à propos de l'établissement à Charonne de M. Le Blévec, *qui ne pauvait être que mon prête-nom.* Je crois vous avoir démontré le peu de fondement de cette supposition. Je passe sur celles-ci, que vous me dites dernièremet : « *Vous êtes sur le tranchant d'un rasoir,* » car je n'en comprends pas la portée ni la signification.

« Mais que dire de ces autres paroles? « Si votre nièce avait mé-
« rité d'être renvoyée de la maison, vous avez eu tort de la faire
« revenir. » Et encore : « S'il avait été prouvé en justice que vous
« invitiez une étrangère à dîner le dimanche, malgré l'effet qu'elle
« produisait sur votre femme, c'était un cas de séparation. » Ainsi, voilà ma nièce traitée sur-le-champ comme une vile prostituée; car si le mari reçoit sa concubine dans son domicile, ce peut-être, en effet, un cas de séparation. Il faut singulièrement abuser des mots et des choses, pour donner à ma nièce, élevée à la maison, la dénomination d'étrangère, et avoir (j'aime à croire que l'idée n'est pas de vous) l'imagination bien pervertie, pour l'assimiler à une concubine pouvant motiver une séparation judiciaire.

« Mais d'abord, est-ce parce qu'elle avait mérité *d'être renvoyée* que je l'avais placée dehors? Non, c'était pour lui épargner les scènes auxquelles j'avais appris depuis peu qu'elle était constamment et depuis longtemps en butte avec sa tante, et dont jusqu'alors je n'avais pas eu connaissance, parce que la pauvre enfant n'avait jamais formulé une plainte. Non, c'était pour ménager sa réputation qui faisait aussi toute sa fortune; car je vous ai répété ce que m'avait dit M. le docteur Durand à ce sujet : « Que l'animosité de Madame

« Laurent était telle, que les esprits mordants pouvaient en in-
« duire les conséquences les plus fâcheuses pour sa réputation. »
Tandis que Madame Laurent, sommée par moi, plusieurs fois, d'articuler ses griefs contre elle, n'avait jamais accusé, du moins devant moi, que sa raideur de caractère. Je ferai voir, dans une autre circonstance, que cette raideur était plutôt une qualité qu'un défaut de la part d'une jeune fille, dans une pension de jeunes gens. Mais enfin, à cette pensée, nouvelle pour moi, que sa réputation pouvait être en péril, je n'hésitai pas à la placer dans une maison de commerce. Et c'est après avoir fait à la paix de notre ménage et aux préventions haineuses de Madame Laurent cette immense concession, que je devais encore interdire à sa victime tout accès dans ma maison, même deux ou trois heures le dimanche! Mais qu'aurait donc pensé d'elle Madame Millon, sa patronne, avant de l'avoir assez connue pour être fondée à en penser tout le bien qu'elle en dit? Sa vue, dites-vous, donnait des attaques de nerfs à Madame Laurent. Mais aucune personne sensée n'a jamais cru à la réalité de ces attaques. Tout le monde les a traitées de simagrées. Les amies de pension de Madame Laurent elle-même en on fait des gorges chaudes. Madame Laurent craignait-elle donc tant sa présence, quand elle la harcelait sur toute chose? quand elle tirait la langue derrière elle? quand, pour la narguer, dans ces derniers temps encore, elle allait dans sa chambre montrer à Élise mon vieux lit de garçon, qui servait à ma nièce depuis son mariage, disant à sa fille, devant elle : « Tu feras de cela tout ce que tu voudras; » quand, au moment de notre déménagement, elle rentrait dans cette même chambre faire arracher par le menuisier, encore devant ma nièce, quelques méchantes tablettes qui supportaient ses nippes, et disait en ricanant : « Ces tablettes peuvent me servir. » Elle savait néanmoins qu'il ne manquait pas de bois et de planches dans la maison; qu'une tablette hors de place est de bien peu d'usage, et qu'enfin l'appartement occupé par nous chez M. Allain père, est infiniment trop petit pour contenir tout ce que nous possédons. Je compte, au surplus, démontrer plus tard que ma nièce a été plutôt l'occasion que la cause de notre mésintelligence, qui devait éclater d'une manière ou d'une autre; car avant son entrée à la maison, il avait déjà été trois fois question de séparation entre Madame Laurent et moi. Bien plus, tant que je l'ai crue animée de sentiments bienveillants envers ma nièce et mon neveu, je me suis montré plus accommodant en considération de cette bienveillance. Et vous, M. Pascal, *homme non prévenu*, vous décidez néanmoins que j'ai eu

le plus grand tort de permettre à l'orpheline de venir passer quelques heures, le dimanche, dans la maison qui avait servi d'asile à son enfance ! Il fallait donc l'abandonner à elle-même pendant ces quelques heures de liberté, l'affranchir de toute surveillance, et l'exposer ainsi aux dangers si connus que courent les jeunes filles sans appui dans la capitale !

« Mais, au moins, ajoutez-vous, il ne fallait pas la faire revenir tout à fait. Certes, ce n'était pas en effet avec l'intention de la faire revenir que je payais pour lui faire apprendre le commerce. J'étais, ainsi que plusieurs personnes sur ma demande, à la recherche d'une petite boutique ou magasin, dont la titulaire serait disposée à se retirer après un certain nombre d'années, pendant lesquelles ma nièce aurait pu, moyennant arrangement, se mettre au courant de son genre de commerce. Feinte que tout cela, osent dire ma femme et ma fille ; *c'était pour mieux cacher mon jeu.* Ainsi, c'était pour mieux cacher mon jeu que j'avais chargé MM. Justin et Payrault de me trouver un acquéreur ; que ce dernier m'avait présenté comme tel un M. Fronteau, dont le langage et les manières m'inspiraient beaucoup de confiance ; qui déclarait avoir 15,000 fr. à sa disposition, et me parlait d'une garantie de 30,000 fr. qu'il aurait plus tard de la succession de son père. Ce M. Fronteau avait déjà visité la maison qui paraissait lui convenir ; mais m'avait demandé un délai de six mois, pendant lesquels il devait servir de Mentor à un fils de famille pour un voyage en Angleterre. Il m'écrivit encore de Boulogne-sur-Mer, dans les termes les plus polis, pour me demander si mes intentions étaient toujours les mêmes. Ma réponse fut, bien entendu, affirmative. Mais moi qui, selon Madame Laurent, l'ai toujours comptée pour rien dans mes affaires, j'avais pourtant cru de mon devoir de l'informer du changement important qui se préparait, lui communiquant la lettre et l'adresse de M. Fronteau. Et comme, le délai expiré, je n'en eus plus de nouvelles, et que, d'un autre côté, Madame Laurent m'avait présenté M. Putôt pour successeur, je l'ai, il est vrai, toujours soupçonnée et la soupçonne encore d'avoir écrit ou fait écrire à M. Fronteau pour le détourner de son projet. Comment expliquer autrement le silence d'un homme si poli, qui, n'étant pas encore engagé, devait, pour obéir aux convenances, m'annoncer son changement de résolution ?

« Après celui-ci se présenta M. Monnot des Angles, ami de M. de Juranvigny. Puisque ma femme et ma fille me donnent des démentis si formels, demandez à M. de Juranvigny s'il croit que c'était pour mieux cacher mon jeu que je voulais traiter avec son ami. Toujours est-il que comptant sur la promesse de ce jeune homme, j'apprends qu'il avait aussi changé d'avis huit jours seulement avant la dernière rentrée. Je n'avais que ces huit jours pour remplacer trois maîtres, et il me fallait courir beaucoup pour obtenir des renseignements positifs sur les trois remplaçants. C'est là le motif ; Madame Laurent dira *le prétexte* que je lui alléguai pour lui conseiller de ne pas aller passer sa dernière semaine de vacances chez Madame Landon, à Bellevue. Je lui représentai même que, puisque j'étais bien décidé à vendre, elle pourrait un peu plus tard en user à son aise, et aller à Bellevue, qu'elle connaissait déjà. Le lendemain, voyant qu'elle ne tenait compte de mes représentations, je défendis, non pas à elle, car elle pouvait braver ma défense, mais à ma fille de sortir. Là-dessus elle courut tout éplorée chez M. le docteur Durand qu'elle parvint sans doute à attendrir, comme elle a depuis attendri son gendre; car M. le docteur vint aussitôt me proposer de sa part une séparation. « Faites-lui une rente annuelle, « me dit-il, et elle ira vivre avec sa mère. » Je répondis que je n'avais jamais rien promis que je ne susse pouvoir tenir; que, dans la position actuelle, loin de pouvoir assurer une rente, j'ignorais ce qu'allait devenir mon établissement déjà sur son déclin, par suite du désaccord qui régnait entre nous; qu'il fallait donc le vendre au plus tôt, puisque je n'avais plus de femme pour me seconder. « Vous « prendrez votre nièce, répliqua-t-il. Au reste, si vous n'accordez « pas la séparation de gré, on l'obtiendra de force ; car vous con« naissez la méchanceté des avocats, on plaidera l'adultère. Et je « suis bien aise de vous dire en même temps que votre nièce est « un monstre d'ingratitude et d'hypocrisie. »

« Qu'avait donc à faire cette pauvre enfant, au moins dans la querelle présente, puisqu'elle ne pouvait y avoir pris part, étant alors à son magasin? Ce n'est pas ici le lieu de démontrer que si, d'après l'imputation de M. le docteur, elle avait été une hypocrite, elle aurait su plaire à sa tante.

« Concevez-vous ma position ? Et pouvais-je administrer longtemps, malgré l'opposition permanente et désormais bien déclarée, qui existait entre Madame Laurent et moi, sur les personnes ainsi que sur les choses ? Elle traitait en ennemis tous ceux, parents d'élèves, connaissances, maîtres et domestiques qui ne pensaient pas comme elle. *Vous êtes du parti de mon mari*, voilà ce qu'elle ne cessait de répéter; comme si une femme devait avoir un autre parti que celui de son mari. Aussi mettait-elle tout en œuvre pour grossir son propre parti. Dans ces circonstances, il ne me restait qu'une planche de salut, c'était de vendre au plus vite. Mais je ne connaissais plus aucun acquéreur m'offrant des garanties pécuniaires. Heureusement se présenta M. Le Blévec, qui eut assez de pénétration pour démêler la vérité au milieu des ténèbres dont on s'était efforcé de l'entourer. Un autre maître, M. Demonclair, avait séjourné dix-huit mois consécutifs à la maison sans avoir encouru le plus léger reproche pour inexactitude ou quoi que ce fût. Sa gravité et ses cheveux blancs m'avaient permis de le charger de donner à ma nièce des leçons que la susceptibilité ombrageuse de Madame Laurent me défendait de lui donner moi-même. Il s'était donc trouvé en position d'apprécier son mérite et de connaître son innocence; et il en rendit témoignage avec l'impartialité et la fermeté qui le caractérisent. Je dis fermeté, car il fallait du courage pour rendre témoignage à l'innocence opprimée; témoins Césarine, la petite Marie et Mademoiselle Rose, qui y ont compromis, les deux premières leur honneur, et la troisième ses moyens d'existence. Ainsi donc la sagacité de M. Le Blévec, jointe à la loyauté de M. Demonclair, voilà le seul moyen, providentiel il est vrai, qui me fut offert pour me tirer d'embarras.

« Il fut décidé que M. Le Blévec, devenu mon neveu, prendrait, au 1er avril suivant, possession de la maison aux conditions que vous connaissez. Je le nommai inspecteur sur-le-champ, et dès ce moment une amélioration notable se fit remarquer dans la discipline des élèves. Je fis donc revenir ma nièce, forcément en quelque sorte, loin d'en avoir eu l'intention primitive, mais alors seulement que je fus résolu à lui donner la maison. A quoi bon, au reste, l'avoir laissée plus longtemps à titre onéreux, dans une carrière qu'elle n'était plus destinée à suivre? C'est alors seulement que je proposai à Madame Laurent de mettre à exécution, une fois ma nièce mariée, l'offre qu'elle m'avait fait faire par M. le docteur, d'aller vivre chez sa mère au moyen d'une pension. Je lui assurais une somme annuelle de 2,400 francs, et même j'ajoutais la promesse de 3,000 francs, conditionnellement il est vrai, c'est-à-dire si elle ne nuisait pas à l'établissement, ainsi qu'elle avait osé en proférer la menace. Je comptais réaliser cette somme au moyen de mon travail et de l'association projetée. Vous croirez peut-être qu'elle accepta? Point du tout. Elle, sur qui la vue seule de ma nièce produisait un effet propre à motiver une séparation judiciaire, demanda d'habiter le pavillon sur la cour, consentant ainsi à vivre exposée à rencontrer, soir et matin, celle qui était à ses yeux, selon vous, une véritable tête de Méduse.

« Ainsi, j'avais fait revenir ma nièce sans qu'elle me le demandât, sans qu'elle s'y opposât aussi ; car avec les dispositions bien connues de sa tante, l'orpheline avait-elle quelque chose de mieux à faire que de remettre sa destinée entre mes mains ? Je l'avais fait revenir pour lui laisser ma maison ; il y avait donc une sorte d'obligation pour moi de la dédommager, quand un intérêt supérieur, celui de ma fille, m'empêcha de réaliser l'espérance que je lui avais donnée. Aussi est-ce pour ce motif que je lui constituai une dot un peu élevée, eu égard à ma fortune, et non parce que M. Duchesne, dont *verba volant*, m'avait dit : « Donne-lui une dixaine de mille francs. » C'est en ce sens que je vous ai dit, ce qui a provoqué les exclamations d'Élise et de sa mère, que les 6,000 francs promis à ma nièce, sur lesquels on ne cesse de récriminer, étaient plus sacrés pour moi que l'excédant de trousseau que ma femme, contre ma volonté positive, prétend avoir donné.

« Mais on me refuse le mérite d'avoir rien fait pour ma fille. Vous l'avez entendu : *Je mens* quand je dis que je désirais la marier. Je cite les noms, les circonstances ; je n'en ai pas moins *menti*. Quoi donc ? Je ne puis dire sans *mentir* que j'ai voulu marier ma fille, malgré l'empressement que j'ai mis à saisir la première occasion de le faire convenablement ? Quand j'ai couru (pourquoi ne l'avouerais-je pas) au devant de cette occasion, en faisant, je le déclare, les premières démarches, en aplanissant moi-même toutes les difficultés ? Mais si *ab actu ad posse valet consecutio*, ne peut-on dire aussi, du moins en cette circonstance, *ab actu ad velle ?* (vous verrez qu'il me faudra entasser les citations latines pour convaincre ces dames), et puisque ma fille est réellement mariée, c'est apparemment contre mon gré ? Oui, et pour qu'elle ne me tienne pas compte de ce que j'ai fait pour elle, on va jusqu'à dire qu'il m'était impossible d'agir autrement, M. Le Blévec ne pouvant être maître de pension à ma place. Mais il l'est bien à Charonne ; il aurait même pu l'être, depuis son mariage, avantageusement à Belleville. On le lui avait conseillé en lui indiquant une maison. Il n'a pas voulu le faire, quoiqu'avec apparence de succès, par procédé pour la cousine de sa femme, n'en déplaise à l'orgueil de Madame Laurent.

« Quant à ce que j'ai dit, que je partagerais ma dernière pièce de cent sous avec ma nièce, en butte à la haine implacable et imméritée de sa tante, et aussi, chose inconcevable ! à la malveillance de toute la famille Duchesne, qui pourtant ne devrait pas être sous la même influence de jalousie ; oui ; je l'ai dit, en ajoutant toute-

fois : « Si elle était malheureuse sans qu'il y eût de sa faute. »
Quant à cette disposition où je suis réellement, rassurez-vous.
Rien n'annonce que la situation de ma nièce m'amène à ce sacrifice. Elle aura le bon esprit de ne pas créer dans sa maison un *parti* contre son mari. Ils sont déjà à peu de chose près au pair, sans avoir, du moins jusqu'à présent, un seul élève de votre clientèle, malgré la proximité de Charonne, qui vous tient tant à cœur. M. Le Blévec, d'ailleurs, vient de faire, à la mort de sa sœur, un petit héritage qui ajoute à son aisance. Cette mort m'a révélé un trait qui l'honore et dont il ne s'est jamais prévalu : c'est l'abandon de sa portion de patrimoine qu'il avait fait à sa sœur au décès de ses parents.

« Mais si son intérêt actuel est en quelque sorte opposé au vôtre, à qui en est la faute ? M. Le Blévec est sans ambition, et je ne désespérais pas, non de vous l'imposer, comme vous en avez eu la pensée, mais de vous faire sentir l'utilité qu'il y aurait eu pour vous de l'attacher, comme inspecteur, à votre établissement, et sa femme comme lingère. Un traitement annuel de 1,200 francs suffisait pour tous deux. Je vous souhaite des maîtres et des lingères aussi capables qu'ils le sont, chacun dans sa partie.

« Arrivons maintenant à l'objet de notre dernière discussion, qui m'a fait voir de plus en plus que M. Pascal, loin d'être exempt de préventions, comme il le croit, est au contraire imbu de tous les préjugés enfantés par la jalousie délirante de Madame Laurent. Je répète que je n'accuse pas M. Pascal ; je connais toute la puissance de séduction de Madame Laurent, qui, semblable aux petits enfants, est forte de sa faiblesse et de ses larmes. Je ne fais donc que constater un fait. D'abord M. Pascal partage l'erreur de Madame Laurent sur l'existence d'un *magot* qui serait en ma possession. J'accuse et je démontre une dépense imprévue de 10,000 francs. N'importe, je puis et dois encore payer quatre mille et quelques cents francs, sur lesquels je ne comptais pas, dont trois mille cinq ou six cents pour de vraies ou prétendues fournitures de trousseau, dépense que j'avais défendu de faire ; excepté les six cent cinquante francs que j'avais donnés pour achat de robes, etc. Madame Laurent prétend que je l'avais autorisée à dépenser au moins deux mille francs. Cela est encore faux. J'ai dit que nous étions convenus de ne porter au contrat que chacun deux mille francs ; or, M. Allain père n'a pas compris cette clause autrement que moi ; car, persuadé de la valeur de ce que possédait son fils, il ne s'est cru obligé à aucune dépense particulière pour cet objet. Pourquoi donc en serait-il autrement de nous ? Que si l'on prétend que je suis tenu à une valeur de quatre à cinq mille francs, parce qu'en effet j'ai parlé approximativement de cette somme dans une conférence préliminaire, je soutiendrai à mon tour que le trousseau dont ma fille est nantie a au moins cette valeur. Et pourquoi ne prendrais-je pas pour terme de comparaison le trousseau que Madame Laurent elle-même a apporté en mariage? Elle aurait dû, la première, s'éclairer de cette comparaison, puisqu'elle a cru pouvoir se passer des lumières de son mari. Ce trousseau a été estimé 1,600 francs, et il les valait; car, à Dieu ne plaise que je révoque en doute la probité de M. Duchesne! D'ailleurs, Madame Clausse avait été consultée pour l'estimation. Or, il n'y avait ni argenterie, ni bijoux, ni montres, ni chaîne d'or, ni meubles autres que son vieux piano. C'étaient donc les hardes seules, les chemises et quelques serviettes qui composaient à peu près cette valeur. Car, remarquez-le bien, les parents n'ont pas dépensé un sou pour sa toilette de mariée, qui a été entièrement payée par moi, au moyen d'un billet de 500 francs que j'avais remis pour un tout autre usage à Mademoiselle Bernardine, et 120 francs dont je suis resté assez longtemps son débiteur. Je suis bien obligé d'entrer dans ces détails et de préciser les faits, en présence des démentis que ces dames opposent à mes assertions. Eh bien! Madame Laurent osera-t-elle soutenir qu'avant son mariage, elle, toujours en butte au mauvais vouloir de sa mère, comme elle l'a proclamé si souvent, était mieux montée, plus élégamment parée que sa fille? Notez qu'une année auparavant, au mariage d'Émile, il m'en avait déjà coûté environ 1,400 francs, tant pour cadeau de noces que pour l'accoutrement de ces dames.

« Mais enfin, comment payer les notes des fournisseurs ? D'abord j'ai vu moi-même entre les mains de Madame Laurent un sac d'écus qu'elle a voulu me cacher; mais il était trop tard. Elle m'a dit ensuite que cet argent ne lui appartenait pas, ce qui m'avait fait croire qu'il était à Elise; mais vous savez qu'Elise n'avait pas d'argent. Eh bien! on a vu à Madame Laurent, le jour du déménagement, trois sacs semblables qu'elle cachait dans ses grandes armoires, ce qui ne prouve nullement qu'elle n'en ait pas eu davantage. Il est certain aussi qu'il y a eu des détournements considérables de linge, faits ou consentis par elle. J'en citerai, au besoin, des témoignages irrécusables. D'ailleurs, vous savez qu'elle n'est pas endurante, et qu'elle n'eût pas facilement toléré le dénûment de linge que vous dites exister maintenant dans la pension. Et pourquoi me serais-je refusé à pourvoir l'établissement de tout le linge convenable, tandis que vous le trouvez surabondamment garni de tout le matériel nécessaire à son exploitation? Ainsi le linge seul manquerait quand il y a excédant de tables, de bancs, de couchettes en bois et en fer, de fontaines à filtres et autres, de matelas, de couvertures, de batterie de cuisine, etc. D'où je conclus que vous devez tenir pour exacte mon assertion, qu'il y a eu, année commune, plus de 700 francs de consacrés à l'entretien ou au renouvellement du linge.

« J'aborde une autre question délicate. Vous m'avez dit plusieurs fois que les trois conditions exigées par moi pour que je donnasse les mains à un rapprochement, ne tendent qu'à l'avilir. Je réponds qu'avouer une faute n'est jamais s'avilir. Il arrive même souvent qu'un noble aveu la répare complètement. La réparation ici serait bien tardive ; mais encore est-ce le cas de dire : « Il vaut mieux tard que jamais. » Pensez-vous que le nombre très-restreint d'individus qui auraient connaissance de cet aveu, ne sachent pas très-bien maintenant à quoi s'en tenir sur les trois griefs que je me borne à lui reprocher, parce qu'ils sont les plus récents, et qu'ils démontrent jusqu'à l'évidence que je ne pouvais marcher plus longtemps avec elle. Au bon sens de qui, par exemple, peut-il échapper que si M. le docteur avait su par tout autre que par elle le propos dont il s'agit, il se serait empressé de le déclarer dans l'intérêt de la paix de notre ménage? D'ailleurs, j'ai trop bonne opinion de la générosité de toutes les personnes qu'il admet dans son intimité, pour ne pas être persuadé qu'il n'en est aucune qui ne fût venue me dire : « Vous soupçonnez injustement votre femme, c'est moi qui ai commis l'indiscrétion. » Je bénirais, loin de lui en vouloir, celui qui me ferait cette simple déclaration. Et, en effet, j'avais dit à M. Depille. « Si c'est vous qui en êtes l'auteur, je vous en remercie, « car vous n'avez pu parler qu'avec une intention louable. »

« La fausseté de l'imputation contre ma nièce d'avoir fouetté un petit garçon, est démontrée avec la même évidence. D'abord elle le nie, elle que je n'ai jamais vue *mentir*. Césarine déclare que ce n'est pas ma nièce, mais elle-même qui a donné le fouet, ajoutant seulement qu'elle y était autorisée par Madame Laurent. Tous les domestiques attestent que ce n'est pas ma nièce, mais Césarine. Le petit garçon fouetté, ses deux frères, dont l'un a quinze ans, son grand cousin à peu près du même âge, déclarent positivement que ce n'est pas ma nièce, mais Césarine. — « Je sais que c'est bien votre nièce, répond « M. le docteur ; vos élèves vous craignent, ils n'osent vous dire la « vérité. » — Pourquoi le frère aîné me craindrait-il ? il est très-bon sujet, et n'a jamais été puni par moi. Au surplus, Monsieur le docteur, interrogez-les vous-même. — « Je serais bien fâché, réplique-t-il, de revenir sur un fait aussi peu important. » Sans doute il est peu important en lui-même, et en sommant ma nièce de me dire la vérité, j'avais eu soin de la prévenir que je ne lui en ferais pas un crime, puisqu'il est prouvé que Madame Laurent avait dit, au moins pour effrayer l'enfant : « Mesdemoiselles, si cela lui arrive encore, il faudra le fouetter. » Eh bien ! maintenant que les quatre cousins ne doivent plus me craindre, ils sont encore à Paris, je mets Madame Laurent au défi d'en déterminer un à me déclarer que c'était réellement ma nièce qui avait fouetté, ou bien qu'elle avoue avoir eu recours à la calomnie pour jeter de l'odieux sur ma nièce. *Ab uno disce omnes.*

« Peut-être serez-vous aussi persévérant dans votre conviction que M. le docteur. Quand les gens d'âge et d'expérience comme lui ; quand les hommes d'intelligence comme vous, ont eu le malheur de se laisser prévenir, l'amour-propre s'en mêle, ils s'abusent eux-mêmes, et ne peuvent s'avouer qu'ils ont mis dans leurs jugements une précipitation qu'ils blâment toujours en théorie. Je n'ai pas la prétention de corriger ce travers de l'espèce humaine.

« Quant au troisième fait, c'est assurément le plus petit péché de Madame Laurent contre son mari. Elle a dit tout en pleurs à M. Demonclair, le jour de son départ, et remarquez-le bien, en présence de sa fille, « que je ne l'autorisais pas même à dépenser six sous pour un omnibus. » M. Demonclair haussa les épaules et ne répondit rien, car il est fort peu parleur. Aussi n'en aurais-je rien su, si Madame Laurent ne m'avait pas dit à moi-même, quelques jours après ; « Ce pauvre M. Demonclair ! au moins il n'est pas parti sans que je me sois justifiée à ses yeux. » Telle est donc l'erreur où plutôt la folie de Madame Laurent, qu'elle croyait se justifier aux yeux de cet homme judicieux par une allégation dont il connaissait toute la fausseté ; qui savait que Madame Laurent voulait être tout dans la maison, et l'était en effet par ses intrigues, puisqu'il fallait bon gré malgré qu'on lui cédât le terrain quand on lui avait déplu. Lui-même en était un exemple. Le seul motif qu'il donna de sa retraite, c'est qu'il déplaisait à Madame Laurent.

« Je persiste donc à demander ces trois aveux, qui n'ajouteraient rien assurément à mes convictions, mais qui seraient pour moi un indice que Madame Laurent veut rentrer dans une meilleure voie ; qu'elle est disposée à témoigner plus de confiance, plus de déférence surtout à son mari. Dire que je me plais dans la situation où nous sommes, parce que ce m'est un motif pour continuer l'intérêt, bien légitime, je le soutiens, que je porte à de malheureux orphelins, c'est faire la censure la plus amère de son cœur. N'y a-t-il donc pas de milieu entre les abandonner tout-à-fait, ou me dépouiller sottement en leur faveur du peu que j'ai amassé à la sueur de mon front? Les faits prouvent le contraire; car je n'ai jamais cherché qu'à les former au travail, à éloigner d'eux toute habitude de luxe, en un mot, à les mettre en état de se suffire à eux-mêmes; ce à quoi je serais parvenu avec de moindres sacrifices d'argent, sans l'opposition insensée de Madame Laurent. Maintenant, que désiré-je? Uniquement ma tranquillité. Entre deux maux je choisis le moindre; tant que Madame Laurent continuera à donner une interprétation odieuse à toutes mes paroles, à toutes mes actions, à toutes mes affections; tant qu'elle se présentera comme victime de ma tyrannie, je me sens, je le déclare, hors d'état de travailler efficacement à son bonheur. Cette déclaration est la meilleure preuve que je ne tiens pas à exercer sur elle ma tyrannie.

« Un mot encore des motifs qui m'interdisent toute communication avec la famille de Madame Laurent, car c'est là son triomphe. Voyez, disent-ils, c'est lui qui avait proposé un arrangement qu'il rompt le premier. Oui, je l'avais proposé, car je ne renie pas mes paroles plus que mes actions. D'abord j'avais manifesté le désir que cet arrangement eût lieu à Paris, afin d'éloigner un peu Madame Laurent de la maison où elle avait occasionné tant de troubles. Mais M. Duchesne, pour complaire à sa fille, se hâta de me dire que depuis longtemps il désirait monter à Belleville pour *y prendre l'air*, et vous voyez, par parenthèse, qu'il s'est bientôt lassé de n'*y prendre que l'air*. Mais enfin, j'ai aussi consenti au même arrangement dans Belleville. Cela est encore vrai. Pensant que, notre position bien définie, nos recettes et dépenses bien réglées, la part de chacun bien déterminée, il ne surgirait plus d'altercations entre Madame Laurent et moi, je ne désespérais pas, sinon de goûter les douceurs de la famille, du moins de faire quelques apparitions paisibles, même de plus ou moins longues séances chez M. Duchesne. Mais, au moment même d'un événement que nous devions tous regarder comme heureux, qui devait calmer bien des craintes chimériques sur mes prétendus projets de ruiner ma fille au profit de ma nièce, qui devait satisfaire bien des vanités puériles sur ce qu'au moins ma fille ne serait pas dans une position sociale inférieure à celle de sa cousine; à ce moment, où j'étais plutôt en droit de m'attendre à une sorte d'amende honorable pour les sottes appré-

hensions et imputations odieuses dont j'avais été outragé, c'est ce moment qu'on choisit pour m'abreuver de nouveaux outrages! Emile commence à me manquer; mais Emile n'a pas assez de valeur à mes yeux, même depuis qu'il est devenu commis-greffier, pour que j'attache une immense importance à un manque d'égards venant de lui. Je ne veux que lui donner un avertissement. J'en dis un mot à M. l'abbé Depille, son oncle, ajoutant, pour lui ouvrir la voie à une explication bien facile : « Sans doute qu'Emile m'a évité
« toute la soirée, parce qu'il craignait que je ne lui reprochasse son
« indiscrétion à sa sœur, relativement au propos tenu chez lui contre
« M. le docteur; mais *je ne lui en voudrais pas pour cela*, car il n'a
« pu lui en parler que dans une bonne intention, pour lui con-
« seiller, par exemple, d'aller moins souvent chez le docteur,
« attendu mon irritation contre lui. » J'étais d'autant plus fondé à l'interpréter ainsi, qu'Emile avait blâmé hautement M. le docteur d'être venu me proposer une séparation de la part de sa sœur. J'en parlai dans le même sens à Madame Laurent, qui sans doute s'y prit assez bien pour achever de me brouiller avec son frère. Quoi qu'il en soit, la veille du dîner pour la signature du contrat, je dis à Madame Laurent que je n'entendais pas que son frère y assistât sans avoir eu une explication avec moi. « Apparemment qu'il te faut
« des excuses..... Emile ne t'aurait pas manqué si tu ne lui avais
« rien fait. — Eh bien! il me dira ce que je lui ai fait. — Je te dis
« que je *veux* l'avoir à dîner; si tu es le maître, je suis la maîtresse;
« d'ailleurs ta fille *veut* l'avoir pour témoin. » Alors je répondis que, sans vouloir empêcher ma fille de l'avoir pour témoin, je mettrais le lendemain Emile à la porte de chez moi, s'il se présentait à dîner ce jour-là sans une explication préalable. Voilà pour Emile; mais son père n'est pas responsable de ses actions. Cela serait vrai s'il ne s'y était pas complètement associé; mais pouvait-il le faire avec plus d'énergie qu'en ne se présentant pas, ainsi que sa femme, sans me prévenir, à une réunion solennelle où ils étaient attendus. L'entêtement d'Emile était une chose insignifiante, il est vrai; mais qu'ont dû penser les dames Nadal en voyant vacants les siéges de M. et Madame Duchesne? Assurément, elles ont pressenti de graves dissentiments au sein de notre famille. Et voilà comment l'opiniâtreté de Madame Laurent, l'aigreur qu'elle met dans tout ce qu'elle dit et fait, du moins à mon égard, a toujours aggravé les choses. Le lendemain, je retrouve M. et Madame Duchesne à ma table, sans que je les y attende, sans qu'ils daignent me dire un mot de leur absence de la veille, qui était en effet assez significative pour moi.

Et puis, voyez-vous l'affectation de Madame Duchesne à me répéter trois fois, vous, Monsieur Pascal, vous l'avez entendu, que M. Allain père avait invité Emile à déjeuner, ne voulant pas qu'il fût *privé de signer le contrat*. Mais est-ce donc que je ne voulais pas qu'il signât? Non; puisque je consentais à ce qu'il fût témoin; je n'avais voulu que lui donner une leçon, en l'empêchant de venir dîner ce jour-là seulement. Et puis, n'avez-vous pas compris les sottes allusions de Madame Duchesne à ce que j'avais l'habitude de faire dans la pension. Ainsi l'on venait me braver insolemment chez moi; et M. Duchesne, qui se pique de savoir vivre, ne l'a pas senti! Il n'a pas senti que c'était rendre désormais tout rapprochement impossible; car que n'eût-on pas dit et fait à sa propre table, puisqu'on se gênait si peu à la mienne? Et cependant c'est moi qui suis le tyran! Partout vous voyez la volonté de Madame Laurent prévaloir sur la mienne; n'importe, c'est moi qui suis le tyran! Je lui laisse la liberté de vivre chez sa mère, de vivre chez ses enfants, et c'est elle qui m'empêche d'essayer d'un genre de vie chez mon gendre; elle court les rues de Belleville en se proclamant trahie, quand elle apprend qu'il existe entre mon gendre et moi un projet qui pourra resserrer nos intérêts. Je me suis dépouillé de mon établissement en faveur de ma fille, et quand je veux retirer la partie du mobilier qui n'a jamais été comprise dans aucune cession de cette nature, elle m'arrache pour ainsi dire chaque objet des mains, me disant outrageusement : « Tu aurais fait pour ta nièce plus que tu ne « fais pour ta fille. » Et c'est pourtant moi qui suis le tyran! Mais on craint de résister à un tyran, et je ne manifeste pas un désir, pas une intention, qui ne rencontre de sa part un obstacle apparent ou caché. Son frère viendra malgré moi s'asseoir à ma table; il sera témoin malgré moi au mariage de ma fille. Je n'examine pas si Elise elle-même n'aurait pas dû, en fille respectueuse et soumise, elle qui ne devait pas être juge entre son oncle et moi, me demander si je l'agréais pour témoin. Je ne l'examine pas; car on lui a tellement obscurci le jugement, on a tellement émoussé en elle le sentiment de la reconnaissance, que non seulement on lui a fait accuser son père, mais encore sa bienfaitrice, celle à qui elle doit le plus après ses parents, celle en un mot qui, dans une maladie des plus graves, lui a sucé une plaie béante plusieurs fois par jour pendant une semaine. C'est à ce dévoûment si méconnu, que sais-je? peut-être nié par elle, qu'elle est redevable de n'avoir à la joue qu'une cicatrice à peine visible.

« Et remarquez bien que la modération est venue du côté du

tyran. Je n'avais qu'un mot à dire et le mariage était rompu ; et les gens qui me narguaient déjà par anticipation, comme ils narguaient plus lâchement encore ma nièce en la voyant obligée de fuir la maison, étaient réduits au silence. Si j'avais voulu des prétextes, comme on dit que j'en cherche toujours, on m'en fournissait assez. Mais non ; je ne me suis pas écarté de mon but, le mariage de ma fille.

« Le jour du mariage civil arriva que je n'avais certainement pas l'intention de renouveler ma défense relativement à Emile. Aussi avais-je dit à M. Allain père que je m'attendais bien qu'Emile dînerait ce jour-là. Et ce n'était pas en vérité la peine que tout le monde intervînt à la mairie, pour le déterminer à venir me dire, en me prenant la main : *il faut subir la nécessité*. Il avait obtenu l'approbation de son père pour sa conduite antérieure, tout était dit. Aussi ce fut le dernier serrement de main que je reçus d'Emile, comme j'avais reçu le dernier de M. Duchesne quelques jours auparavant.

« Le jour dont je parle nous n'échangeâmes pas un mot, pas un mot non plus le jour de la cérémonie à l'église, ni au banquet, ni pendant la soirée qui suivit. Et c'est dans cet état de choses qu'on s'étonne que je ne sois pas allé le lendemain m'asseoir à la table de M. Duchesne ; que Madame Laurent jeta les hauts cris quand elle vit que j'avais encore eu la précaution de prendre un biais pour m'abstenir ; qu'elle me reprocha en face de son père et de sa mère de ne venir au domicile commun que pour la surveiller !

« Ainsi fut consommée notre séparation, après dix-huit ans de relations les plus suivies, de fréquentations presque habituelles ; car, pendant ces dix-huit années, la famille Duchesne habita moins Paris que Belleville, c'est à dire ma maison ; pendant ces dix-huit années je n'ai pas donné un dîner auquel n'assistât la famille Duchesne, accompagnée souvent de plusieurs de ses connaissances, outre qu'on la voyait régulièrement deux et trois fois par semaine chez moi ; outre que Duchesne fils, à peine sorti des bancs, avait été, jusqu'à son mariage, mon hôte et mon commensal de chaque jour ; non seulement lui mais ceux de ses jeunes amis qu'il jugeait à propos d'inviter avec lui.

« Je n'avais, de mon côté, que deux enfants de ma sœur, morte en invoquant mon appui pour eux ; vous savez comment ils ont été accueillis. Je ne voulais leur admission dans la maison qu'au titre le moins onéreux possible, en y apportant le tribut de leur travail ; cette consolation m'a été ravie. Avant d'essuyer ce chagrin, je savais déjà que ma fille était perdue pour moi ; il ne me restait qu'une espérance de la retrouver, c'était de rencontrer un fils dans mon gendre, et vous savez si ses actes ainsi que ses paroles ont dû détruire bientôt mes illusions. Mon Dieu, je sais fort bien que vous avez dû être ébloui par le dévouement absolu, exagéré de l'une, contrastant avec la froide réserve de l'autre. Je ne conteste nullement son amitié pour vous, qui doit être au contraire d'autant plus vive que vous abondez plus complètement dans son sens. Je ne conteste pas plus son amitié pour sa fille ; mais c'est à vous de voir, par les résultats, si l'on n'a pas quelquefois raison de dire qu'un ami maladroit peut être aussi dangereux qu'un ennemi.

« Je termine cette communication beaucoup plus longue que je n'aurais voulu, mais que j'ai cru devoir vous faire, dans l'intention de mettre fin à toute discussion de la nature de celles que nous avons eues, les deux fois que nous nous sommes vus depuis mon voyage. »

Quand je retournai à la pension, deux ou trois jours après cette lettre, je crus que ma fille et mon gendre allaient se jeter dans mes bras ; tout pouvait encore s'oublier, se réparer. Le démon de la jalousie en décida autrement. Ma lettre n'avait pas été comprise. Je la communiquai à M. Allain père, pour répondre aussi à ses observations sur le même objet. Il n'y vit qu'une chose : c'est que je faisais l'éloge de M. Le Blévec qui était, selon lui, *un homme de rien*. Il est vrai que la suite de la conversation me démontra qu'il entendait par *homme de rien*, un homme qui ne possède rien. Quoique ma lettre ne renfermât rien d'acerbe contre mon gendre, et que je m'y fusse attaché, au contraire, à pallier le tort qu'il avait eu de se déclarer si vite contre moi, cependant le ton d'aigreur qu'il avait pris dans nos rapports n'en fut pas diminué. C'étaient toujours les mêmes reproches sur mes actes même antérieurs à son entrée dans la maison, les mêmes récriminations contre ma nièce et mes neveux qui, cependant, s'étaient fait une loi de ne jamais s'occuper ni me parler de lui. On eût dit que je ne me présentais à la pension que pour m'asseoir sur la sellette et subir les mercuriales de mon gendre. Voilà pourquoi les liens se resserrèrent davantage entre lui et ma femme, et aussi entre M. Allain père et M. Duchesne qui s'est toujours prononcé pour les phalanges les plus compactes. Mais moi, qui n'ai pour me défendre, dans mon isolement, que la *pauvre vérité toute nue*, je m'en tiens au simple exposé des faits.

Voulant mettre fin à la vie errante que j'avais menée depuis le mariage de ma fille, je résolus de me fixer à Charonne. Dès lors, grands débats avec ma femme que je consentais à ne pas contraindre de m'y suivre, pourvu qu'elle voulût partager un peu équitablement notre mobilier. C'est à l'occasion de ce partage, que s'étant enfermée avec moi dans notre petit appartement, chez M. Allain père, elle se mit à m'injurier et à jeter les hauts cris ; de sorte que je fus obligé d'aller à la fenêtre donnant sur la cour, et d'appeler la portière pour qu'elle pût attester que ce n'étaient pas mes mauvais traitements qui excitaient de telles clameurs. Et admirez ici la sincérité de Madame Laurent! elle dit dans sa plainte : *«heureusement la portière survint à temps pour recevoir dans ses bras la dame Laurent épouvantée.* » Et c'est moi qui ai appelé cette portière, d'autres locataires m'ont entendu. L'aurais-je donc appelée pour la rendre témoin de mes violences? Arrivèrent M. et Madame Soubrier, qui entendirent Madame Laurent me jeter à la face les propos les plus injurieux, les imputations les plus ordurières contre M. et Madame Le Blévec. L'assertion que M. Le Blévec a fait un héritage, ne serait, selon elle, qu'un odieux mensonge pour masquer sa turpitude et la mienne. Heureusement que je pus, dès le lendemain, convaincre M. Soubrier, par une lettre timbrée de Bretagne, et que je possède encore, que l'héritage n'est point une fiction. Madame Laurent, d'ailleurs, a renouvelé ces ignobles calomnies devant d'autres personnes qui sont prêtes à le déclarer.

Peu de jours après, causant de cette scène avec M. Allain père, je lui dis : « Concevez-vous que Madame Laurent ose proférer de « telles ordures? — Mais aussi, pourquoi avoir donné 6,000 « francs à votre nièce? me répondit-il. » — Ainsi le don de 6,000 francs, s'il y avait eu don, suffirait, d'après M. Allain père, pour légitimer une accusation monstrueuse. Voilà, certes, une manière de penser magnifique! Du reste, j'ai déjà démontré que les 6,000 francs n'était nullement un don gratuit, mais une indemnité à peine suffisante, pour un engagement d'importance majeure pris, accepté et non exécuté.

N'ayant eu que six chaises dans ma part de mobilier, j'allai en demander six autres à mon gendre, parmi plusieurs douzaines qui garnissent notre ancien appartement à la pension. Il me répondit : « Eh bien ! choisissons les plus dépareillées ; » et il m'en détourna six, en effet, en s'appuyant devant moi, le plus naturellement du monde, sur chacune des six, pour me donner les moins solides.

Je lui demandai aussi une fontaine. Après quelques difficultés, il m'offrit la plus petite, celle de deux voies, *parce qu'elle n'avait pas été repeinte,* se trouvant renfermée dans une espèce d'armoire. J'avais, en effet, placé cette fontaine dans une armoire à l'usage des élèves ; mais on en retirait la clef pendant les récréations pour qu'ils ne pussent boire ayant chaud. Or, mon gendre ne se servait plus de cette fontaine, et voilà pourquoi il me la proposait. « Mais, « lui dis-je, je vous en ai laissé sept ; je ne vous demande pas la « plus grande, qui contient douze voies ; ni la plus jolie, qui est « toute en marbre ; donnez m'en une de moyenne grandeur ; » et comme par grâce, il me l'accorda. J'en obtins aussi une glace sur trois ; bien entendu que ce fut la moins belle. Il nous avait fallu deux heures de pourparlers pour arriver à ce résultat. Je renvoyai les deux hommes qui faisaient mon déménagement, pensant bien qu'il me faudrait plus de temps pour obtenir ma part la plus importante du mobilier, je veux dire l'argenterie, les candélabres et les pendules. Sur trois de ces dernières, il est vrai que je demandais la plus belle. Mon gendre ignorait absolument ce qu'elle était devenue. Son ignorance était la même relativement à l'argenterie de réserve. Mais quant à l'argenterie de fatigue, aux neuf ou dix couverts qui circulent constamment dans la maison, oh ! pour ceux-là ils devaient, selon lui, être compris dans le matériel de l'établissement, et par conséquent faire partie des objets cédés, quoique non spécifiés. « Eh bien ! lui dis-je, je m'en rapporte à la décision du premier « maître de pension que vous prendrez pour arbitre. D'ailleurs, « songez que je n'ai pas une seule pièce d'argenterie à ma disposi- « tion, tandis que vous avez, vous, les quinze couverts à filets que « votre femme vous a apportés, et qu'elle tient de la libéralité de « Madame Clausse. — Je consulterai, » tel fut son dernier mot. Croyez-vous, Monsieur, que je devais avoir une grande propension à me rapprocher d'un gendre de cette trempe ?

Il paraît que la consultation ne lui fut pas favorable ; car lorsque je le revis, les couverts réclamés avaient disparu comme le reste. Il ne savait pas, au juste, ce qu'ils étaient devenus : mais il supposait que c'était Madame Laurent qui les avaient enlevés. — « Mais c'est à vous que je les ai laissés ; vous en êtes responsable. — Je n'ai pas cru devoir m'opposer à ce qu'elle emportât ce qu'elle a voulu. » — Et voilà quels étaient le désintéressement et l'impartialité dont il faisait étalage !

M. Allain père m'avait dit, dans le temps, qu'il renoncerait à jamais voir son fils, plutôt que de souffrir qu'il fît quelque chose qui me déplût. Quand je lui fis part des dispositions de M. Pascal à garder mon argenterie, ainsi qu'une grande partie de mon mobilier. « C'est votre faute, me répondit-il ; il ne fallait pas lui laisser tout

« cela jusqu'à présent ; car il s'est habitué à en jouir. Vous auriez
« dû tout emporter le lendemain du mariage. » Ainsi l'on se fait un
titre de ma grande confiance pour me dépouiller ! Mais si, dès le
lendemain du mariage, j'avais laissé mes enfants entre quatre murs,
ne serait-on pas fondé à me dire que je les ai traités comme des
étrangers? J'aurais dû le faire, sans doute, je le vois bien maintenant ; mais convenez du moins que la défiance n'est pas venue
de moi, puisque j'avais agi avec tant d'abandon.

Je crus, d'après ce que m'avait dit mon gendre, que Madame Laurent avait serré dans sa chambre, qu'elle tenait soigneusement
fermée, tous les objets que je réclamais. Je fis ouvrir cette chambre
par le serrurier ; mais rien de ce que je cherchais ne s'y trouva.
Il n'y avait qu'un peu de linge, quelques meubles, et un lit entièrement dégarni, même de sa paillasse ; preuve que Madame Laurent
n'habitait plus cette chambre, et que ses effets de quelque valeur se
trouvaient autre part. J'emportai le tout à Charonne, et, contrairement à ce qu'elle déclare dans sa requête, en présence de témoins je
l'invitai formellement à m'y suivre.

Quelques jours avant ce déménagement, mon gendre m'avait
proposé de me céder son établissement, mais savez-vous à quel
prix ? Avec dix mille francs de bénéfice, ni plus ni moins ; car il
en demandait cinquante mille francs. Je m'en serais volontiers
chargé avec M. Le Blévec, que j'ai appris à connaître et à apprécier
de plus en plus, depuis qu'il est devenu mon neveu. Autant donc
par amour-propre, parce qu'on a dit que je l'avais évalué trop cher,
que dans l'espérance d'y réussir, étant bien secondé, j'en offris encore le prix de mon estimation, c'est-à-dire quarante mille francs,
avec les intérêts à cinq pour cent jusqu'au remboursement intégral
du montant de la cession. M. Soubrier et d'autres personnes savent
que telles furent mes offres. Au moment où M. Pascal était, je crois,
disposé à les accepter, ce dont il ne voudra probablement pas convenir, j'ai été tellement étourdi de l'ignoble accusation lancée par
Madame Laurent contre ma nièce et contre moi, que j'avais pris
subitement la résolution de m'éloigner au plutôt du jeune ménage
qu'elle cherchait ainsi à flétrir. Mais cette tentative de flétrissure a
trouvé assez peu de crédit pour être désavouée maintenant par son
auteur.

Ce qui empêcha tout accommodement, c'est un mémoire de quatre mille trois ou quatre cents francs, dont les neuf dixièmes pour
fournitures faites à ma fille, que Madame Laurent m'avait présenté
au moment où je croyais être arrivé au terme des immenses sacri-

fices que j'avais faits. Évidemment j'étais hors d'état de les payer sans contracter un nouvel emprunt. Je me refusai donc à l'acquitter entièrement; mais je fis un dernier effort pour éteindre, dans l'intérêt de l'établissement de mon gendre, toutes les dettes de Belleville et celles qui concernaient quelques parents d'élèves dans Paris; car je ne voulais pas que le mécontentement, qui résulte toujours d'obligations inexactement remplies, pût rejaillir sur mes enfants. J'espérais que le reste serait payé par Madame Laurent, au moyen de l'argent qu'elle avait détourné, notamment dans les deux dernières années de notre exercice. Elle était sur le point de s'y déterminer lors d'une explication que nous eûmes en présence de mon gendre; mais c'est lui qui l'en empêcha, lui disant : « Mais, Ma-
« dame, vous ne le pouvez pas; non, vous ne le pouvez pas, ajouta-
« t-il d'un ton qui signifiait : *parce que je ne le veux pas.* » A son défaut, M. Duchesne, dont la générosité ne s'est jamais manifestée qu'en paroles, aurait bien dû employer à ce moyen de pacification, une fraction quelconque des beaux bénéfices qu'il a obtenus de ses actions sur les chemins de fer de Rouen et d'Orléans, J'aime à croire qu'il aura eu cette bonne pensée, et que sa *vieille* se sera encore opposée à ce qu'il la mît à exécution.

Mais ce qui n'était que de pure convenance de la part de M. Duchesne, était de stricte obligation de la part de M. Allain père. Lui, qui n'a rien donné, n'aurait-il pas dû avancer au moins deux ou trois mille francs à valoir sur les quinze mille qu'il a promis ? Il eût par là étouffé le dernier germe de nos discordes; car c'est le point capital qui a prolongé le litige entre Madame Laurent et moi. Mais loin de là. M. Allain père trouve tout naturel de tenir serrés les cordons de sa bourse, tandis qu'il se répand en plaintes et en gémissements sur le malheur qu'a eu son fils d'entrer dans une famille aussi divisée que la nôtre. Mais pour croire à la sincérité de vos doléances, il faudrait, Monsieur Allain père, que vous ne fussiez pas intéressé à couvrir, du manteau de ces mêmes divisions, votre lésinerie et les voies tortueuses dans lesquelles vous cherchez à vous envelopper. Quoi! nous luttons, Madame Laurent et moi, de profusion en faveur de notre enfant et du vôtre, lutte qui a été soutenue jusqu'aux dernières limites du possible, et vous vous contentez de gémir sur notre désunion, vous refusant à un léger sacrifice, que dis-je ? à un acte de justice qui aurait pu la terminer sur le champ !

Il y a plus, c'est moi que M. Allain père accuse d'avoir manqué à mes engagements. Il m'avait vu, vers la fin d'avril, rentrer trois pièces de vin dont la première n'a été mise en perce que dans le

courant de mai. Je l'avais acheté, ce vin, et payé pour le compte de mon successeur, du moins je le croyais ainsi, afin de lui épargner cet embarras dans les commencements de sa prise de possession. Mais quand j'ai voulu le lui compter, M. Allain père m'a soutenu que j'avais promis d'en faire cadeau à son fils. Et comme je lui demandais s'il ne trouvait pas que j'avais fait assez de cadeaux pour une fois, il me répondit : « Pourquoi alors vous être permis de l'a-
« cheter pour lui sans connaître ses intentions ? Il ne se serait peut-
« être pas adressé au même marchand que vous. » Mais voici le plus curieux de cette affaire : tout en me reprochant de manquer de parole, on ne me rembourse pas mon vin, *parce que j'ai promis de le donner*. Cela peut s'appeler, je pense, jouer en partie double. Plaignez donc M. Allain père, qui se présente comme victime !

Enfin, mon gendre lui-même aurait dû prendre pour son compte l'excédant de trousseau dont lui seul profitait. Il pouvait en un mot jouer encore un très-beau rôle dans cette circonstance, en nous servant d'intermédiaire, en calmant les inquiétudes de ma femme sur mes prétendus projets de me dépouiller du peu qui me restait en faveur de M. et Madame Le Blévec. Son intérêt l'a emporté, et un intérêt bien mal entendu ; car ce qu'il cherche à s'approprier maintenant, ne pouvait lui échapper un peu plus tard, augmenté même des résultats de notre mutuel concours. Son empressement à jouir trop tôt a tout gâté. Il a donc partagé et même augmenté les frayeurs ridicules de sa belle-mère sur les conséquences de notre conflit. C'est chez lui qu'elle réside de fait, quoique l'ordonnance de M. le président l'autorise à prendre son domicile provisoire chez son père, et non ailleurs. Mais si elle avait été obligée de se conformer à cette ordonnance, c'est-à-dire de vivre en tête-à-tête avec Madame Duchesne, sa mère, il y a longtemps qu'elle serait accourue près de moi, pour se soustraire à une obligation qu'elle a toujours déclarée être au-dessus de ses forces ; et ce procès n'aurait pas eu de suite. Plusieurs fois déjà il m'avait été dit que mon gendre l'excitait à provoquer une séparation. Je n'avais pas d'abord voulu y croire. Il a fallu, pour m'en convaincre, le témoignage d'un homme aussi recommandable par son âge que par son vaste et profond savoir. M. Weinreb s'était, d'après la prière que je lui en avais faite, présenté chez lui, demandant à porter à ma femme des paroles de paix et de conciliation ; voici sa propre réponse :

« Je m'oppose formellement à toute réconciliation de ma belle-
« mère avec son mari ; *et je vous autorise à le lui dire.* On dit qu'il
« fait un Mémoire de trente pages ; mais, moi, je le confondrai en

« deux pages ; car je ne suis pas embarrassé pour écrire ; j'ai fait un
« cours de rhétorique, un cours de logique, » et je ne sais combien
d'autres cours. Il aurait bien dû aussi faire un cours de bon sens,
et surtout de bons sentiments.

Comme il se répandait en invectives sur ma dureté prétendue
envers lui et envers ma fille : « Mais M. Laurent, lui répondit
M. Weinreb, vous a pourtant donné 40,000 francs. — Est-ce que
son établissement les vaut ? — Puisque vous les avez refusés. —
Oh je les aurais bien acceptés, mais je n'ai pas voulu « que ce fût
pour cette *canaille* de Le Blévec. » Enfin, d'autres propos furent
tenus par lui, et sur lesquels je voudrais tirer un voile impénétrable.

Cependant M. Weinreb se garda bien de me faire connaître
d'abord des dispositions si ouvertement hostiles. Malheureusement
frappé de cécité, cette infirmité ne l'empêcha pas de se faire conduire
dans Paris jusque chez M. Duchesne. Ayant été, dans le temps,
interprète-juré devant les tribunaux, il renouvela facilement connaissance avec mon beau-père qui, informé du motif de sa visite, le
reçut à bras ouvert. M. Duchesne convint que la plupart des griefs
de Madame Laurent contre son mari n'avaient rien de réel, et ne
provenaient que de son exaltation. « Je sais, lui dit-il, que *Laurent*
« *a bon cœur*, et je vais, de ce pas, faire entendre raison à ma fille ;
« mais elle ira d'abord vous remercier de votre démarche, dont je
« vous suis moi-même très-reconnaissant. » M. Duchesne se rendit
en effet à Belleville ; mais, de la rue de la Calandre à cette destination, le vent avait déjà changé ; ou plutôt, l'entretien qu'il eut
avec ma femme et mon gendre fit tourner la girouette ; car lorsqu'il
rendit réponse à M. Weinreb, les sons qu'il venait d'entendre
vibraient encore à son oreille, et ce n'était plus l'homme qui s'était
montré, naguère, conciliant et pacifique.

Je voudrais aussi ensevelir dans un éternel oubli tous les procédés,
tous les actes qui se sont succédé depuis lors jusqu'à ce jour ; car ce
n'est pas la privation de mon argenterie, de mes pendules, ni d'un
mobilier plus ou moins confortable, qui me fait souffrir ; ni celle de
mon édredon, auquel je tenais cependant, parce que j'avais été le
chercher exprès à Nancy ; c'est l'affection de ma fille qui m'a été
ravie. Pour la reconquérir, j'avais donné les trois quarts de ce que
je possédais, et je n'ai pu réussir ! C'est là ma plus grande affliction.
Un jour, étant rentrée tard avec sa mère, qui m'avait donné, pour
motiver ce retard, une foule de raisons que je ne lui demandais
même pas, je l'avais entendue lui dire : « Eh bien ! maman, papa a-

« t-il donc été si terrible? Tu vois qu'il n'a même pas grondé.
« — Tais-toi, grande bête, lui répondit sa mère ; *j'ai cru que tu
« allais me trahir.* » Cette réflexion de ma fille et la réponse qui y
fut faite, m'avaient entièrement rassuré sur son discernement, et
persuadé qu'elle saurait me juger plus tard par mes actes. C'est en
conséquence de cette persuasion que je me suis mis à la porte de
chez moi, afin de lui donner une preuve convaincante de ma tendresse pour elle. Mais on ne cherche qu'à l'étourdir et à l'empêcher
d'ouvrir les yeux à l'évidence. Eu égard à sa grande jeunesse et à
son inexpérience, je lui pardonne son apparente ingratitude, et je
serai toujours prêt à lui tendre les bras.

Madame Laurent déclare, dans sa requête, que *je voulais qu'elle
allât se fixer au loin, pour que ma liberté fût plus complète.* Mais
moi, qui n'avais pu la déterminer à me suivre à quelque distance de
sa famille, est-il vraisemblable que j'aie même essayé de l'envoyer
seule au loin?

Il en est de même du passage où elle dit que, s'étant rendue à
Charonne, *elle trouva mon neveu et mes nièces en possession de tout
le mobilier personnel.* Auguste Bertrand, mon neveu, qui m'avait
aidé au déménagement, attachait des tringles aux fenêtres, pendant que ses deux sœurs raccommodaient mes rideaux. Elle ajouta,
ce qui est vrai, qu'*elle leur intima l'ordre de sortir;* mais puisqu'ils
obéirent sans répliquer et sans rien emporter, ils n'étaient donc en
possession de rien du tout. Et voilà comment Madame Laurent respecte la vérité!

Quant au *coup violent porté au visage*, et qui a laissé des *traces* si
profondes remarqués par *M. le commissaire de police* et par *M. le
docteur Fernagus*, qui demeurent tous deux à une lieue de mon
domicile, j'ai cru d'abord qu'on voulait m'accuser d'avoir donné un
coup d'un instrument tranchant ou contondant; mais M. Allain
père a bien voulu me dire qu'il avait remarqué, lui, les traces d'un
soufflet *derrière la tête*. Nous verrons comment Madame Laurent
prouvera que cette accusation est moins le fruit de son imagination
en délire que toutes les autres.

Comment aussi ose-t-elle déclarer avoir été souvent l'objet de
ma brutalité, quand nous étions, pendant ces dix dernières années,
constamment entourés de cent trente individus, maîtres, élèves ou
domestiques, logeant ou agissant au dessus, au dessous et à côté de
de nous, sans qu'aucun d'eux ait jamais vu, ni entendu, ni même
soupçonné de ma part le moindre acte de violence? Car je donne
gain de cause à Madame Laurent si, parmi un personnel aussi

nombreux, elle peut citer un seul témoin de ce qu'elle avance.

En un mot, tout porte l'empreinte de l'exagération et du mensonge dans la plainte de Madame Laurent ; tandis qu'il n'est pas un fait, relaté dans ce Mémoire, que je ne sois en mesure de prouver par des témoignages irréfragables.

Aux vacances dernières encore, M. Duchesne étant allé à Saint-Quentin passer quelques jours chez Mademoiselle Bernardine, qui nous a beaucoup connus, Madame Laurent et moi, avant et depuis notre mariage, la conversation tomba naturellement sur notre mésintelligence. Eh bien ! M. Duchesne rejeta tous les torts sur le caractère de sa fille, qu'il comparait à celui de sa mère. C'est que Mademoiselle Bernardine savait très-bien, là-dessus, à quoi s'en tenir. Mais devant les personnes qui ne me connaissent pas, M. Duchesne tient un autre langage. Je lui citerai nombre de témoins devant qui il a fait un éloge pompeux de son gendre, disant *qu'il était le mari qui convenait à sa fille,* ou énonçant, sur son compte, une opinion équivalente.

Cependant M. Duchesne compte assez *sur sa haute influence au Palais,* pour y faire accueillir une demande en séparation. Lui, dont tout le crédit n'a pu aboutir, dans le temps, qu'à me faire admettre comme surnuméraire au parquet de M. le procureur du roi, il aurait maintenant l'oreille de tout le monde pour me nuire ! Déjà il est allé frapper à plusieurs portes, et il se vante d'avoir à sa disposition le beau talent de M° Chaix-d'Est-Ange, *sans qu'il doive lui en coûter un sou ;* car c'est la réponse qu'il a faite à quelqu'un qui lui faisait envisager les frais d'un procès. La procédure, chez l'avoué, ne lui coûtera pas davantage ; c'est encore ce qu'il a répondu. Telle a été ma destinée, d'avoir affaire à deux familles qui ne savent que tendre la main, jamais pour donner, toujours pour demander. Aussi n'y ai-je rencontré aucun sentiment de véritable fierté, pas un seul mouvement de générosité. Autrement, poursuivrait-on de malheureux orphelins, jusqu'à vouloir leur ôter tout moyen d'existence ?

FIN DE LA DEUXIÈME PARTIE.

TROISIÈME PARTIE

Laurent ex-Duchesne, ex-maître de pension, et bientôt ex-propriétaire, aux habitants de Belleville.

Messieurs,

C'est chose grave qu'un arrêt de Cour royale qui frappe d'une condamnation en séparation de corps et de biens l'homme que beaucoup d'entre vous avaient investi de leur confiance, qui était dépositaire de l'autorité paternelle sur les nombreux jeunes gens livrés à ses soins, qui avait, en un mot, exercé une sorte de sacerdoce parmi vous. Sans discuter cet arrêt, j'ose espérer néanmoins, quand vous en connaîtrez les motifs, que vous ne vous croirez pas obligés de partager la défaveur, pour ne pas dire le mépris, que mes adversaires ont cherché à déverser sur moi ; mon unique désir étant qu'après avoir perdu, par ce ruineux procès, les quatre cinquièmes de la modique fortune que vous m'aviez aidé à amasser, il me reste au moins votre estime que je place bien au-dessus de tout ce qui m'a été ravi. C'est cette espérance qui me détermine à ne pas m'éloigner des lieux auxquels je tiens par tous les liens de la reconnaissance et de l'affection la plus vive, malgré la disgrâce qui, dans l'esprit de deux familles ennemies, devait porter une si rude atteinte à ma considération.

La publicité, redoutable aux méchants, est la justification des bons.

Pour ne pas paraître le moins du monde avoir voulu affaiblir la déférence qui est due aux décisions judiciaires, je me bornerai à donner ici copie textuelle de la plainte de Madame Laurent, des enquêtes qui en ont été la suite, ainsi que de l'arrêt qui est intervenu, m'abstenant même de reproduire la nerveuse plaidoirie de mon honorable défenseur (A), quoique je sois bien en droit de le faire, puisqu'elle a été prononcée en séance publique. Mais, je le répète, mon but est d'éviter jusqu'à l'apparence d'une critique, même indirecte, contre la juridiction souveraine de la Cour d'appel de Paris.

Le 20 novembre 1845, Madame Laurent adressa à M. le président du Tribunal de première instance de la Seine, une plainte conçue en ces termes :

« Madame Marthe-Françoise Duchesne..... a l'honneur de vous
« exposer : que le 3 octobre 1827, à peine âgée de dix-huit ans,
« elle a été mariée au sieur Laurent. Dès les premiers moments de
« cette union, elle a eu à souffrir de la brutalité de son mari ; im-
« périeux, violent, emporté, il sait, avec effort, se contenir et dis-
« simuler devant les étrangers ou ses parents ; mais aussitôt qu'il
« est seul, il se venge de la contrainte, et son épouse doit supporter
« les effets de ses mauvaises passions. Pour elle, les commence-
« ments du mariage n'ont pas eu les douceurs ordinaires ; son mari
« a exigé une soumission aveugle à toutes ses volontés ; il a exercé
« sur elle une tyrannie de tous les instants. Devenue enceinte pres-
« qu'aussitôt, cette position, qui inspire le respect, n'a pu modérer
« les violences du sieur Laurent; sans aucune provocation, et parce
« qu'on ne partageait pas son avis, il s'est abandonné à la violence,
« et a donné à l'exposante un coup de pied. Des reproches lui furent
« adressés par la dame Duchesne ; il ne s'excusa pas, et se glo-
« rifia de sa mauvaise action qu'il avouait ouvertement (1). L'union
« contractée par le sieur Laurent lui était devenue insupportable :
« il voulait à tout prix une séparation, mais il la voulait à son goût
« qu'il ne dissimulait pas : renvoyer Madame Laurent dans sa
« famille, conserver seul ce que les travaux communs avaient pu
« produire, telle était sa pensée, et, pour y parvenir, il ne cessait

---

(A) Mon premier défenseur ne m'ayant pas défendu en première instance, par suite d'une méprise dont je ne lui fais pas un crime, en considération des moyens employés pour surprendre sa bonne foi, j'ai confié ma défense, en appel, à M⁰ Léon Duval, qui a fait preuve d'une logique serrée, selon son habitude.

(1) Étrange contradiction ! cet homme si *dissimulé*, qui attendait *qu'il fût seul pour accabler son épouse*, se glorifia néanmoins *ouvertement*, dès la première année de son mariage *du coup de pied* qu'il lui avait lancé !

TROISIÈME PARTIE

« de faire éprouver à sa femme toutes les persécutions qui pouvaient
« la porter à quitter le domicile conjugal ; mais, craignant l'inter-
« vention de la justice, c'était dans l'intimité et lorsqu'il était seul
« qu'il accablait son épouse. La résignation de l'exposante, sa doci-
« lité, n'ont pu faire changer ce projet, qui a été mûri plus de dix
« ans avec une persévérance cruelle (2). Soutenue par la pensée de
« son devoir, et surtout par l'intérêt de l'enfant né de leur mariage,
« l'exposante a enduré avec courage la tyrannie et cette persécu-
« cution incessante qui s'exerce sur tout. Les choses les plus ordi-
« naires fournissaient un aliment à la colère du sieur Laurent, qui
« se terminait par des injures, des menaces et des gestes. Il est
« impossible de signaler toutes les scènes, d'indiquer les jours où
« il a injurié son épouse; les expressions de voleuse, de menteuse,
« lui ont été prodiguées cent fois devant les témoins qui en dépo-
« sent. En 1832, les sieur et dame Laurent se trouvaient un jour
« chez M. et Madame Duchesne, la dame Clausse, amie de la famille,
« pour profiter du voisinage, était venue s'habiller chez M. et
« Madame Duchesne. Madame Laurent, bien jeune encore, mani-
« festa, avec une réserve extrême, le regret de n'avoir pas une
« aussi belle toilette que celle de son amie; il n'en fallut pas
« davantage pour allumer la colère du sieur Laurent; mais cette
« fois il ne sut pas contenir sa violence, il se précipita sur sa femme
« pour la maltraiter, et l'intervention des parents, au risque
« même de recevoir les coups destinés à leur fille, n'a pu arrêter le
« sieur Laurent (3). Cependant la dame Laurent, dévouée à tous

---

(2) Je poursuivais, *depuis plus de dix ans, mon projet de séparation, et cela afin de conserver seul ce que les travaux communs avaient pu produire.* Or, les travaux communs, grâce à la versatilité de la famille Duchesne, n'avaient précisément rien produit bien moins de cinq années avant la demande en séparation, comme il est facile de s'en convaincre par la date de ma première acquisition, faite, en 1834, avec des deniers d'emprunts, que je n'ai achevé de rembourser, ainsi que les constructions y annexées, que dans le courant de 1843. D'ailleurs, à l'époque de la plainte, je venais de doter ma fille plus richement que ma situation pécuniaire ne me le permettait, m'étant ainsi dépouillé pour lui assurer un parti que j'avais cru excellent.

(3) Madame Clausse, que j'ai eu l'honneur de voir à l'occasion de ce passage, qui me représente animé de transports frénétiques, se rappelle fort bien qu'un jour où il s'était agi d'une robe de soie noire entre Madame Laurent et moi, loin que cette question ait amené une scène de violence chez M. Duchesne, tout le monde y fut, au contraire, fort gai. En voici la preuve : Madame Duchesne raconta, pendant le dîner, qu'elle avait rêvé cinq numéros. L'un de nous ouvrit l'avis de mettre à la loterie sur ces numéros, ce que nous fîmes par plaisanterie. Madame Clausse mit 6 fr., M. Duchesne, 3 fr., et moi 30 sous; et je fus chargé de porter, le lendemain, les 10 fr. 50 c., montant des trois sommes réunies, au bureau le plus rapproché de nous. De retour à la maison, Madame Laurent me demanda quel serait notre gain dans la supposition d'une chance favorable ? Naturellement notre part devait être

« ses devoirs d'épouse et de mère, avait vu la famille s'accroître
« d'un neveu et d'une nièce, que le sieur Laurent avait jugé à pro-
« pos de recueillir chez lui (4). Ces enfants, qui n'avaient d'autres
« titres à son affection que celui qui les unissait à son mari, devin-
« rent ses enfants; elle leur prodigua tous les soins avec le dévoû-
« ment d'une mère. Le sieur Laurent ne tint aucun compte à son
« épouse de ses nouveaux efforts pour lui être agréable; on verra
« bientôt comment elle a été récompensée par son mari et ces
« enfants. En 1836, le jour de la fête du sieur Duchesne père, le
« sieur Laurent n'a pas craint de venir affliger la famille par la
« proposition d'une séparation immédiate. Le sieur Duchesne fit à
« son gendre les observations les plus sages; elles eurent pour
« résultat la menace d'un malheur, ou au moins de mauvais trai-
« tements, et la continuation des voies de fait qui amèneraient
« Madame Laurent elle-même à solliciter cette séparation. On
« comprend bien l'affection de M. Laurent pour son neveu et sa
« nièce, mais cependant on comprend aussi qu'il devait exister une
« différence entre cette affection et celle qu'il devait à sa fille. La
« différence était en faveur de la nièce. Quand le moment d'établir
« la demoiselle Laurent fut arrivé (5), il se refusa à lui faire les

inférieure à chacune des deux autres, puisque notre mise avait été la plus faible des trois. Là-dessus Madame Laurent me gronda sérieusement d'avoir mis si peu. Et comme elle me répétait sans cesse que nous, qui étions les plus pauvres, nous gagnerions cependant beaucoup moins que son père et Madame Clausse : « Tiens, m'écriai-je d'un air moitié riant et moitié impatienté, je désire sincèrement que nous ne gagnions pas du tout, car tu ne me pardonnerais jamais ce que tu appelles mon avarice. » On devine aisément qu'aucun numéro ne sortit; ce qui fit rire beaucoup Madame Clausse quand nous nous retrouvâmes en famille, et que je lui dis que c'était sans doute moi qui, par mes vœux ardents, étais cause qu'elle n'avait pas gagné; mais que je connaissais assez son bon cœur pour être persuadé qu'elle sacrifierait volontiers son gain, quelqu'important qu'il dût être, à la paix de notre ménage. Telle était *la tyrannie et cette persécution incessante que j'exerçais sur tout*. (Voir, au surplus, le témoignage de Madame Clausse, à la contre-enquête.)

(4) *Si j'ai jugé à propos de recueillir chez moi un neveu et une nièce*, ce n'a pas été de ma part une simple fantaisie, ainsi que la singularité de l'expression semblerait l'indiquer, mais c'est parce qu'après la mort de leur mère, ces enfants eussent été, sans moi, privés d'asile.

(5) *Quand le moment d'établir la demoiselle Laurent fut arrivé, etc.* Ne croirait-on pas que ma fille avait déjà, comme on dit, atteint l'âge de coiffer sainte Catherine? Eh bien! elle était à peine âgée de seize ans et demi quand elle s'est mariée : tandis que ma nièce avait vingt ans. Quant à la préférence que j'accordais à cette dernière, jugez-en par les faits.

1° Ma nièce a toujours été traitée à la maison absolument comme les personnes salariées, ne prenant même pas ses repas habituellement avec nous;

2° Je vendais 50,000 francs mon établissement au mari de ma nièce, et ce même établissement je l'ai donné tout entier pour dot à ma fille;

3° *Le sacrifice énorme* (de 6,000 francs) que l'on prétend avoir été fait au

TROISIÈME PARTIE

« avantages que sa position commandait; la fille ne fut dotée qu'à
« condition que la nièce le serait aussi, et c'est à l'aide de menaces
« et de violences (6) qu'il est ainsi parvenu à forcer l'exposante à
« s'obliger, solidairement avec lui, à constituer une dot de 6,000
« francs au profit de sa nièce, Mademoiselle Aline Bertrand. Un
« sacrifice aussi énorme, une docilité aussi complète (7), n'ont pu
« désarmer le sieur Laurent et le faire renoncer à son projet d'une
« séparation de fait. Les parents de l'exposante, pour éviter ce
« qu'ils regardaient comme un malheur de famille (8), avaient
« accueilli avec empressement le projet d'une réunion entière de la
« famille pour vivre en commun, c'était un moyen de diminuer les
« dépenses (8 bis) et aussi de donner un appui à leur fille. Mais le
« sieur Laurent, d'abord favorable à cet arrangement, rompit brus-

profit de ma nièce, n'était qu'une indemnité bien légitime pour la dédommager de l'inexécution de la promesse que je lui avais faite. Sur la foi de cette promesse, elle avait quitté la maison de commerce de Madame Millon où elle se trouvait très-bien. Je pourrais ajouter : promesse que j'avais eu la faiblesse d'enfreindre sciemment en faveur de ma fille, parce que celle-ci, par un revirement difficile à expliquer, venait de me demander pour la première fois ce qu'elle et surtout sa mère pour elle, avaient jusque-là dédaigné. Or, je dis qu'après tant de marques éclatantes de ma tendre et vive sollicitude pour ma fille, après m'être surtout mis à la porte de chez moi et dépouillé du produit de mon établissement en sa faveur, c'est un crime de la part de la famille Duchesne de m'avoir ravi l'affection de mon enfant unique en soufflant dans son cœur encore si jeune le venin de la jalousie contre sa cousine, en lui persuadant et lui faisant soutenir en justice que les intérêts de ma nièce m'étaient plus chers que les siens. Honte aux âmes égoïstes et cupides qui, s'isolant au sein de la famille et de la société, ne voient dans les destinées humaines que leur chétive individualité !

(6) *C'est à l'aide de violences, etc.* A l'époque des deux mariages, Madame Laurent témoigna, entr'autres à Mademoiselle Cantonnet, combien elle était satisfaite de ce qu'au moyen de 6,000 francs ma fille serait substituée à sa cousine dans les titre et privilège de maîtresse de maison.

(7) O incomparable logique ! admirez cette docilité complète qui s'obtient *à l'aide de menaces et de violences!*

(8) *Un malheur de famille.* Il paraît que l'on n'était pas très-vivement affecté de ce malheur, car, lors d'un dîner qui eut lieu chez mes enfants à l'occasion du baptême de leur fils, dîner auquel avaient été invités tous les ascendants du nouveau-né, excepté moi, bien entendu, un grave personnage, du reste étranger à la famille, mais qui faisait partie des convives, en est réduit maintenant à se faire un mérite d'avoir empêché mon gendre d'organiser une soirée dansante ce jour-là. Et cependant c'était le moment où la nouvelle de la demande en séparation formée par Madame Laurent étonnait tout Belleville. Bien des personnes ont vertement blâmé le personnage dont il s'agit d'avoir sanctionné, par sa présence, une scission de famille aussi prononcée. Pour moi je pensais, je l'avoue, qu'à cause de sa position et de nos rapports antérieurs, il eût trouvé sa place beaucoup mieux partout ailleurs que là dans de pareilles circonstances; mais s'il ne s'y est rendu que pour empêcher mes enfants de danser en réjouissance de mon exclusion, je dois lui savoir gré de son dévouement, et je me plais à lui rendre ici un public hommage de sa profonde abnégation.

(8 *bis*) Et d'augmenter les profits de Madame Duchesne.

« quement les projets, et exprima hautement son intention de se
« séparer. Cette résolution fut combattue par les sieur et dame
« Duchesne en présence de leur fille; ils repoussèrent cette pensée
« dont le véritable but se faisait trop connaître. Ils dirent qu'en
« tout cas, si la séparation avait lieu, elle devait se faire avec
« équité et loyauté (9), que la position de la communauté devait
« être établie, et l'existence de Madame Laurent, convenablement
« assurée. La colère du sieur Laurent n'eut plus de bornes; il s'em-
« porta contre la résistance de sa femme, il se livra aux injures et
« aux menaces de la frapper. Cette scène, comprimée par l'inter-
« vention de M. Duchesne père, se termina par la menace formelle
« de voies de fait, de jeter sa femme par la fenêtre, et de se porter
« enfin à toutes les extrémités pour arriver à cette séparation.
« Quelque temps après cette scène de violence, le sieur Laurent
« voulut mettre à exécution son projet. Le 2 novembre dernier, il
« se mit à proposer un partage du mobilier de la communauté; la
« résistance de Madame Laurent fut la même, en faisant observer
« d'ailleurs que sa position ne se trouvait pas ainsi réglée comme
« elle devait l'être. Il saisit violemment sa femme et la rejeta loin
« de lui pour se débarrasser d'elle. Heureusement, la portière sur-
« vint à temps (10) pour recevoir dans ses bras la dame Laurent
« épouvantée. Des amis, attirés par le bruit de cette scène de
« violence, arrivèrent et furent encore témoins d'une nouvelle
« scène d'injures. Malgré l'intérêt qu'il pouvait porter à son gendre,
« auquel l'établissement a été cédé, et malgré des conventions
« écrites (10 *bis*), M. Laurent a déterminé son neveu et sa
« nièce à créer un établissement dans le voisinage pour former

---

(9) *Avec équité et loyauté.* Cette accusation se réfute d'elle-même. Si j'avais voulu fruster la communauté, j'aurais cherché à me procurer des valeurs au porteur, et n'aurais pas surtout acheté d'immeubles; car rien n'est assurément plus difficile à cacher qu'une maison qu'on ne peut revendre sans que la femme, commune en biens, en ait connaissance. Eh bien! outre la maison servant de pensionnat, qui seule était payée, je venais, par suite de circonstances trop longues à déduire, d'en acheter deux autres, dont une un mois seulement avant le procès, et sur laquelle je n'avais même pas encore payé les frais. Voilà les trois maisons que l'on fait sonner si haut, qui ont mis à l'envers toutes ces pauvres têtes, et fait dire à M. Duchesne que je possédais une fortune considérable! Aussi n'est-ce qu'un procès d'argent qui m'a été intenté.

(10) La portière a déclaré elle-même que *c'était moi qui l'avais appelée*, afin qu'elle pût attester que ce n'étaient pas mes violences qui excitaient les cris de Madame Laurent. Mais on l'a traitée de faux témoin. (Voir le neuvième témoin de l'enquête.)

(10 *bis*.) Nulle convention, soit verbale, soit écrite, n'a jamais interdit à M. Le Blévec de s'établir où bon lui semblerait; il aurait pu même le faire avec plus d'avantages à Belleville; mais il ne l'a pas voulu par un excès de

« une concurrence redoutable ; il a présidé (10 *ter*) à cet établisse-
« ment, et, sans consulter l'exposante, il a acheté à Charonne,
« auprès de la pension nouvelle, une maison qu'il a annoncé devoir
« être habitée par lui. Le sieur Laurent a continué à suivre avec
« persévérance son projet de séparation de fait, tout en conservant
« extérieurement assez de formes pour ne pas se compromettre ;
« il en est venu à offrir à sa femme une pension de 1,500 francs (11)

délicatesse qui l'honore, et dont il a été fort mal récompensé par son cousin. Quant au fait de son établissement à Charonne, il l'a mis à exécution, et cela sans avoir besoin de ma participation, en vertu du droit qui appartient à chacun d'exercer sa profession dans le lieu qui lui convient en se conformant aux lois. Ce poste eût été, à son défaut, occupé par tout autre sans aucune différence pour ou contre les intérêts de M. Pascal Allain, qui a bien de la peine à comprendre que le soleil luit pour tout le monde. Assurément, lui et les siens ne sont pas partisans du communisme, ni même du socialisme. Et moi, qui ne le suis pas plus qu'eux dans le sens absolu du mot, j'ai cependant pratiqué cette doctrine dans ce qu'elle a de réellement praticable ; c'est-à-dire que je me suis cru le droit et le devoir de détacher une partie de ce qui n'était pas alors indispensable à notre existence pour assurer celle d'autrui. Si c'est en cela que je suis coupable, je m'en glorifie.

(10 *ter*.) J'ai si peu présidé à l'établissement de mon neveu, qu'au moment même de son arrivée à Charonne, j'ai été passer deux mois à 80 lieues de Paris. N'ai-je pas eu raison de dire que tout le procès avait pour cause une sotte jalousie et un intérêt des plus mal entendus ?

(11) *Une pension de 1,500 fr.* Je ne me suis pas contenté de l'offrir ; je l'ai payée exactement et d'avance tous les mois. Dans l'espérance que Madame Laurent reviendrait tôt ou tard à des sentiments plus raisonnables, et pour prouver que je ne tenais pas à exercer sur elle ce que l'on appelait ma tyrannie, je lui abandonnais les 1,500 fr. qui formaient précisément la moitié de notre revenu d'alors. Comme Madame Laurent disait, à qui voulait l'entendre, que je l'avais laissée sans le sou et dénuée de tout, j'ai produit les quittances qui constatent mon exactitude à servir cette pension, même pour le mois de novembre 1845, époque de la demande en séparation ; et la vue de ces quittances a fort peu édifié plusieurs personnes sur la véracité de la plaignante.

Depuis cette époque, n'ayant pu, à cause du procès, tirer parti des deux maisons nouvellement acquises, notre revenu est encore bien diminué, et Madame Laurent, malgré son triomphe, n'aura plus les ressources que je consentais à lui procurer, la laissant jouir à son aise de l'intimité qui existe entre elle et mon gendre, intimité que je souhaite devoir être de longue durée. Car voilà ce à quoi je suis réduit, à n'avoir plus rien à faire pour elle que des vœux probablement stériles.

Cependant mes adversaires font semblant de croire qu'il est impossible que ma fortune soit ainsi réduite, et leur feinte persuasion a pour mobile des raisons de plus d'un genre. D'abord, leur vanité les a toujours portés à s'exagérer la position de leur fille ; vanité qui perce dans ces seules paroles que j'aurais voulu, en lui refusant une bonne, lui imposer *une vie si contraire à ses habitudes* ; comme si Madame Laurent avait toujours eu dans sa famille des domestiques à son service. En second lieu, on veut, par l'étalage de cette opulence d'emprunt, couvrir les prodigalités d'une femme extravagante ; et enfin l'on ne serait pas fâché de me dépouiller du peu qui me reste, sous prétexte que je tiens en réserve des trésors enfouis. Eh bien ! je veux montrer combien leurs prétentions sont illusoires ; et voici, je pense, une preuve convaincante de la réalité des pertes que j'accuse.

A l'époque du procès, la deuxième de nos trois maisons, dont on fait tant

« par année, pour vivre de son côté et le laisser libre d'agir comme
« il l'entendrait ; et pour que sa liberté fût plus complète il voulait
« qu'elle allât se fixer loin de lui (12). Cette proposition ayant été
« refusée comme toutes les précédentes, il exprima alors l'inten-
« tion de quitter Belleville et la maison où étaient établis ses
« enfants (13), pour aller vivre à Bagnolet dans sa maison. Là, sa
« femme, à laquelle il ne voulait plus donner de domestique (14),
« devait suffire seule à tous les besoins de la maison pour M. Lau-
« rent et son neveu. La dame Laurent ne pouvait consentir à
« une vie si contraire à ses habitudes, que son état de santé
« rendait d'ailleurs funeste pour elle. En son absence, M. Lau-
« rent fit déménager le mobilier commun; il fit forcer les por-
« tes et les armoires (15), et tout fut emporté à Bagnolet sans

de bruit, était louée un prix convenable qui m'avait permis, jusque-là, de servir à Madame Laurent la pension dont elle n'a pas su se contenter. Aussitôt le procès commencé, nombre de fournisseurs chez qui Madame Laurent avait pris, contre ma volonté et à mon insu, de quoi monter à sa fille un trousseau digne de son haut rang, sont venus me réclamer le prix de leurs factures. Evidemment j'étais hors d'état de les satisfaire, du moins aussi promptement qu'ils le désiraient. De là, une infinité de citations sans que je susse à laquelle entendre. Pendant cet intervalle, le locataire de la susdite maison ne se pressait pas de payer ses loyers. Ayant déjà autant d'affaires sur les bras, je reculai à l'idée d'entreprendre un nouveau procès avec ce retardataire qui, par l'effet de ma longanimité, devint insolvable; car si je l'avais poursuivi dès la fin du premier terme non payé, il eût été forcé d'accepter les 10,000 fr. qu'on lui offrait encore de son fonds, ce à quoi il aurait beaucoup gagné et moi rien perdu. Au lieu que j'ai été, par les attaques sans cesse réitérées de la famille Duchesne et des ennemis qu'elle me suscitait, mis dans la nécessité de lui laisser le temps de discréditer son établissement qui, à la fin, n'ayant plus trouvé d'acquéreur, est maintenant anéanti. En sorte que les 19,000 fr. de dépenses que j'y avais faites pour l'installer, dépenses qui avaient une destination toute spéciale, sont presqu'en totalité perdus, et que la maison, depuis lors inoccupée, a aussi perdu la moitié de sa valeur. Ainsi de la maison de Charonne, pour laquelle je paie de gros intérêts sans avoir pu l'utiliser, par suite des entraves qui ont été mises à ma gestion. Voilà ce que produit la désunion des familles, et le fruit que Madame Laurent aura recueilli d'avoir autant compté, pour le succès de sa cause, sur l'appui de son père et de son frère, tous deux greffiers au Palais!

(12) J'avais, en effet, proposé à Madame Laurent, non d'aller seule *se fixer loin de moi*, ce qui eut été de ma part une tentative ridicule, mais de venir ensemble nous fixer dans un certain éloignement de son père, dont la tendresse aveugle, quoique fort peu libérale, pour sa fille, a toujours fait son malheur et le mien.

(13) Quand j'eus commis la sottise *d'établir mes enfants* en maîtres absolus *dans ma maison*, sans prendre aucune précaution pour sauvegarder mes intérêts, leur conduite me prouva que je n'avais plus qu'à les y laisser vivre en paix, s'il était possible.

(14) Je n'avais pas même de quoi coucher la bonne qu'on me demandait. Tous les lits sont restés chez mon gendre qui les trouve très-bons à garder.

(15) Il n'y avait plus rien dans cette chambre qu'un lit dégarni, même de sa paillasse. (Voir la déposition de M. Barrier, serrurier, à la contre-enquête.)

« avis préalable, sans invitation à l'épouse d'accompagner son
« mari (16). La dame Laurent se rendit néanmoins dans cette mai-
« son, où elle trouva le neveu et la nièce de M. Laurent en posses-
« sion de tout le mobilier personnel (17). Elle dut leur intimer de
« sortir; mais le sieur Laurent ne se présentant pas, force fut à
« Madame de retourner chez ses enfants. M. Duchesne, M. Allain
« père (18), se rendirent auprès de M. Laurent pour lui faire com-
« prendre que cette position n'était pas tenable, et qu'il devait orga-
« niser une autre vie. Leurs représentations toutes paternelles (19)
« furent inutiles, et n'aboutirent qu'à recevoir de nouvelles mena-
« ces. La dame Laurent ne pouvait être effrayée ni repoussée par
« des paroles qu'elle était trop habituée à entendre; elle se rendit
« à Charonne pour continuer sa vie de résignation. M. Laurent
« n'avait laissé personne pour la recevoir. Les voisins n'avaient
« pas de clef pour l'introduire. Elle fut réduite à attendre vaine-
« ment sur le chemin, ou chez les obligeants voisins. Mais le lundi
« matin, se présentant encore à la maison de Charonne, elle trouva
« son mari qui lui fit la réception ordinaire. Après plusieurs expli-
« cations, le sieur Laurent refusa formellement de fournir de
« l'argent pour procurer à sa femme les moyens de se fournir
« d'aliments pour le ménage (20). Elle fit remarquer qu'elle pour-

(16) Voilà encore une assertion formellement contredite par la dame Pellerot, témoin de l'enquête, qui atteste d'une manière fort significative, le
désir que j'exprimai à Madame Laurent d'être accompagné par elle à
Charonne.

(17) Excellent raisonnement! parce que mon neveu, Auguste Bertrand et
ses sœurs, étaient momentanément chez moi, occupés à mon emménage-
ment, cela suffit pour fait dire à Madame Laurent qu'elle *les trouva en possession de tout le mobilier personnel!*

(18) Rien assurément ne pouvait mieux convenir à M. Allain père, lui qui
n'avait rien donné à son fils, que d'être pris pour arbitre entre M. et Madame Laurent, qui venaient de s'épuiser en faveur de ce même fils. Cela
couvrait merveilleusement la lésinerie du père. Comme il dut rire sous cape
de la couardise de gens qui n'osèrent même le rappeler à l'accomplissement
de ses promesses! Car telle est la bravoure de M. Duchesne, qu'après être
parvenu à réunir les deux familles, et jusqu'à ma propre fille contre moi, il
crut encore devoir s'appuyer sur M. Allain père, dont il avait déjà tant à se
plaindre, pour venir dans ma retraite me donner le coup de pied de l'âne!

(19) M. Duchesne appelle *représentation paternelle* l'injonction qu'en arrivant
chez moi, il se permit de faire à Auguste Bertrand, mon neveu, en ces termes : « *Vous, vous allez commencer par déguerpir d'ici.* » Or, ce jeune homme,
occupé pendant le jour chez Madame Le Blévec, sa sœur, venait simplement
coucher dans ma maison pour ne pas me laisser, la nuit, dans l'isolement.
De quel droit M. Duchesne voulait-il donc le chasser de chez moi, où il ne
venait que par complaisance et dans la crainte que je tombasse malade par
suite des avanies et tracasseries sans nombre que me suscitait Madame Laurent et sa famille?

(20) Il est évident que Madame Laurent ne venait pas à Charonne pour s'y

« rait prendre à crédit ; il s'emporta en injures et en menaces,
« qui furent immédiatement suivies par un coup violent porté au
« visage ; par la violence du coup, les cheveux furent mis en désor-
« dre. Pour éviter l'effet de menaces plus furieuses encore, l'expo-
« sante s'est enfuie et fut recueillie par la dame Adnot, leur voisine,
« qui a vu les traces de la violence et lui a donné les soins que sa
« position exigeait. Le docteur Fernagus, le commissaire de police
« et d'autres personnes ont vu les traces de cet acte de brutalité.
« Après tant d'efforts inutiles, tant d'humiliations et d'injures sup-
« portées sans résultat, l'exposante ne peut plus espérer de repos
« dans la vie commune ; elle a pensé qu'elle avait assez fait, et qu'à

fixer, mais uniquement pour y exciter une scène. Si elle avait eu des intentions pacifiques, elle ne serait pas entrée la menace et l'injure à la bouche
et n'aurait pas commencé par me demander, dans l'état de gêne qu'elle devait connaître, une bonne, des robes, des fourrures, et en même temps des
aliments qu'il fallait lui trouver tout prêts. Elle savait très-bien que je ne
mangeais pas chez moi, n'ayant ni vaisselle, ni batterie de cuisine, puisque
tous ces objets sont encore en la possession de mon gendre. D'ailleurs j'ai
encore entre les mains, accompagnée de plusieurs autres, la quittance de
125 francs que je lui avais comptés, peu de jours auparavant, pour sa dépense de ce mois de novembre. Elle n'était donc venue à Charonne que dans
l'intention d'y faire du scandale. Cela résulte, en effet, de toutes les circonstances de sa démarche. La demeure de mon gendre, où réside Madame Laurent, est à une très-petite demi-lieue de la maison de Charonne ; mais Madame Laurent fait trois lieues pour s'y rendre ; car elle passe par chez sa
mère qui habite rue de la Calandre, dans la Cité. Et voyez si c'est ainsi que
se conduit une femme qui se respecte : elle arrive suivie de sa mère, de sa
fille, de son gendre et je crois même de son frère, qui tous rôdent autour de
mon habitation, sans y entrer, à l'exception de sa mère qui y vient un moment, sans doute pour fortifier la résolution chancelante de sa fille. Celle-ci,
après être sortie trois ou quatre fois, comme pour aller retremper son courage et rendre compte à ses accolytes du succès de ses provocations, se rend
enfin au cabaret des époux Adnot, où elle prend je ne sais quel potion cordiale. De là elle va, tout échevelée, à Belleville, chez mon gendre, escortée
d'une foule d'enfants que ses cris ont attirés sur ses pas. De chez mon gendre
elle court, avec sa mère qui l'y attendait, chez M. Allain père. Celui-ci l'ac-
compagne chez M. le commissaire de police de Belleville, qui lui déclare ne
pouvoir dresser procès-verbal d'un délit qui s'est commis hors du territoire
dépendant de sa juridiction, et la renvoie aux médecins. Elle s'adresse à
celui de tous le moins connu, qui constate *une empreinte digitale*, sur la joue,
l'oreille, etc. Elle rapporte au bureau de police le certificat tant désiré ; et,
peu satisfaite d'une journée aussi laborieuse, il faut encore qu'elle se trans-
porte, sans reprendre haleine, chez son avoué, de l'autre côté de la Seine,
pour y étaler sa joue qui doit être la pièce principale du procès. Remarquez
qu'à chacune de ses stations dans cette étonnante pérégrination, *l'empreinte
digitale* se creuse de plus en plus. Aussi est-elle de plus en plus émue, malgré
tous les calmants qu'on lui administre. N'est-ce pas là une véritable comédie, et une comédie d'assez bas étage ? Mais le lendemain que cette farce bur-
lesque est jouée, *l'empreinte digitale* a complétement disparu, et Madame
Laurent qui, la veille, n'avait pas trouvé, chez ses enfants, de quoi apaiser la
faim qui la tourmentait, y vaque, selon sa coutume, à des occupations tellement importantes, que, sans elle, de l'avis de ses admirateurs, la maison de
mon gendre aurait peine à se soutenir.

« présent elle devait recourir à la justice pour obtenir le repos, et
« qu'il y aurait danger pour elle à s'exposer à des violences dont
« on ne peut prévoir le terme et la portée. Pourquoi il vous plaira,
« Monsieur le président, donner acte à l'exposante de ce qu'elle
« forme, par ces présentes, sa demande en séparation de corps
« et de biens d'avec son mari. »

Si vous êtes désireux de savoir où s'est élaboré ce chef-d'œuvre de style, d'éloquence et de logique, je vous indiquerai l'étude de M⁰ Moulin, avoué.

Je ne puis m'empêcher de consigner ici la réflexion piquante de l'un de mes témoins à l'occasion de cette plainte. Sachant que M. et Madame Duchesne, n'avaient cessé, pendant dix-huit ans de fréquenter ma maison, dont il les avait vus user plus largement que de la leur ; et qu'en outre, Emile Duchesne y avait joui, pendant sept années consécutives (de 1837 à 1844, époque de son mariage) de la table et du logement sans bourse délier, ce témoin s'écria, après avoir entendu la lecture des faits sur lesquels il était appelé à déposer : « Si tout cela s'est passé à la connaissance et même sous les
« yeux des trois parents les plus proches de la plaignante, comment
« ont-ils pu manger si longtemps, et surtout si gaîment, *de la soupe*
« *trempée dans les larmes d'une fille ou d'une sœur ainsi martyrisée*
« *par son mari* (21) ? »

Au libelle de séparation présenté par Madame Laurent, était joint, comme pièce à l'appui, un certificat, en bonne et due forme, de M. Allain père, dans lequel il déclare qu'après avoir habité quelque temps, avec Madame Laurent, un appartement chez lui, *j'ai cessé complétement d'y venir ;* comme s'il avait ignoré que *je n'ai cessé d'y venir* que parce que j'étais parti pour la province pendant deux mois, après avoir annoncé mon voyage à toutes mes connaissances, et même avoir fait mes adieux à M. Allain père en personne. J'avais eu aussi le soin, au moment de partir, de compter à Madame Laurent 250 fr. d'avance pour sa pension pendant mon absence,

---

(21) Ce témoin était M. Galbrunner qui, malheureusement pour moi, n'a pu, faute de temps, être appelé à déposer, ainsi que onze autres témoins dont, à la vérité, le témoignage eût été moins important que le sien. (Voir le 1ᵉʳ alinéa après la contre-enquête, dans cette 3ᵉ partie.)

J'ai eu, pour élèves, les deux fils de M. Galbrunner, tous deux excellents sujets, dont l'un, M. Paul, artiste aussi modeste que distingué, a exécuté en pierre de calcédoine antique, matière des plus rebelles à la sculpture, le buste de l'Empereur, qui vient d'être placé au Louvre, et qui a été bien admiré à la dernière Exposition, tant pour les difficultés vaincues que pour e fini de l'exécution.

ce que je prouve, car elle me démentirait, en produisant son récépissé, qui comprend les deux mois d'août et de septembre 1845. Les deux familles Allain et Duchesne étaient donc parfaitement renseignées sur le but, le lieu et la durée de mon voyage. Y a-t-il de la loyauté alors à me représenter comme un fugitif ou un vagabond qu'on ne sait où trouver ? Ledit certificat porte en outre, que M. Allain étant monté chez moi, *de peur qu'on ne dégradât ses portes*, me vit emballer dans un sac les effets de ma femme, *chose qui lui parut étrange*. On verra, par les enquêtes, ce qu'il y a de vrai dans cette déclaration ; mais quels motifs ont pu porter M. Allain à concourir si complaisamment à la désunion d'une famille dans laquelle son fils venait d'être admis? Je laisse à d'autres le soin de les apprécier.

L'exagération des griefs articulés par Madame Laurent annonçait de sa part un tel délire, qu'au premier sentiment d'indignation que m'avaient inspiré ses étranges procédés, succéda bientôt une profonde commisération pour elle. Persuadé que tant d'exaltation ne pouvait durer, accoutumé que j'étais à la voir passer rapidement d'une extrémité à l'autre, je résolus d'abord de ne pas me défendre, cédant ainsi aux insinuations qu'on m'avait adroitement présentées, qu'elle manifestait à se réconcilier une tendance marquée, qui se réaliserait infailliblement et sous peu, si l'on pouvait éviter l'éclat d'une enquête. Je voulais aussi épargner les frais d'une longue procédure. On obtint donc, je ne sais comment (22), de la 1re Chambre du Tribunal de 1re instance de la Seine, un jugement qui prononçait *de plano* notre séparation de corps et de biens. En voici la teneur : « Attendu que la provocation alléguée par Laurent ne serait
« pas de nature à justifier, fût-elle prouvée, sa conduite envers sa

---

(22) A en croire une note émanée de M. Duchesne père, j'étais déjà jugé et condamné dès l'audience préliminaire de conciliation. Voici ce que porte cette note curieuse, écrite de sa main, que j'ai encore sous les yeux, et que je tiens à disposition : « M. Laurent en a demandé la réintégration au domi-
« cile conjugal (de son argenterie et de plusieurs objets précieux) à M. le
« président Barbou, qui n'a pas jugé convenable de l'ordonner, *tant il a pu*
« *apprécier la conduite plus qu'extraordinaire du demandeur.* »

M. Duchesne ignore encore que la confiscation est abolie, puisqu'il suppose mon argenterie confisquée au profit de sa fille, en punition de ma conduite détestable.

La vérité est que M. le président Barbou me répondit que ce n'était pas à lui à trancher cette question. Mais si c'est parce que, avant tout débat contradictoire, il avait déjà pu, suivant M. Duchesne, *apprécier ma conduite plus qu'extraordinaire*, il n'a pas jugé à propos de m'en informer.

Je signale cette note de M. Duchesne, parce qu'elle donne la mesure de son intelligence des affaires, pour avoir passé plus de trente années de sa vie au Palais-de-Justice, lui dont l'amour-propre s'était grandement effarouché de ce que, dans la première partie de ce mémoire, j'avais mis en doute son aptitude à diriger convenablement sa fille.

« femme et les injures qu'il lui a adressées, et dont la gravité suffit
« pour faire prononcer la séparation de corps. Attendu que la sépa-
« ration de corps entraîne la séparation de biens ; — Le Tribunal,
« faisant droit à la dame Laurent, déclare la dame Laurent séparée
« de corps et de biens d'avec son mari, fait défense à Laurent de
« hanter ni fréquenter sa femme à l'avenir. — Autorise la dame
« Laurent à poursuivre la liquidation de ses droits... Condamne
« Laurent aux dépens, etc. Fait et jugé le 11 mars 1846. »

Ce jugement n'était pas encore irrévocable, lorsqu'il ne me fut plus permis de douter du piége tendu à ma crédulité. Malgré l'avantage qu'un tel précédent et la position de mes adversaires leur donnaient sur moi, je crus devoir interjeter appel, ne fût-ce que comme une protestation contre les inductions qu'ils tiraient de ma condescendance première. Et le 23 février 1847, la Cour d'appel, première chambre, rendit un arrêt qui, contrairement aux conclusions de M. l'avocat-général Nouguier, suspendait les effets du jugement de première instance, autorisait Madame Laurent à administrer la preuve de la plupart des faits qu'elle m'imputait, sauf la preuve contraire, et commettait M. Vanin, l'un de ses membres, pour présider aux enquêtes d'où devait jaillir la vérité, si Madame Laurent tenait toujours à sa manifestation.

En conséquence, le 14 avril 1847, à la requête de Madame Laurent, eut lieu, sous la présidence de M. Vanin, l'enquête suivante, telle que le constate la minute déposée au greffe de la Cour d'appel.

ENQUÊTE :

Premier témoin : M. Duchesne père.

Jean-Baptiste-François Duchesne, greffier d'audience à la Cour d'appel, âgé de soixante-cinq ans, après avoir prêté serment, dépose :

« Le 3 octobre 1827 eut lieu le mariage de ma fille avec M. Lau-
« rent. Le jour même de ce mariage, je recommandai avec instance
« à M. Laurent le bonheur de ma fille ; il me fit cette réponse qui
« parut singulière, qu'une femme pouvait être malheureuse pen-
« dant dix ans, sans que rien en transpirât au dehors (1).

---

(1) La tendresse idolâtre de M. Duchesne pour sa fille la jette dans l'extravagance. Voilà bien l'homme qui, au r... ...d'un témoin auriculaire encore

« Peu de mois après ma fille devint enceinte ; malgré les répu-
« gnances de ma fille, il voulut lui imposer un accoucheur (1).

« C'est pendant qu'elle était dans cet état de grossesse, qu'elle
« reçut un coup de pied de son mari, parce qu'elle refusait de rece-
« voir quelqu'un que voulait lui présenter M. Laurent ; j'ai su ce
« fait de M. Laurent lui-même dans une circonstance dont je ren-
« drai compte plus tard.

---

prêt à en déposer, disait à sa femme, au sujet de quelques reproches adressés par celle-ci à sa fille : « Tu es donc, comme un tigre altéré du sang de cet enfant! » Le propos que M. Duchesne me prête ici, tenu sérieusement, eût été, de ma part, stupide et atroce. *Stupide,* car, à l'époque de mon mariage, j'habitais, comme associé, avec la famille Duchesne, et nous sommes restés ensemble trois ans ; comment donc aurais-je pu concevoir la pensée de tourmenter, à l'insu de ses parents, ma femme qui voyait son père soir et matin, et ne quittait pas sa mère de toute la journée? *Atroce,* car si j'étais capable d'alarmer à ce point et gratuitement, en pareille circonstance, la sollicitude paternelle, c'est pour le coup qu'il y aurait en moi quelque chose qui tiendrait véritablement de la nature du tigre. Et notez qu'en m'imputant une franchise aussi brutale, on me représente, d'un autre côté, comme parfaitement dissimulé, et ne cherchant qu'à dérober aux yeux de tous, les tortures que je faisais endurer à ma femme !

(1) M. le docteur Lartet sera bien étonné d'apprendre qu'après l'accueil aussi empressé que mérité qu'il a reçu chez nous et particulièrement de Madame Laurent, qu'après dix-huit ans de soins assidus qu'il a prodigués à notre maison, on me reproche aujourd'hui de l'avoir *imposé* à ma femme pour accoucheur. Or, voici ce qui m'a valu ce reproche, et si je m'écarte en quoi que ce soit de la vérité, j'autorise et provoque même de sa part, un démenti formel.

Madame Lartet nous avait procuré un élève, et, preuve que mes souvenirs sont précis, c'était le jeune Mazurier, parent de l'acteur renommé qui avait fait courir tout Paris à la Porte-Saint-Martin. Madame Laurent, alors enceinte, étant allée remercier Madame Lartet de sa bienveillante recommandation, lui dit, dans l'effusion de sa reconnaissance : « J'espère bien, Madame, que
« nos relations ne font que commencer. Car, vous voyez l'état où je suis, je
« ne réclamerai d'autre assistance que celle de votre mari. » Voilà du moins ce qu'elle me rapporta en rentrant, et j'approuvai son choix. Mais Madame Laurent, qui ne sait se fier à personne, si ce n'est aux tireuses de cartes, ne cessait, depuis ce jour, de demander à toutes les commères du pays, si M. Lartet était un accoucheur habile. L'une d'entre elles lui ayant répondu qu'il avait déjà, par ignorance, fait accoucher, avant terme, bon nombre de ses clientes qui en étaient mortes à la peine, Madame Laurent revint tout effrayée, disant qu'elle ne voulait plus de M. Lartet. Je cherchai à lui faire comprendre, pour la rassurer, que ce propos, ramassé dans la rue, portait les signes les plus évidents de la calomnie ; que la méprise imputée à M. Lartet était physiquement impossible ; elle n'en persista pas moins, d'accord en cela comme dans toutes ses fantaisies, avec M. Duchesne, son père. Je finis par lui dire avec un peu d'humeur : « C'est toi qui as invité M. Lartet, va le désinviter si tu veux ; pour moi je ne m'en charge pas. » Elle n'osa le faire, heureusement, car les soins de M. Lartet furent couronnés d'un plein succès. Mais si j'eusse cédé au caprice de Madame Laurent, et me fusse permis ce procédé grossier envers un homme qui le méritait si peu, elle n'eût pas manqué, à la première rencontre, d'en rejeter tout l'odieux sur son mari.

En voilà assez, je pense, pour que je ne m'attache pas davantage à faire ressortir tout ce qu'il y a d'exagéré, d'incohérent ou d'invraisemblable dans toute la déposition de M. Duchesne.

« D'après une déclaration que me fit ma femme (1), M. Laurent,
« en 1831, si je ne me trompe, aurait levé la main sur sa femme,
« et voici à quelle occasion : une dame Clausse, amie de la famille,
« était venue dîner chez moi. Le soir, devant aller au bal, elle avait
« fait apporter sa toilette dans mon appartement; ma fille, jeune
« femme, s'extasia sur l'élégance de cette toilette, et exprima ses
« regrets de ne pouvoir aller au bal. M. Laurent voulut lui donner
« un soufflet, ma femme retint son bras ; c'est Madame Duchesne
« elle-même qui m'a appris ce fait.

« En 1832, M. Laurent m'exprima la pensée de se séparer de
« ma fille ; je lui fis quelques observations, et il n'insista pas ; il
« prétendait qu'il ne pouvait plus vivre avec sa femme.

« En 1836, M. Laurent vint chez moi, à l'occasion de ma fête (2) ;
« ce fut alors qu'il me dit que décidément il me fallait reprendre
« ma fille ; qu'elle ne lui inspirait que du mépris et du dégoût; je
« fis de nouveau des observations.

« Ce fut à cette occasion qu'il me déclara que, pendant la gros-
« sesse de ma fille, il lui avait donné un coup de pied, en ajoutant :
« Est-ce assez ? Comme je lui répondais que ce fait répondait à
« une époque déjà éloignée, que tous deux ils se devaient à l'édu-
« cation de leur enfant, il ajouta : Si vous ne reprenez pas votre
« fille, il pourra arriver un malheur. A quoi je répliquai : Dans ce
« cas, il y a des tribunaux en France. »

Sur notre interpellation (de M. Vannin) si le témoin a, en dehors
des faits dont il a parlé, été témoin d'acte de violence ou d'injures
de M. Laurent à l'égard de sa femme, a répondu :

« Je n'ai personnellement été témoin d'aucun fait de cette nature,
« si ce n'est de gestes menaçants faits par Laurent à ma fille, qui
« se trouvait présente aux discussions engagées entre M. Laurent et
« moi lors de la fixation de la pension qu'il était question de payer
« par lui à sa femme dont il tenait à se séparer amiablement;

---

(1) Madame Duchesne ne dit nulle part, dans sa déposition, qu'elle m'ait vu lever la main sur sa fille ; or, si le fait était vrai, elle n'eût pas manqué de le déclarer.

(2) Personne ne croira que j'aie choisi le jour de la fête de M. Duchesne pour aller de but-en-blanc lui proposer une séparation. J'aurais dû, selon M. Duchesne, me soumettre à tous les caprices de sa fille, comme à autant d'oracles ; et quand, dans quelque affaire qui en valait la peine, je montrais de la résistance, il ne manquait pas de m'adresser les reproches les plus saugrenus sur ma prétendue tyrannie. C'est alors que je répondais : « Vous trouvez que je rends votre fille malheureuse, eh bien ! reprenez-la, et chargez-vous de son bonheur. »

« M. Laurent fit le geste de donner un soufflet (1) à sa femme et
« dit que si l'on ne voulait pas consentir à cette séparation il la
« f....... par la fenêtre (2). »

2ᵉ Témoin : Mᵉ Moulin, avoué de Madame Laurent.

Louis-Alexandre Moulin, avoué près le tribunal de première instance de Paris, âgé de cinquante-huit ans, dépose :

« J'ai occupé pour Madame Laurent dans la demande en sépa-
« ration de corps qu'elle a formée contre son mari ; je n'ai aucune
« connaissance personnelle des faits qui auraient amené cette
« demande, hors celui-ci : En novembre 1845, un jour et une heure
« que je ne puis préciser, si ce n'est qu'il faisait encore grand jour
« et que c'était dans l'après-midi, Madame Laurent, qui venait me
« consulter pour des affaires de communauté, me dit : Vous voyez
« comme je viens d'être traitée ; j'étais allée voir mon mari à
« Charonne, il m'a donné un violent soufflet. En effet je remarquai
« que Madame Laurent portait sur la joue la trace d'un coup reçu.
« Elle me dit qu'elle venait d'arriver à l'instant ; elle était tout
« émue et tremblante ; elle versait des larmes (3).

(1) J'ai si peu fait ce geste à Madame Laurent, qu'au moment où je voulais entrer, devant elle, en explication avec M. Duchesne sur ma situation pécuniaire, pour démontrer que j'étais hors d'état de servir la pension de 2,000 francs qu'on me demandait, elle ne voulut rien entendre et partit comme un trait sans même écouter son père qui voulait la retenir, en s'écriant : « Papa, ne crois pas mon mari, il cherche à t'en imposer. » Ainsi, je nie formellement le fait allégué par M. Duchesne, qui n'a pas la vue meilleure que l'ouïe, lorsque ces organes sont pour objet sa fille, dont le triste privilège a toujours été de lui obscurcir les sens et la raison. C'est ce jour-là que Madame Laurent courait tout éperdue dans Belleville, se proclamant trahie, parce que j'avais dit un mot d'un plan d'association avec mon gendre, au moyen duquel plan, Madame craignait que je ne fusse plus à portée qu'elle de voir souvent ma fille. C'est pourquoi elle mit tout en œuvre pour faire avorter ce projet ; et pour y parvenir, elle sut si bien endoctriner mon gendre, qu'elle m'en fit sur-le-champ un ennemi déclaré. Pour ce qui est de ma fille, hélas ! la pauvre enfant ! on réussit tellement à l'indisposer contre son père, en lui persuadant qu'il ne l'aimait pas, que mon gendre, pour excuser ses actes d'hostilité précoces à mon égard, ne trouva pas de meilleure raison à alléguer, que la nécessité où il avait été, selon lui, dans les premiers moments, de conquérir à ce prix l'affection de sa jeune épouse.

(2) Un mot expliquera les aberrations de M. Duchesne et la singularité du rôle qu'il remplit au procès : c'est un père enthousiasmé de sa fille, accoutumé à voir en elle la huitième merveille du monde, et aux yeux de qui le moindre doute ou dissentiment, sur les mérites de celle-ci, prend tout d'un coup les proportions d'un crime et la gravité d'un outrage.

(3) Le défenseur de Madame Laurent, à défaut de meilleurs arguments, a beaucoup insisté sur l'importance de ce témoignage, attendu, a-t-il dit, que Mᵉ Moulin était ou avait été président de la Chambre des avoués de la Seine. Mais quelle connexion y a-t-il entre les marques de confiance données à Mᵉ Moulin par ses pairs, et la constatation du fait dont il s'agit? Cette confiance peut prouver que Mᵉ Moulin est incapable de mentir, et je suis des

« J'ajouterai que, quelques jours après, je vis M. Pascal Allain,
« gendre de M. Laurent, et M. Pascal me dit qu'ayant parlé à son
« beau-père de cette scène, qui avait produit un si fâcheux effet
« dans la famille, il lui avait reproché cet acte de violence, et que
« M. Laurent lui avait répondu : C'est vrai, mais personne ne l'a
« vu (1). »

3ᵉ Témoin : M. le commissaire de police de Belleville.

Étienne-Henri Gabeloteau, commissaire de police à Belleville, y demeurant, âgé de trente-quatre ans, dépose :

« Dans le courant de novembre 1845, Madame Laurent vint deux
« ou trois fois chez moi se plaindre des scènes violentes que lui
« faisait son mari ; elle ne parlait pas précisément de coups portés,
« mais d'outrages, de refus d'argent (2), et notamment de ce fait

premiers à le croire ; mais prouve-t-elle que, dans l'intervalle de sept à huit heures d'horloge, et de huit à dix kilomètres de parcours, Madame Laurent n'ait pas eu le temps de travailler sa joue de manière à ce que l'un y découvrit un coup de poing, l'autre la marque de cinq doigts, etc.? Pauvre joue ! comme elle a dû être macérée pour remplir un tel rôle !

(1) Je ne puis que repousser avec énergie cette déclaration mensongère que mon gendre est allé colporter chez trois témoins différents, avec plusieurs variantes, comme on le verra par les dépositions de M. le docteur Durand et de M. Soubrier. Cette démarche décèle même de sa part autant de maladresse que de malveillance ; car il est notoire qu'aussitôt que j'eus transporté mon domicile à Charonne, tous rapports particuliers cessèrent entre lui et moi, par l'effet de sa jalousie contre mon neveu. D'ailleurs, s'il s'était permis de *m'adresser des reproches*, comme il le dit, les aurais-je acceptés ? Et c'est dans cette circonstance, avec les dispositions hostiles dont je le savais animé à mon égard, que j'aurais été lui faire une pareille confidence !

Si, d'un autre côté, vous admettez que j'aie pu lui faire cet aveu, quel nom donnerez-vous alors à l'empressement qu'il mit à le divulguer ?

Mais ce n'est qu'un échantillon des procédés de cet homme envers moi, qui venais de lui donner ce que j'avais de plus cher au monde, ma fille et mon établissement. *Auri sacra fames !*

(2) *Refus d'argent*, etc. Trois faits saillants suffiront, ce me semble, pour démontrer combien ce reproche était peu fondé. 1° Notre maison n'était pas encore payée, que Madame Laurent obtint de moi 800 francs pour l'achat d'un châle qu'elle fit voir à quelques centaines de mères, tantes, sœurs ou cousines d'élèves, comme ayant coûté 1,400 francs. Je n'ai jamais su qui fut trompé sur la valeur du châle, ou de moi ou de ces dames à qui il était offert en admiration. La bonté du mari était singulièrement prônée à cette époque ! 2° On sait qu'au mariage de Mademoiselle Clausse, Madame Laurent fixa tous les regards par la recherche de sa parure. 3° Madame Laurent, liée d'amitié avec une dame dont la fortune a toujours été bien supérieure à la nôtre, et dont la mise était proportionnée à ses moyens pécuniaires, était convenue avec elle de s'habiller l'une comme l'autre. Ce pacte fut observé pendant plusieurs années, au point que la parité de leur ajustement les a fait passer pour sœurs en certaines occasions. Si donc j'ai été quelquefois obligé de lui *refuser de l'argent*, il faut en conclure que les exigences de Madame n'étaient nullement en rapport avec sa dot de 6,000 francs, et moins encore, dans les circonstances dont il s'agit, avec l'état de ma caisse épuisée

« qu'elle était brutalement repoussée lorsqu'elle faisait une récla-
« mation.

« La dernière fois que je la vis, il était onze heures du matin
« environ ; je ne puis préciser le jour ; Madame Laurent avait les
« cheveux en désordre, elle était extrêmement émue. Dans le
« premier moment même je crus qu'elle venait d'être l'objet d'une
« violence qui aurait compromis sa vie. Sa joue, droite ou gauche,
« je ne sais laquelle, était rouge et enflée, et l'habitude que j'ai de
« constater des actes de violence, me fit penser qu'elle aurait reçu
« un coup de poing sur cette joue. Madame Laurent me dit que son
« mari, qu'elle avait été voir à Charonne, venait d'exercer sur elle
« cette violence. Je lui proposai de rédiger une plainte. Jusqu'alors
« je l'avais, au contraire, engagée à patienter et à éviter un éclat
« judiciaire. Cette fois je crus devoir lui conseiller de faire cons-
« tater ce fait, et je l'adressai au médecin de Belleville, afin de
« faire constater l'état de sa joue.

« J'ignore dans quel endroit de Charonne est située la maison de
« M. Laurent ; mais du point le plus éloigné de Charonne chez
« moi, il faut quarante minutes pour franchir la distance.

« Je n'ai d'ailleurs la connaissance personnelle d'aucun des
« autres faits de l'articulation. »

4° Témoin. M. Fernagu, officier de santé (qui demeurait, en 1845,
à Belleville).

Auguste-Adolphe-Hippolyte Fernagu, âgé de quarante-trois ans,
médecin, demeurant à Paris, rue d'Angoulême-Saint-Honoré, n° 39,
dépose :

« En novembre 1845, à une date que je ne puis préciser, et,
« autant que je m'en souvienne, de midi à deux heures, Madame
« Laurent, accompagnée de M. Allain père, se présenta chez moi ;
« elle était tremblante, agitée ; elle m'a dit qu'elle venait de la part
« de M. le commissaire de police pour faire constater les traces
« d'une violence dont elle venait d'être victime de la part de son

---

par suite des deux mariages de ma fille et de ma nièce, dont je venais de
supporter tous les frais. D'ailleurs, au moment même où Madame Laurent
allait porter ses doléances à M. le commissaire de police, sur ce prétendu
refus d'argent, elle ne peut nier qu'elle ne reçût de son mari une somme
de 125 francs par mois, puisque ses quittances en font foi. Et ces 125 francs,
comme elle n'avait pas de frais de table ni de maison à payer, elle pouvait
les employer uniquement à sa toilette. C'est donc bien à tort qu'elle se plaignait d'une position qu'il ne lui sera plus donné de recouvrer ; et c'est ainsi
que lancée dans la voie du mensonge, elle s'est, en y persistant, de plus en
plus couverte de confusion, au lieu d'en sortir par l'issue que je lui avais
ouverte par un simple aveu qui m'eût fait tout pardonner, tout oublier.

« mari, à Charonne. Madame Laurent avait effectivement une
« joue enflée, rouge, et l'on y voyait encore une empreinte de
« doigts ; je constatai également que la boucle d'oreille était un peu
« enfoncée ; à l'instant je rédigeai un certificat qu'elle porta chez
« M. le commissaire de police. »

Sur l'observation de Mᵉ Tétard (avoué de Madame Laurent) que le soufflet aurait été donné sur la joue gauche, le témoin dit que c'était probablement sur la joue gauche, mais que depuis dix-huit mois ses souvenirs à cet égard ont dû s'effacer. Le témoin ajoute : « Lorsque s'est présentée chez moi Madame Laurent, accompagnée
« de M. Allain, elle était également accompagnée d'une dame
« qu'on m'a dit être Madame Duchesne, et c'est même cette
« dame qui a fait remarquer que la boucle d'oreille était faussée. »

5ᵉ Témoin. Madame Duchesne, mère.

Louise-Thérèse-Émilie Mayeux, épouse Duchesne, âgée de soixante ans, demeurant à Paris, rue de la Calandre, n° 19, dépose :

« En 1827, ma fille a épousé M. Laurent ; trois mois étaient à
« peine écoulés que je m'aperçus que ma fille n'était pas heu-
« reuse (A) ; elle devint enceinte et manifesta de la répugnance
« pour un accoucheur, mais M. Laurent lui imposa cet accoucheur.

« Je parlais un jour à M. Duchesne de la relation que m'avait
« faite une dame Conte, qui m'avait dit que M. Laurent avait porté
« un coup de pied à ma fille. M. Duchesne ne voulut pas d'abord
« croire à un tel acte de violence (1). Cependant, en 1831, M. Lau-
« rent me donna une triste preuve de son caractère emporté.

« Une dame de nos amies, qui dînait chez moi, y avait apporté
« une toilette de bal qu'elle devait mettre le soir. Ma fille, fort

---

(A) Ce qui démontre qu'il faut bien se défier du jugement de Madame Duchesne en pareille matière, c'est une comparaison qu'elle fit à Madame Balthazar Mayeux, sa belle-sœur, entre la manière d'agir de son gendre et celle de son petit-gendre. « Voyez, lui dit-elle, combien ce dernier est bon d'avoir « déjà fait, en moins de deux ans de mariage, deux grands voyages d'agré-
« ment avec sa femme, tandis que M. Laurent a attendu plus de dix ans pour en faire un pareil avec la sienne ! » Comme si la position de M. Pascal Allain, entré, suivant une expression vulgaire, *avec son bonnet de nuit seulement*, dans une maison en plein rapport et bien fournie de tout, était comparable à l'état de gêne où je me trouvai, obligé de tout créer, gêne que Madame Duchesne avait si bien connue ! Je me bornerai néanmoins à souhaiter que le petit-gendre si complaisant de Madame Duchesne puisse continuer sur le même pied pendant de longues années, et obtienne ainsi l'approbation de la grand'mère et de la petite-fille jusqu'à son dernier soupir. *Amen*.

(1) Comment se fait-il que M. Duchesne *ne voulut pas d'abord croire à un tel acte de violence*, s'il fut si frappé, comme il le dit, des dispositions sinistres que j'aurais eu la barbarie de lui manifester le jour même de mes noces ?

« jeune encore, exprima le plaisir que lui ferait une pareille toi-
« lette et une soirée passée au bal ; M. Laurent se leva avec brus-
« querie, et s'approcha d'elle d'un air si menaçant, que je me jetai
« entre eux deux, persuadée qu'il allait la frapper (1).

« En 1836, M. Laurent vint complimenter M. Duchesne le jour
« de sa fête ; ce fut alors qu'il parla d'une séparation nécessaire
« entre sa femme et lui ; il imputait à sa femme des torts de carac-
« tère, mais aucun tort de conduite ; il disait cependant qu'il ne
« pouvait plus vivre avec elle, et qu'elle lui inspirait du mépris et
« du dégoût (2). M. Duchesne lui fit des observations sur le scan-
« dale qui réagirait sur sa petite-fille de la séparation qu'il pro-
« jetait. M. Laurent insista en lui disant qu'il avait déjà donné un
« coup de pied, et que si l'on se refusait à une séparation amiable,
« il la f...... par la fenêtre. Mon mari lui dit alors qu'il ne le ferait
« pas, et que, dans tous les cas, il y avait des tribunaux en France.

« Je n'ai jamais vu M. Laurent battre sa femme (3), mais je l'ai
« entendu souvent l'injurier gravement, et avec un ton si violent
« que souvent ma fille prenait la fuite.

« Je n'ai pas été témoin personnellement de l'enlèvement des
« meubles opérés par M. Laurent ; je sais seulement que ma fille
« étant venue passer chez moi quelques jours, je la conduisis, à son
« retour, chez elle, et que je trouvai complètement déménagé l'ap-
« partement qu'elle avait laissé meublé (4).

(1) Vous vous rappelez sans doute le passage de la plainte où je suis dépeint comme un forcené *me précipitant sur ma femme* et faisant pleuvoir une
grêle de coups sur les parents qui cherchaient à la protéger. Ne vous atten-
diez-vous pas à voir ici plusieurs bras étaler encore la trace des meurtris-
sures qu'ils avaient reçues en voulant soustraire une innocente victime à ma
fureur ? Eh bien ! voilà maintenant que le père n'y était pas, ni le frère non
plus, et que la mère n'ose même déclarer que j'aie levé la main sur sa fille !

(2) Encore un effet du délire de la famille Duchesne ! Il n'y a qu'une femme
immorale qui puisse inspirer *du mépris et du dégoût*. Or, personne n'ignore,
et les témoins, même de l'enquête, déclarent que je n'ai jamais accusé ma
femme sous le rapport des mœurs.

(3) On a beau s'être concerté sur sa déposition. Quand on s'écarte de la vérité il faut toujours que l'on tombe dans quelque contradiction. Madame Duchesne *n'a jamais vu M. Laurent battre sa femme*. Rapprochez cette déclaration du passage de la plainte où il est dit que *je donnai un coup de pied à l'exposante*, nécessairement en présence de sa mère, puisque *des reproches me
furent adressés par elle sur ma mauvaise action dont je me glorifiai*, loin de
m'en excuser, et vous vous ferez une idée de la sincérité qui a présidé à la
rédaction de cette plainte.

(4) Madame Laurent et sa mère ont dû être si peu surprises de mon déménagement, que la première s'y est trouvée présente quand il s'est opéré.
(Voir la déposition de Madame Pellerat, dernier alinéa.) D'ailleurs, il y avait
déjà longtemps que Madame Laurent n'habitait plus cet appartement, d'où
elle avait enlevé son coucher et ses meilleurs effets pour les transporter chez

« En novembre 1845, ma fille, qui demeurait alors à Belleville,
« partit le matin d'un jour dont je ne puis préciser la date, pour
« aller voir son mari à Charonne ; elle était passée auparavant
« chez moi pour me voir et ne m'avait pas trouvée. Je partis alors
« moi-même pour l'aller voir, et je la trouvai chez son mari ; en
« ma présence, il n'y eut aucun acte de violence. Je gagnai de là
« Belleville pour y voir ma petite-fille, qui y demeure ; j'y étais
« depuis quelque temps, lorsque Madame Laurent y arriva ; elle
« était dans un état pitoyable, tremblante et extrêmement pâle,
« sauf la joue gauche qui était fort rouge ; elle nous dit : Voyez
« comme mon mari m'a traitée, il vient de me donner un soufflet ;
« mais dans l'état de trouble où nous étions toutes deux, je n'eus
« pas la pensée de lui demander la cause de cet acte de violence.
« Ma fille, M. Allain père et moi allâmes chez le commissaire de
« police, qui nous adressa à un médecin de Belleville pour faire
« constater le coup dont la joue de ma fille portait encore l'em-
« preinte ; et c'est moi qui fis remarquer à ce médecin que la boucle
« de l'oreille gauche était faussée. Après cette constatation, ma
« fille et moi allâmes chez M. Moulin, avoué, pour lui donner con-
« naissance de cette circonstance. Il nous dirigeait alors dans des
« affaires d'intérêts. »

Sur l'interpellation faite par Laurent, comment il se fait qu'elle ait eu la pensée d'aller à Charonne ; puisque sa fille habitait Belleville, elle ignorait qu'elle devait y aller ce jour-là ; a répondu :

« Je savais, par ma fille, qui déjà avait été plusieurs fois à Cha-
« ronne sans trouver son mari, qu'elle devait y retourner ce jour-
« là, et connaissant la violence de M. Laurent, inquiète du résultat
« de cette entrevue, j'étais pressée de savoir de ma fille comment
« elle se serait passée. »

6ᵉ Témoin. M. le docteur Durand.

François-Casimir Durand, médecin, âgé de soixante dix-huit ans, demeurant aux Batignolles, rue Le Chapelet, n° 6, dépose :

« En 1842, j'habitais Belleville. Je mis chez M. Laurent institu-
« teur dans cette commune, plusieurs enfants qui avaient été con-
« fiés à mes soins. De là des rapports entre M. Laurent et moi.
« Madame Laurent s'étant trouvée indisposée, M. Laurent m'appela

---

son gendre, où elle n'a cessé de résider depuis ce moment. Ce n'était donc pas à *l'appartement déménagé* que Madame Duchesne a dû la *conduire*. Mais j'aurais trop à faire s'il me fallait relever, dans la déposition de Madame Duchesne et de son mari, toutes les assertions dont l'inexactitude ou la fausseté est démontrée par les faits.

« auprès de sa femme, que je trouvai en proie à une irritation
« nerveuse très-forte. D'après les symptômes que j'observai, je
« crus remarquer, après plusieurs visites, que le principe de cet
« état était plutôt moral que physique. Madame Laurent, que je
« pressai de questions, me parut se trouver malheureuse dans son
« ménage ; elle me dit que son mari l'injuriait souvent ; elle ne me
« parla pas de coups portés ; elle paraissait avoir conçu aussi des
« sentiments de jalousie contre lui.

« J'ai vu quelquefois les époux ensemble ; je n'ai pas entendu
« M. Laurent injurier sa femme ; mais il lui disait souvent de ces
« mots piquants à double entente, qui peuvent froisser.

« Quant à M. Laurent, il m'a souvent parlé de sa femme, m'a
« toujours dit qu'il l'a croyait la vertu même ; il se plaignait seu-
« lement de son caractère qui était, disait-il, d'une irritabilité
« extrême.

« En 1844, Madame Laurent vint un jour tout éplorée chez moi ;
« elle me dit que son mari l'avait renvoyée de chez elle (1). Je
« l'engageai à rentrer près de lui ; elle m'exprima la crainte d'être
« battue de lui. J'allai trouver M. Laurent ; je l'engageai à recevoir
« sa femme, ce à quoi il adhéra en disant : Qu'elle revienne, cela
« m'est égal.

« Je n'ai aucune connaissance des faits qui sont énoncés dans
« l'articulation dont lecture m'a été donnée. Seulement j'ai entendu
« dire par M. Allain, gendre de M. Laurent, que ce dernier avait
« donné un soufflet à Madame Laurent, et que, quand M. Allain,
« lui avait parlé de ce fait, M. Laurent avait répondu : C'est vrai,
« mais personne ne l'a vu ; et l'on ne reconnaîtra pas, sur la joue
« de Madame, ma main qui est blessée ou contournée. »

---

(1) Je suis loin d'accuser M. le docteur de mensonge ; mais à son âge il est bien permis de perdre un peu la mémoire. Voici donc la vérité :
Je venais de défendre à ma fille d'aller avec sa mère passer quelques jours à Bellevue, chez Madame Landon. Là-dessus Madame Laurent partit, comme un trait porter ses doléances chez M. le docteur. Celui-ci vint me demander la raison d'une défense aussi tyrannique. « Avez-vous des motifs, me dit-il, « d'empêcher vos dames de fréquenter Madame Landon ? — A Dieu ne plaise, « lui répondis-je ; mais j'en ai de puissants pour désirer qu'elles restent à la « maison. » En conséquence de mon refus, preuve que M. le docteur ne croyait pas alors que j'avais *chassé* ma femme, il me proposa de la laisser aller vivre chez sa mère, ce à quoi je m'opposai, en lui alléguant qu'il fallait au moins attendre que je ne fusse plus à la tête d'un pensionnat ; car en dépit de toute assertion contraire, je maintiens que je n'ai jamais renvoyé ma femme, ni proposé ni même accepté de séparation de fait, pendant que j'avais la direction d'un établissement de cette nature. Assurément il n'en eût pas fallu davantage pour le mettre en péril, et j'étais loin de m'y exposer volontairement.

7e Témoin. M. Adnot, marchand de vins.

Louis Adnot, marchand de vins traiteur, âgé de quarant-six ans, ans, demeurant à Charonne, dépose :

« En novembre 1845, à une date que je ne puis me rappeler,
« mais sur les onze heures du matin, Madame Laurent, dont le
« mari habite une maison à cent cinquante pas environ de la
« mienne, entra chez moi fort troublée ; elle était nu-tête, décoiffée,
« sans châle ; elle me parut tremblante et très-agitée ; elle avait la
« joue gauche ou la joue droite, je ne sais plus laquelle, fort rouge ;
« elle me parut avoir reçu un soufflet, me dit effectivement que son
« mari venait de lui donner un soufflet. Nous lui donnâmes, ma
« femme et moi, un verre d'eau sucrée avec de la fleur d'orange
« pour calmer son agitation. Pendant ce temps, ma petite-fille alla
« chercher, chez M. Laurent, son chapeau, son châle et son para-
« pluie, et Madame Laurent nous quitta pour retourner à Belleville.
« Voilà absolument ce que je sais ; je ne connais rien des faits
« antérieurs. »

8e Témoin. Madame Adnot, marchande de vins.

Marie Mage, femme Adnot, âgée de cinquante ans, demeurant à Charonne, avec son mari, dépose :

« Je ne connais rien des faits au sujet desquels Madame Laurent
« a formé sa demande en séparation ; seulement cette dame vint un
« jour, dans le courant de la journée, nous prier de faire demander
« à quelle heure on pourrait trouver chez lui M. Laurent qu'elle
« n'y avait pas trouvé ; on répondit de chez M. Laurent qu'il y
« serait le même jour à cinq heures, on ne parla pas du lendemain,
« C'était en novembre 1845, je ne puis préciser la date. Le len-
« demain de ce jour-là, onze heures environ, cette même dame,
« que j'ai su être Madame Laurent, entra dans notre établissement ;
« elle était échevelée, sans châle, tremblante ; sa joue gauche était
« fort rouge ; elle nous dit que M. Laurent, son mari, venait de la
« frapper. Je fis asseoir cette dame, à laquelle je fis prendre de la
« fleur d'orange pour la calmer. Pendant ce temps ma fille alla
« chercher chez M. Laurent, son châle, son chapeau et son para-
« pluie. »

Sur l'interpellation de Laurent, demandé au témoin si M. Laurent ne lui a pas dit que si Madame Laurent et M. Duchesne se présentaient pour le voir, ils le fissent avertir chez M. Pommerel, son voisin, ou du moins qu'ils lui écrivissent pour le prévenir ; a répondu :

« Lors de la première venue de Madame Laurent, j'envoyai ma
« fille chez M. Laurent pour le prévenir qu'une dame, dont
« j'ignorais le nom, était venue le demander. M. Laurent n'y était
« pas ; mais quelque temps après il vint lui-même me dire que si
« les mêmes personnes revenaient, on n'aurait qu'à le faire avertir
« chez M. Pommerel. Je ne me rappelle pas qu'il ait parlé de lettre
« à lui écrire. »

9ᵉ témoin. Madame Pellerot, concierge.

Marie-Josèphe Paget, femme Pellerot, concierge à Belleville, âgée de soixante-deux ans, dépose :

« Je ne sais rien des faits qui se sont passés entre M. et Madame
« Laurent qui, ainsi que M. et Madame Allain, habitaient la maison
« dont je suis concierge à Belleville, M. et Madame Allain au pre-
« mier étage, M. et Madame Laurent au deuxième. C'est, je crois,
« en novembre 1845, qu'a eu lieu le fait dont je vais parler.

« Un jour dont je ne puis préciser la date, j'entendis M. Laurent
« qui m'appelait ; je montai, il était entre la salle à manger et la
« cuisine, debout ainsi que sa femme. M. Laurent me dit de faire
« monter M. Allain. A ce moment je vis Madame Laurent qui te-
« nait M. Laurent par le bras, et qui lui disait : Qu'est-ce que j'au-
« rai ? M. Laurent lui répondit : Lâche-moi et laisse-moi passer.
« M. Laurent, tenu encore par sa femme, retira brusquement son
« bras, et ce mouvement fit chanceler Madame Laurent, qui serait
« tombée si je ne l'avais retenue. Je n'ai vu porter aucun coup par
« M. Laurent. Il ne survint à ce moment d'autre personne que Ma-
« dame Allain et une autre dame et son mari. C'est moi qui avais
« appelé Madame Allain, parce que M. Laurent m'avait dit de faire
« monter M. Allain, et que je savais ce dernier sorti. »

Sur l'interpellation de Mᵉ Tétard (avoué de Madame Laurent) demandé au témoin si, quelques minutes après cette scène, ledit témoin n'a pas été chez M. Allain où Madame Laurent s'était retirée, et si elle n'a pas demandée à Madame Allain des nouvelles de Madame Laurent, en disant : Sans moi cette pauvre dame se serait cassé la tête contre le mur ; a répondu :

« Cela est possible, mais je ne me le rappelle pas. »

Sur la même interpellation, demandé au témoin si, depuis le procès commencé, M. Laurent n'est pas allé plusieurs fois chez ledit témoin pour lui parler des faits du procès ; a répondu :

1° « M. Laurent est venu en effet deux fois chez moi, la première

« pour me demander l'adresse de M. Desvernois (1); la deuxième
« pour me dire que je serais citée le 15 avril... » Et le témoin a
été cité en effet pour demain 15.

2° « M. Laurent ne m'a jamais dit un mot sur ma déposition. »

Sur l'interpellation de Mᵉ Marais (avoué de M. Laurent) demandé
au témoin si M. Laurent n'a pas en sa présence, et pendant le déménagement, invité Madame Laurent à venir avec lui habiter Charonne, a répondu :

« Je n'ai pas entendu M. Laurent faire cette demande à sa femme ;
« c'est au contraire Madame Laurent qui a dit : *Tu déménages, eh*
« *bien! j'y vas aussi;* à quoi M. Laurent a répondu : *Je ne demande*
« *pas mieux* (2). »

10ᵉ Témoin, Madame Allain mère.

Marie Sirat, épouse de M. Pascal-François Allain, âgée de cin-
quante-deux ans, propriétaire, demeurant à Belleville, dépose :

« A une époque que je ne puis bien préciser, mais qui remonte à
« environ deux ans, j'étais dans mon appartement avec deux per-
« sonnes étrangères ; tout à coup nous entendîmes, dans l'apparte-
« ment au-dessus, occupé par M. et Madame Laurent, un bruit très-
« fort, comme celui d'un trépignement, on entendait parler très-
« vivement, mais on ne poussait pas de cris. Nous montâmes pour
« savoir ce qui se passait ; dans l'escalier nous rencontrâmes la
« portière qui descendait ; elle était tremblante et nous dit : Sans
« moi cette pauvre jeune dame serait tombée, son mari lui aurait
« brisé la tête contre le mur ou la rampe de l'escalier. Nous en-
« trâmes dans la chambre ; M. Laurent était dans un état de colère
« extrême, et répétait sans cesse : Laisse-moi tranquille (3) ; Ma-

---

(1) J'avais en effet besoin de parler à M. Desvernois, que l'on m'avait dit être
dans l'intention de traiter avec mon locataire de la maison rue du Parc, à
Belleville, pour l'acquisition de son établissement.

(2) Que penser maintenant de ce passage de la plainte où il est dit que
tout fut emporté à Bagnolet... sans invitation à l'épouse d'accompagner son mari ?
Et remarquez la candeur du témoin qui, n'ayant pas entendu le mot *invitation* sortir de ma bouche, s'imagine me contredire, dans la crainte de se par-
jurer, et répond : Non... j'ai seulement entendu M. Laurent dire à sa femme :
je ne demande pas mieux. Y a-t-il preuve plus palpable de la véracité d'une
personne que, parce qu'elle est pauvre, mes adversaires ont cependant osé
flétrir de l'épithète de faux témoin ?

(3) Précieux aveu échappé à Madame Allain, malgré toute sa bonne volonté
de me charger. Si je répétais sans cesse : *Laisse-moi tranquille,* ce n'est donc
pas moi qui étais l'agresseur. J'ajoute que les *deux personnes étrangères*, dont
il est parlé plus haut, étaient deux amis, non de Madame Allain qu'ils ne fréquentent pas, mais bien de Madame Laurent, venus là en observateurs, dans
l'attente de la scène qu'elle me préparait. Aussi M. et Madame Soubrier ne

« dame Laurent, au contraire, était calme et disait à son mari : Tu
« veux donc ruiner tes enfants en établissant près d'eux un établis-
« sement rival ? Elle ajoutait : Si tu veux t'en aller, laisse-moi au
« moins quelque chose (1); quand je dis que Madame Laurent était
« calme, je veux dire qu'elle n'avait ni irritation ni colère, car elle
« pleurait beaucoup. M. Laurent rentra dans son appartement, et
« c'est alors que Madame Laurent me dit que son mari l'avait re-
« poussée avec une violence telle qu'elle avait manqué se tuer. »

Sur l'interpellation de Mᵉ Tétard, demandé au témoin si, pendant cette scène, M. Laurent ne traitait pas sa femme de menteuse et de voleuse, a répondu :

« J'ai effectivement entendu M. Laurent proférer ces injures. »

11ᵉ Témoin. M. Allain père.

Pascal-François Allain, propriétaire, âgé de soixante-sept ans, demeurant à Belleville, dépose :

« On était au dernier terme du loyer de 1845, mais le terme n'é-

se présentèrent-ils chez moi que quelques moments après Madame Allain, le mari ayant soin de me dire, en entrant, qu'ils arrivaient comme par hasard, pour nous rendre visite. Du reste M. et Madame Soubrier nous ont donné, dans le temps, assez de marques d'obligeance et même de dévouement pour que je ne leur tienne pas rigueur de cet acte de complaisance envers Madame Laurent qui se pose en victime avec tant d'art, qu'ils me paraissent tout à fait excusables de s'y être laissé prendre, ainsi que beaucoup d'autres. Mais je doute qu'un peu plus tard Madame Laurent ait lieu de les remercier de leurs concours par trop obligeant dans cette dernière circonstance.
Cette scène avait aussi été concertée avec mon gendre; car, me trouvant chez lui peu de temps auparavant, il rompit brusquement notre entretien, et insista singulièrement pour que je me rendisse sur-le-champ à notre appartement, où il me dit que Madame Laurent m'attendait. Et moi, simple que j'étais ! jusqu'à lui savoir gré d'abord de son insistance, la prenant encore, malgré tant d'apparences contraires, pour un désir de me voir tomber d'accord avec sa belle-mère; quel fut mon étonnement d'être accueilli par elle avec un torrent de menaces et d'injures !

(1) Sans doute Madame Laurent s'est fait passer, tant qu'elle a pu, pour une victime dépouillée de tout par son mari; mais ce n'est pas sérieusement et de bonne foi que le témoin insinue que je voulais tout enlever, quand il est avéré qu'il ne restait plus que quelques meubles de très-mince valeur. Madame Allain n'ignorait pas que ma femme, favorisée en cela par mon gendre, qui n'a pas eu la sagesse de s'effacer dans toute cette affaire, était détentrice de toute notre argenterie, des pendules, flambeaux, candelabres, glaces, linge, bijoux, etc. S'il en fallait une preuve, je citerais la note de M. Duchesne où il déclare naïvement qu'à la vérité, lors de l'audience de conciliation, *j'ai demandé la réintégration* de ces objets *au domicile conjugal à M. le président Barbou*, mais qu'*il n'a pas jugé à propos de l'ordonner, tant il a pu apprécier la conduite plus qu'extraordinaire du demandeur*. Une autre preuve, c'est qu'à l'époque de notre inventaire, après l'arrêt de séparation, Madame Laurent a rapporté de chez M. son père, qui s'était prêté à l'innocente supercherie de sa fille, une partie de ces mêmes objets, c'est-à-dire, ce qu'elle a bien voulu avouer avoir appartenu à la communauté. On a donc mauvaise grâce de m'imputer un esprit d'envahissement qui n'appartient qu'à mes adversaires.

« tait pas expiré, bien que j'en eusse reçu le montant. M. Laurent
« m'annonça qu'il allait déménager pour aller à Charonne. Soit
« qu'il eût perdu la clé de l'appartement, soit que la serrure fût
« dérangée, ce fut un serrurier qui ouvrit la porte. Madame Lau-
« rent n'était pas chez elle en ce moment; ce fut la porte de la
« chambre occupée ordinairement par Madame Laurent qui fut ou-
« verte; les deux époux n'occupaient pas la même chambre ; cha-
« cune de ces chambres avait son entrée particulière. Je vis M. Lau-
« rent dans la chambre de Madame Laurent, opérer le déménage-
« ment; il empilait dans un sac des effets à l'usage de cette dame,
« et sur une observation qu'il les traitait avec bien peu de ménage-
« ment, il me répondit : Elle a emporté le meilleur. Je n'ai pas vu
« M. Laurent faire ouvrir, par le serrurier, des portes d'armoire
« ou de commode (1).

« A une époque postérieure, et dont je ne puis préciser la date,
« Madame Duchesne était chez moi, lorsque nous vîmes arriver chez
« moi Madame Laurent dans un grand état d'agitation ; elle por-
« tait sur sa joue, son oreille, et une partie du cou, les traces d'un
« soufflet reçu; car ces traces indiquaient l'empreinte de doigts.
« La boucle d'oreille était tordue. Madame Laurent nous dit
« qu'ayant été à Charonne voir son mari, il avait exercé sur elle
« cette violence grave. Nous allâmes chez le commissaire de police
« qui nous engagea à faire constater, par un médecin, l'état de Ma-
« dame Laurent. Ce que nous fîmes. »

Sur l'interpellation de Mᵉ Tétard, demandé au témoin si M. Laurent ne lui a pas remis un mémoire injurieux à Madame Laurent et à sa famille, a répondu ;

« Ce n'est pas M. Laurent qui m'a remis ce mémoire; c'est un de
« ses amis. »

Demande. N'avez-vous pas donné à Madame Laurent un certificat de déménagement?

Réponse. « Sur la demande de Madame Laurent, je lui ai donné
« un certificat énonçant les faits que je viens de déposer relative-
« ment au déménagement. C'est comme propriétaire que j'ai donné
« ce certificat.

« J'ajoute que Madame Laurent nous dit qu'elle avait été obli-
« gée de se sauver de chez son mari en y laissant son chapeau et
« d'autres effets; et sur mon observation qu'elle aurait dû rester,

---

(1) Encore un démenti donné à la plainte qui m'accuse d'avoir *fait forcer les portes et les armoires.*

« elle ajouta : je me suis enfuie chez le marchand de vins, car, si
« j'étais restée, je ne sais ce que je serais devenue. »

Sur l'interpellation de M. Laurent, demandé au témoin si, lors du déménagement, le témoin ne s'est pas aperçu que Madame Laurent n'occupait plus cette chambre, ce qu'aurait pu lui indiquer le lit complétement dégarni ; a répondu :

« Je n'ai fait aucune attention à cette circonstance, et je ne puis
« rien affirmer à cet égard. »

12ᵉ Témoin. M. Godefroy-Vibert.

Édouard-Clovis Godefroy, âgé de trente-huit ans, marchand de toiles à Paris, rue Saint-Denis, n° 248, dépose :

« Depuis longtemps je fournissais la maison Laurent ; aussi est-
« ce moi qui ai fourni le trousseau de leur fille lors de son mariage.
« Le mariage fait, j'écrivis successivement plusieurs lettres à
« M. Laurent, qu'il laissa sans réponse (1) ; je lui en écrivis une
« plus vive, à la suite de laquelle il vint chez moi. Quand je lui
« parlai de ma réclamation, il me répondit que cela ne le regardait
« pas ; et comme je lui faisais observer que sur cette note figuraient
« six chemises commandées pour lui par sa femme, il me dit que
« ces chemises étaient pour un autre. Comme je ne lui connais pas
« de fils, et que la manière dont il faisait cette réponse était singu-
« lière, j'en conclus que M. Laurent voulait dire que sa femme
« aurait fait faire ces chemises pour un homme avec lequel sa
« femme aurait eu de coupables relations (2).

« M. Laurent a ajouté : Du reste Madame Laurent a emporté
« assez de choses de chez moi pour vous payer. Par suite de ce

---

(1) Il y avait une bonne raison pour que je ne répondisse pas à ces premières lettres ; c'est que je ne les avais pas reçues, étant alors en voyage (en août et septembre 1843). Quant à la créance de M. Godefroy, elle n'était malheureusement pas la seule, car il y en avait pour près de 4,000 fr. de la même nature, auxquelles je ne devais pas plus m'attendre qu'à la sienne. Et ce n'est pas une des moindres humiliations dont je serai redevable à Madame Laurent, que celle de m'être vu, par son fait, dans l'impossibilité de satisfaire à des réclamations légitimes. Jusqu'alors j'avais su m'arranger de manière à ne pas subir pareille extrémité. Tous mes anciens fournisseurs ou salariés, à quelque titre que ce fût, ont été témoins de ma rigoureuse exactitude à payer. M. Duchesne lui-même en a eu des preuves non équivoques dont il m'a félicité bien des fois. Qu'il juge donc à présent de ce que je dois souffrir par l'effet des prodigalités de sa fille !

(2) L'insignifiance de cette déposition démontre que Madame Laurent s'est trouvée dans une grande pénurie de témoignages favorables à sa cause. Mais puisque M. Godefroy interprète si charitablement une réponse, il devait savoir que si Madame Laurent n'avait pas de fils, elle avait, en revanche, un gendre, un père et un frère.

« refus de M. Laurent, je l'ai assigné, ainsi que Madame Laurent,
« et un jugement a ordonné que je serais payé par Madame Laurent
« seule. »

13ᵉ Témoin. M. Soubrier.

François-Jean-Baptiste Soubrier, propriétaire, âgé de quarante-sept ans, demeurant à Paris rue du Faubourg-Poissonnière, n° 68 *bis,* dépose.

« Le 2 novembre 1845, j'étais chez Madame Allain avec ma
« femme, lorsque nous entendîmes un bruit violent dans l'apparte-
« ment au-dessus de celui où nous étions ; Madame Allain devint
« toute tremblante et parut penser qu'une scène très-vive se pas-
« sait chez les époux Laurent. On entendait pleurer ; nous nous
« déterminâmes à monter ; nous trouvâmes la portière qui sortait
« de l'appartement en disant : Ah ! la pauvre dame ! son mari l'a
« repoussée, et si je ne l'avais retenue, elle se serait brisée la tête
« contre le mur. Nous entrâmes ; M. et Madame Laurent étaient
« debout dans l'antichambre ; Madame Laurent pleurait, son mari
« semblait en proie à une vive irritation (1), Madame Laurent lui
« disait : Que veux-tu que je devienne ? Il faut bien cependant que
« tu me laisses quelque chose. Je fis quelques observations à
« M. Laurent, qui me dit : Elle m'a pris bien souvent de l'argent
« et des sacs de 600 francs.

« Je ne crois pas que Madame Laurent nous ait dit avoir été
« repoussée violemment par son mari ; c'est la portière qui nous l'a
« dit (2).

« Me trouvant un jour seul avec M. Allain, gendre de M. Lau-
« rent, et lui parlant du soufflet qu'on disait avoir été porté par ce
« dernier à sa femme, M. Allain me dit : Croiriez-vous que mon
« beau-père m'a dit : On dit que Madame Laurent a reçu un souf-
« flet ; je lui défie bien de le prouver ; puis, se tournant et regar-
« dant à droite et à gauche, il ajouta à voix basse : Il n'y avait pas
« de témoin ; je la défie bien d'en trouver. »

---

(1) *Irritation* si l'on veut, que j'appellerai, moi, indignation bien légitime causée par les reproches ignobles que Madame Laurent m'adressait relativement à M. et Madame Le Blévec, au point, que le lendemain M. Soubrier me dit que je ne devais pas m'en affecter, attendu que *Madame Laurent n'y croyait pas elle-même.*

(2) Madame Allain déclare positivement le contraire ; voici ses propres paroles : « M. Laurent rentra dans son appartement, et c'est alors que *Ma-*
« *dame Laurent me dit* que son mari l'avait poussée avec une violence telle
« qu'elle avait manqué se tuer. »

14ᵉ témoin. Madame Paris.

Adélaïde-Victoire Routière, veuve de M. Paris, rentière, demeurant à Belleville, rue de Romainville, n° 41, dépose :

« J'ai pour concierge une femme Pellerot, qui avait été auparavant la concierge de Madame Allain. Un de mes petits-enfants étant à ce moment chez M. Allain, la portière qui le sut me dit avoir un jour été témoin d'une scène terrible entre M. et Madame Laurent; que si elle n'était pas survenue et n'avait pas retenu Madame Laurent dans ses bras, cette dernière aurait eu la tête brisée contre le mur, tant son mari l'avait repoussée avec violence. Elle ne me parla pas d'injures proférées par M. Laurent contre sa femme. Elle ne me dit pas quelle était l'origine de la scène, si ce n'est qu'il y avait une contestation pour un partage d'effets.

« M. Laurent passait pour tenir très-bien son institution, et tout le monde disait qu'il était impossible d'être plus à la tête de sa maison et de prodiguer plus de soins aux enfants que Madame Laurent. »

Sur l'interpellation de M. Laurent, demandé au témoin si la portière n'aurait pas, le jour de la scène ci-dessus, appelé elle-même Madame Allain ; a répondu :

« La portière m'a dit qu'elle avait été chargée, par M. Laurent, d'appeler M. Allain, et que ce dernier, n'étant pas chez lui, elle avait alors appelé Madame Allain. »

FIN DE L'ENQUÊTE.

Voilà toutes les preuves que Madame Laurent a pu recueillir à l'appui des imputation accumulées dans sa plainte. A l'exception de son père et de sa mère, dont on conçoit l'intérêt à me charger, et dont il conviendrait, pour cette raison, d'écarter le témoignage, elle n'a pu trouver un seul domestique, un seul maître ou élève, une seule personne enfin, ayant eu quelques rapports suivis avec nous, qui ait été témoin des violences, injures ou mauvais traitements dont elle prétend avoir été victime pendant dix-huit années consécutives; et cela dans un pensionnat nombreux, c'est-à-dire dans une maison qui, selon le langage si net, si précis de Mᵉ Léon Duval, mon spirituel et judicieux défenseur, peut être véritablement appelée *une maison de verre*.

CONTRE-ENQUÊTE.

Le lendemain, 15 avril, furent entendus, à ma requête, les témoignages suivants :

1ᵉʳ Témoin. Madame Clausse, maîtresse de pension.

Rose-Marguerite Revenaz, veuve Clausse, âgée de quarante-neuf ans, propriétaire et directrice d'une institution de demoiselles, à Belleville, rue de Paris, 94, dépose :

« Depuis longtemps, je suis liée avec la famille Duchesne. J'avais
« entendu parler sous d'excellents rapports de M. Laurent, que
« d'ailleurs je ne connaissais pas personnellement, lorsque, à l'âge
« où Mademoiselle Duchesne pouvait se marier, j'eus la pensée de
« proposer ou faire proposer à sa famille M. Laurent. Le mariage
« se fit. Je continuai de voir la famille Duchesne et le jeune mé-
« nage, depuis le mariage. M. et Madame Laurent vinrent s'établir
« à Belleville ; M. Laurent jouissait d'une excellente réputation.
« Dans les rapports fréquents que j'eus avec Madame Laurent,
« cette jeune dame me parla souvent de son intérieur ; jamais elle
« ne me dit avoir été l'objet d'aucune violence personnelle de la
« part de son mari ; jamais elle ne me parla d'injures qui lui
« auraient été adressées ; du moins je ne me les rappelle pas.
« Elle se plaignait bien quelquefois des tracasseries intérieures qui
« ne m'étonnèrent pas, sachant que M. Laurent était assez vif ;
« mais j'affirme que je n'ai jamais connu à M. Laurent un carac-
« tère violent.

« Je ne me rappelle pas avoir été témoin d'une scène qui aurait
« eu lieu en 1832 entre M. et Madame Laurent chez M. Duchesne ;
« je puis même affirmer positivement n'avoir jamais été témoin
« d'aucune scène de cette nature. Il est possible que quelquefois,
« demeurant à Belleville, j'aie fait porter ma toilette chez Madame
« Duchesne, mais je ne puis me rappeler ni à quelle époque, ni à
« quelle occasion ; ce dont je suis certaine seulement, c'est que
« jamais en ma présence, il n'y a eu d'explication entre M. et
« Madame Laurent à l'occasion d'une de ces toilettes. Je suis certaine
« encore que M. Duchesne, ni Madame Laurent, ne m'ont jamais
« parlé de scène de ce genre. »

Demande d'office. Expliquez-vous, Madame, sur ce que vous entendez par les tracasseries intérieures dont vous avez parlé ?

Réponse. « Madame Laurent était fort jeune ; quoique fort bien
« élevée et s'occupant parfaitement de son ménage, elle avait les
« goûts de son âge et paraissait trouver un peu sévère la vie retirée
« qu'elle était obligée de mener. M. Laurent est un homme très-
« laborieux, très-économe et s'occupant uniquement de ses affaires.
« J'engageai Madame Laurent à accepter sa position, et surtout à
« ne pas parler à tout le monde de ses petites discussions d'inté-
« rieur. Plus tard, Madame Laurent se plaignit à moi de l'influence
« exercée sur l'esprit de son mari par plusieurs personnes, notam-
« ment par une dame Conte ; l'âge de cette dame ne peut laisser
« soupçonner que la jalousie fût le motif des plaintes de Madame
« Laurent. Cette dernière enfin manifesta un vif chagrin de ce que,
« malgré son désir, M. Laurent avait envoyé sa fille en province
« chez cette même dame Conte ; mais, je le répète, jamais Madame
« Laurent ne s'est plaint à moi de coups portés, ni d'injures pro-
« férées.

« M. Laurent, de son côté, se plaignit quelquefois de sa femme ;
« il trouvait que devant sa fille elle parlait un peu trop de ses pe-
« tits mécontentements d'intérieur ; mais jamais il n'a dit un mot
« fâcheux sur sa conduite. Ce fut parce qu'il craignait (1) de perdre
« sur sa fille l'influence qu'il voulait conserver, qu'il prit le parti
« de l'envoyer à la campagne ; il se fondait aussi sur l'intérêt de la
« santé de l'enfant.

« Quand il la fit revenir à Paris, sa première idée était de la
« mettre dans un couvent ; sur la prière de Madame Laurent, je
« proposai à M. Laurent de la prendre chez moi ; il y consentit. Il
« avait d'abord été convenu que l'enfant n'irait que tous les mois
« voir sa mère : bientôt M. Laurent consentit qu'elle y allât tous
« les quinze jours, puis tous les huit jours (2) ; Madame Laurent
« me parut fort heureuse de ces concessions, et me manifesta plu-
« sieurs fois la pensée de son bonheur.

« J'ai su qu'il y avait eu quelques projets de séparation volontaire
« entre les époux. Ces idées étaient émises par M. Laurent ;
« Madame Laurent résistait. Dans la pensée de M. Laurent par
« lui exprimée, ce n'était point une séparation définitive, mais
« l'espoir que Madame Laurent, après quelque temps d'un sé-

---

(1) Et mes craintes n'étaient que trop fondées, puisqu'elles se sont si bien réalisées.

(2) Ce qui n'a pas empêché mes adversaires de persuader à ma fille que *je ne l'aimais pas.*

« jour chez les autres, rentrerait chez elle avec bonheur. (1). »

2ᵉ Témoin. M. Denis (maître interne pendant plus de cinq ans à la maison).

Pierre-Denis-Jean-Baptiste Lemperrier, secrétaire du commissaire de police des Batignolles, y demeurant, âgé de trente-huit ans, dépose :

« Je n'ai aucune connaissance personnelle des faits contenus
« dans l'articulation dont la lecture m'a été faite. De 1831 à 1836,
« j'ai été professeur dans l'institution tenue par M. Laurent, à
« Belleville. Pendant ce long espace de temps, non-seulement je
« n'ai jamais été témoin de discussions vives qui auraient eu lieu
« entre les époux, mais jamais je n'en ai entendu parler ; j'ajou-
« terai même que je n'ai jamais vu entre eux la moindre dissi-
« dence.

« Depuis ma sortie de chez M. Laurent j'ai eu occasion plusieurs
« fois de retourner chez lui, car nous étions dans les meilleurs
« termes ; j'ai même dîné avec M. et Madame Laurent, et jamais
« ni l'un ni l'autre n'ont dit ou fait quelque chose qui pût me donner
« lieu de penser que leur ménage n'était pas heureux. »

Sur l'interpellation de Madame Laurent, demandé au témoin s'il n'avait pas été le confident de plaintes formées contre elle par son mari ; a répondu :

« Jamais M. Laurent ne m'a dit un mot relatif à ce qui regar-
« dait son ménage intime ; seulement il m'a recommandé de suivre
« la direction que, lui, voulait donner aux maîtres et aux élèves,
« sans m'arrêter aux désirs de Madame Laurent, qui, quelquefois,
« disait-il, avait le tort de s'immiscer dans cette direction. Voici à
« quelle occasion cette observation de M. Laurent eut lieu. Le
« jeune Duchesne, frère de Madame Laurent, était au nombre des
« élèves ; j'eus occasion de lui infliger une légère punition pour
« une faute, et Madame Laurent avait paru me trouver trop sévère. »

3ᵉ Témoin. M. Alphonse (maître interne pendant près de huit ans).

Edme-Victor-Alphonse-Jean, frère des écoles chrétiennes, âgé

(1) Mon intention n'a jamais été que Madame Laurent allât séjourner chez des étrangers, mais bien chez ses parents, afin qu'ils pussent juger par eux-mêmes de la placidité de son caractère. Mais ceux-ci, et pour cause, se sont toujours refusés à cette épreuve ; en sorte que, même à présent, je porte à la mère, ainsi qu'à la fille, si remplies de tendresse l'une pour l'autre, le défi le plus formel de vivre en tête à tête seulement quinze jours de suite !

de trente-et-un ans, demeurant à Passy, rue Basse, n° 40 *bis*, dépose :

« Je n'ai connaissance aucune des faits dont se plaint Madame
« Laurent, et dont lecture m'a été donnée. Je suis entré chez
« M. Laurent, comme maître, à la fin de 1833, et n'en suis sorti
« qu'en 1840. Pendant ce long espace de temps je n'ai jamais été
« témoin d'aucune scène entre les époux. Jamais je n'ai vu
« M. Laurent se livrer à des actes de violences contre sa femme ;
« je ne l'ai jamais entendu lui adresser des paroles injurieuses. Il
« ne s'est jamais expliqué devant moi sur aucun sujet de plainte
« qu'il aurait eu contre Madame Laurent; jamais non plus je n'ai
« entendu Madame Laurent se plaindre de son mari en quoi que ce
« soit. »

4° Témoin. La petite Marie, ancienne fille de chambre de Madame Laurent (onze ans de séjour à la maison).

Marie-Madeleine Barbier, femme Dupré, âgée de vingt-huit ans, lingère, demeurant à Charonne, chez M. Le Blévec, instituteur, rue de Bagnolet, n° 18 *ter*, dépose :

« Je n'ai aucune connaissance personnelle des faits dont lecture
« m'a été donnée. Je suis restée environ onze ans, comme domes-
« tique, chez M. et Madame Laurent à Belleville ; pendant ces
« onze années je n'ai jamais été témoin d'aucune scène de violence
« entre eux. Je n'ai jamais entendu M. Laurent injurier sa femme ;
« tous deux semblaient de bon accord ; jamais Madame Laurent,
« dans les rapports que je pouvais avoir avec elle, ne m'a dit un
« mot de son mari.

« A l'époque du mariage soit de la fille, soit de la nièce de
« M. Laurent, je n'ai rien entendu qui pût me donner lieu de soup-
« çonner qu'il y eût de la mésintelligence entre les sieur et dame
« Laurent. »

Demande d'office. Savez-vous quelque chose d'une scène qui se serait passé à Charonne en 1845, entre M. et Madame Laurent?

Réponse. « J'ai entendu dire par plusieurs personnes que
« M. Laurent avait donné un soufflet à sa femme ; mais je sais que
« cela n'est pas vrai. »

Demande d'office. Avez-vous été témoin de cette scène? et si vous n'en avez pas été témoin, comment savez-vous que cela n'est pas vrai?

Réponse. « Je me suis trompée en disant que cela n'était pas

« vrai ; j'ai voulu seulement dire que c'était M. et Madame Adnot
« qui m'avaient dit que Madame Laurent avait reçu un soufflet de
« son mari. »

Sur l'interpellation de M. Laurent, demandé au témoin si elle
n'a pas connaissance des soins qu'il aurait prodigués à sa femme
pendant plusieurs maladies, a répondu :

« Madame Laurent m'a dit elle-même plusieurs fois que son
« mari avait été sur pied la nuit pour lui donner des soins dont elle
« avait eu besoin, et quelquefois aussi M. Laurent est venu me
« chercher la nuit pour soigner sa femme qui était indisposée. »

5ᵉ Témoin. Madame Desroys.

Marie-Anne-Gilberte-Adélaïde Morel de la Colombe de la Chapelle, veuve Desroys des Chandelys, âgée de soixante-trois ans, propriétaire, demeurant à Belleville, rue de Calais, n° 94, dépose :

« Je n'ai aucune connaissance des faits dont lecture m'a été
« donnée. J'habite Belleville, et pendant le séjour des époux Lau-
« rent, des rapports s'établirent entre eux et moi. J'allai rarement
« chez eux, parce que Madame Laurent (c'est une justice que je
« me plais à lui rendre) était entièrement absorbée par les soins de
« sa maison qu'elle dirigeait à merveille. Jamais je n'ai eu occa-
« sion de remarquer dans ces quelques visites, que le moindre
« trouble existât dans le ménage ; au contraire, je croyais Madame
« Laurent très-heureuse ; car, à une époque que je ne puis préciser,
« mais qui remonte à quelques années, j'allai chez Madame Laurent
« que je trouvai fort tourmentée d'une indisposition de son mari,
« et à cette occasion elle me dit qu'elle ne pouvait arrêter sa pensée
« sur un événement fatal possible sans être tout en larmes. »

6ᵉ Témoin. Mademoiselle Catonnet.

Adèle-Antoine Catonnet, âgée de quarante-sept ans, rentière, demeurant à Belleville, rue Fessart, n° 33, célibataire, dépose :

« Je n'ai aucune connaissance personnelle des faits dont lecture
« m'a été donnée. Mes père et mère étaient intimement liés avec
« la famille Duchesne ; j'ai connu dans son enfance Mademoiselle
« Duchesne, aujourd'hui dame Laurent ; aussi, pendant son séjour
« à Belleville, nos relations ont continué. Madame Laurent ne m'a
« jamais parlé de violences exercées sur elle par son mari, ni d'in-
« jures qu'il lui aurait adressées. Elle m'a bien dit quelquefois qu'elle
« était malheureuse dans son ménage, mais jamais elle ne s'est
« expliquée sur la cause de ce malheur ; seulement, à l'époque où

« M. Laurent crut devoir envoyer sa fille à la campagne, Madame
« Laurent se plaignit amèrement à moi de son mari, qui lui causait,
« par cette séparation, une grande douleur.

« Je n'ai jamais entendu M. et Madame Duchesne, que mes père
« et mère voyaient, s'expliquer sur M. Laurent soit en bien soit en
« mal ; ce n'est que depuis la demande en séparation, que M. Du-
« chesne m'a dit que sa fille était extrêmement malheureuse avec
« son mari. »

Sur l'interpellation de la dame Laurent, demandé au témoin si M. Laurent ne lui aurait pas remis, depuis le procès, un Mémoire injurieux pour Madame Laurent, a répondu : « Le fait est vrai (1). »

Sur la même interpellation, demandé au témoin si, depuis la demande en séparation, M. Laurent ne s'est pas exprimé en termes si amers contre M. Duchesne, que le témoin lui aurait interdit sa porte ; a répondu :

« L'intérêt que je portais aux époux m'avait fait tenter un rap-
« prochement. N'ayant pu y réussir, je crus devoir prier M. Lau-
« rent de cesser ses visites ; mais jamais M. Laurent ne s'est ex-
« primé devant moi, sur son beau-père, ou les personnes de sa
« famille, en termes qui fussent blessants pour leurs amis. »

7ᵉ Témoin. Madame Gautheron.

Angélique Dubois, épouse de Guillaume Gautheron, âgé de quarante-et-un ans, propriétaire, dépose :

« J'ai eu pendant dix ans des relations avec M. et Madame Lau-
« rent, dans l'institution desquels était placé mon fils ; très-sou-
« vent j'ai été dans la maison, et loin d'avoir été témoin des faits
« articulés, dont lecture vient de m'être donnée, j'avais toujours
« pensé, au contraire, que le ménage était très-heureux. Madame
« Laurent était pleine d'égards et d'attention pour son mari qui,
« de son côté, se conduisait parfaitement avec elle. Nous avons fait
« ensemble plusieurs parties de campagne, et dans aucune circons-

---

(1) Mademoiselle Catonnet répond affirmativement sur la remise du Mémoire, mais non sur le caractère injurieux de ce Mémoire, où je dis, en parlant de Madame Laurent, page 98 : *Sa moralité, sa réputation, étaient donc désormais à l'abri des soupçons injurieux que l'inconséquence de ses démarches faisaient planer sur elle;* et où je déclare, page 100, que j'ai *toute confiance dans l'intégrité de ses mœurs,* après m'être attaché à la justifier dans dix passages différents. D'ailleurs, Mademoiselle Catonnet, qui était certainement bien éloignée de vouloir faire ce qu'on appelle vulgairement *jeter l'huile sur le feu,* n'avait elle-même remis mon Mémoire à la famille Duchesne que dans l'intention de l'éclairer.

« tance rien n'a pu me faire soupçonner que le ménage fût troublé ;
« ni M. ni Madame Laurent ne m'ont parlé de contestations qui
« auraient eu lieu entre eux. Loin de là.

« A une époque que je ne puis préciser, Madame Laurent, me
« parlant du bonheur qu'elle éprouvait à se trouver avec son mari,
« m'exprima le désir d'être dans la solitude avec lui, afin que les
« importuns ne la troublassent pas. »

8° Témoin. M. Gautheron.

Guillaume Gautheron, âgé de quarante-neuf ans, propriétaire,
demeurant à Belleville, rue Fessart, n° 32, dépose :

« Depuis 1834 je connais les époux Laurent, dans l'institution
« desquels était mon fils ; j'ai eu nécessairement beaucoup de rap-
« ports avec ce ménage, et rien n'a pu me faire soupçonner qu'il
« fût le moins du monde troublé ; ni M. ni Madame Laurent ne
« m'ont jamais fait de plainte l'un de l'autre ; au contraire, leur
« manière d'être ensemble était pleine de convenance.

« Il y a quatre ou cinq ans, je ne puis bien préciser l'époque, je
« me trouvai dans le parloir de M. Laurent, qui y était avec sa
« femme ; on apporta une lettre que M. Laurent lut d'abord tout
« bas. C'était une lettre anonyme dont il fit la lecture à haute voix
« et qui contenait des insinuations malveillantes sur la conduite
« de Madame Laurent. Après cette lecture, M. Laurent dit à sa
« femme : Une pareille lettre n'est pas de nature à diminuer la
« juste confiance que j'ai en toi ; voilà le cas que j'en fais : il la
« roula dans ses mains et la jeta au feu.

« Nous avons fait plusieurs parties avec M. et Madame Laurent
« et la famille de Madame Laurent, et le plus parfait accord m'a
« toujours paru régner entr'eux. Nos rapports n'ont guère cessé
« avec Madame Laurent qu'à l'époque du mariage de sa fille ; nous
« avons continué nos relations avec M. Laurent, qui vient de temps
« en temps nous voir. Je n'ai d'ailleurs aucune connaissance des
« faits de l'articulation dont lecture m'a été donnée. »

Sur l'interpellation de la dame Laurent, demandé au témoin s'il
ne voit pas souvent M. Laurent dans un café où ils se rencontrent ;
a répondu :

« Cela serait bien difficile, car je ne vais jamais au café. »

9° Témoin. M. Lénard (parrain de notre fille).

Antoine-Charles-Edmond Lénard, âgé de quarante-neuf ans,
propriétaire, demeurant à Paris, rue Meslay, n° 34, dépose :

« Je connaissais M. Duchesne avant le mariage de sa fille avec
« M. Laurent; ce mariage nous lia avec M. Laurent. Ma femme
« était, de son côté, l'amie intime de Madame Laurent. Cependant
« nos occupations à Paris ne me permettaient pas de les voir sou-
« vent; mais dans les assez rares occasions où je vis le ménage
« Laurent, jamais rien ne me fit soupçonner que l'harmonie n'exis-
« tait pas.

« Jamais Madame Laurent ne se plaignit à ma femme que son
« mari la rendît malheureuse. Aussi fût-ce avec étonnement que
« nous apprîmes plus tard que le bruit courait à Belleville que le
« ménage parlait de séparation. M. Duchesne et Madame Laurent
« nous dirent alors qu'ils n'avaient pas jugé, qu'à moins d'une
« nécessité absolue, il fût convenable de parler de ce qui se passait
« dans l'intérieur du ménage. »

Sur l'interpellation de M. Laurent, demandé au témoin s'il ne
saurait pas par sa femme que, d'après les confidences qu'elle avait
avec Madame Laurent, Madame Lénard n'avait pas la pensée que
Madame Laurent était fort heureuse dans son ménage; a répondu :

« Je me rappelle que, lorsque la séparation fut demandée, ma
« femme, causant en ma présence avec Madame Laurent, lui dit :
« Comment, malgré notre intimité tu ne m'as jamais parlé de ces
« faits, tellement que je te croyais heureuse ! à quoi Madame Lau-
« rent a répondu : Ma chère amie, quand on a des peines de ce
« genre, on les garde pour soi. »

10° Témoin. Madame Galbrunner.

Louise-Florence Racine, épouse de M. Charles Galbrunner, âgée
de quarante-huit ans, ledit Galbrunner, fabricant bijoutier, demeurant à Paris, rue du Temple, n° 45, dépose :

« J'ai eu, pendant huit ans, des enfants en pension chez M. et
« Madame Laurent, à Belleville, de 1833 à 1841. Tous les diman-
« ches j'allais voir mes enfants; il m'est impossible de donner trop
« d'éloges à Madame Laurent pour les soins qu'elle prenait des
« enfants, et la bonne tenue de la maison. Le ménage me parais-
« sait très-uni, et jamais aucune circonstance n'avait pu me donner
« la pensée qu'une séparation pût un jour être demandée par l'un
« ou par l'autre.

« Seulement, me trouvant un jour chez Madame Laurent avec
« Madame Duchesne, sa mère, la jeune femme pleurait et semblait
« se refuser à consentir à ce que sa fille, âgée de huit à neuf ans,
« fût envoyée en province, comme le désirait M. Laurent. Je fis

« quelques observations à Madame Laurent; je lui demandai no-
« tamment si la personne, entre les mains de qui M. Laurent vou-
« lait mettre sa jeune fille, ne méritait pas sa confiance; je crois
« que cette personne était une nommée Madame Conte : bien au
« contraire, me répondit Madame Laurent, car cette personne lui
« a déjà sauvé la vie.

« Et comme je cherchai à la calmer en lui disant qu'elle pourrait
« aller, aux vacances, voir sa fille, et qu'ainsi elle devait consentir
« aux désirs de son mari, Madame Duchesne, sa mère, s'écria : si
« elle cède une fois à son mari, il faudra qu'elle cède toujours. Je
« reprochai à Madame Duchesne ce mot imprudent. »

11ᵉ Témoin. M. Barrier, serrurier.

Louis-Stanislas Barrier, serrurier, âgé de quarante-quatre ans, demeurant à Paris, rue Corbeau, n° 19, dépose :

« Je n'ai aucune connaissance des faits contenus en l'articula-
« tion, à l'exception de celui dont je vais rendre compte :

« En 1845, à une époque que je ne puis préciser, M. Laurent
« vint me chercher pour ouvrir la porte d'une chambre située dans
« l'intérieur de son appartement, parce qu'on n'en avait pas la
« clef. M. Laurent avait la clef de la porte extérieure de l'appar-
« tement. J'ouvris donc la porte en question. La chambre dans la-
« quelle j'entrai semblait une chambre à coucher, mais elle parais-
« sait inhabitée, car le lit était complétement dégarni de ses draps
« et de ses matelas; il n'y avait que le bois de lit. Je n'eus besoin
« d'ouvrir aucun des tiroirs des meubles contenus dans cette cham-
« bre (1). M. Laurent ouvrit quelques-uns de ces tiroirs dans les-
« quels il me parut n'y avoir rien; je ne l'ai pas vu faire de pa-
« quets ; pendant que j'étais dans cette chambre avec M. Laurent,
« personne n'est venu. »

12ᵉ Témoin. M. Aimé de Courville.

Joseph-Aimé Gillet de Courville, âgé de vingt ans, tourneur tabletier; demeurant à Paris, rue du Faubourg-Saint-Martin, n° 29, dépose :

« Dans le courant de novembre 1845, j'avais été demandé à Cha-
« ronne pour des travaux de mon état, par M. Auguste Bertrand,
« tourneur, demeurant à Charonne; il s'agissait de déplacer un

---

(1) Dans la plainte, je suis accusé d'avoir fait forcer les portes *et les armoires*.

« tour. Vers les neuf heures du matin, Madame Laurent, que j'a-
« vais déjà vue deux fois et que je savais être la femme de M. Lau-
« rent qui, au moment dont je parle, demeurait à Charonne, vint
« pour parler à son mari. C'est moi qui lui ouvris la porte d'entrée,
« et Madame Laurent monta au premier étage chez son mari. J'i-
« gnore complétement ce qui se passa entre eux, car je restais en
« bas à mon ouvrage. Seulement, rien ne m'indiqua qu'une scène
« vive se serait passée ; si on avait élevé la voix, j'aurais nécessai-
« rement entendu. Madame Laurent ne resta pas longtemps avec
« son mari, car j'eus l'occasion de monter dans la chambre de son
« mari peu de temps après; et elle n'y était plus ; cependant je ne
« l'avais pas vue sortir.

« J'ai su depuis qu'une jeune fille était venue chercher des effets
« à Madame Laurent; je ne sais quels étaient ces effets.

« Je n'ai jamais entendu parler d'un soufflet qui aurait été donné
« par M. Laurent à sa femme ; et de tous les faits dont vous m'avez
« donné lecture, celui dont je viens de parler est le seul qui soit à
« ma connaissance. »

Sur l'interpellation de Madame Laurent, demandé au témoin si, après le départ de Madame Laurent, la scène qui venait de se passer n'a pas été, dans la maison, l'objet de propos qu'il aurait pu entendre, a répondu :

« Personne n'en a parlé, et j'ignore complétement ce qui s'est
« passé. Dans la salle au rez-de-chaussée, où je travaillais, on n'a
« rien entendu, je le répète, de ce qui a pu se dire ou se passer
« dans la chambre au-dessus ; et cependant je ne faisais pas de bruit
« en travaillant, et si l'on avait parlé haut, il m'eût été impossible
« de ne pas entendre. »

13ᵉ Témoin. M. Bréchu.

Louis-François Bréchu; âgé de quarante-deux ans, menuisier, demeurant au Grand-Charonne, rue de Bagnolet, n° 23, dépose :

« En 1845, j'avais été mandé à Charonne, dans la maison où de-
« meurait M. Laurent, pour arranger une porte ; je ne puis pré-
« ciser le jour ni l'heure. J'étais dans la chambre de M. Laurent à
« travailler, lorsque je vis, dans une autre chambre qui est celle de
« Madame Laurent, cette dame assise avec une autre dame qu'on
« m'a dit être Madame Duchesne, sa mère. M. Laurent n'était pas
« avec elles ; je n'ai pas vu sortir l'autre dame.

« Je continuais à m'occuper de mon travail sans faire attention à
« ce qui se passait, lorsque je vis, dans la chambre de M. Auguste,

« neveu de M. Laurent, chambre qui est à côté de celle où je tra-
« vaillais et devant laquelle il me fallait passer, M. et Madame
« Laurent : comme je n'ai fait que passer, je ne puis dire s'ils étaient
« assis ou debout, ni ce qu'ils faisaient. J'entendis le son de leur
« voix qui n'avait rien d'élevé. Une demi-heure après environ, je
« vis Madame Laurent descendre l'escalier. Je ne me suis pas
« aperçu qu'elle fût émue ; elle ne courait pas, elle était sans châle
« et sans chapeau ; je ne l'ai vue que par derrière, je ne puis vous
« dire comment était son visage. J'ignore où était M. Laurent au
« moment où sa femme descendait l'escalier. Pendant que M. et
« Madame Laurent sont restés ensemble, je n'ai pas entendu le
« bruit d'un coup porté, je n'ai entendu que leur voix.

« Un quart d'heure environ après la sortie de Madame Laurent
« une personne, je ne sais si c'est une femme ou une jeune fille, est
« venue sonner à la porte ; M. Laurent lui a parlé ; je ne sais ce
« qu'il lui a dit. J'ignore si l'on a remis à cette personne un châle
« et un chapeau.

« Bien que je sois resté dans la maison jusqu'à la fin de ma jour-
« née de travail, je n'ai rien entendu dire dans la maison qui pût
« me donner lieu de penser qu'un soufflet eût été donné par M. Lau-
« rent à sa femme. »

Sur l'interpellation de Madame Laurent, demandé au témoin s'il n'est pas aujourd'hui à Charonne, logé dans la maison même de M. Laurent, a répondu :

« Oui, Monsieur. »

14° Témoin. M. Weinrèbe, professeur émérite.

Jean-Joachim Weinrèbe, âgé de soixante-dix ans, propriétaire, demeurant à Belleville, rue de Charonne, n° 12, dépose :

« J'ai connu pendant huit ans le ménage Laurent, à Belleville ;
« jamais je n'ai été témoin d'aucun fait qui ait pu me donner lieu
« de penser que M. Laurent ne se conduisît pas bien avec sa femme.
« Je dois rendre justice également à Madame Laurent, qui jamais
« n'a parlé devant moi qu'avec estime de son mari.

« Lorsqu'il fut question de la séparation de corps, je m'entremis
« pour amener une réconciliation. Je vis, à cette occasion, M. Al-
« lain, gendre des sieur et dame Laurent. Ce dernier mettait une
« vive résistance à tout rapprochement entre son beau-père et sa
« belle-mère.

« Je désire révéler un fait qui se rapporte au soufflet qui, d'après
« l'articulation qui m'a été lue, aurait été donné à sa femme. Ce fait

« justifiera complétement M. Laurent de la violence qui lui est im-
« putée. M. Laurent, le jour même où ce fait eut lieu, vint chez
« moi un quart-d'heure après, et me dit : Ma femme vient de venir
« chez moi ; j'ai voulu user de mes droits de mari, elle s'y est re-
« fusée. D'où j'ai conclu que les traces de violence dont a parlé
« Madame Laurent, si traces existaient, étaient le résultat de cette
« lutte, et qu'il n'y avait pas eu de soufflet porté. »

Sur l'interpellation de Madame Laurent, demandé au témoin si, à l'époque du mariage de Mademoiselle Laurent, il ne se serait pas prêté à recevoir chez lui, pour le cacher, du vin fin appartenant à M. Laurent, et son secrétaire qui renfermait des papiers, a répondu :

« Effectivement, à une époque que je ne saurais préciser, mais
« longtemps après le mariage de sa fille, M. Laurent me pria de
« recevoir chez moi un secrétaire qui lui appartenait ; ce secrétaire
« était fermé et j'ignore ce qu'il contenait. Il me demanda égale-
« ment la permission de déposer quelques bouteilles dans ma cave ;
« comme je suis aveugle, il m'est impossible d'en dire le nombre ni
« la nature. Je consentis à ce que désirait M. Laurent, et, plus
« tard, ces objets furent par lui emportés à Charonne, lorsqu'il y
« eut acheté une maison.

FIN DE LA CONTRE-ENQUÊTE.

En comptant la dame Pellerot, qui a été entendue le 14, dans l'enquête, j'avais convoqué en tout vingt-sept témoins, qui tous ont bien voulu se rendre à mon appel. Mais, sur l'observation faite par M. le conseiller-commissaire, que la déposition d'un si grand nombre de témoins prolongerait démesurément la séance, j'ai renoncé à l'audition de douze d'entre eux (1).

Mais il paraît que décidément ma cause était des plus mauvaises ; car, à M. l'avocat général Nouguier avait succédé M. Poinsot, qui

---

(1) Si j'ai renoncé, *sur l'observation de M. le conseiller-commissaire*, à l'audition de mes douze témoins, c'est parce que je croyais que M. le conseiller, d'après les dépositions déjà entendues, était suffisamment éclairé sur la fausseté, ou du moins, sur l'exagération des griefs articulés contre moi. Je regardais donc ma cause comme gagnée. Autrement, aurais-je consenti à supprimer des témoignages aussi importants que ceux de MM. Galbrunner, Demonclair, Jeanroy et Salgat ? (Voir cinquième partie.)

ne me fut pas moins contraire que son devancier ; et là Cour, conformément à ses conclusions, prononça cet arrêt :

« Considérant qu'il résulte des enquête et contre-enquête, que
« Laurent a exercé sur sa femme *des violences et des sévices* qui ren-
« dent impossible la vie commune entre les époux, adoptant, au
« surplus, les motifs des premiers juges, met l'appellation au néant,
« ordonne que ce dont est appel sortira son plein et entier effet,
« condamne l'appelant en l'amende et aux dépens. » (14 mai 1847.)

RESPECT A LA CHOSE JUGÉE.

1re Observation. Vous eussiez présumé sans doute que mes adversaires, après cet arrêt, objet de tant de vœux, de tant d'agitations et d'efforts de leur part, seraient complétement satisfaits ; mais point. Leur but, je l'ai dit, était un intérêt pécuniaire (1), et M. Duchesne, s'apercevant un peu tard qu'au lieu d'enrichir sa fille, il n'avait réussi qu'à nous appauvrir tous les deux, s'est, l'oreille basse, retiré de la lice où l'a replacé son fils, M. Emile Duchesne. C'est donc une nouvelle lutte que j'ai à soutenir. En effet, ce dernier, muni des pleins pouvoirs de sa sœur, n'a rien négligé pour me prouver l'esprit d'hostilité et de défiance injurieuse qui l'anime. Cependant qu'y avait-il de plus rationnel que d'accepter sur le champ les conséquences d'un état de choses que, de prime-abord, il avait conseillé ? Ainsi, c'était tout simplement la vente ou le partage de notre chétif avoir qu'il fallait consentir. Mais M. Emile ne diffère de son père que par sa suffisance, depuis qu'à peine âgé de vingt-six ans, il a été, suivant son langage, *préféré à dix-sept concurrents*, pour remplir les fonctions de greffier à la Cour de cassation. J'ignore si c'est la science du droit ou bien la science des courbettes qui a prévalu dans cette circonstance ; mais ce que je sais, c'est

(1) La preuve que c'est bien un procès d'argent qui m'a été intenté, c'est que le premier acte qui a suivi le libelle de séparation, a été une demande de 2,000 fr. de pension avec 1,200 fr. de provision ; Madame Laurent ne s'étant pas contentée des 1,500 fr. que je lui faisais, avec lesquels elle pouvait, puisque tel était son goût, vivre paisiblement chez son gendre, où je n'avais certes pas envie d'aller la troubler ; car je n'y mettais plus les pieds par suite des procédés qu'on avait eus pour moi.

qu'il ne m'a pas été donné de faire comprendre à mon dédaigneux antagoniste, que plus il multiplierait les feuilles de papier timbré, les formalités et les frais, moindre serait la part de sa sœur ainsi que la mienne. C'est que le bon sens, dans cette famille, est à l'état de paradoxe habituel ; et, malgré mon empressement à lui livrer, en trois doubles feuilles in-folio, les renseignements les plus étendus sur ma situation, que j'abandonne depuis vingt mois à toute la rigueur de son contrôle, vingt mois ne lui ont pas suffi pour vérifier mes déclarations. En sorte que mes instances réitérées pour en finir n'ont abouti qu'à me voir amené, de lenteurs en délais, à une époque où la plus forte dépréciation pèse sur les immeubles, et qu'aujourd'hui nous ne sommes pas plus avancés que le premier jour.

Et quelles sont donc les grandes difficultés que M. Émile m'oppose ? En voici un exemple : Il conteste la légitimité d'une créance. Mais, lui dis-je, le créancier est substitué aux droits du vendeur, et inscrit comme tel au bureau des hypothèques. Et lui de me répondre avec une incroyable assurance : « Qu'est-ce qu'une « substitution de cette nature ? *Rien de plus facile que de la sup-* « *poser.* » Mais il fallait voir ses airs triomphants lorsqu'il eut découvert que la même créance figure sous deux noms différents dans mes états présentés à deux époques différentes. « La preuve, « me dit-il, de la fausseté de vos énonciations, c'est qu'après vous « être déclaré, l'an dernier, débiteur d'une somme déterminée « envers M. Cavietzel, vous énoncez aujourd'hui la même somme « être due à M. Biguet ; oubliant ainsi que vous tombez en contra- « diction avec vous-même. » Et qu'importe, pourvu que je ne paie qu'une fois ? Ai-je pu empêcher M. Cavietzel, substitué aux droits de M. Caruel, vendeur, de transporter sa créance à M. Biguet, créancier actuel ? C'est ainsi que l'intervention de l'habile greffier dans notre liquidation n'a fait qu'en entraver la marche et consommer notre ruine commune.

Cependant il faut lui rendre justice ; un cas s'est présenté où il a montré qu'il prenait vivement à cœur les intérêts de sa sœur, et voici à quelle occasion : Deux vases en porcelaine décoraient, depuis plusieurs années, la chambre de Madame Laurent. Il s'est rappelé que, pendant son séjour à la maison, il en avait fait cadeau à sa sœur, et, lors de l'inventaire, il les revendiquait comme étant la propriété exclusive de celle-ci. Mais comme il n'a pas été fait droit à sa demande, il s'ensuit que je dois désormais renoncer à réclamer de lui ma part de reconnaissance pour l'hospitalité de sept années qu'il a reçue chez nous, puisqu'elle se trouve payée par les vases susdits, estimés six ou huit francs, dont la moitié me revient de droit.

Pendant qu'il est question de mon honorable ex-beau-frère, je me permettrai de relever un trait d'esprit qui lui est échappé au début de ses fonctions de fondé de pouvoirs. De sa part, les traits d'esprit ne sont pas assez communs pour que je laisse celui-ci tomber dans l'oubli. Après qu'on eut, par suite de notre séparation de corps et de biens, procédé, chez moi, au recensement de mes bottes, chaussettes, bretelles, mouchoirs de poche, etc., je me transportai, accompagné de MM. les officiers ministériels et du principal personnage, M. le greffier en Cour de Cassation, au domicile de fait de Madame Laurent, pour y recenser aussi la portion de notre mobilier que mon gendre a bien voulu ne pas revendiquer pour lui. Je dis *a bien voulu*, car tout ce qui lui convenait, comme glaces, pendules, flambeaux dorés, meubles de salon, vaisselle, etc., il mettait haro sur ces objets, prétendant qu'ils lui avaient été transmis avec le pensionnat; et Mᵉ Moulin, persuadé, peut-être à tort, qu'il en tiendrait bon compte à sa belle-mère, faisait chorus avec lui. Mais j'oublie le principal sujet de mon récit, tant les faits et les anomalies se pressent sous ma plume! Lors donc que le cortége relaté plus haut entrait chez mon gendre, M. Émile, qui marchait en tête, présenta sa nièce à Mᵉ Moulin, lui disant avec son aplomb accoutumé : « Voilà la fille de votre cliente, *et votre cliente future.* » *Bone Deus!* Il espère donc que ma fille marchera sur les traces de sa mère? Le ciel t'en préserve, mon enfant! et je n'hésite pas à te prédire : malheur à toi si jamais tu as besoin d'autres conseils que ceux de ton mari!

Ne vous apparaît-il pas évidemment, d'après ce qui précède, que Madame Laurent, déjà si mal inspirée par la pensée du procès, s'est étayée de singuliers appuis? En vérité, il faut qu'elle joue de malheur; et ce n'était pas la peine que, mêlant le sacré au profane, elle fit intervenir la religion, et chargeât l'un de ses ministres d'invoquer le secours du ciel en faveur de sa cause, pour obtenir un si triste résultat.

Elle avait, me direz-vous, d'autres conseils que son père, son gendre et son frère; son avoué, par exemple; il a nom Mᵉ Moulin. Je veux lui croire de la probité et même du désintéressement, s'il est vrai qu'il travaille gratuitement pour mes adversaires, comme s'en est vanté M. Duchesne; et c'est probablement ce qui lui a épargné l'inconvénient de *vendre sa dernière chemise pour faire séparer sa fille,* ainsi qu'il s'y est engagé envers celle-ci pour le cas où son mari viendrait à lui déplaire; malheur qui m'est arrivé juste au bout de dix-huit ans de mariage, quand, après m'être dépouillé en faveur de ma fille, et avoir amassé, à ce que l'on croyait, de gros revenus à ma femme, je n'ai plus paru bon qu'à être mis à l'écart. J'accorde aussi à M⁰ Moulin un dévouement sans bornes pour ses clients, à en juger par la multiplicité des moyens qu'il a mis en œuvre pour obtenir le jugement de première instance qui a prononcé *de plano* la séparation. Mais quelle légèreté pour un homme de cinquante-huit ans! Comment! il ne prévient pas sa cliente des conséquences inévitables de l'action qu'elle veut entreprendre, au point que celle-ci, son procès gagné, regrette vivement de l'avoir commencé! Il est vrai qu'il pouvait supposer que M. Duchesne père les avait toutes prévues, calculées et mûries. Cependant il n'en était rien. M. Duchesne, l'inconséquence et la contradiction personnifiées, n'avait rien prévu, rien calculé ni mûri. C'est du moins l'aveu implicite qu'il fait à présent, puisqu'il cherche à se décharger de la responsabilité du procès, en la rejetant tantôt sur l'un, tantôt sur l'autre. Et ce qui pourrait étonner quiconque ne le connaît pas suffisamment, c'est qu'il y a une sorte de bonne foi dans cette excuse de M. Duchesne. Car celui-ci et celui-là qu'il accuse aujourd'hui, ont en effet concouru à pousser et soutenir Madame Laurent dans sa funeste résolution, avec plus de persévérance que M. Duchesne; tandis que lui, opinant pour les deux avis contradictoires, au moins une fois par jour, c'est peu dire, il arrive que, prophète après l'évènement, il ne se souvient plus que de celui de ses avis qui s'est trouvé le meilleur, et qu'il s'en prévaut avec une imperturbable assurance.

Mais où éclate davantage la légèreté de M⁰ Moulin, c'est qu'après tous les démentis donnés par les enquêtes aux faits et assertions qu'il avait enregistrés dans la plainte de Madame Laurent, il conserve des préventions contre moi au point de rejeter, sans examen, tout ce que je propose, autant dans l'intérêt de sa cliente que dans le mien. Vous conviendrez alors qu'il eût été plus avantageux pour Madame Laurent de s'adresser à un avoué qui fît payer sa procédure et donnât une meilleure direction au procès. Il sera facile de s'en convaincre en lisant la lettre suivante, que j'adressai à M. Duchesne père, vers le milieu du mois de mars 1848.

« Charonne, mars 1848.

« Monsieur Duchesne,

« La mésintelligence qui nous divise depuis trois ans a-t-elle
« assez nui à nos intérêts? Ou devons-nous continuer à nous faire
« la guerre à nos propres dépens jusqu'à l'anéantissement des
« derniers débris de la chétive fortune que nous avions acquise au
« prix de tant de peines et de labeurs? Vous connaissez le proverbe :
« *Si un aveugle en conduit un autre, tous deux tombent dans le pré-*
« *cipice.* Eh bien! Madame Laurent a été conduite, dans toute cette
« fatale affaire, par des guides de quatre catégories différentes, mais
« tous aveuglés, vous par une tendresse mal entendue pour elle ;
« M° Moulin, par une prévention sans égale qui lui a été suggérée
« contre moi ; Émile, par une présomptueuse ignorance ; et enfin mon
« gendre, par une cause la moins excusable de toutes, par une sor-
« dide cupidité. Je ne vous dirai rien ici de ce dernier aveuglement
« ni du vôtre, dont je vous crois du reste assez disposé à faire l'aveu.
« Quant à M° Moulin et à Émile, un mot seulement qui devrait bien
« vous tenir en garde contre leur infaillibilité, à laquelle vous avez
« cru jusqu'à présent.

« Et d'abord, peu de temps après le jugement de première
« instance, j'avais prié M. Loiseau de demander *à la partie adverse*
« si elle consentirait à la vente de l'un des trois lots de la propriété
« de Charonne, avec un bénéfice net de mille francs sur ledit lot,
« offre qui venait de m'être faite. J'ignore si M. Loiseau vous parla
« de cette proposition, mais il me demanda, de la part de M° Moulin,
« une note détaillée sur cet objet. Je la rédigeai au plus vite, en
« faisant observer que le lot en question était celui qui se vendrait
« le plus difficilement, parce que la cave avait été remblayée. La
« réponse de M° Moulin fut que la vente de ce lot *gênerait peut-*
« *être celle des autres lots.* Et cependant il devait savoir que l'un de
« ses clients, M. J., propriétaire de quatre ou cinq maisons à Cha-
« ronne, cherche, depuis plus de trois ans, à s'en défaire, sans pou-
« voir y parvenir. Deux ou trois de ces maisons sont restées sans
« être louées, ou ne l'ont été qu'à des locataires insolvables. Pre-
« mière bévue de M° Moulin.

« Plus tard, j'ai été vous proposer à vous-même la vente
« de toute la propriété de Charonne, avec une perte très minime
« sur le prix de l'acquisition, y compris les frais et les dépenses que

« j'avais été obligé d'y faire. Vous en avez écrit à Mᵉ Boucher, le
« priant de s'entendre à cet égard avec Mᵉ Moulin. Mᵉ Boucher lui
« écrivit sur-le-champ pour lui transmettre ma proposition, mais il
« n'y daigna faire aucune réponse. Deuxième bévue de Mᵉ Moulin.

« Plus tard encore, sur ma demande, Mᵉ Boucher sollicita de
« Mᵉ Moulin son consentement à passer, pour la maison de la rue
« du Parc à Belleville, un bail de trois, six ou neuf années, à la
« volonté du preneur seulement, il est vrai, mais au prix de 1,200
« francs pour la première période, de 1,500 francs pour la deuxième,
« et 1,600 francs pour la troisième; même silence que précédem-
« ment de la part de Mᵉ Moulin. J'insistai pour obtenir une réponse,
« et Mᵉ Boucher parvint à le rencontrer au Palais. Non (1), lui
« dit-il d'un ton tranchant qui lui est habituel, *rien de commun avec
« cet homme-là*. Comprenez-vous? *Cet homme-là* signifie : *Cet
« ogre-là*. Je vous avais déjà cité cette troisième bévue de Mᵉ Mou-
« lin; mais je vous la rappelle ici par écrit, parce qu'il est des choses
« que vous oubliez très facilement.

« Enfin, Mᵉ Moulin doit voir maintenant à quoi ont servi les
« dépenses qu'il a occasionnées en faisant nommer à grands frais
« par le tribunal, pour trancher cette misérable question de lingerie,
« un expert qui n'a rien tranché du tout, tandis qu'elle pouvait se
« décider par M. Tardieu, tiers arbitre nommé à l'amiable. Voilà
« de bon compte quatre bévues de Mᵉ Moulin, qui ne sont pas
« moins préjudiciables aux intérêts de Madame Laurent qu'aux
« miens, sans compter la plus grosse de toutes, et je ne crains pas
« de le dire, celle qui pèsera de tout le poids du remords sur le
« reste des jours de sa cliente, celle d'avoir abusé de son influence

---

(1) Par suite de ce refus et des précédents, les deux maisons, celle de Charonne et celle de Belleville, sont restées inoccupées, et par conséquent improductives ; ce qui causa à la communauté, tant sur la vente que sur le loyer, une perte de plus de 30,000 fr., dont la moitié à supporter par Madame Laurent, qui peut voir maintenant ce que lui a valu la sagacité des personnes à qui elle s'est confiée. Comme au nombre de ces personnes figuraient en première ligne son père et son frère, je crus devoir aller les trouver en désespoir de cause. Mais le premier, que le regret, j'ai presque dit le remords, de sa fatale participation au procès avait rendu tout d'un coup aussi humble que naïf, s'est borné à me déclarer *qu'il n'entendait rien aux affaires*, ce dont je m'étais déjà bien aperçu, mais sans m'être encore douté que son expérience de trente ans de Palais et de soixante-cinq ans d'âge, fût insuffisante pour l'éclairer sur la question qui se présentait. Le second, M. Duchesne fils, se renfermant dans une majestueuse réserve, me dit qu'après les reproches qu'il avait reçus de sa sœur et de sa nièce sur toute cette affaire, il était tenté de ne plus s'en mêler du tout (ce qu'il aurait bien dû faire dès l'origine), attendu, ajouta-t-il, que de mon côté *je suis heureux et indépendant*. Je n'eus donc plus alors qu'à me croiser les bras, en souhaitant une éternelle durée à *son bonheur et à son indépendance*.

« sur son ancien clerc (mon premier défenseur) pour faire trancher
« par le glaive de la justice, le lien qui nous unissait.

« Voici pour Emile. Je n'avais fait aucune difficulté de me
« rendre à sa première invitation; car, ainsi que je le lui ai
« exprimé, j'avais vu dans sa lettre, pour la première fois depuis
« le procès, un langage à peu près convenable. Mais je n'ai pas
« tardé à être détrompé sur ses dispositions intérieures et princi-
« palement sur son intelligence des affaires. Cependant je lui ai de
« suite proposé le seul parti praticable pour mener à bonne et
« prompte fin notre liquidation, c'est-à-dire de faire deux lots des
« trois maisons, la grande d'un côté, les deux petites de l'autre, et
« de nous en adjuger à chacun un par attribution de partage ; ce
« qui n'eût coûté qu'un droit fixe de fort peu d'importance. Mais
« comment en fixer le prix? Rien de plus simple. L'une des deux
« parties fait l'estimation des deux lots et en laisse le choix à
« l'autre, après s'être engagée par écrit à prendre pour elle-même
« le lot que la partie adverse ne voudra pas. La question ainsi
« posée, il m'eût été indifférent d'estimer moi-même les lots ou de
« les laisser estimer par l'un des conseils de Madame Laurent. Ma
« proposition rejetée, qu'y avait-il de mieux à faire que de profiter
« de la belle saison pour procéder à une adjudication ? Mais puis-
« qu'on était parvenu à traîner en longueur la première adjudi-
« cation, depuis le 14 mai jusqu'au 18 décembre suivant, ce qui
« fait sept grands mois, il fallait donc, pour fixer la mise à prix,
« s'en tenir aux indications que j'avais données. Loin de là, quand
« j'ai demandé à Mᵉ Moulin s'il jugeait à propos que je me trouvasse
« à l'entretien qu'il devait avoir avec Mᵉ Boucher sur ce sujet :
« *Non, Monsieur*, m'a-t-il dit, *ces choses-là se traitent ordinairement*
« *entre avoués ;* comme si le client n'était pas autant et plus clair-
« voyant que tout autre sur une question de fait qui touche direc-
« tement à ses intérêts. Je suis convaincu que si Émile ou les
« autres conseils de Madame Laurent n'avaient pas tenu à porter
« si haut les premières mises à prix, ce qui n'était propre qu'à
« éloigner les acheteurs, les trois maisons auraient pu, à cette
« époque, être vendues avec avantage pour nous.

« Maintenant, que reste-t-il à faire? Ce qu'en désespoir de cause
« j'étais allé vous proposer huit jours avant la dernière adjudica-
« tion, n'ayant pas trouvé, du côté d'Émile ni de Mᵉ Moulin,
« seulement une oreille pour m'entendre. Émile a prétendu qu'en
« faisant cette démarche, je n'avais en vue aucune transaction
« sérieuse, mais que je voulais seulement sauver les apparences.

« Sauver les apparences ! et aux yeux de qui ? lui ai-je demandé.
« Il m'a répondu que c'était aux yeux de sa famille. Eh bon Dieu !
« qu'ai-je besoin de sauver les apparences aux yeux de gens pour
« qui une réalité de dix-huit ans est comme non avenue ? Enfin,
« comme je me retirais en témoignant le regret d'avoir, Madame
« Laurent ou moi, à payer une seconde fois des droits considérables
« d'enregistrement, si un lot était adjugé à l'un de nous, *justement,*
« me dit-il avec ironie, *l'État a besoin d'argent.* Eh bien ! puisqu'il
« juge à propos de plaisanter dans d'aussi tristes conjectures et
« qu'il est si prodigue de l'argent qui ne lui appartient pas, il aura
« la satisfaction de voir sa sœur dépenser peut-être 1,500 francs
« de frais qu'il aurait pu lui épargner.

« Maintenant donc, je demande que l'on fasse, pour la propriété
« qui reste à vendre, ce qu'on aurait dû faire avec une grande
« économie de frais pour les trois. Que Madame Laurent la prenne,
« ou je la prendrai suivant le mode indiqué plus haut. Cette pro-
« priété, d'ailleurs, ne peut rester plus longtemps indivise sans un
« notable préjudice pour tous deux. Si même on trouvait à présent
« un locataire, elle ne pourrait être louée dans l'état actuel ; car il y
« a d'urgentes réparations à y faire, entre autres à la toiture, qui
« fait eau en plusieurs endroits, ce qui gâte les poutres et les pla-
« fonds. Celle des remises est à renouveler complètement, car il en
« tombe souvent des ardoises qui nous exposent à des réclamations
« d'indemnité de la part des passants qui pourraient en être blessés.
« D'ailleurs je vais être obligé de la quitter pour aller dans celle de
« la rue du Parc, à Belleville, chercher les moyens d'en tirer un
« parti quelconque. Croyez-vous qu'une maison abandonnée puisse
« gagner de la valeur, quand déjà elle se trouve dépréciée par le
« seul fait d'avoir été trop longtemps et trop de fois mise en vente
« inutilement ?

« Je vous entends d'ici me répondre que cela ne dépend pas de
« vous, que vous n'y pouvez rien. Oh oui ! tout le monde s'est trouvé
« d'accord pour briser, pour détruire, pour faire le mal qui s'opère
« toujours d'ailleurs si promptement, si facilement ; et personne ne
« prend l'initiative du peu de bien qui serait à faire !

« J'espère, du moins, que si ma proposition n'est pas accueillie,
« Émile ne s'opposera pas à ce qu'il soit procédé à une troisième
« adjudication, aussi promptement que possible (1) ; car il y aura

(1) Je parlais à la pire espèce des sourds, c'est-à-dire à ceux qui ne veulent pas entendre. Car il m'a encore fallu sommer et assigner mes adversaires en justice ; puis, après plusieurs remises successives et plaidoiries contradic-

« toujours avantage pour l'ex-communauté à être débarrassée, ne
« fût-ce qu'en partie, des charges et intérêts qui la grèvent.

« S'il m'est, en outre, permis de vous donner un motif qui m'est
« tout personnel, je vous dirai que parmi les pertes de tous genres
« que m'a fait éprouver ce ruineux procès, celle de trois années
« que j'aurais pu employer utilement n'est pas la moindre, et que
« j'ai grand'hâte comme grand besoin de voir terminer notre labo-
« rieuse liquidation.

« J'ai l'honneur de vous saluer,

« J. LAURENT. »

Six semaines plus tard, voyant que, par suite des mêmes entraves, les choses restaient au même point, j'adressais cette seconde lettre à M. Duchesne :

« Belleville, 24 avril 1848.

« Monsieur Duchesne,

« En m'adressant à vous dans le but de hâter la conclusion de
« notre malheureuse liquidation, j'avais bien raison de vous expri-
« mer la crainte de ne rien hâter du tout. Mais dût encore Émile
« m'accuser de ne vouloir *que sauver les apparences,* je maintiens
« qu'après tout le mal dont la plus grave responsabilité pèse sur
« vous et sur lui, il dépend encore de vous deux, sinon de réparer,
« du moins de faire cesser l'état d'hostilité qui nous dévore depuis
« bientôt quatre ans.

« Comment? je vous signale quatre décisions de M° Moulin, dé-
« sastreuses pour les intérêts de votre fille autant que pour les
« miens, et vous vous bornez, dans votre réponse (1), à me ren-

toires, obtenir un jugement de la 2º chambre du tribunal de 1ʳᵉ instance, pour arriver à cette troisième adjudication, qui n'a eu lieu que le 26 août 1848. Depuis lors, avec un peu de bonne volonté, quinze jours auraient suffi pour clore nos débats; mais M. Emile en a décidé autrement. Il a craint sans doute de troubler son *bonheur* et son *indépendance*, sa profonde quiétude, en un mot, qui l'empêche de s'apercevoir que, depuis bientôt deux ans, les créanciers de la communauté et moi sommes à bayer après notre dû sans pouvoir en toucher un sou.

(1) J'ai démontré ailleurs que M. Duchesne, en matière sérieuse, était toujours à côté de la question, ou bien d'une nullité complète quand on parvenait à l'y renfermer. Sa réponse en est une nouvelle preuve. Je lui avais donné, comme on vient de le voir, les meilleures raisons pour le décider à se

« voyer au jugement erroné du même individu! Aussi, voyez-en
« le résultat. Il se rencontre, par hasard que Mᵉ Boucher, frappé
« dans ses affections par la mort de sa femme, n'a guère en ce
« moment la tête aux affaires, et s'est trouvé même obligé de s'ab-
« senter de Paris; et voilà que Mᵉ Moulin ne veut pas traiter avec
« la personne chargée de le représenter; il ne veut traiter directe-
« ment qu'avec Mᵉ Boucher; il ne réclame que Mᵉ Boucher. Cette
« prétention de ne vouloir s'entendre qu'entre patrons est bien
« aristocratique dans le temps qui court, et fort ridicule dans tous
« les temps.

« *Vos éternelles tergiversations,* me dites-vous, *sont la seule cause
« qui nous ait toujours arrêtés.* En quoi donc ai-je tergiversé? N'ai-
« je pas toujours demandé la même chose, une prompte liquidation?
« (et le plus sûr moyen d'y arriver sans frais, était de nous adjuger
« les lots par attribution de partage). Je vous en ai même prévenu
« avant l'arrêt, chez M. Lénard, et vous avez pris mon avertisse-
« ment pour une menace. Eh bien! maintenant que les faits sont
« accomplis, je les accepte tels que vous les avez voulus. Jouissez
« de votre triomphe, mais ne me forcez pas, par des lenteurs cal-
« culées, de dévoiler toutes les menées que vous avez pratiquées
« pour l'obtenir; car vous ajoutez: *qui nous arrêtera peut-être
« encore longtemps.* Que signifient ces paroles qu'à mon tour je
« puis prendre pour une menace? Est-ce à dire que, comptant tou-
« jours sur votre haute influence au Palais, et sur ce que vos adhé-
« rents appellent les sympathies des tribunaux, vous prétendez me
« réduire à une déroute complète? Mais songez que, grâce à votre
« inconcevable légèreté dans toute cette affaire, cette déroute est
« bien près d'arriver. Déjà me voilà dans l'impossibilité matérielle
« de remplir mes engagements; et vous, qui avez tant de fois été
« témoin de ma rigoureuse exactitude à payer, comprenez-vous ce
« que je souffre de ne pouvoir satisfaire à des réclamations légiti-
« mes? Ce n'est qu'à force de supplications que je suis parvenu à
« faire patienter nos créanciers. Quel avantage en résultera-t-il
« pour vous, si ces maisons qui vous ont si étrangement fait tourner
« la tête à tous, ces maisons une fois saisies et mises en vente, il ne
« nous reste plus, à nous, comme débiteurs saisis, la ressource de

soustraire au joug de Mᵉ Moulin. Et lui de m'écrire (je copie textuellement):
« Pour vous prouver que je ne tiens pas à traîner les choses en longueur, ni à
« ne marcher qu'à coups de papier timbré, comme vous le dites, *je m'en rap-
» porte à Mᵉ Moulin.* » Époumonnez-vous donc à crier qu'il fait jour, quand on
s'obstine à fermer les yeux!

« faire monter les enchères? D'ailleurs la sympathie s'obtient faci-
« lement quand elle ne coûte rien à celui qui la donne ; mais de quoi
« vous a-t-elle servi ? De tous les coups que vous m'avez portés, en
« est-il un seul qui n'ait rebondi sur vous, et principalement sur
« votre fille, d'un poids aussi lourd que sur moi ? Si vous aviez, il y
« a trois ans, écouté et examiné les explications que je vous donnais
« sur l'état de mes affaires ; si vous aviez seulement suivi la marche
« tracée par le simple bon sens, auriez-vous affiché des prétentions
« aussi exagérées que celle de m'imposer une bonne pour votre fille,
« ou deux mille francs de pension ? Eh bien ! vous aurez lieu de
« vous convaincre, à ses propres dépens comme aux miens, que je
« ne vous en imposais pas, que les sept ou huit mille francs de reve-
« nus que vous m'attribuiez (chez M⁰ Chaix), n'existaient que dans
« l'imagination de notre fille, et, par suite, dans la vôtre, ce qui est
« moins excusable. C'est sans doute cette conviction que vous
« redoutez et qui vous porte à en retarder le moment. Mais un peu
« plus tôt ou un plus tard, il faudra bien qu'elle se manifeste, et que
« M⁰ Moulin et quelques autres reviennent de l'erreur dans laquelle
« ils ont été induits par vous.

« Vous aimez, dites-vous encore, votre fille *comme un homme*
« *d'honneur doit aimer ses enfants*. Oui, si c'est aimer ses enfants
« en homme d'honneur que de les lancer ou soutenir dans une voie
« qui les déshonore. Car nul n'empêchera que chacun n'interprète
« à sa guise les vues secrètes d'une femme déterminée à traîner
« devant les tribunaux son mari, honnête homme d'ailleurs, mais
« coupable seulement d'un soufflet réel ou supposé. Mes protesta-
« tions mêmes sur l'innocence de ses mœurs, n'ont pu et pourront
« moins que jamais désarmer la critique sur son compte. Qu'elle se
« résigne donc désormais à subir le sort qu'elle s'est fait à elle-
« même, c'est-à-dire toutes les censures sévères ou malveillantes,
« qui sont toujours les plus nombreuses. Ce sentiment, au reste,
« d'affection paternelle, dans lequel vous paraissez vous retrancher
« comme dans un refuge inaccessible aux reproches de votre cons-
« cience, je vois bien qu'il s'est manifesté par des paroles ; mais
« vous n'ignorez pas ce que signifient les paroles en général, et les
« vôtres en particulier. Combien de fois ne m'avez-vous pas témoi-
« gné (en paroles) la plus vive amitié, m'affirmant que vous souf-
« friez de rester quelques jours sans me voir, sans monter à Belle-
« ville! Cela vous a-t-il empêché de dire plus tard, chez M. Lénard,
« que je vous avais fait aller pendant dix-huit ans ? Rappelez-vous
« les protestations de reconnaissance que vous me fîtes un jour au

« nom d'Émile et au vôtre, m'assurant, en mettant sa main dans la
« mienne, qu'il n'oublierait jamais les services que vous disiez alors
« que je lui avais rendus. Cela l'a-t-il empêché d'être l'un des pre-
« miers à m'attaquer, d'organiser, par exemple, la belle équipée de
« Charonne, après avoir gravement demandé à ma fille, comme il
« me l'a naïvement déclaré lui-même, s'il était vrai que j'avais,
« devant elle, reproché à sa mère *de dire autant de mensonges*
« *qu'elle mangeait de bouchées de pain*, ce qui m'était arrivé,
« en effet, l'ayant surprise en flagrant délit de mensonge, en pré-
« sence de ma fille, à qui elle reprochait d'avoir *failli la trahir*.
« C'est ainsi qu'Émile commençait par faire accuser un père
« par sa fille, et que vous avez tous travaillé à étouffer, dans le
« cœur de cette enfant, jusqu'au dernier germe de déférence et
« d'affection filiale.

« Et que dire de la démonstration touchante que vous me fîtes
« un jour, lorsque je vous délivrai des obsessions de ce... comment
« dirai-je? de ce prétendu parent du député Marchal de Nancy,
« qui vous avait relancé jusque chez moi? Quand je fus parvenu,
« avec le concours de M. Marcellin et du commissaire de police, à
« vous débarrasser de cet intrigant, j'en ressentis bien la joie, sachant
« combien sa présence à Paris vous causait de tourments; et je
« n'éprouvai qu'une crainte qui était toute dans l'intérêt de votre
« dignité de père et d'époux. Tout cela, comme bien d'autres choses,
« a été mis en oubli par vous.

« Mais j'ai à vous rappeler un fait bien autrement significatif, et
« qui donne la mesure de ce que vaut votre amitié *d'homme d'hon-*
« *neur*. Avant la publication de mon Mémoire, vous flottiez encore
« incertain sur le parti que vous prendriez relativement à l'attaque
« insensée de votre fille; c'est à dire que vous penchiez tantôt pour
« un rapprochement, tantôt pour une rupture définitive, selon
« l'impulsion que vous receviez d'avis contradictoires; mais une fois
« que le Mémoire en question vous a été connu, votre ressentiment
« n'a plus eu de bornes, et pour venger votre vanité froissée, vous
« avez mis plus d'ardeur que personne à assurer une séparation
« qui devait compromettre tout l'avenir de votre fille. C'est donc
« par égoïsme que vous aimez, car quel sacrifice avez-vous jamais
« fait à votre amitié? Il est facile, dès qu'il s'agit d'un enfant inex-
« périmenté, de lui persuader qu'on l'aime, quand on a pris pour
« règle de ne jamais contrarier ses goûts, de satisfaire constam-
« ment ses caprices, et que, dans aucune circonstance, même capi-
« tale, on n'a pas eu le courage de lui laisser verser quelques

« larmes fugitives, pour lui épargner des larmes de sang plus
« tard. J'appelle cela aimer par faiblesse et uniquement pour soi.
« Votre tendresse pour votre fille a souvent été nuisible et toujours
« stérile (1).

« Mais j'oublie que je vous ai écrit uniquement pour vous prier,
« et vous sommer au besoin, de mettre fin à un état de choses qui
« n'est propre qu'à entretenir d'amers souvenirs, et dont la pro-
« longation ne peut qu'être fatale à tous ; à votre considération, à
« vos intérêts mêmes, ainsi qu'à ceux d'Émile autant qu'aux miens.
« Encore un coup, ne dites pas que vous ne pouvez rien. C'est vous
« et votre fils qui avez été les promoteurs et les soutiens de la lutte
« inégale et déloyale dont votre fille, notre enfant et moi sommes
« victimes, c'est sur vous deux aussi que doivent en retomber les
« conséquences.

« J'ai l'honneur de vous saluer,

« LAURENT. »

Croirait-on que, malgré des lettres aussi pressantes, et toutes les démarches que je n'ai cessé de faire pour arriver à une conclusion, Madame Laurent ose encore dire à nos créanciers que c'est moi qui traîne les choses en longueur? Et puis la coterie s'écriera :

« Vraiment, c'est un homme méchant,
« Quand on l'attaque il se défend! »

Deuxième observation. — Madame Laurent dit dans sa plainte, page 4, « Le sieur Laurent avait jugé à propos de recueillir chez lui
« un neveu et une nièce... *Elle* (la dame Laurent) *leur prodigua*
« *tous les soins avec le dévouement d'une mère ; on verra bientôt*
« *comment elle a été récompensée par son mari et ces enfants.* » Ce passage suppose nécessairement une extrême bonté du côté de

---

(1) M. Duchesne se montre envers sa fille, dans les conséquences du procès, tel qu'il s'est montré en toute circonstance, c'est-à-dire *ami jusqu'à la bourse* exclusivement. Il est clair, par exemple, qu'un peu d'argent aurait bien aidé Madame Laurent à se libérer des charges qu'elle s'est imposées en se faisant adjuger le lot le plus important de notre avoir, et que le défaut d'espèces est la principale cause des lenteurs dont je me plains. Mais MM. Duchesne ont été prodigues de conseils, qui ne coûtent rien, prodigues de démarches et d'insinuations qu'ils sont en mesure de faire sans qu'il leur en coûte grand'peine ; quant à l'argent, c'est autre chose. « Tâche, ma chère fille ; tâche, ma bonne
« sœur, de t'en tirer sans prendre pour point de mire notre escarcelle où il
« n'y a rien... pour toi. »

Madame Laurent et une noire ingratitude de la part de mes neveu et nièce, ainsi que de la mienne. Eh bien ! je vais donner un échantillon des grandes bontés de Madame Laurent pour ma nièce, après quoi je démontrerai qu'il n'y a eu d'ingratitude que de sa part et de celle de sa famille. Tant pis pour ceux qui me forcent à dévoiler des traits de petitesse et de misère tels qu'il serait bien difficile, pour ne pas dire impossible, d'en trouver le pendant parmi les personnes qui se piquent de quelque éducation.

Parlerai-je de la scène violente qu'elle me fit, et plus violente encore à ma nièce, à l'occasion d'une livre de chocolat ferrugineux que j'achetai pour cette dernière, d'après l'ordonnance du médecin ; chocolat qui coûtait à la vérité 5 francs, et que Madame Laurent avait voulu remplacer par du chocolat ordinaire de 2 francs ? Que de plaintes n'exprima-t-elle pas alors sur les prétendues exigences de ma nièce, qui, loin de rien exiger ou demander, m'avait prié, au contraire, de ne pas faire cette dépense pour elle, parce qu'elle avait prévu sans doute que ce serait par là exciter les colères de sa tante, qu'elle voulait éviter, même au prix de sa santé compromise !

J'ai déjà dit ailleurs que m'étant aperçu, bien tard il est vrai, car ma nièce ne m'avait jamais formulé une plainte, m'étant, dis-je, aperçu, au témoignage de M. le docteur Durand, combien ma nièce était antipathique à sa tante, je pris le parti de la placer dans une maison de commerce où elle devait avoir, les jours fériés, deux ou trois après-midi de libres par mois. Ce temps de liberté, où pouvait-elle plus convenablement le passer que dans la maison qui avait servi d'asile à son enfance ? Aussi fut-il convenu qu'elle viendrait, ces jours-là, dîner chez nous. Eh bien ! elle ne s'y est pas présentée une seule fois, que sa tante ne fût saisie tout à coup d'une attaque de nerfs, juste au moment de son arrivée. Qu'il y eût ou non du monde à la maison, Madame Laurent disparaissait dès que ma nièce se montrait. La pauvre enfant ne voulait plus revenir. Ce fut moi qui insistai, croyant avoir déjà trop cédé aux injustes préventions de Madame Laurent, en éloignant de la maison une personne qui nous y rendait d'importants services. Or, le séjour de ma nièce au dehors eut neuf mois de durée, et, dans cet intervalle de temps, elle vint nous voir au moins dix-huit fois, ce qui nous valut dix-huit attaques de nerfs de Madame Laurent. Et la famille Duchesne, père, mère et fils compris, dix-huit fois témoin de cette jonglerie, ne trouva pas un mot de blâme pour la réprimer ou la flétrir !

Je pense que Madame Laurent ne tirera, d'aucun de ces deux traits, la preuve des soins touchants qu'elle dit avoir prodigués à ma nièce.

Serait-ce par hasard de l'empressement qu'elle mit, le lendemain du mariage de ma nièce, à faire arracher de la chambre nuptiale, les porte-manteaux et tablettes qui s'y trouvaient, et qui étaient d'autant plus utiles aux nouveaux époux, qu'à ce moment ils ne s'étaient pas encore acheté de meubles? Voilà encore un trait de bonté tout particulier à Madame Laurent, et que M. et Madame Le Blévec avaient eu bien soin de me taire; car ce n'est que deux ou trois jours après, qu'ayant eu à leur parler, j'entrai dans leur chambre et vis avec surprise que leurs hardes étaient jetées pêle-mêle sur le lit et sur deux chaises; point d'autre place pour les loger. Et les tablettes enlevées si à propos, gisent encore, sans doute, dans quelque coin de la maison, si depuis elles n'ont été brûlées.

Loin donc que Madame Laurent puisse se vanter de son *dévouement maternel* pour ma nièce, j'ai, au contraire, depuis l'arrêt de séparation, acquis la preuve que cette enfant a été en butte à sa jalousie dès les premières années de son séjour à la maison. C'est ce qu'il m'est facile de démontrer par quelques faits qui, à raison même de leur étrangeté, méritent d'être racontés.

Ma nièce, revenant un jour de chez sa maîtresse d'apprentissage (elle avait alors tout au plus douze ans), fut rencontrée par Madame Clausse sur la place de la fête, à Belleville. Madame Clausse lui dit avec sa bienveillance accoutumée : « Ma petite Aline, je veux te « faire essayer ton bonheur, » et elle la conduisit à une loterie de porcelaine, lui payant et faisant prendre des numéros. Elle lui en fit ainsi prendre bien des fois, bien des fois, jusqu'à ce qu'elle eût gagné deux tasses qu'elle rapporta toute joyeuse à la maison, comptant bien les garder; car, tout ingrate que Madame Laurent la déclare, elle a cependant le culte des souvenirs. Mais elle avait compté sans sa tante, qui, tous les ans, dans les derniers jours de la fête, échangeait les lots partiels qui lui étaient échus contre quelque lot plus important qu'elle convoitait. « Il me manque deux « *jetons*, lui dit cette dernière, pour que la mère *Jean-Pierre*, me « cède tel objet que je désire depuis longtemps. Donne-moi tes « deux tasses, cela fera justement mon affaire. » Ma nièce, n'osant refuser sa tante, lui abandonna ses deux tasses qui n'ont jamais été remplacées, malgré la promesse formelle qui lui en avait été faite.

Après la mort de Mademoiselle Lebœuf, en 1840, Madame Lebœuf, qui, sous des dehors ordinaires, nourrissait des sentiments si élevés, ne voulut faire argent d'aucun des bijoux ayant appartenu à sa fille. Elle les distribua aux amies de la défunte, et, à ce titre, Madame Laurent en eut sa bonne part, entr'autres, tous les dia-

mants d'une assez grande valeur, pour lesquels elle voua à la donatrice une reconnaissance qui ne s'éteignit que quelques années avant son décès. Aussi, pourquoi Madame Lebœuf se permit-elle de me recevoir et de continuer à me confier la gestion de ses petites affaires, sans s'y être préalablement fait autoriser par Madame Laurent? Mais ce n'est pas de cela que je voulais parler. Ma fille ne fut pas oubliée dans la distribution susdite, et ma nièce même reçut une petite broche en or. Cependant Madame Laurent troquait plusieurs fois par an son *vieux or* contre du neuf ; car l'or vieillissait vite entre les mains et aux yeux de Madame Laurent, par la raison que n'étant jamais satisfaite de ce qu'elle possède, elle ne fait cas que de cela seul qui n'est pas en sa possession. Or, il arriva que, dans l'un de ses trocs, elle *lorgna,* de sa voisine, *le modeste héritage.* « Aline, donne-moi ta broche, qui n'est plus de mode, et
« qui complétera justement le poids qui manque à mon vieux or ; je
« t'achèterai un serpent qui sera bien plus joli. » Aline, qui avait déjà seize ans, mit une certaine fermeté dans son refus, qu'elle motiva sur les meilleures raisons, tirées de l'importance qu'elle attachait à posséder quelque chose qui venait d'une personne aussi recommandable que Mademoiselle Lebœuf. Vaine fut la résistance ; et inutile de dire que le serpent, qui devait remplacer la broche, est encore dans les entrailles de la terre.

Enfin M. l'abbé Depille, alors aumônier de la maison, avait donné à ma nièce, pour étrennes, un joli petit livre de messe relié en maroquin et doré sur tranche. « Que j'aime ton petit livre ! tu de-
« vrais bien m'en faire cadeau. — Ma tante, servez-vous-en si
« vous voulez, mais je ne puis m'en dessaisir, il vient de M. De-
« pille. — Tu me le prêterais, mais il ne serait pas à moi, je n'au-
« rais pas le même plaisir... Va, tu n'y perdras rien, je te donnerai
« bien autre chose. » Et il fallut encore céder pour avoir la paix. Maintenant le livre figure encore dans la bibliothèque de ma fille. Mais il paraît que ma nièce s'est montrée, depuis, trop ingrate pour mériter que la promesse de *bien autre chose* s'exécutât mieux que les autres. Car je doute que Madame Laurent puisse citer un seul acte de générosité, de prévenance ou de bienveillance, qu'elle ait exercé envers ma nièce, pendant les dix années qu'elle a passées chez nous.

Ces traits, me dira-t-on, et particulièrement les trois derniers, sont de pur enfantillage. D'accord, et c'est sous ce point de vue que j'ai longtemps considéré les actions de Madame Laurent. Mais à ce caractère mesquin, capricieux, fantasque et enfantin, si l'on veut, il eût fallu, selon la famille Duchesne, que je me soumisse sans sourciller, et avec moi toute la maison composée de cent trente individus. C'est du moins là que tendaient tous ses vœux, ses critiques et ses efforts ; et quand, dans quelque occasion importante, je voulais faire acte d'autorité, j'étais traité de despote et de tyran.

Disons donc, pour rester dans le vrai, que toutes les bontés de Madame Laurent, à l'égard de ma nièce, se sont réduites à concourir, avec moi, à lui donner le gîte et les aliments pendant son apprentissage, sous une indemnité de 10 francs par mois, qui a produit, pour deux ans et demi, une somme de 300 francs que nous avons reçue intégralement de M. Hermel, son oncle paternel. En échange de quoi, moi qui n'avais rien promis, j'ai offert spontanément et fait accepter à M. Émile Duchesne, frère de Madame Laurent, des avantages bien supérieurs à ceux qu'on me reproche aujourd'hui, lesquels ont eu sept années de durée, et qui auraient pu en avoir davantage, bien que jamais je ne me fusse avisé de m'en prévaloir, sans les récriminations intempestives dont la plainte de Madame Laurent est remplie. Ajoutez que c'est moins sous le rapport de l'intérêt d'argent que relativement à un intérêt moral bien plus cher, que je puis me flatter d'avoir rendu un signalé service à mon ex-beau-frère qui, sur le point de s'affranchir de toute surveillance, à un âge exposé à tant d'écueils (dix-huit ans), et ayant déjà un pied hors du seuil paternel, fut retenu par moi sur la pente la plus glissante.

Je ne dis rien des soins que je lui donnai comme élève, car ces soins me furent payés. J'ai reçu, en effet, cent écus par an pour sa pension, tant qu'il est resté sur les bancs. M. Duchesne, dans une de ses notes, fait judicieusement observer qu'il me payait, pour son fils, le même prix que plusieurs de mes pensionnaires. Il est parfaitement vrai que je ne recevais que ce prix de quelques-uns de mes élèves à qui leur position de fortune ne permettait pas davantage. Mais, ce qui n'est pas moins vrai, c'est que, si la pension de tous avait été circonscrite dans les mêmes limites, M. Duchesne ne se fût jamais figuré que ma fortune acquise valût un procès, et il ne me l'eût pas intenté.

Mais, puisque le public est établi juge entre la famille Duchesne et moi, pour démontrer que je ne suis pas aussi ingrat qu'on a bien voulu le faire entendre, le besoin de ma défense m'oblige à déclarer que je ne me suis pas contenté de donner gratuitement, pendant sept années, la table et le logement à M. Emile Duchesne, qui certes n'était ni orphelin, ni dénué de ressources pécuniaires ; mais encore que l'ayant présenté à M. Pommier, maire de Belleville, pour remplir les fonctions de lieutenant-secrétaire de la garde nationale de cette ville, je le gratifiai de la partie la plus coûteuse de son accoutrement d'officier; et qu'enfin, à l'époque de son mariage, qui était pourtant celle du bannissement de ma nièce de notre maison, je n'en consacrai pas moins un billet de 500 francs au cadeau de noces que je lui fis.

Qui donc est l'ingrat de M. Emile ou de moi? Il est vrai que, pour colorer son ingratitude, je me trompe, son hostilité à mon égard, il a prétendu que j'avais défendu que *sa femme mit les pieds* (1) *chez moi*. Je serais bien grossier si j'avais tenu un pareil langage envers une personne qui le méritait si peu, de la mère de qui je n'avais reçu que des politesses, et dont les frères avaient été mes élèves! La vérité est que dans une exclamation de douleur bien légitime, causée par l'exclusion prononcée contre des orphelins, enfants de ma propre sœur, j'avais dit : « Voilà la famille Duchesne qui va
« s'accroître d'un membre. Eh bien ! puisque les miens sont si mal
« accueillis chez moi, j'entends que le jeune ménage ne disposera
« pas de ma maison aussi librement que son aîné, et qu'il n'y vien-
« dra dîner que sur une invitation expresse de ma part. » D'ailleurs, si j'avais prononcé l'exclusion absolue que M. Emile a jugé à propos de m'imputer, sa femme, j'en suis certain, a un trop juste sentiment de sa dignité et des convenances pour être venue chez moi contre ma défense formelle. Et cependant, nous avons eu l'honneur de la recevoir, même à notre table, plusieurs fois depuis son mariage jusqu'à celui de ma fille, époque à laquelle tous les Duchesne, jeunes et vieux, voyant qu'ils pouvaient se passer de moi, m'ont complétement tourné le dos pour se jeter aveuglément dans les bras de la famille Allain, qui, aux yeux de gens aussi amateurs de chan-

---

(1) Quiconque a du sang dans les veines ne se constitue pas volontairement l'obligé de celui qu'il croit devoir traiter en ennemi. Comment se fait-il donc, Monsieur Emile, que m'imputant un propos injurieux que j'aurais tenu avant votre mariage, vous ayez néanmoins accepté mon cadeau de noce (de 500 fr.) tout en me gardant rancune de cette prétendue injure? Quoi! votre fierté ne s'est pas émue quand vous reçûtes de ma main un témoignage d'amitié sans étouffer votre haine, dont vous n'avez pas tardé à me faire sentir les effets? O Basile de la basoche, je reconnais à cette marque le digne fils du couple perfide qui, venant s'asseoir à ma table trois et quatre fois par semaine, pour me dénigrer aux yeux de ma femme et de ma fille et me dérober leur affection légitime, épiait tous mes instants d'absence, jusqu'à celui où j'allais moi-même, car telle était mon habitude, tirer de mon caveau mes vins les plus généreux, afin de célébrer plus gaîment sa participation à notre intimité de famille! Cette participation m'était douce alors, grâce à mon ignorance des **trames qui s'ourdissaient contre moi.**

gements que M. Duchesne et compagnie, avait sur moi l'immense avantage d'être nouvelle et parfaitement inconnue (1).

Mais voyons si la nièce fut plus ingrate que l'oncle. D'abord, je l'ai vue pendant dix ans tenir lieu de femme de chambre à sa tante, au moins pour la peigner et la coiffer. J'ai entendu cent fois Madame Laurent dire, dans ses bons moments, que personne n'avait la main aussi dextre et légère qu'Aline pour lui démêler et accommoder les cheveux sans douleur ; en sorte que celle-ci venait, sinon tous les jours, au moins plusieurs fois la semaine, offrir ses services à sa tante qui, tantôt les acceptait, tantôt les repoussait, selon qu'elle était bien ou mal disposée. En outre, il ne s'est passé aucune fête de Madame Laurent, ou époque de nouvelle année, que ma nièce ne lui ait présenté quelque petit travail de ses mains en témoignage de sa reconnaissance, et notamment peu de mois avant son mariage, une paire de manchettes, que la tante reçut en lui tournant le dos. Je puis encore citer une petite table à ouvrage et en acajou, du prix de trente et quelques francs, au sujet de laquelle ma fille, ma nièce, et son frère se cotisèrent pour chacun un tiers, et qu'ils offrirent en commun à Madame Laurent. Lui ayant souvent entendu dire à différentes personnes étrangères : « Voyez le joli cadeau que ma fille m'a fait pour ma fête, » sans jamais nommer le cousin ni la cousine de ma fille, et n'ayant appris que longtemps après, par l'effet du hasard, ce qu'il en était, je reconnus la franchise habituelle de Madame Laurent et son amour pour la vérité. Enfin, depuis le procès, toutes les fois que différentes personnes, par motif de curiosité ou d'intérêt, ont voulu en entretenir ma nièce, elle a constamment et invariablement répondu : « Je dois beaucoup de

---

(1) Pour démontrer l'inconstance de la famille Duchesne, j'ai déjà cité nominativement, dans la première partie de mon mémoire, pages 38 et 39, dix maîtres différents, que l'on fit prendre successivement à M. Émile, mon très-jeune beau-frère, dans l'intervalle de deux années, pendant lesquelles je m'étais interdit la faculté de diriger aucun établissement d'instruction publique; d'où je puis conclure sans hyperbole, mais immoralité à part, dont je n'accuse nullement mes adversaires, que si nos mœurs et nos lois permettaient de changer de maris aussi facilement qu'on change d'instituteur, M. Duchesne en eût été pour le moins, au bout de dix-huit ans, à son dix-huitième gendre, pour sa fille unique. Et notez que de chacun de ces dix instituteurs aussi promptement accueillis que repoussés, la famille s'était invariablement montrée enchantée les premiers jours! de même que, hélas! l'enthousiasme des sieur et dame Duchesne pour leur unique gendre, après s'être élevé à un degré qui me surprenait et me faisait rougir, est maintes fois descendu, puis remonté, jusqu'à l'époque du procès, où l'éloge s'est tout d'un coup converti en une constante réprobation. N'est-il pas déplorable que des personnes d'une telle inconsistance de caractère se soient trouvées en possession de causer un mal que nulle puissance humaine ne saurait réparer?.

reconnaissance à mon oncle et à ma tante de ce qu'ils ont fait pour moi ; mais ne me parlez pas de leur division, cela m'est trop pénible. »

Je demande à présent ce qu'elle devait dire ou faire de plus pour n'être pas taxée d'ingratitude. Et n'est-il pas inconcevable que Madame Laurent ait osé mettre de son côté tous les bons procédés, et les mauvais de l'autre, quand tant de faits et même de témoignages irrécusables déposaient du contraire ? A moins toutefois qu'elle n'ait cru qu'on devait lui savoir gré de ses promesses, supposant que la surabondance de celles qu'elle prenait la peine de faire suppléait à leur inexécution. Oh ! il est vrai que toutes les richesses d'un nabab des Indes n'eussent pas suffi à les remplir. Madame Duchesne aussi n'en était pas chiche ; car pendant dix-huit ans, elle a annoncé aux gens de la maison de magnifiques gratifications ou étrennes qui ne sont jamais arrivées à échéance. « Va, tu n'y perdras rien, » répétait-elle encore à ma nièce, pour la centième fois, peu de temps avant que celle-ci quittât son emploi de lingère chez nous ; *tu seras bien surprise*. Elle a dû l'être beaucoup, en effet, des anathèmes qui ont suivi de si belles promesses ! Celles de M. Duchesne, pour être moins pompeuses, n'en étaient que plus séduisantes ; puisqu'il lui est arrivé plusieurs fois de montrer l'objet promis ; il n'y manquait qu'une chose, c'était le consentement de sa *vieille,* qui ne l'accordait jamais.

M. Emile, c'est une justice à lui rendre, n'a jamais promis plus qu'il n'a donné, c'est-à-dire rien du tout. Mais, que dis-je ? Comme tout est relatif, il a eu le rare mérite de donner, sans les avoir promis, cent sous par an à la bonne chargée du service de sa personne pendant son séjour à la maison. A cette époque, m'étant aperçu que la *petite Marie* cirait jusqu'à deux ou trois fois ses bottes par jour, je dis à Madame Laurent, sans attacher toutefois une grande importance à mon observation : « Sais-tu qu'Emile occupe plus la bonne que nous ? » Madame Laurent me répondit sèchement : « Il la récompense assez généreusement pour cela. » La curiosité m'a fait depuis demander à la petite Marie, aujourd'hui dame Dupré, à combien à peu près s'élevaient les profits dont elle avait été gratifiée par Emile. « Monsieur, me dit-elle, il n'y a pas d'*à peu près,* « je recevais 5 francs de M. Emile au 1ᵉʳ janvier de chaque année, « ce qui fait 35 francs pour sept ans qu'il est resté chez vous. » Mais avouez du moins, ajoutai-je, que vous receviez de Madame Laurent plus de douze robes par an ; car elle ne cessait de m'en parler. « Sans doute, Monsieur ; mais deux ou trois jours après, Ma-

« dame Laurent me les reprenait le plus souvent, en me disant
« qu'elle en avait besoin pour faire de la doublure. »

Ainsi donc, faire des promesses aussi vaines que légères, se vanter sans sujet de sa générosité, et accuser à tout propos autrui d'ingratitude, c'est péché d'habitude dans la famille Duchesne (1). Et cependant je m'étais attaché à cette famille que j'ai constamment accueillie avec un empressement qui m'est devenu nuisible; je lui étais, dis-je, attaché ainsi qu'à ma femme, d'abord par devoir, puis aussi par habitude, au point de tomber dangereusement malade quand je m'en suis vu séparé violemment et à toujours (2). Mais, rendu à la santé, j'ai dû examiner de plus près les personnes et les choses que, jusqu'au procès, je n'avais vu qu'à travers le prisme de l'amitié; j'ai dû faire un long retour sur le passé, et j'en ai bien eu le loisir pendant les longues et continuelles excursions que je fais encore aujourd'hui, de Charonne et de Belleville à Paris, chez les hommes d'affaires, pour me dépêtrer de cet inextricable procès. J'ai voulu mesurer l'étendue de la perte et la grandeur du sacrifice que m'avait imposé l'arrêt de séparation, et le résultat de mes investigations mûrement réfléchies, a été la conclusion que voici : « La
« Cour, contrairement à une réponse, devenue célèbre, de son dé-
« funt premier président, a bien pu, *en rendant son arrêt, me rendre*
« *aussi service.* »

Troisième observation. — Décidément les quelques deniers qui devaient nous rester de notre interminable liquidation, vont s'engloutir dans le gouffre de la procédure. Plus désastreux que l'incen-

---

(1) Je pourrais citer telle personne, bien connue dans Belleville par ses instincts généreux, qui n'a cessé de prodiguer aux époux Duchesne, alors ses amis, ainsi qu'à leurs enfants et à la nôtre, les présents, les dîners, les gracieusetés sous toutes les formes, depuis l'enfance de ma femme jusqu'au mariage de ma fille inclusivement, c'est-à-dire pendant une période de trente années sans interruption, et qui, maintenant, n'est plus à leurs yeux qu'une *ingrate*, parce qu'elle n'a pas voulu, au procès, prendre parti pour eux contre la vérité.

(2) C'est durant cette maladie qu'ayant perdu toute énergie, je n'ai pas su résister à un conseil erroné de mon premier défenseur qui, ainsi que Mᵉ Moulin, son ancien patron, avait été entraîné dans sa fausse conviction par une influence abusive due à la position de M. Duchesne. Que M. Duchesne soit convenable dans ses rapports officiels avec les avocats, les avoués et à plus forte raison avec les magistrats, qui en doute? Mais ce n'est pas une raison pour le croire infaillible dans ses relations privées, ni pour que MM. les gens de robe attachent si peu d'importance au témoignage de quiconque n'est pas revêtu d'une toge comme eux. Car, de même que *l'habit ne fait pas le moine*, ainsi la robe ne saurait changer le caractère d'un individu. Quoi qu'il en soit, si ma fille doit bientôt mettre au rang de ses plus strictes obligations celle de fournir le pain de l'assistance à son père et à sa mère sur leurs vieux jours, c'est à son aïeul maternel qu'elle pourra en reporter le mérite et la gloire.

die qu'on parvient souvent à circonscrire, en faisant *la part du feu,* le procès qui nous dévore ne finira qu'avec le dernier sou qui lui sert d'aliment. Me Gozzoli, notaire chargé de notre liquidation, en a rédigé le projet avec autant de soin que d'impartialité, selon moi, et l'a communiqué à chacune des parties. Il n'a pas fallu trois jours à Me Boucher pour examiner sa copie et la renvoyer avec approbation. Celle de Me Moulin est entre ses mains depuis neuf semaines, sans que l'on puisse savoir s'il la rejette ou l'approuve, malgré nos instances pour avoir son avis. Et moi de courir, dans mon embarras, chez M. Duchesne, lui demander pour la vingtième fois, s'il n'est pas temps d'en finir. Même réponse qu'auparavant, *qu'il ne se mêle pas de cette affaire;* réponse fort commode si elle suffisait à réparer le mal causé par sa funeste intervention. Quant à M. Émile Duchesne, le fondé de pouvoirs de sa sœur, il ne donne pas signe de vie. Pauvre Madame Laurent! à quels hommes ses intérêts sont confiés! Ainsi donc, aujourd'hui 27 janvier 1849, quatrième année depuis le procès commencé, vingt-unième mois après l'arrêt définitif de séparation, et sixième depuis notre dernière adjudication, que j'ai déjà eu tant de peine à obtenir, force nous est de recourir aux sommations et de rouvrir les débats qui finiront quand il plaira à Dieu. Ceux d'entre nos juges et nos créanciers qui daigneront parcourir cet écrit, sauront du moins à qui cette complication de difficultés nouvelles et ce complément de ruines sont imputables.

1er mars 1849 (1). Enfin, nous avons obtenu rendez-vous chez le notaire pour le lundi 5 février dernier, dans le but de nous entendre sur l'établissement de nos comptes. Mais savez-vous à quoi a été employée une séance de deux heures? à relire le projet communiqué depuis si longtemps, lecture demandée par mes adversaires qui avaient bien eu le temps néanmoins d'en apprendre par cœur toutes les syllabes. Après quoi ces messieurs ont encore demandé remise à quinzaine, déclarant ne pouvoir disposer d'un seul instant plus tôt. M. Émile, cependant, a bien voulu m'avertir qu'*il était sur la trace de fraudes importantes* que j'aurais commises, bien entendu, dans l'énoncé de ma situation. Or, cet énoncé, M. Émile l'a entre les mains depuis le mois de juin 1847; je le lui ai abandonné sans réserve. Et il n'est encore que sur la trace de ces fraudes! Eh bien! voici ce qu'il appelle une *trace*. C'est toujours la même illusion, un nom substitué à un autre, qui interloque M. Émile, qui est sa pierre

---

(1) Je donne à mon récit la forme d'un journal, afin, par la citation des dates précises, d'être moins exposé aux démentis.

d'achoppement continuelle, l'écueil que viennent sans cesse heurter ses tristes aphorismes et tout son bagage scientifique. Ce qu'il n'a pas conçu depuis vingt-et-un mois, c'est qu'il importe peu que ce ne soit pas le même créancier, si c'est la même créance. Il a pris la peine cependant de se rendre, de sa personne, à l'étude de M° Jamin, notaire à Paris, où a été passé le malencontreux transport qui est resté pour lui une énigme jusqu'à ce jour. Il nous a naïvement avoué qu'ayant voulu scruter ledit acte de cession, on lui avait fait une réponse équivalente à celle-ci : « De quoi vous mêlez-vous ? » ou bien : « Cela ne vous regarde pas. » D'où il avait conclu, puisqu'on y mettait tant de réserve, que l'acte était nécessairement frauduleux. Admirez la justesse de son raisonnement ! Mais il paraît qu'on peut être bon greffier sans être fort sur la logique, ainsi que sur le droit. Voilà ce qui me rassure un peu sur son avenir, et me fait espérer que l'heureuse quiétude dont il jouit ne sera jamais troublée.

Ç'a donc été une grande maladresse de la part de Madame Laurent, que de choisir son frère pour mandataire, et un non moins grand malheur pour moi que d'avoir affaire, en cette circonstance, à un homme borné, vaniteux et peu bienveillant, pour ne pas dire méchant ; *borné,* il n'a pas compris les explications si claires que je lui donnais ; il n'a pas su par exemple, qu'il devait s'adresser, non aux notaires par le ministère de qui nos créanciers ont pu, tant qu'il leur a plu, céder leurs droits, mais bien à celui dans l'étude de qui j'avais contracté l'obligation qui lui paraissait suspecte ; *vaniteux,* il s'est obstiné à vouloir prouver à sa sœur que la voie dans laquelle il l'avait si imprudemment engagée, était la meilleure ; et enfin, *dénué de bienveillance,* il a jugé de moi par lui-même, et n'a pas cru à la droiture de mes intentions.

Notre seconde entrevue chez M° Gozzoli devait avoir lieu à quinze jours de la première, c'est-à-dire le lundi 19 février. Mais M. Émile, à la piste des fraudes considérables qu'il espère toujours découvrir ailleurs que dans son imagination, n'a sans doute pas jugé cet intervalle suffisant pour atteindre son but ; car il est venu déclarer que sa sœur était dans la nécessité de vendre plusieurs objets mobiliers qui figurent dans son inventaire, ainsi qu'une partie de ses effets personnels. Madame Laurent vendre ses nippes à l'enchère, grand Dieu ! Si c'est là une nécessité réelle ainsi que l'assure son frère, sieur et dame Duchesne, félicitez-vous ! Tout cela est votre ouvrage. Vous qui trouviez si messéant qu'après des pertes imprévues et des dépenses extraordinaires, dont vous aviez cependant connaissance, et lorsque j'avais affaire à un locataire insolvable, je n'eusse pas consenti à mettre une femme de chambre au service de votre fille, craignez qu'elle ne soit réduite un jour à servir elle-même. Mais si c'est une nécessité feinte pour gagner du temps, comme je ne suis que trop autorisé à le supposer, l'expédient est pitoyable. Quoi qu'il en soit, la vente a eu lieu le 15 février. Mais voyez ce que vous avez gagné à attendre deux ans pour y procéder. D'un côté elle a été moins productive, par suite de la dépréciation actuelle des choses; et, de l'autre, le premier travail du notaire est autant dire comme non avenu, à cause de la différence des chiffres de la vente avec ceux de l'estimation, c'est toute une besogne à recommencer. Aussi notre seconde entrevue se trouve-t-elle, par là, remise indéfiniment. Mais j'espère bien qu'alors M. Émile sera parfaitement en mesure d'annoncer, non plus seulement des traces, mais un vrai corps de délit, palpable et saisissable.

C'est sans doute son ardeur d'investigations qui l'a rendu sourd aux réclamations que j'adresse depuis si longtemps pour terminer nos comptes. Quand je sus que la vente mobilière qu'il exigeait allait encore nécessiter de nouveaux délais, « et moi, lui dis-je, qui n'ai « pas reçu un sou depuis deux ans, jusqu'à ce que vous soyez prêt, « je vais tirer la langue. » — Eh bien ! *tirez la langue,* me répondit-il en présence du notaire liquidateur. Devais-je m'attendre à pareille réponse de celui que j'ai logé et nourri gratuitement pendant sept années sans interruption? Cela prouve que les qualités du cœur sont, chez lui, au niveau de celles de l'esprit, et qu'il était dans ma destinée de n'essuyer que déboires de la part de chacun des membres de cette famille que j'avais faite mienne pendant dix-huit ans. Que n'ai-je aperçu plus tôt le vernis incolore qui couvrait cette noirceur de sentiments ! J'eusse tout mis en œuvre pour soustraire ma fille à la contagion d'un milieu si dangereux.

Si du moins il daignait ouvrir les yeux sur les droits incontestables et les besoins les plus pressants de nos créanciers, au nombre desquels figure une personne plus que septuagénaire au profit de qui Madame Lebœuf avait constitué, entre nos mains, une rente viagère de deux cents francs par an, comme prime de cinquante années de service. Cette rente, payable par trimestre, reste en souffrance depuis bientôt deux ans, depuis, en un mot, que Me Moulin, prenant sa plus grosse voix, m'a menacé du séquestre si je ne consentais à abandonner l'administration des biens de la communauté. J'ai consenti pour épargner de nouveaux frais. Cependant j'avais suffi, jusque-là, à servir tous les intérêts viagers et autres, avec les seules ressources qui sont maintenant entre les mains de mon ex-épouse, c'est-à-dire avec le revenu de la maison louée à mon gendre. Mais celui-ci prétend que ce loyer était trop élevé, quoiqu'inférieur à l'intérêt de quatre pour cent sur le prix de la maison ; et Madame Laurent (voilà pourquoi mon gendre lui est si dévoué, en paroles), trouvant sa réclamation superlativement légitime, lui fait toutes les concessions qu'il a demandées (1). M. Allain père en est-il plus satisfait? Loin de là? Il déplore aujourd'hui le malheur de son fils d'avoir fait une alliance si mesquine, en comparaison de la riche proie qu'il poursuivait, avec l'ardeur dissimulée et l'allure cauteleuse d'un soupirant de trente-quatre ans, pour une héritière qui ne comptait que seize printemps.

Et puis, voyez quel pauvre établissement qu'un établissement de banlieue! C'est néanmoins celui où l'on prétend que j'ai amassé un butin qui aurait dû faire vivre Madame Laurent, maîtresse d'elle-même, environnée de toutes les splendeurs de l'opulence ; mais n'importe ; M. Allain fils, au dire de son père, était fait pour bien autre chose, ou du moins pour exercer dans Paris. Là seulement il eût pu développer ses rares talents, dont Belleville n'admire pas assez l'éclat.

Quatrième observation. — Vivent Monsieur, Madame Duchesne et leur glorieux fils! Celui-ci a si bien manœuvré, que nous voilà, sa sœur et moi, acculés dans une impasse dont il nous est impossi-

---

(1) Je suis fondé à croire qu'il en est ainsi, puisque Madame Laurent a déclaré plusieurs fois à Augustine Guillot, ancienne bonne de Madame Lebœuf, qu'elle était hors d'état de lui payer le moindre à-compte sur sa rente. On objecte que les affaires sont moins bonnes à présent qu'auparavant. Cela est vrai en général; mais outre que mon gendre a pris sans bourse délier, la direction d'un établissement bien monté et en plein rapport, il a encore eu l'avantage d'être affranchi des droits universitaires qui s'élevaient pour moi à la somme annuelle de 15 ou 1,600 francs. Car ce droit n'a été supprimé qu'à partir du 1er janvier 1843; et l'on sait qu'il pesait presqu'entièrement sur les chefs d'établissements hors Paris, parce que les familles dont les enfants ne fréquentaient pas les colléges, ne pouvaient comprendre qu'on leur demandât une rétribution universitaire, et ne voulaient pas en entendre parler. Si donc Madame Laurent ne reçoit pas intégralement son loyer, ce ne doit pas être parce que mon gendre n'aurait pas les moyens de le lui payer. D'ailleurs, lui qui prétend avoir reçu maintenant les 15,000 fr. que son père lui avait promis, à quel meilleur usage peut-il et doit-il en employer une partie, qu'à remplir les conditions de son bail, dont le rigoureux accomplissement serait indispensable, dans l'hypothèse susdite, pour sauvegarder l'honneur de sa belle-mère? Mais je crains bien que Madame Laurent, en fait de concours efficace, n'ait pas plus à compter sur le désintéressement de son gendre que sur celui de son père et de son frère, qui pourtant l'ont mise tous trois dans la passe où elle se trouve. J'ajoute que le paiement de la rente viagère en question me paraît devoir être rangé au nombre des obligations les plus sacrées.

ble de sortir ; il a mené notre liquidation de manière à ce que notre avoir est devenu en effet très liquide, c'est-à-dire changé tout-à-fait en eau claire. Car les ambages et les lenteurs de M. Émile n'ont pas seulement pour résultat de me faire *tirer la langue;* ils la font encore tirer à nos créanciers, dont l'un perdant patience, et on la perdrait à moins, a voulu aussi *montrer les dents.* Il nous a expédié son huissier qui, parlant à une personne qui n'est nullement à mon service (mon ambition se borne à désirer de pouvoir me servir moi-même toute ma vie), est venue saisir l'une des trois maisons sur la possession desquelles Madame Laurent avait construit tout l'échafaudage de ses rêves dorés ; celle-là précisément que M° Moulin m'a empêché de louer dans le temps, parce qu'il ne voulait *rien avoir de commun avec cet homme* que la famille Duchesne avait eu la charité de lui dépeindre sous des traits si noirs. Or, grâce à ce refus intelligent de mes adversaires, ladite maison est restée vacante depuis lors, si ce n'est qu'elle a servi de caserne à deux compagnies d'infanterie à la suite des journées de juin ; mais ce n'est pas ce qui l'a rendue plus productive. Ainsi, pour peu que M. Émile mette encore de temps à suivre *la trace de mes fraudes,* il pourra, pour sauver son honneur, déclarer qu'il a interrompu ses recherches, attendu qu'elles seront devenues sans objet dès lors que je me trouverai dépouillé de tout. Telle est la conséquence des expédients les plus mesquins, imaginés pour me retrancher quelques centimes, produit de mes sueurs.

Madame Laurent et Monsieur son père rappellent, la première, l'exemple de cet enfant qui pleurait parce qu'on ne lui accordait pas ce qu'il demandait ; et le second, celui de cette tendre mère qui tançait vertement le domestique pour ne pas s'être empressé de satisfaire son fils chéri. Or, que demandait l'innocent ? Peu de chose, la lune, dont il avait vu l'image dans un vase rempli d'eau. Je suis, moi, le valet si justement réprimandé, c'est-à-dire le mari persécuté pendant dix-huit ans, pour n'avoir pas toujours pu satisfaire les goûts de dépense de Madame, et maintenant encore persécuté, depuis quatre ans, pour n'avoir pas suffisamment économisé. Quelle réponse faire à de pareilles exigences ? Celle que fit le domestique à cette mère inconsidérée ; celle que j'ai faite plusieurs fois, quand on me reprochait de ne pas rendre ma femme heureuse : « Chargez-« vous vous-mêmes de son bonheur ; » et enfin aujourd'hui je suis bien encore obligé de dire à M. Duchesne : « Tâchez vous-même de « combler l'immensité des désirs et fantaisies de votre fille ; pour « moi, outre que vous m'en avez complètement ôté les moyens, je

« suis encore, de par la loi et arrêt de justice, déchargé de cette
« tâche laborieuse, »

Aujourd'hui, 2 avril 1849, a eu lieu, chez M⁰ Gozzoli, notre seconde réunion, qui avait été primitivement fixée au 9 février dernier. Mes adversaires s'y sont rendus, non pour remplir le but de ladite réunion, qui était, comme la première fois, de nous entendre sur nos comptes, mais bien pour réclamer la remise en communication du nouveau travail préparé sur ce sujet. C'était leur droit, à ce qu'il paraît, dès lors que les chiffres primitifs avaient été changés par la vente d'une partie du mobilier. Voilà donc un nouveau délai auquel je ne puis m'opposer. Fasse le ciel que M⁰ Moulin ne le prolonge pas encore indéfiniment? Il a bien voulu m'assurer que cela n'irait pas au-delà de huit jours. J'y compte, puisqu'il vient d'être promu itérativement à la dignité de président de la chambre des avoués, et que ce surcroît de distinction ne peut donner qu'un nouveau poids à sa parole. Et cependant je lui saurai un gré infini de la tenir, car il m'a paru plus chargé qu'Atlas portant le monde sur ses épaules.

11 avril 1849. M⁰ Moulin a tenu parole. Merci à lui qui a daigné descendre des hauteurs où il se croit placé pour donner quelques moments d'attention à une affaire aussi médiocre que la nôtre. Médiocre, en effet, depuis qu'il a concouru à l'amoindrir d'une soixantaine de mille francs, comme je suis prêt à le démontrer. Il s'est trouvé hier à notre troisième rendez-vous, pas encore pour conclure, c'eût été trop lui demander, mais pour annoncer qu'il viendrait apposer sa signature aussitôt que ses graves occupations le lui permettraient. M. Émile aussi, prêtant une attention distraite au travail qui nous réunissait, n'a fait qu'une courte apparition, *parce qu'il était immédiatement attendu à dîner.* Il s'est borné à exhaler un léger soupir sur l'obligation un peu fatigante où il se trouvait d'aller changer de costume en nous quittant; moyen indirect et fort adroit de nous faire entendre qu'il avait accès dans des maisons où l'habit noir est de rigueur. Heureux mortel, qui ne songe qu'à dîner selon toutes les règles de l'étiquette, pendant que *tirent la langue* les victimes de ses velléités processives! Mais, à part ce léger mouvement de vanité, il a été fort convenable. Je pourrai donc désormais le regarder sans que me vienne la chair de poule; car je ne lui ai plus trouvé cet air menaçant qui me glaçait de terreur, en pensant à l'accusation flétrissante dont il pouvait à chaque instant s'armer contre moi, et qu'il avait tenue si longtemps suspendue sur ma tête, ainsi *la trace de mes fraudes* a complète-

ment disparu; et j'ai lieu de présumer qu'il n'en reste, même dans son imagination, pas plus que sur la main d'un enfant qui vient de naître. S'il avait eu la politesse de m'exprimer quelques regrets de la témérité de ses jugements à mon égard, je lui eusse épargné peut-être l'humiliation de voir le public mis dans la confidence de son impéritie; mais il est encore loin de la modestie indispensable à un franc aveu de ses torts. Cela pourra lui venir plus tard, et après quelques écoles du genre de celle qu'il vient de faire aux dépens de sa sœur et aux miens. En attendant, comme l'inculpation a eu du retentissement, car mes adversaires ne se sont pas fait faute de la propager, et ils ne sont pas gens à se rétracter spontanément, il me semble de toute équité que ma justification soit aussi connue.

Quand je sus que le procès-verbal, qui résume les opérations du notaire, était enfin signé de toutes les parties, et que Madame Laurent ne se pressait pas plus de donner au moins un à-compte sur son prix à nos malheureux créanciers, j'adressai la lettre suivante à mon principal, ou plutôt à mon unique antagoniste actuellement ostensible, depuis que M. Duchesne père croit pouvoir, par son abstention feinte ou tardive, se décharger de la responsabilité qui pèse sur lui.

« 22 avril 1849.

« Monsieur Émile,

« Commencez-vous enfin à ouvrir les yeux et à voir que la mar-
« che suivie dans notre liquidation, n'a pas été moins désastreuse,
« pour les intérêts de votre sœur et les miens, que la pensée même
« du procès? Quand je vous ai remis, il y a deux ans, un triple
« état de ma situation, état que j'abandonnais dès lors à toute la
« sévérité de votre contrôle, si vous aviez commencé par où il
« vous a bien fallu finir, si vous n'aviez pas été constamment
« dominé par la persuasion, très-peu flatteuse pour moi, que vous
« découvririez dans mes énonciations *des fraudes considérables,*
« peut-être auriez-vous vu dans mes propositions bien autre chose
« qu'un simple désir de *sauver les apparences;* peut-être auriez-
« vous ainsi sauvé la moitié des 60,000 francs au moins que cette
« malencontreuse affaire coûtera à nous, et, par conséquent, à notre
« enfant. Mais ce n'est pas pour vous entretenir du passé que je

« vous écris; c'est pour vous parler un peu du présent et de l'avenir.

« Vous me reprochiez dernièrement d'avoir adressé nos créan-
« ciers, et particulièrement M. Michaux, à Madame Laurent pour
« s'en faire payer, aussitôt qu'elle s'est rendue adjudicataire de sa
« maison. C'est comme si on blâmait quelqu'un de ne pas marcher
« quand on vient de lui couper les jambes; car vous n'ignorez pas
« que je n'ai rien reçu depuis le mois d'avril 1847, et qu'aussitôt
« l'arrêt de séparation prononcé, mon honorable gendre ne voulait
« plus me payer que la moitié de son loyer, prétendant que l'autre
« moitié revenait de droit à Madame Laurent, et se constituant
« ainsi l'arbitre de notre liquidation. Comme, d'un autre côté,
« Me Moulin me menaçait du séquestre, j'ai consenti, pour éviter
« de plus grands frais, à abandonner ma gestion, pendant laquelle
« j'étais parvenu à servir tous les intérêts avec les seules ressour-
« ces qui sont maintenant entre les mains de Madame Laurent.
« Depuis lors, ne recevant plus rien, je me suis trouvé personnel-
« ment insolvable, et même moralement irresponsable, puisque
« mon insolvabilité provenait d'une cause indépendante de ma vo-
« lonté. Cette position particulière que Me Moulin m'a faite, sans
« que je sache en quoi sa cliente y a gagné, tandis qu'il est certain
« qu'elle y a perdu au moins la moitié des frais de l'administration
« officieuse qu'il faudra payer à Me Gozzoli, cette position, dis-je,
« a eu pour résultat de faire saisir la maison rue du Parc, par Ma-
« demoiselle Larivée, d'abord, et depuis, par M. Biguet qui, ainsi
« que sa co-créancière, réclame non-seulement les frais et les
« intérêts courus, mais encore le capital qu'une clause de leurs
« contrats de prêt rend exigible à présent; au lieu que si les inté-
« rêts avaient été payés régulièrement, j'aurais encore eu plusieurs
« années de répit pour rembourser ce capital. Ajoutez que les
« 6,000 francs de M. Biguet ne coûtaient que 4 1/2 pour 100 d'in-
« térêt et qu'il serait impossible d'emprunter à ce taux dans les
« circonstances actuelles.

« L'objet de ma lettre est donc de vous inviter à voir s'il ne se-
« rait pas juste et urgent que votre sœur versât, dès à présent,
« une partie de son prix pour empêcher la vente de ladite maison,
« qui commence seulement à rapporter depuis le premier de ce
« mois. Je serai infailliblement obligé de la laisser vendre à perte
« si je ne reçois pas incessamment l'à-compte que je réclame, et
« qui libérerait d'autant votre sœur, quelle que soit la décision à
« intervenir sur ce qui fait l'objet de notre difficulté. D'ailleurs,
« elle a autant d'intérêt que moi à arrêter les poursuites Biguet,

« qui frapperont l'avoir, déjà si restreint, de notre ex-communauté.

« Après m'être adressé plusieurs fois, et inutilement, à Monsieur
« votre père, je m'adresse encore à vous pour l'acquit de ma cons-
« cience ; mais je l'avoue, sans beaucoup plus d'espoir de réussir,
« tant j'ai l'habitude de vous voir fermer l'oreille aux conseils de
« la raison la plus vulgaire. Mais songez que chaque jour ajoute
« aux tristes conséquences du procès. Puisque vous avez jugé né-
« cessaire de l'entreprendre, il faut que je vous aie paru à tous
« bien pétri de vices et de défauts, bien dépourvu de bonnes qua-
« lités, et cependant je suis sûr que vous ne me déniez pas celle
« d'avoir toujours aimé à payer mes dettes. Figurez-vous alors ce
« que je souffre de me voir journellement, et depuis si longtemps,
« exposé à des réclamations légitimes sans pouvoir y satisfaire !

« J'avais aussi à vous dire un mot de l'avenir. Eh bien ! pour peu
« que je continue à supporter des frais de toute nature, et des in-
« térêts stériles comme pour la maison de Charonne dont je ne
« puis faute d'argent, tirer parti, ma ruine sera complète ; et toute
« ma ressource, dans l'avenir, sera d'attendre de ma fille le pain
« de l'assistance, à moins qu'elle ne soit elle-même hors d'état de
« me le fournir ; et alors vous et les vôtres serez parvenus à réali-
« ser, au sein d'une famille, la merveille que plusieurs d'entre nos
« modernes réformateurs tendent à opérer au sein de la société,
« l'égalité dans la misère.

« Je vous salue,

« J. Laurent. »

Aujourd'hui 15 mai, vingt-troisième jour après l'envoi de cette lettre, je suis encore à en attendre la réponse.

Cinquième observation. — M. Duchesne avait dit à mon premier défenseur, pour l'endormir : « Obtenez seulement que votre client
« évite un éclat. Quant aux intérêts, nous y sommes fort indifférents
« (assertion déjà bien démentie par les termes de la plainte) ; *nous
« vous laisserons donc conduire la liquidation comme vous l'enten-
« drez.* » Et mon défenseur s'étant laissé prendre à cette apparente bonhomie, me donna, pendant que j'étais en proie à une souffrance morale des plus cruelles, mais avec toute la sincérité d'une âme candide et consciencieuse, le conseil qui a été si funeste aux deux parties. Eh bien ! maintenant au lieu du désintéressement annoncé, voilà qu'après deux années d'entraves, de lenteurs et de tribulations qu'on m'a suscitées sous toutes les formes, on engage un

nouveau procès pour me dénier un léger *boni* qui ressort d'un article formel de mon contrat de mariage, et que le projet du notaire m'adjuge. Ce n'est pas assez que Madame Laurent ait toute la partie active de notre avoir, c'est-à-dire la maison servant de pensionnat, que je lui ai laissée pour les deux tiers de sa valeur dans l'intention bien arrêtée de m'éviter tout sujet de démêlés ultérieurs avec mon gendre qui, à la première réparation qui s'est présentée, avait débuté par m'adresser une sommation (1). C'est donc au tribunal à trancher cette difficulté qui, j'espère, sera la dernière que j'aurai à soumettre à la justice; car il a fallu que je connusse la famille Duchesne pour apprendre à connaître aussi ce que c'est qu'un procès. Mais quelle que soit, sur le point en litige, la décision à intervenir, je puis, dès à présent, dire de Madame Laurent, en toute vérité :

> Des nœuds de son hymen poursuivant la rupture,
> Elle évince un époux, grâce à la procédure;
> Mais son procès gagné, par un destin fatal,
> Nous envoie, elle et moi, tout droit à l'hôpital.

---

(1) Mon gendre serait mal fondé à dire que je me refusais à cette réparation, puisqu'au moment même où je recevais la sommation de l'huissier, M. Callou, mon architecte, était arrivé sur les lieux avec un ouvrier pour y procéder. Mais c'était un excellent moyen pour me dégoûter d'une propriété dont le locataire montrait un caractère si agressif. Aussi l'ai-je abandonnée à Madame au prix de 59,030 fr., quoiqu'elle m'en coûte, pièces en main. 90,000. Madame Laurent qui en jouit depuis plus d'un an, trouve apparemment son avantage à en différer le paiement, favorisée en cela (à l'exclusion néanmoins de toute faveur se traduisant en pièces sonnantes), favorisée, dis-je par son père et son frère qui, en leur qualité de greffiers,

> *Nourris* dans la chicane, en prennent *les détours.*

FIN DE LA TROISIÈME PARTIE.

QUATRIÈME PARTIE

N'ayant que ma plume pour répondre aux diverses imputations de mes adversaires, et expliquer mon isolement des principaux membres de ma famille, je me suis décidé à publier cette quatrième partie de mon mémoire qui, je l'espère, sera la dernière, et qui, du reste ne se compose que d'un petit nombre de lettres dont je donne ici copie.

Il m'est pénible d'être obligé de livrer à une publicité, même restreinte, surtout les trois lettres que j'avais adressées à ma fille avant d'en venir au moyen extrême d'un procès ; et l'on comprendra facilement le motif de mes regrets. Mais mon gendre m'ayant dit, dans le temps, avec le sans-façon qui le distingue, qu'il ne redouterait aucun échec judiciaire tant qu'il aurait MM. Duchesne père et fils, dans ses intérêts ; et l'événement ayant paru justifier, jusque-là, son imperturbable assurance, je ne puis me résoudre à ne pas compter sur l'appui de la justice, tant qu'il y aura des tribunaux à Paris.

Ire LETTRE A MADAME PASCAL-ALLAIN,
NÉE ÉLISE LAURENT-DUCHESNE.

« Charonne, 10 janvier 1857.

« Je suis charmé, ma fille, que *tu aies appris tout récemment que je tiens encore à ta visite du jour de l'an*. Cela m'a valu l'épître que tu m'as adressée, en date du 4 de ce mois de janvier, après t'être transportée, dis-tu, pour me voir, à un domicile que tu savais très-bien n'être plus le mien. Comme c'est l'unique épître que j'aie jamais reçue de ma fille unique, je la garde à titre de souvenir, malgré le ton d'ironie qui y règne. Je vais y répondre un peu longuement, parce que je vois que tu en es encore à l'A B C de bien des choses que tu devrais savoir, et qu'il faut, avec toi, faire ce qu'on appelle mettre les points sur les *i*.

« Ainsi, ma fille, sans l'avis charitable, et *tout récent*, qui t'a été donné sur ce à quoi *je tiens encore*, tu aurais, en 1857, comme pendant tout le cours de 1856, complétement oublié ton père ! Car, depuis environ deux ans, tu ne m'avais pas donné signe de vie. Déjà précédemment, pendant un espace de temps plus long encore, quoique demeurant, toi et moi, à cinq ou six minutes l'un de l'autre, tu t'étais attribué le même privilége de t'affranchir, par une résolution à toi toute particulière, de cette coutume sotte et surannée, de rendre quelques devoirs aux auteurs de ses jours, du moins à certaines époques de l'année.

« Par la même raison tu n'as pas jugé à propos, ni toi, ni ton mari, de me faire part de la naissance de tes deux derniers enfants; en sorte que je ne connais leur existence que par *ouï-dire*. Il est vrai que, pendant les cinq premières années qui ont suivi ton mariage, j'ai eu l'insigne honneur de te recevoir cinq fois. Mais ces cinq années révolues, comme j'ai eu le tort, sans doute bien grave à tes yeux, de concourir au mariage de ma seconde nièce avec le successeur de M. Gillon, et celui, encore plus grave, de venir habiter Belleville avec le jeune ménage, tu as trouvé convenable de m'en punir par l'interruption de toute relation entre nous, jusqu'à me laisser ignorer, du moins autant qu'il dépendait de toi, la naissance de l'enfant dont le ciel t'avait favorisée dans cet intervalle.

« Cependant quand j'eus quitté la maison de M. Allamagny, vous vîntes, ton mari et toi, me visiter dans la rue du Parc. Je vous sus gré de cette démarche, et l'entrevue se passa froidement, mais sans parole amère de part et d'autre. Je vous annonçai mon départ pour la Bretagne, où je passai en effet l'hiver suivant. Comme tu connaissais parfaitement mon adresse, je m'attendais, je l'avoue, à une lettre de toi, au moins vers l'époque du nouvel an. Ton silence fut pour moi une nouvelle et cruelle déception, car pourquoi être venue me voir avant mon départ, et garder ensuite un mutisme complet ?

« De retour à Paris, le besoin de me créer quelques ressources pour la vieillesse, à laquelle je touchais déjà, me fit acheter, grâce à la confiance d'un ami, un fonds d'hôtel meublé. Là, je vous rends cette justice, vous vîntes deux fois me visiter; vous m'amenâtes mêmes vos enfants; mais je ne me trouvai pas chez moi lors de ces deux visites. Et comme l'hôtel, situé dans un beau quartier, avait une certaine apparence, je ne pus me défendre de l'idée qu'après m'avoir cru ruiné, vous trouviez sans doute que je possédais, ou étais en voie de posséder encore quelque chose. Je ne me pressai donc pas d'aller vous voir. Cependant vous vîntes une troisième fois, et ton mari me laissa un mot portant que vous n'aviez pas voulu partir pour les eaux sans me présenter vos respects. A ce mot de *respect* auquel vous m'aviez si peu habitué, je courus chez vous. Mais quelles paroles m'adressas-tu à mon arrivée? Des félicitations, non sur la joie que tu aurais pu feindre de me revoir, ni sur l'espérance que la politesse t'autorisait encore à me manifester, sans même l'éprouver, de nous voir désormais plus souvent; non ce n'était rien de cela, et cependant c'étaient des félicitations, mais bien sur le bonheur que vous aviez d'être *débarrassés* (c'est ton expression) de l'établissement de pension que je vous avais laissé. Et tu répétais sur tous les tons : « Comment peut-on se plaire dans une « pension? » Surpris et comme interdit de t'entendre tenir un pareil langage, je me bornai à te répondre qu'heureusement pour elles, tes cousines n'étaient pas de ton avis. Mais, ma pauvre enfant, outre que c'est à cet état, exercé par ton père et ta mère, que tu dois encore le pain que tu manges aujourd'hui, tu ne sais donc pas qu'en me parlant ainsi, tu rouvrais une plaie encore saignante de mon âme. Car c'est là le grand cheval de bataille du procès. On me reprochait sans cesse, et toi la première, d'avoir voulu te préférer ta cousine pour lui laisser le pensionnat à ton préjudice, ce qui a trompé, sur mon compte, plusieurs personnes qui ignoraient qu'au contraire c'était à ton refus antérieur, et bien des fois répété par ta mère et par toi, que j'avais formé le projet de le céder au mari de ta cousine, à des conditions fort avantageuses pour nous tous. Il ne fallait donc pas me parler de cette circonstance, ou du moins devais-tu en même temps exprimer quelques regrets d'avoir, par la demande intempestive que tu me fis, paralysé mes meilleures intentions, et bouleversé toute notre existence. Ainsi, c'est toi qui prends soin de me le démontrer, tu ne m'as demandé l'établissement que pour l'enlever à ta cousine quand tu as su qu'il lui était promis : ce qui m'a imposé l'obligation, au moins morale, de donner une indemnité pécuniaire à son mari pour dégager ma parole.

« Comme tu étais en veine de félicitations sur tous vos avantages et agréments personnels, tu ajoutas que ton mari se trouvait aussi plus satisfait, ayant trois ouvrages commencés. J'ai su depuis que c'étaient des traductions de différents Pères de l'Église. Eh bien, sous ce rapport, je joindrai volontiers mes félicitations aux tiennes; car les Pères de l'Église sont des personnages éminemment vertueux; la connaissance de leurs écrits ne peut qu'inspirer à ton mari les sentiments que je serais heureux de découvrir en lui. Je dirai seulement qu'ayant autant de goût pour le travail paisible du cabinet, il ne devait pas prendre un établissement qui demande une grande activité, et une aptitude administrative qui n'est pas donnée à tout le monde.

« Peu de temps après je revendis mon hôtel à perte, et je te dirai tout à l'heure pourquoi. Mais vous ignoriez cette circonstance, et pouviez au contraire supposer que cette vente m'avait été très-profitable. Sans examiner si ce fut ce motif ou tout autre qui vous guida, je conviens qu'à votre retour des eaux vous prîtes la peine de remonter jusqu'à la rue du Parc pour me voir. Mais, à moins que je fusse prévenu, il était fort difficile de me rencontrer chez moi dans le jour; car je n'y rentrais que pour me coucher, et en sortais presqu'aussitôt levé. Qu'avais-je à faire en effet, seul dans mon réduit, sinon tâcher d'oublier mes peines dans le sommeil, ou bien chercher à les secouer au dehors pendant le jour? Mais j'avais encore trop présente à l'esprit notre dernière entrevue pour être animé soit du regret de ne m'être pas trouvé chez moi lors de ta visite, soit du désir de te la rendre. Je m'abstins donc d'aller vous voir; et c'est sans doute pour cette raison que je ne fus pas informé de la maladie, ni de la mort de ton premier-né, ni de la naissance de ton second fils, et qu'en un mot, jusqu'à ce jour, je n'avais pas reçu de visite, ni aucune lettre de toi.

« Tu m'objecteras peut-être qu'ayant été aussi péniblement impressionné par ta conversation dans notre dernière entrevue, j'aurais dû t'en avertir. Oui, si j'avais pu espérer être compris. Mais à quoi bon engager une discussion qui ne peut que dégénérer en amertume sans aucun bon résultat? Te souviens-tu qu'à ta première visite annuelle, je te représentai que tu avais encouru le blâme de plusieurs personnes en allant au bal au plus fort de nos démêlés? « En vérité, Papa, me répondis-tu vivement, tu as de sin-
« gulières connaissances! Quoi donc! parce qu'on a un père et une
« mère qui ne s'entendent pas, faut-il se priver de tous les plai-
« sirs? » Ne trouvant pas de réplique comparable à ta naïveté, je

ne sus que te dire : « Tu as raison, ma fille, et ce sont mes connais-
« sances qui ont tort. » C'est la seule de nos rares entrevues où je
me sois permis une observation de cette nature, et plût à Dieu que
je ne me la fusse pas permise! j'aurais ignoré du moins jusqu'où allait ton indifférence ; c'est la seule fois, dis-je, que je t'aie fait une
observation ressemblant quelque peu à un reproche, et tu vois que
je n'ai pas insisté sur le blâme de mes *singulières connaissances*.
Ainsi tu as tort d'accuser, dans ta lettre, *l'accueil que je te faisais*.
Mon accueil était froid comme le tien, voilà tout. Ne fallait-il pas
que je courusse me jeter à ton cou quand, depuis ton mariage, tu
n'as jamais fait un pas pour venir m'embrasser? Ta froideur à mon
égard a été remarquée, dès le lendemain de tes noces, par M. Nadal,
chez M. et Madame Allain, où tu es allée embrasser tout le monde,
excepté ton père.

« Une autre fois, c'était chez toi, et en présence de ton mari, tu
qualifias Auguste Bertrand, mon neveu, de *traître* « plus encore que
« sa sœur, ajoutas-tu, parce qu'après tout le mal qu'il venait nous
« dire de toi, il s'est mis de ton parti. » Comme s'il devait y avoir
deux partis dans la même famille! comme si les murmures d'un écolier, pour avoir été puni, devaient être pris au sérieux, ou même
seulement écoutés par une tante et une cousine au-dessus de son
âge! Dans tous les cas Auguste, sorti de l'enfance, n'en a pas jugé
de même ; car j'ai encore, de lui, des lettres remplies des meilleurs
sentiments, et des plus attendrissantes. Quant à sa sœur, loin qu'on
puisse citer d'elle aucune trahison, si elle a péché, ce n'est que par
un excès de discrétion dont elle a été trop longtemps victime, gémissant en secret d'une division dont elle était en partie la cause
innocente. Je dis en partie parce que, dès avant son arrivée chez
nous, Madame avait toujours su organiser une opposition contre Monsieur.

« Une autre fois encore, toujours chez toi et ton mari présent,
tu me demandas s'il était vrai qu'après l'arrêt définitif, Emile, ton
oncle, m'eût proposé un rapprochement entre ta mère et moi. « Pas
« précisément, te dis-je, mais il m'en a exprimé le désir et en quel-
« que sorte l'espérance. » — « Alors, » t'écrias-tu, « Emile est un
« *traître*, car c'est lui qui a le plus poussé à la séparation. » Je savais qu'à la vérité Emile avait surtout contribué au commencement
du procès ; mais qu'y aurait-il d'étonnant à ce que, plus tard, il eût
reconnu son erreur? L'erreur est en quelque sorte de l'essence humaine, mais quand on s'aperçoit qu'on a fait fausse route, est-on
traître pour chercher à entrer dans une meilleure voie ?

« Enfin, ma pauvre fille, car je n'en finirais pas si je voulais citer toutes tes incartades, tu disais un jour, en propres termes, à l'une de tes camarades de pension, nièce ou du moins parente de M. Pommier, alors maire de Belleville, que tu n'aimais pas son oncle parce qu'il avait pris le parti de ton père. Encore le mot *parti* qui n'aurait jamais dû être prononcé par toi. Eh bien le grand tort, à tes yeux, de M. Pommier, et qui lui avait valu ton inimitié, c'était d'être allé trouver ton mari pour lui conseiller la neutralité entre son beau-père et sa belle-mère. Pascal, qui croyait voir son intérêt dans une conduite toute opposée, repoussa formellement le conseil pourtant si sage de M. Pommier, déclarant qu'il ne souffrirait ni entrevue ni explication entre ta mère et moi. Il opposa du reste la même résistance à M. Weinrèbe, qui prétendait que s'il pouvait seulement parler à Madame Laurent, il lui ferait bien entendre raison. Ce n'est pas par M. Pommier que j'ai connu sa démarche, car les honnêtes gens ne se vantent pas de leurs bonnes actions ; et j'ignore encore s'il était ce que tu appelles *de mon parti*, c'est-à-dire, s'il me donnait tort ou raison. Mais je considère sa tentative comme celle d'un bon magistrat qui veut éviter le scandale, et tient à cœur le bien de ses administrés ; c'est pourquoi je lui en saurai gré toute ma vie. Mon témoignage est d'autant moins suspect aujourd'hui que M. Pommier est rentré dans la vie privée.

« Quant à M. Weinrèbe, il fut moins discret que M. Pommier, et il entra dans certains détails que je ne puis même te répéter aujourd'hui.

« Ainsi, ma pauvre enfant, tu as autant de sévérité pour autrui que d'indulgence pour toi-même. Tandis que tu t'admires sans réserve dans tout ce que tu as dit, fait et pensé, tu infliges l'épithète de *traître* à quiconque sent autrement que toi, cela supposé que tu sentes quelque chose ; car pendant et depuis notre procès, je ne t'ai vue rien sentir si ce n'est le plaisir de *danser,* malgré l'affliction de tes parents.

« Une telle insensibilité m'autorise, je pense, à te parler crûment aujourd'hui surtout que tu as atteint ta douzième année de ménage, et que je ne puis plus, comme dans les premiers temps, mettre ton ingratitude et tes bévues sur le compte de ton extrême jeunesse et de ton inexpérience. Alors, en effet, je me disais que c'était le résultat des adulations qui t'ont été prodiguées, depuis ton enfance, par ta mère, par tes grands parents, et plus tard par ton mari. J'en voyais bien aussi la cause dans la jalousie qui t'a été inspirée contre trois orphelins que je n'aspirais pourtant qu'à mettre en état de suffire à leur existence ; et encore dans la critique inconsidérée que tu as entendu faire si souvent de ton père en son absence. Mais je me disais aussi que plus tard tu saurais me juger par mes actes. Eh bien ces actes ils ont passé inaperçus sous tes yeux, et tu sembles complétement les ignorer. Il me faut donc te les rappeler, et descendre à me justifier devant toi.

« On t'a dit, et tu parais croire que je ne t'aimais pas. D'abord l'aversion d'un père pour son enfant, si tant est qu'il existe une telle monstruosité dans la nature, devrait se manifester par de mauvais traitements. Eh bien, aussi loin que tes souvenirs puissent s'étendre, te rappelles-tu avoir jamais reçu de lui une seule chiquenaude, ou aucune punition afflictive ? non assurément ; et le fait qu'on te cite comme une preuve de mon inimitié, c'est-à-dire, mon insistance à te voir livrée à une occupation quelconque, hors le temps de tes récréations, n'était-elle pas plutôt, de ma part, l'accomplissement d'un strict devoir ? Cette recommandation a eu le même succès que tant d'autres, puisque tu te félicites encore aujourd'hui de n'avoir plus de pension, c'est-à-dire, apparemment, d'être affranchie de tout travail obligé. Il est vrai que la persuasion où tu étais, que je ne t'aimais pas, a toujours ôté bien de l'autorité à mes paroles.

« Ensuite quand je te représentai que tu n'aurais pas dû disposer de ton cœur et, autant qu'il dépendait de toi, de ta main en faveur du petit M. P. sans consulter ton père, et que tu me répondis résolument que tu n'aurais pas d'autre époux, que tu avais *défendu* à ta mère de m'en parler, etc., n'aurais-je pas dû, alors que tu n'avais pas seize ans, te renvoyer en pension, ou plutôt dans un couvent pour quelques années, si je ne t'avais pas aimée ? Mais je déplorais la fatale influence qui te dominait, et je t'absolvais dans mon cœur. Voilà pourquoi lorsque j'entrevis pour toi une alliance plus convenable, j'y souscrivis des deux mains. Et cependant si j'avais été animé de dispositions malveillantes, ne venais-tu pas de me donner des motifs légitimes d'exercer une grande sévérité à ton égard ? tu as dit depuis qu'en ce qui concerne M. P. tu n'agissais pas sérieusement. Je n'approuve pas plus cette seconde hypothèse que la première ; car enfin M. l'abbé Depille, qui s'était chargé de me faire connaître tes dispositions, m'en avait parlé fort sérieusement en présence de ton oncle. Tu avais donc trompé M. Depille, ainsi que moi, et surtout celui qui est resté victime de ce que tu regardes maintenant comme une plaisanterie.

« Loin d'avoir jamais été sévère pour toi, ne t'ai-je pas, pendant tout le temps que tu as été en pension, prodigué tous les encouragements, toutes les récompenses qui étaient en mon pouvoir ? Tu ne devais d'abord sortir que tous les mois ; bientôt, à la demande de ta mère et à la tienne, tu sortis tous les quinze jours, puis toutes les semaines, et jusqu'à deux fois par semaine. Je te donne vingt francs toutes les fois que tu obtiens la médaille ; je ne te refuse aucun des maîtres d'art d'agrément que tu me demandes : sont-ce là des preuves de mon inimitié ? Lorsque je te fis part de la demande qu'un médecin m'avait faite de ta main, et que tu me dis qu'un médecin a trop de facilités pour se débarrasser de sa femme dès qu'elle lui déplaît ; lorsque je te parlai aussi d'un notaire, et que tu me répondis que, n'étant pas assez riche pour en épouser un de Paris, tu ne voulais pas d'un notaire de province, je n'en accueillis pas moins avec empressement l'homme qui est aujourd'hui ton mari, parce que tu le préférais. Sont-ce là, ma fille, des preuves de mon inimitié ? Ah ! ce sont bien plutôt des preuves de ma faiblesse. Voilà pourquoi sans doute tu as osé me dire que tu avais *défendu* à ta mère de me parler de l'acte le plus important de ta vie. Oui, j'aurais dû t'envoyer réfléchir quelques années dans un couvent.

« Mais n'envisageant que ta grande jeunesse, ce n'est pas à toi que j'imputais ces écarts, et toute ma préoccupation était de te tirer le plus promptement possible, mais aussi le plus avantageusement pour toi, des mains imprudentes qui te gouvernaient. Remarque bien que je dis *imprudentes,* et non *coupables,* encore moins *criminelles*. Assurément ta mère t'aimait autant, et surtout plus ostensiblement que moi, mais d'un amour imprévoyant, inconsidéré. Une fois pour toutes je n'ai jamais accusé ses mœurs, ni la probité de la famille Duchesne, quoique M. Duchesne ait voulu induire le contraire d'un jeu de mots que je m'étais permis à son sujet dans une de mes lettres à Pascal. Faisant allusion à ce que M. Duchesne avait dit être venu à Belleville pour y prendre l'air, j'ajoutais qu'il s'était bientôt lassé *de n'y prendre que l'air*. Eh bien, puisqu'il faut aussi lui mettre les points sur les *i*, j'avais simplement voulu faire entendre qu'il ne prenait plus à Belleville les dîners d'autrefois. Mais j'étais si loin de l'accuser d'avoir jamais voulu rien prendre à la dérobée que, quelques lignes plus haut, dans la même lettre, je dis expressément : « A Dieu ne plaise que je révoque en doute la probité de « M. Duchesne ! »

« N'ayant donc en vue que de te mettre sous la protection d'un mari sage et expérimenté, et croyant l'avoir trouvé dans celui qui se présentait, je fus pendant quelque temps au comble de la joie. Aussi ne reculai-je devant aucun sacrifice pour arriver à une prompte conclusion ; plus j'accordais, plus on me demandait. C'est ainsi que, de la moitié de mon établissement, j'arrivai aux trois quarts, et puis à la totalité, outre une foule de concessions qu'on obtint encore par supplément ; comme celle d'une partie de mon mobilier personnel, et surtout celle de m'engager pour dix-huit années consécutives, quand on se réservait la faculté de me donner congé tous les trois ans. Est-ce là, ma fille, une preuve que je ne t'aimais pas? Ce n'est pas tout. Aucune des concessions que j'avais faites ne m'avait coûté jusque-là. Je les avais faites au contraire le cœur joyeux et content. Mais quand on en vint à la proposition impertinente de m'interdire, pendant dix-huit ans, le droit de me rétablir, deux mouvements se croisèrent dans mon esprit : le premier de lacérer la feuille de papier timbré, et de me retirer en silence, car que dire à des gens qui, au moment où je donne les plus grandes preuves de dévouement à ma fille, osent me supposer l'intention d'agir contre ses intérêts? Mais un retour sur ta position me ramena promptement à la triste réalité des choses. Je te voyais sans appui suffisant, puisque mon autorité et mes sentiments étaient méconnus par toi, et sans cesse mis en suspicion par ton entourage. Je te voyais déjà prête à recommencer d'autres extravagances peut-être pires que la jonglerie au sujet de ton premier soupirant, laquelle pourtant n'avait pas laissé que de faire parler le monde. Je fis donc ce nouveau sacrifice à mon affection pour toi, et je signai sans mot dire.

« Conçois-tu l'effort que je dus faire sur moi-même pour subir cette humiliation? Cependant lorsqu'un peu plus tard je me crus obligé de vous citer, à toi et à ton mari, cette circonstance, comme une marque évidente de mon abnégation et de mon dévouement pour vous, tu te rappelles sans doute ce que Pascal me répondit : « Oui, quand je sus que vous aviez consenti à signer cet engage-« ment, je me dis que sans cela vous l'auriez violé. » Voilà l'étrange logicien qui était devenu ton Mentor! Selon lui, quand on s'engage volontairement à remplir un devoir, c'est une preuve qu'on nourrissait secrètement l'intention de l'enfreindre! Mais, que dis-je? *volontairement*. D'après vous rien n'a été volontaire de ma part; tout a été forcé dans ce que j'ai fait pour toi; car lorsqu'on te représente que cependant ton père t'a donné une dot assez jolie, tu réponds : « il ne pouvait pas faire autrement. » On m'a rapporté plusieurs fois cette réponse faite par toi à plusieurs personnes différentes, et je me refusais à y croire. Mais enfin tu l'as tant répété qu'il faut bien que ce soit ta pensée. Ainsi tous mes sacrifices pour toi sont nuls à tes yeux ! parce qu'ayant été forcé de te marier et de te doter dès l'âge de seize ans et quelques mois, il est clair que l'absence de liberté me retire tout le mérite de mes actions. Mais pour te citer un exemple connu, je vivais donc sous une autre législation que M. Allain père? qui, relativement au mariage de Mademoiselle Maria, sa fille, a déclaré qu'il ne donnerait rien à ses enfants qu'après sa mort; et c'est ce qui a, malgré le mérite incontestable de cette demoiselle, éloigné deux partis qui s'étaient successivement présentés pour elle. Aussi ne s'est-elle mariée qu'après le décès de ses parents. Mais elle est heureuse maintenant, et bien récompensée de sa soumission aux volontés paternelles.

« Sais-tu d'ailleurs que tu ne fais pas l'éloge du désintéressement de ton mari, en prétendant que je ne pouvais te refuser ce que je t'ai donné? car tu fais entendre, par là, qu'il n'aurait pas consenti à t'épouser sans tous les avantages matériels qui venaient s'adjoindre à ton mérite personnel.

« De grâce, ma fille, abstiens-toi de semblables allégations qui ne t'honorent pas aux yeux du monde, puisqu'on veut t'y faire jouer un grand rôle. Car tu es *une grande Dame à présent*. Voilà ce que dit Madame Duchesne mère, qui n'ose plus se présenter chez toi que sous un accoutrement plus recherché qu'elle ne le porte d'habitude. Malgré le peu de cas que tu dois faire de mes observations, je te dirai encore pourtant que je ne vois guère sur quels titres se fonde cette qualification de grande Dame, sinon sur tes grandes prétentions. Mais ce n'est pas en nourrissant de tels sentiments, en affichant une telle manière de voir, que tu seras grande devant Dieu ou devant les hommes.

« Cependant je pourrais te croire grande sous le rapport de ton dévouement pour tes enfants, puisque tu as soin de ne pas t'en séparer, en gardant une nourrice tout le temps nécessaire chez toi. Mais tu aurais fait plus encore, ayant des loisirs et de la santé, si tu avais essayé toi-même de les nourrir.

« Tu vois, ma fille, que depuis douze ans, tu n'as cessé de me donner les plus graves sujets de mécontentement, sans que tu en aies jamais manifesté l'ombre d'un regret, ou fait la moindre excuse. Je m'étais interdit toute récrimination jusqu'à ce jour, afin de laisser le temps au repentir d'entrer dans ton cœur; mais ta lettre est venue détruire ma dernière illusion. De mon côté ai-je tenté, depuis ton mariage, de te faire de grandes démonstrations d'amitié? Non certainement. Outre que je n'avais plus que des paroles à t'adresser comme preuve de mon affection pour toi, qu'eussent été des paroles en présence de faits palpables restés sans effet? D'ailleurs ce n'était pas à moi à te rechercher, et j'ai dû refouler mes sentiments en moi-même. Comme père, je ne te dois plus rien, et ne suis pas même tenu de te rendre tes visites. Ainsi tu t'abuses encore en disant que tu serais venue me voir plus souvent si j'avais montré moi-même plus d'empressement à vous visiter. Au moins devais-tu m'écrire, si tu ne voulais pas te déranger pour me voir. Car, songes-y bien, tu es peut-être la seule fille au monde (je parle du monde civilisé) qui soit arrivée à la vingt-neuvième année de son âge sans avoir jamais écrit à son père dont elle est séparée depuis douze ans, et qu'elle a visité moins de douze fois pendant tout ce temps. Devais-je, après cela, te prodiguer de grandes marques de tendresse? Tu n'oserais le prétendre. Cependant tu vas être surprise d'une dernière preuve de générosité de ma part. Qui? moi, encore à présent, généreux envers ma fille! Oui, moi. Et en quoi? En m'abstenant de te maudire! J'en ai été violemment tenté, je l'avoue, et je remercie Dieu d'avoir pu résister à cette tentation.

« Vois quelle différence entre mes sentiments d'autrefois et ceux que je viens de te signaler. Moi qui t'avais vue avec tant de joie naître et grandir, jusqu'à me trouver heureux de n'avoir que toi d'enfant, afin de pouvoir te laisser tout le fruit de mon travail sans partage. Cependant rassure-toi. Une sorte de calus s'est formé sur mes blessures, et je suis devenu moins sensible à ton ingratitude. Je ne serai donc plus tenté de te maudire.

« D'ailleurs une considération contribue encore, jusqu'à un certain point, à atténuer tes torts à mes yeux. C'est qu'au lieu du sage Mentor entre les mains de qui j'avais cru pouvoir, avec toute sécurité, remettre ton sort, c'est un homme qui a été saisi subitement du même esprit de vertige que toi, quoiqu'ayant le double de ton âge. Il a épousé aveuglément toutes vos passions, vos préventions, votre jalousie, votre haine contre mes nièces, et par suite contre leurs maris. Il s'est laissé éblouir par les promesses extravagantes de sa belle-mère. « Tout est pour vous, lui a-t-elle dit, aidez-moi
« seulement à évincer mon mari, et je vous promets, je vous donne
« dès à présent tout ce que je possède et pourrai posséder. » De ce moment, Pascal s'est mis à l'œuvre, et il n'y a pas été de main morte. De là son empressement à s'emparer de mes effets personnels, et son refus, sous mille prétextes, de rembourser une partie notable des avances que j'avais faites pour lui. « Mais un peu plus
« tard, lui disais-je, tout sera pour vous ; laissez-moi du moins la

« jouissance de l'usufruitier. » N'importe; je pouvais, selon lui, me dessaisir en faveur de mes neveux et nièces, et c'était un motif légitime à ses yeux pour me dépouiller sur-le-champ. Il me refuse jusqu'à l'un de mes deux chiens, le plus gros, qui m'eût été utile dans la maison de Charonne que j'habitais seul en ce moment. « Je « le garde » me dit-il « car il nous amuse dans nos promenades. » Il me refuse jusqu'à mon cabriolet que je n'ai pu obtenir que par surprise, en le lui faisant emprunter par une personne tierce. Cette personne était M. David, alors boulanger de la maison, chez qui j'allai reprendre mon bien comme furtivement. Je n'eus pas la même ressource pour obtenir mon chien, il fallut m'en passer afin de ne pas troubler l'amusement de vos promenades.

« Pascal et son père m'avaient prié itérativement de m'occuper du matériel de votre maison, d'aller aux marchés, comme je l'avais fait pour moi, et je leur avais promis d'en faire l'essai provisoirement. Mais voilà qu'au début mon gendre me prévient nettement que je n'ai pas stipulé *mon droit à la table*. Non certes je n'avais pas fait de stipulations si mesquines; mais j'avais pensé mériter autant, mes jours de travail, que le chien du cloutier, qui du moins en tournant la roue, gagne sa nourriture.

« Peu de temps après cette judicieuse observation de mon gendre sur l'étendue de mes droits dans sa maison, te croyant embarrassée pour servir seule les élèves en l'absence de ta mère, je t'offris de t'aider. Tu me répondis qu'une bonne pouvait te rendre le même service. Je me retirai donc et fis un voyage de deux mois. A mon retour, je reçois, de mon gendre, une sommation par huissier de faire procéder à une réparation dont je n'avais nullement contesté l'importance, mais l'architecte n'ayant pas cru devoir faire travailler le dimanche, n'était venu que le lundi; et c'est pendant qu'on commençait le travail que je reçus la sommation.

« Cependant il devenait manifeste que tes occupations nouvelles n'étaient guère de ton goût. Tu restais dans ton fauteuil pendant que ta mère supportait seule le fardeau de la maison. Pascal non plus, en ce qui le concernait, n'avait pas débuté très-heureusement. C'est pourquoi je lui proposai de vous racheter l'établissement au prix de 40,000 francs, c'est-à-dire 5,000 francs de plus que mon estimation dans ton contrat de mariage. Il m'en demanda 50,000 et ne voulut pas céder à moins, disant qu'*il n'avait pas l'habitude de perdre son temps*. Ainsi l'établissement, déjà diminué quant au nombre des élèves, valait, d'après lui, 15,000 francs de plus que trois mois auparavant. Et cependant lui, comme ta mère et toi, vous aviez bien des fois dit, entr'autres à M. Langlois, inspecteur de l'université, que j'avais exagéré toutes mes évaluations en vous établissant.

« Le procès en séparation à peine commencé, mon gendre vint me dire qu'il *renverrait* de chez lui Madame Laurent si je voulais lui faire une diminution sur son loyer. Ce mot *renvoyer*, appliqué à sa belle-mère, me parut tellement déplacé que je le reçus fort mal ce jour-là ; ce qui ne l'empêcha pas de venir une seconde fois me demander une diminution de loyer, sous la menace de quitter ma maison au bout de la première période de trois ans, si je ne la lui accordais pas. Je lui répondis qu'en ce cas je recouvrerais tous mes droits, puisque mon interdiction ne devait durer qu'autant que le bail que je lui avais consenti ; et c'est sans doute ce qui l'empêcha d'exécuter sa menace.

« Relativement au séjour de ta mère chez vous, tu sais qu'un arrêt de la Cour lui avait assigné la demeure paternelle pour domicile provisoire pendant la durée du procès. J'aurais eu grand intérêt à exiger, comme c'était mon droit, la stricte exécution de cet arrêt, sachant que Madame Laurent ne pouvait, n'a jamais pu, et ne peut pas encore à présent vivre seulement deux jours d'accord avec sa mère ; ce qui l'eût obligée à réintégrer bien vite le domicile conjugal ; mais je n'en ai rien fait parce que j'étais persuadé de l'utilité, de la nécessité même de sa présence dans votre établissement. Vous ne m'avez su aucun gré de ma tolérance. De même Pascal ne m'a pas tenu compte de la réserve que je m'étais imposée à son égard, dans la première partie de mon mémoire. Non-seulement je n'avais articulé aucun de mes griefs contre lui, mais encore je n'avais parlé qu'en termes élogieux de sa personne, de ses talents et de ses succès universitaires. Lis la dernière page de cette première partie, et tu pourras t'en convaincre (1). C'est même là le motif pour lequel je n'avais donné mon récit que jusqu'à l'époque de votre mariage, bien résolu à ne pas le continuer si je n'y étais contraint

---

(1) Voici ce passage, page 105 : « Moins d'un mois plus tard, elle (ma fille) « accueillait, comme ils méritaient de l'être, les hommages de M. Pascal « Allain, mon gendre. En cela, elle faisait preuve de bon goût. Ce jeune « homme n'eut qu'à m'être présenté pour conquérir mon suffrage. Mais ses « qualités extérieures étaient son moindre mérite : ses beaux antécédents, « ses titres et ses triomphes universitaires, son excellente conduite, tout se « réunissait en lui pour en faire un homme accompli. Avec quel charme « inexprimable je contemplais alors un avenir de bonheur pour ma fille, et « de prospérité pour mon établissement ! » Je demande si c'était là un langage provocateur, et propre à m'attirer une menace foudroyante de la part de celui qui en était l'objet?

par vos procédés. Précautions inutiles ! Pascal, au lieu de s'abstenir, comme il le devait, de toute immixtion dans une querelle qui lui était étrangère, me dit d'un ton menaçant : « Vous avez fait un « mémoire, j'y répondrai. »

« Comme j'étais tombé gravement malade, vous vîntes tous deux me tâter le pouls. Prenant votre démarche pour une marque d'intérêt, j'eus la faiblesse de vous demander de me recevoir chez vous, désirant aller mourir dans mon ancienne maison. « C'est im- « possible, me répondit Pascal, *cela interromprait la procédure en* « *séparation.* » Je t'interrogeai du regard, cherchant à pénétrer ta pensée. Tu la manifestas bien vite en me faisant froidement la même réponse que ton mari.

« Cependant ayant recouvré la santé, et par suite, mon énergie, j'interjetai appel du jugement de 1re instance auquel, étant déjà malade, on m'avait fait consentir par surprise, et sous de fallacieuses promesses. Pascal vint me prier de me rendre avec lui chez Me Mandaroux-Vertamy, dans le but d'obtenir mon désistement. Convaincu de l'inutilité de cette démarche, je m'y refusai d'abord. « Oh ! je vous en prie, me dit-il, faites cela pour moi. — J'y con- « sens, lui répondis-je, mais qu'avez-vous jamais fait pour moi ? — « Mais, reprit-il, que m'avez-vous demandé ? — Peu de chose. Na- « guère me croyant près de succomber, je ne vous demandai que « la permission d'aller mourir chez vous. — Oh bien, répliqua-t-il, « quand je vis que M. Le Blévec s'était embarrassé de mon beau- « père, je me dis : qu'il le garde. » *L'embarras* du beau-père est à l'unisson du *renvoi* de la belle-mère. Ce licencié ès-lettres qui connaît sans doute les délicatesses du langage, ne juge pas à propos d'en faire usage pour si peu. Je n'en allai pas moins au rendez-vous indiqué, mais par déférence seulement pour le respectable intermédiaire.

« Lors de l'enquête ordonnée par la Cour d'appel, Pascal ne s'en tint plus à des paroles plus ou moins offensantes ou déplacées. Il voulut y joindre des actions plus significatives. Il alla trouver trois témoins différents, avec prière de déclarer que je lui avais fait l'aveu d'un soufflet. Or, voici l'histoire de ce fameux soufflet. Depuis longtemps Madame me poursuivait pour en obtenir un. Déjà je lui avais dit, en présence de M. Soubrier et de la femme Pellerot : « Tu veux un soufflet, mais tu ne l'auras pas » et je m'étais soustrait à ses outrageantes provocations. Quinze jours plus tard, elle vint me trouver à Charonne et renouvela ses taquineries sous toutes les formes. Harcelé par elle depuis deux heures, je finis par lui dire :

« Tu crois donc que je n'oserai jamais te donner un soufflet? —
« Non, tu n'oserais pas. » Je levai la main pour le lui appliquer
réellement; mais par un mouvement, soit instinctif, soit spontané,
elle se jeta vivement de côté, et ma main ne fit que lui effleurer le
cou. Voilà l'exacte vérité. Je ne dis pas cela pour m'excuser puisque, moralement, je suis aussi coupable que si elle l'avait reçu au
beau milieu de la figure, et que j'avais bien l'intention de le lui appliquer; mais le fait est que je ne lui ai nullement touché la joue.
Lorsque je revis Pascal, il me dit: « Vous avez donné un fameux
« soufflet à votre femme. — Vous y croyez donc? lui répondis-je.
« — C'était bien aisé à voir; elle avait les cinq doigts marqués sur
« la joue. — Eh bien, ajoutai-je en lui montrant mon pouce privé
« d'ongle, il faudra qu'elle prouve que ce sont bien mes cinq doigts,
« et même que cette difformité reparaisse sur sa joue. » Pouvais-je
nier plus énergiquement que je ne le faisais par ces paroles? Cependant c'est cette dénégation formelle que Pascal a su travestir en
humble aveu de ma part, déclarant faussement que je lui avais dit:
« C'est vrai, mais il n'y avait pas de témoins, et l'on ne reconnaîtra
« pas la difformité de mon pouce marquée sur sa figure. »

« Je ne m'étonne plus à présent que Madame Laurent, qui a eu
depuis lors le temps de réfléchir et de se calmer, ait renoncé à la
société de son gendre pour se vouer à la retraite; car sachant ce
qu'il en est dans son for intérieur, peut-elle estimer celui qui est
capable de fausser ainsi la vérité dans un but d'intérêt sordide froidement calculé? Quant à elle du moins, ce n'était pas pour son propre intérêt qu'elle agissait; et en cela je la crois plus excusable,
emportée par son délire et un désir outré de te faire briller par l'opulence. C'est sous la même impression délirante qu'elle alla, avec
ses acolytes, chercher au loin, du haut de Charonne à la Courtille,
un médecin dont je n'ai jamais entendu parler, ni avant, ni depuis
le procès. Dans quel but le choisit-elle de préférence à tant de médecins honorablement connus à Charonne et à Belleville? Elle seule
pourrait le dire.

« Cet officier de santé, gratifié du titre de docteur dans la plainte
de Madame Laurent, a constaté sur sa joue une *empreinte digitale*
des mieux caractérisées. Nul doute que la joue n'ait été horriblement labourée, puisque le certificat du médecin est revêtu de toutes
les formalités légales. Je prends donc le fait comme bien avéré. Eh
bien, si le dogme du jugement dernier, où tout sera dévoilé, n'était
pas chose trop sérieuse pour qu'on se permette d'en faire l'application à des objets d'une importance relativement légère, je dirais que

je serai curieux alors de savoir si c'est la main meurtrière d'un portefaix qui a exercé ces ravages sur la joue de Madame Laurent, ou bien si ce n'est pas celle de la victime elle-même, armée d'un monstrueux gantelet d'acier. Quant à la mienne, j'en fais serment, elle n'est coupable que d'un semblant de soufflet, ou si l'on veut, d'un soufflet intentionnel qui n'a fait qu'effleurer le cou, sans atteindre la joue. Puissé-je n'avoir à rendre compte que de ce méfait devant mon dernier et souverain Juge !

« Aussitôt l'arrêt de séparation prononcé, Pascal s'érige en arbitre de notre liquidation, et me retient mon loyer. « Il ne vous en « est dû que la moitié, » me dit-il, voulant, sans autre préliminaire, s'attribuer la seconde moitié puisque Madame lui avait promis toute sa part. Je fus obligé de lui envoyer une sommation, et il préféra déposer tous ses loyers chez le notaire où ils restèrent improductifs pendant trois ans ; tandis que moi ne recevant plus rien de mes revenus, j'étais poursuivi pour dettes de la communauté, et entre autres pour un excédant considérable de trousseau que ta mère t'avait donné à mon insu, après l'avoir acheté à crédit. Témoins MM. Delalande, Laumaillier, Fanet, Godefroy-Vibert, Florimond, auxquels il était dû plus de 3,000 francs, et dont plusieurs obtinrent des jugements contre moi quand je n'avais pas de quoi les payer.

« Tel est le spécimen des égards qu'a eus pour moi l'homme à qui je venais de donner ce que j'avais de plus cher au monde, ma fille et mon établissement. Est-ce à dire que tant de souvenirs pénibles m'aient rendu implacable ? Non, ma fille, je suis trop pénétré de cette vérité que *celui qui refuse de pardonner coupe le pont par où il doit passer*. Je pardonne mentalement pour me conformer aux paroles de l'oraison dominicale ; mais je pense que l'oubli des injures, ou l'efficacité du pardon, dépend des dispositions de ceux qui doivent en être l'objet. Or, comment le pardon pourrait-il atteindre quiconque, loin d'en sentir le besoin, loin de manifester le plus léger repentir, se pavane dans un triomphe obtenu par intrigue ? Voilà pourquoi lorsque des amis officiels ou officieux m'ont parlé de réconciliation, j'ai mis pour première et unique condition, le simple aveu confidentiel de deux ou trois mensonges, ajoutant que je me croirais le plus lâche des hommes si je me permettais le moindre reproche après cet aveu. Mais on trouve que ce serait trop humiliant. Soit ; ne subissez pas ce que vous regardez comme une humiliation, et que je regarderais, moi, comme une réparation du passé, et une promesse au moins indirecte d'amendement pour l'avenir ; tandis que vous ne songerez pas à réparer vos torts aussi longtemps que vous persisterez à les nier. Je vous pardonne néanmoins, mais je ne puis faire plus pour votre satisfaction personnelle.

« Emile, le premier, m'avait dit quelques mots d'un rapprochement dans un moment où une meilleure entente entre nous aurait du moins prévenu les désastreux effets de notre liquidation. Mais Emile aurait pu s'y prendre autrement. Il commence par me dire, en ricanant, qu'il me donne vingt-quatre heures pour maudire mes juges. Eh non ! Ce ne sont pas mes juges que je blâme, ce sont les moyens employés pour tromper leur religion. A leur place je n'eusse pas jugé autrement qu'eux. M. Duchesne seul, depuis si longtemps connu au Palais pour sa bonhomie, eût suffi à me convaincre de la culpabilité de son gendre. Il est vrai qu'il a attendu dix-huit ans pour se rappeler que, le jour même de mes noces, je l'avais menacé de *rendre sa fille malheureuse pendant dix ans, sans que personne s'en aperçût*. Mais qu'est-ce que cela prouve sinon sa longanimité et celle de la patiente ? Il fallait bien souffrir, sans mot dire, jusqu'à ce qu'on fût en état de se passer du bourreau. Telle est pourtant la déposition faite sérieusement par M. Duchesne, Greffier à la Cour d'Appel de Paris, déposition consignée au procès-verbal d'enquête, et qui restera aux archives de ladite Cour.

« Pour avoir conçu l'infernal projet de rendre ma femme malheureuse, pendant dix ans, à l'insu de tout le monde, il fallait que je joignisse un bien grand fond d'hypocrisie à la plus abominable méchanceté ; et cependant vois quel hypocrite maladroit j'eusse été en me dévoilant dès le premier jour, en prenant soin d'éveiller l'attention de celui-là même qui se montrait le plus soucieux de son bonheur. Comment ? je commençais par divulguer ce que je voulais que tout le monde ignorât ! Du moins, M. Duchesne n'a pas menti, en faisant cette déclaration. Son grand travers d'esprit est d'avoir donné à mes paroles un sens qu'elles ne pouvaient avoir ; de ne pas s'être aperçu que, proférées sérieusement, elles eussent démontré une brutale franchise qui exclut toute idée de dissimulation. Il ne faut pas oublier qu'à l'époque de mon mariage, associé déjà avec M. Duchesne depuis six mois, nous vivions dans une sorte d'intimité familière. Déjà il avait eu le temps de m'étudier, et comme, indépendamment du mariage, nous avions contracté une association de longue durée, mes paroles, à pareil jour, prononcées d'un ton léger et guilleret, ne pouvaient signifier que ceci : « Comment votre fille
« pourrait-elle être malheureuse, entourée, comme elle l'est, de
« son père, de sa mère et de son frère ? Qu'y a-t-il de plus vigilant
« que l'œil d'une mère pour scruter les plus secrets sentiments de

« sa fille ? Votre fille, vous la verrez le matin, vous la verrez le soir;
« sa mère ne la quittera pas de toute la journée. Nous vivons tous
« les quatre, et même tous les cinq, en comptant votre fils déjà
« d'âge à ouvrir les yeux, nous vivons tous, dis-je, d'une vie com-
« mune, comment pourrait-il y avoir, dans l'existence de votre
« fille, quelque chose de caché pour vous ? » Mais moi qui n'ai
jamais attaché d'importance aux discours pompeux, je n'avais pas
cru devoir vous rassurer par de belles paroles seulement, par des
protestations qui ne signifient rien sans les actes ; moi que vous
connaissiez déjà, et que vous saviez avoir renoncé à une alliance,
pécuniairement parlant, plus avantageuse que la vôtre, afin de ne
pas introduire dans notre société une troisième femme, et probablement un élément de discorde, je n'avais pas cru pouvoir mieux vous
rassurer, mieux dissiper vos appréhensions tardives sur le sort de
votre fille, qu'en vous démontrant qu'elles étaient mal fondées, et
qu'il était impossible que votre fille fût malheureuse, du fait de son
mari, les actions de celui-ci devant être surveillées et contrôlées
par une mère, par un père et aussi par un frère, tout jeune qu'il était.
N'importe ; au bout de dix-huit ans vous en avez jugé autrement.

« Mais il y a donc parité d'appréciation, identité de discernement
entre vous et M. Pascal Allain, votre petit-gendre ? Car lui aussi a
conçu de moi la plus détestable opinion, pour n'avoir pas prodigué
les caresses à son fils, au moment de sa naissance ; en un mot, pour
ne l'avoir pas embrassé lorsqu'il avait à peine vingt-quatre heures
d'existence. En effet, dès que j'appris la délivrance de ma fille, j'allai
visiter l'accouchée et le nouveau-né. Pascal, avec un empressement
que je conçois de la part d'un père, courut au berceau de son enfant
et me l'apporta, l'offrant à mes baisers. J'avoue que je portai la main
devant ma bouche, ne me souciant pas d'embrasser un enfant si
jeune, et craignant d'ailleurs d'aspirer, en quelque sorte, le souffle
de vie qui animait un être si frêle. Une mère seule, à mon avis,
peut embrasser avec délice son nouveau-né. Mais Pascal n'a pas
cru que j'aie pu m'abstenir d'embrasser son fils, âgé de vingt-quatre
heures, sans avoir conçu une haine implacable contre cet innocent,
et il a dit que je l'avais repoussé avec horreur. Voilà sans doute
pourquoi je n'ai pas été convié à la cérémonie de son baptême. O
ma fille, que je te plains de n'être entourée que de gens qui tournent
sans cesse le dos au bon sens !

« Je ne dois donc plus tant m'étonner que ton jugement soit
resté obscurci jusqu'à présent, et comme enveloppé d'épaisses ténèbres.

« Mais où tu verras plus clair, ce qui te démontrera du moins, d'une manière plus sensible, que la ligne suivie par vous n'a pas été la meilleure, c'est l'obligation, à laquelle te voilà réduite, de me servir une pension alimentaire.

« Ici les chiffres te parleront peut-être plus éloquemment que le langage du sentiment; car c'est toi qu'il faut convaincre, puisque ton mari s'est excusé, dans le temps, de ses procédés à mon égard, sur *la nécessité où il se trouvait de conquérir l'affection de sa jeune femme*. Or s'il s'est décidé à me déplaire afin de t'être agréable, à plus forte raison ne doit-il pas se refuser à m'être agréable si, en le faisant, il ne cesse pas de te plaire.

« Tu sais que notre procès, en y comprenant la plus laborieuse des liquidations a duré cinq ans. Lorsqu'il a commencé, je venais d'acheter, en trois lots, une propriété à Charonne, sur laquelle rien n'avait encore été payé, car l'adjudication datait à peine d'un mois, mais qui pouvait devenir fort avantageuse par les améliorations que je me proposais d'y introduire et l'usage auquel je la destinais. Subitement arrêté dans ce projet par l'action que m'intentait Madame Laurent, cette propriété ne m'était plus qu'onéreuse, ne pouvant être louée dans l'état où elle se trouvait. Je cherchai donc et trouvai occasion de la revendre, même avec bénéfice ; mais impossible d'obtenir, de Madame, l'autorisation nécessaire à la validité de cette vente. Je sollicitai, j'écrivis ; peine inutile. Première perte des intérêts, pendant cinq ans, d'un capital de vingt mille francs, outre une foule d'autres frais et dépenses que je ne pus éviter par suite de cette opération si tôt avortée.

« Quinze mois plus tôt j'étais devenu, sans le vouloir, adjudicataire de la maison rue du Parc, à Belleville. Je dis sans le vouloir, parce que cette maison, sur laquelle je n'avais qu'une seconde hypothèque, ayant été mise en vente par suite de saisie, mon intention était de ne faire monter l'enchère que jusqu'à ce que mes intérêts fussent couverts. Mais elle me fut adjugée faute d'enchérisseurs après moi. Cette acquisition, à laquelle je m'attendais si peu, fut ce qui acheva de tourner la tête à Madame Laurent. Quand elle sut que j'avais placé, sans l'informer, huit mille francs sur cette maison, elle en conclut que j'avais détourné et mis en réserve des sommes fabuleuses. « Mon mari a falsifié les livres » répétait-elle sans cesse. Non ; j'avais fait une simple omission dont elle aurait pu parfaitement s'apercevoir si elle avait été plus réfléchie, puisqu'elle avait, comme moi, les livres journellement sous les yeux. Mais elle était trop superficielle pour découvrir qu'inscrivant au livre de caisse les sommes que je portais à la caisse d'épargnes, je ne marquais pas en recettes celles que j'en retirais. C'est ainsi que j'étais arrivé à un petit capital de huit mille francs, sans qu'elle en eût connaissance. Est-ce donc que je voulais l'en fruster? Non, puisque je le plaçais pour dix ans sur une maison à Belleville. Si j'avais voulu fruster la communauté, je me serais procuré des effets au porteur, et me serais surtout bien gardé d'acheter des immeubles. Mais enfin pourquoi avoir tu ce placement à Madame Laurent? Ah! c'est que les têtes taillées sur son modèle sont incapables de supporter une certaine dose de prospérité. C'est que l'amélioration de nos petites affaires avait déjà grandi ses prétentions outre mesure. Malheureusement le moyen que j'avais cru propre à la maintenir dans les bornes d'une sage modération, produisit un effet tout contraire. A partir de cette époque il ne me fut plus possible de lui faire entendre un mot de raison. Je n'étais plus à ses yeux qu'un homme faux, un menteur, un trompeur, ne cherchant qu'à la priver, ainsi que toi, du fruit de notre labeur commun. Et ce qu'il y a de pire, M. Duchesne, aussi nul que sa fille en matière sérieuse, partagea toutes ses préventions à ce sujet. De là la première idée d'une séparation judiciaire.

« Cependant M. Duchesne pouvait savoir, aussi bien que moi, avec quelles minces ressources nous nous étions établis en 1832. Il savait qu'en vendant mon premier établissement, pour satisfaire le caprice de sa fille, et par conséquent le sien, je m'étais condamné à deux ans d'inaction. Or, je ne lui en avais pas moins réparti toutes ses reprises aussi largement que possible, il peut le dire, reprises qui portaient sur sa première mise de fonds, et sur sa part dans nos bénéfices communs, quoique j'eusse pu, à bon droit, me réserver une plus forte part dans ces bénéfices, pour m'indemniser de mes deux ans d'interdiction. Mais je regardais alors, et j'ai toujours regardé, jusqu'à l'époque de mon procès, ses intérêts comme absolument confondus avec les miens; en sorte que lui seul a profité de cette vente, dont il a retiré bien au-delà de la dot de 6,000 fr. qu'il avait constituée à sa fille. Tandis que moi, réduit à un surnumérariat stérile au parquet de première instance, j'avais absorbé sou par sou, pendant deux ans, le fruit de nos trois premières années de travail. M. Duchesne peut donc savoir, jusqu'à l'évidence, qu'à l'époque de mon second établissement, en 1832, quand je rachetai le pensionnat du père Fauchon, à Belleville, nous étions, ta mère et moi, un peu moins avancés que le jour de notre mariage, et que nous avions à peine de quoi désintéresser notre vendeur. Il ne faut donc pas faire remonter au-delà de 1832 l'époque de notre vie active et fructueuse. Mais encore a-t-il fallu environ deux ans, c'est-à-dire jusqu'en 1834, pour nous donner le temps de rendre un peu de vie à l'établissement qui n'était composé que de quinze pensionnaires quand j'en ai pris possession.

« 1832 nous mène ainsi à 1834. Or, c'est en 1845 que tu t'es mariée. Je n'ai donc eu que onze ans pour amasser les sommes prodigieuses que ta mère, et malheureusement, aussi ton grand-père, ton mari et toi, prétendiez que j'avais pu accumuler. Cependant c'est dans cet intervalle que j'étais devenu propriétaire de la maison que nous habitions, maison qu'il m'avait fallu payer, agrandir et embellir. Où donc aurais-je puisé tant de capitaux pour qu'après mes dépenses de constructions, il m'en restât encore un excédant aussi considérable que vous le proclamiez? Ajoute à cela que pendant ces onze ans moins quatre mois, j'avais eu à supporter le droit universitaire qui m'était fort onéreux, tandis que Pascal en a été affranchi tout le temps de sa gestion, comme il le serait encore à présent, s'il avait gardé son pensionnat.

« Il me semble que c'était déjà un assez beau résultat que d'être arrivé, en si peu de temps et malgré toutes mes charges, au point de pouvoir vivre dans une honnête médiocrité, après avoir pourvu d'une manière bien suffisante à ton établissement; sans compter qu'à cette époque je pouvais encore m'occuper utilement, si je n'en avais été empêché par le procès.

« Mais un malheur, dit-on, n'arrive jamais seul; et le proverbe s'est bien vérifié à mon égard. L'acquisition qui vous avait si bien mis la tête à l'envers, a été pour moi une véritable ruine. Cette maison était encore grevée d'une hypothèque qui n'a été payée qu'environ dix ans plus tard. Après y avoir établi à grands frais (dix-neuf mille francs, pièces en mains), un peintre sur verre, dont la profession m'avait séduit, celui-ci tombe en déconfiture et s'enfuit, laissant toutes mes dépenses improductives. Et j'avais à payer les intérêts non-seulement de la première hypothèque, mais encore de l'emprunt que je venais de faire à M. Michaux pour couvrir ces dépenses, emprunt que vous avez longtemps supposé purement fictif. Cette seconde perte a lieu précisément l'année de ton mariage, quand j'avais déjà fait tant de dépenses de toute nature. Cependant à l'aide de changements plus ou moins coûteux, opérés dans cette propriété, il se présente un autre locataire. Il fallait saisir l'occasion au bond; car la maison, située vis-à-vis le cimetière n'est pas d'une facile défaite, soit pour la vente, soit pour la location. Mais le locataire demandait un bail de neuf ans, et Madame Laurent s'y refusa opiniâtrément ; la crainte sans doute que je me fisse donner un pot de vin lui fit préférer voir la maison inhabitée, au risque de se détériorer. J'en écrivis, dans les termes les plus pressants, à M. Duchesne qui me répondit qu'il s'en rapportait au conseil de sa fille. Je fis parler au conseil désigné à qui, apparemment, on m'avait représenté sous des couleurs bien noires, puisqu'il répondit, sans me connaître : *Rien de commun avec cet homme-là.*

« Cet homme-là, ma fille, était ton père ! et je conçois dès lors, jusqu'à un certain point, ton éloignement pour lui, quand tu as vu un homme de loi des plus recommandables, si justement renommé pour sa parfaite loyauté, son grand désintéressement, son urbanité même, refuser d'entrer en communication avec moi, sur des intérêts matériels qui étaient ceux de sa cliente autant que les miens.

« Bref, il a fallu laisser vacante la maison de la rue du Parc, comme celle de Charonne.

« C'est ainsi que deux sources de produits d'une certaine importance furent tout d'un coup taries pour moi. Il ne me restait plus que le loyer de la maison alors occupée par vous, loyer que ton mari trouva moyen de me supprimer aussitôt l'arrêt de séparation rendu ; loyer au reste que vous n'aviez payé qu'à regret ; car Madame Laurent vous l'avait toujours représenté comme étant trop élevé ; ce qui ne l'empêcha pas elle-même de l'augmenter de six cents francs lorsque la propriété, lui ayant été adjugée, fut occupée par d'autres que vous ; et cela en 1851, c'est-à-dire quand les immeubles étaient encore sous le coup de la dépréciation occasionnée par la crise de 1848. Tandis que moi, c'est en 1845 que je vous avais loué un prix qui me donnait à peine quatre pour cent de mon capital. Et voilà comme les poids et mesures varient suivant les circonstances.

« La plus grande faute de Madame Laurent, après celle d'avoir voulu une séparation judiciaire, a été de choisir son frère pour la représenter dans notre liquidation. Émile, entouré de gens capables au Palais, était bien à portée de consulter quelqu'un d'expérience pour cette opération ; mais Émile, tout jeune et inexpérimenté qu'il était, a cru n'avoir à consulter que lui-même. D'ailleurs imbu des exagérations de sa sœur sur ma position pécuniaire, il perd d'abord un temps considérable à chercher de prétendues *traces de mes fausses déclarations*. Il croit en avoir trouvé une dans la substitution du nom d'un créancier à un autre ; c'était tout simplement que le premier avait cédé sa créance au second ; c'était même la créance la moins contestable possible, puisqu'elle représentait les droits du vendeur des terrains de la rue du Parc, dont l'hypothèque avait primé la mienne. Nos entrevues étaient devenues rares et pénibles. Toutes ces lenteurs nous menèrent jusqu'à la crise de 1848. A cette époque nul moyen d'obtenir, de la vente de nos trois immeubles, un prix tant soit peu raisonnable. C'était le cas, ou jamais, de nous les adjuger par *attribution de partage*. Cela évitait une foule de frais d'enregistrement, de publications, d'enchères et autres, et c'était de suite fini. Mais Émile repoussa tous les moyens de transactions que je proposais; il prétendait que je ne parlais d'entrer en arrangement que pour *sauver les apparences;* et comme, en me retirant, je déplorais la nécessité, où nous allions nous trouver, de payer de nouveau des frais considérables d'enregistrement pour trois maisons, dont deux surtout n'avaient rien produit depuis que ces mêmes droits avaient déjà été acquittés, il me dit, fidèle à son ricanement habituel : *L'État a besoin d'argent.* Outre que ce n'était guère le moment de plaisanter, cela prouve l'extrême défiance avec laquelle il accueillait toutes mes observations. J'avais proposé une estimation à l'amiable avec la clausse expresse que celui de nous deux qui ferait cette estimation, laisserait à l'autre le choix de prendre au prix indiqué, ou bien d'obliger le premier à subir les conditions que lui-même aurait fixées. Dans ce cas il m'eût été indifférent que je fusse, ou lui, chargé de désigner un prix quelconque, puisqu'il y avait parfaite réciprocité, alternative complète. C'est pourtant cette combinaison si simple qu'Émile n'a pas comprise, ou du moins qu'il a formellement répudiée. Dans quel but? Je l'ignore. Il a craint sans doute quelque piége de ma part. J'étais un homme si trompeur!

« Il a donc fallu en venir aux enchères publiques. Nouveaux délais pour l'accomplissement des formalités. Comme je l'avais prévu, nul acquéreur ne se présenta, même pour la maison alors occupée par vous, la seule qui fût habitée. Je ne pouvais songer à m'en rendre adjudicataire; car outre mon éloignement pour un locataire aussi peu commode que Pascal, je n'avais pas de quoi payer les premiers frais, tels que ceux d'enregistrement qui doivent être soldés à bref délai. Madame Laurent l'obtint donc au prix de 59,050 francs avec une diminution de plus de 30,000 francs sur les sommes que j'y avais consacrées antérieurement. Il est vrai qu'elle eut à payer, en outre, au moins 6,000 francs de frais dont elle aurait été dispensée si son frère avait adopté *l'attribution de partage;* car tu ignores peut-être que ce dernier mode n'aurait coûté que 5 francs par lot, quelqu'important qu'il fût, et cela sans sortir des voies légales.

« Le premier avantage de Madame Laurent, en cette circonstance, consiste en ce qu'elle n'a pas été comme moi, obligée de *tirer la langue* pendant tout le temps qu'a duré notre liquidation; car dès le moment de son adjudication, les profits lui en sont restés exclusivement dévolus; tandis que moi, je ne pouvais toucher un seul denier de notre actif avant que les deux autres maisons fussent vendues. Elles furent remises aux enchères une seconde et une troisième fois sans qu'il se présentât l'ombre d'un acquéreur. Enfin, de guerre lasse, je m'en rendis adjudicataire, au moyen d'un emprunt que je fus encore obligé de contracter pour en finir. C'est ainsi que nous avons passé cinq années de notre vie à nous disputer les lambeaux de notre chétive fortune.

« *Quand il n'y a rien dans le ratelier,* porte un proverbe, *les ânes se battent.* Pour nous, ânes d'une autre nature apparemment, c'est précisément le contraire qui est arrivé. Pendant les sept premières années de notre existence conjugale, tant que nous n'avons pu qu'avec peine suffire à notre subsistance quotidienne, Madame Laurent a montré une humeur assez pacifique; mais quand le *ratelier* lui a paru plein, rien n'a pu arrêter son ardeur belliqueuse.

« Si notre liquidation prit fin après cinq années d'angoisses et de tribulations, ce n'a pas été sans une bonne volonté marquée de ma part, et sans faire de nouveaux sacrifices pécuniaires. Car six mois après l'acquisition de Charonne, et pendant que le procès suivait son cours, j'avais été obligé, sous peine de déchéance, de payer, outre les frais, un premier à-compte de 6,000 francs sur cette acquisition, et pour le compléter, ainsi que pour satisfaire à l'obligation, imposée par le cahier des charges, de construire deux longs murs, dont l'un mitoyen et l'autre entièrement à mes dépens sur une rue nouvelle; il m'avait fallu emprunter 4,000 francs à une demoiselle Larivée. Cette dette n'a pas été admise au passif de notre communauté. J'étais en droit de l'y faire admettre, je pense, mais que faire? Encore plaider; ce qui eût prolongé nos débats de plus d'un an peut-être, et pendant ce temps Mademoiselle Larivée, à qui je n'avais pu servir ses intérêts, m'avait saisi; M. Biguet aussi, le créancier dont le nom substitué à un autre avait tant intrigué Émile, avait opéré une saisie. Ces deux saisies auraient eu le temps de sortir leur plein et entier effet avant que notre dernière difficulté fût tranchée, ce qui m'eût privé de tous mes droits sur nos deux dernières propriétés. Ainsi réduit à la condition du paria, à une complète inaction, je n'aurais pu rien terminer; et les frais se seraient multipliés indéfiniment, jusqu'à retomber même sur la maison adjugée à Madame Laurent, laquelle composait tout notre actif. Je me suis donc résigné, quoique victime de ce déni de justice de la part d'Emile, à faire un nouveau sacrifice, en prenant pour mon compte la dette de la demoiselle Larivée.

« Voilà comme je suis sorti tout meurtri de nos longs démêlés. Il me restait, pour tout bagage, deux maisons inhabitées et presque inhabitables, avec des dettes comme appoint. J'avais à payer, en plus, mes frais de première instance et d'appel, outre ma dépense personnelle de trois années pendant lesquelles je n'avais rien reçu de mes revenus, qui du reste étaient nuls pour moi présentement, et depuis que Madame Laurent était en possession de la seule de nos maisons qui en produisît.

« Heureusement, M. Gillon, mon ancien confrère, lors de la cession qu'il fit de son établissement à son successeur qui allait devenir mon neveu, voulut bien reprendre ma maison de Charonne au prix de la dernière adjudication, en sorte que je n'y perdis cette fois que les frais occasionnés par les trois enchères successives de cette maison et l'enregistrement. Cette opération me donna, un peu plus tard, le moyen de payer celles d'entre mes dettes qui étaient les plus pressées. Mais, sans la restriction que je m'étais imposée, ou bien, puisque tu prétends que *je ne pouvais faire autrement*, je dirai : sans la restriction que j'avais *subie* pour l'amour de toi en t'établissant, au lieu de traiter avec M. Gillon pour un neveu, j'aurais traité pour moi-même, dans l'espérance fondée de réparer une partie de mes pertes, et qui sait? tu aurais peut-être encore eu lieu d'attendre de moi un héritage de quelque valeur, car la maison Gillon est très-bonne. Dans tous les cas, nous serions aujourd'hui dispensés tous deux, moi, de t'étaler ma misère, et toi d'en avoir le tableau sous les yeux. Tant il est vrai qu'une défiance outrée, des précautions excessives tournent souvent contre leurs auteurs.

« Tu me diras peut-être que j'aurais pu tenter la même chose ailleurs; par exemple sur la rive gauche de la Seine, puisque la rive droite seulement m'était interdite. Oui, si je n'avais pas été sous le coup d'un arrêt de séparation, arrêt qui suppose ordinairement, ou du moins fait supposer à celui qui en est frappé, des vices diamétralement opposés aux qualités requises dans un maître de pension. Ainsi, nulle chance pour moi de réussir dans un quartier où je n'aurais été connu que par ce fait saillant qui ne peut rester longtemps ignoré. Dans Belleville au contraire, ou localités adjacentes, j'ai reçu et je reçois encore trop de marques de sympathie, pour ne pas être certain que la confiance des familles ne m'aurait pas fait défaut. Je n'avais donc, en ce moment, d'autre parti à prendre que d'entrer dans la maison de mon neveu, comme je l'ai fait. Mais je me suis bien gardé de m'y charger de fonctions tant soit peu relevées ; car vous n'auriez pas manqué de dire que je violais indirectement ma promesse. Je ne m'étais chargé que d'une partie du matériel et de faire quelques approvisionnements. Là du moins *le droit à la table* ne me fut pas contesté, ce qui réduisit ma dépense personnelle à peu de chose le temps que j'y restai.

« L'année suivante, en 1851, vous vendîtes l'établissement que je vous avais donné. Comme antérieurement j'avais voulu vous le racheter, je vous demanderais pourquoi, une fois décidés à le vendre, vous ne me l'avez pas proposé, si je ne savais qu'alors vous étiez assez irrités contre moi pour me préférer un étranger.

« Cependant, après 1852, lorsque le rétablissement de l'ordre eut donné plus de mouvement aux affaires, je crus pouvoir gagner un peu plus que *mon droit à la table* dans une autre carrière, puisque la mienne m'était fermée. J'achetai un fonds d'hôtel meublé. Ici, autre déception que du moins je n'ai pas à vous imputer, et c'est un soulagement pour moi. J'eus le tort de livrer, avec trop d'abandon, la gérance de cet hôtel à deux domestiques, mari et femme, infidèles qui, secondés par un autre couple d'escrocs introduits chez moi comme locataires, furent moins d'un an à consommer ma ruine. Ces derniers ont été condamnés correctionnellement, le mari à quinze mois et la femme à deux ans de prison, ce qui a satisfait la vindicte publique, mais non réparé le préjudice qu'ils m'avaient causé. Quant aux premiers, leurs vols étaient du ressort de la Cour d'assises. A d'autres de les y traduire. Pour moi j'avais trop hâte de sortir de l'impasse où je me trouvais. Je vendis donc au plus vite mon hôtel pour remplir mes engagements, et sauver au moins mon honneur sur le point d'être compromis. Je n'eus pas même la facilité d'attendre l'exposition de 1855, qui aurait pu m'être profitable ; car j'étais à bout de toute ressource.

« Je t'avouerai que j'ai bien eu quelque négligence à me reprocher dans cette entreprise qui, sans doute, est la dernière de ma vie. Je n'ai pas exercé une surveillance assez active, je me suis absenté trop souvent. Mais que veux-tu ? ce n'était que pour moi que je travaillais, et non plus pour une fille chérie que déjà, depuis longtemps, je regardais comme perdue pour moi. Je n'avais plus, pour m'exciter au travail, ce puissant stimulant d'autrefois qui m'avait animé d'une ardeur indicible. L'esprit de famille, éteint en moi par tant de secousses diverses, avait fait place à une sorte d'indifférence, et ce n'a été qu'en m'apercevant qu'il y allait de mon honneur que je suis sorti de mon assoupissement.

« Je remontai donc dans cette fatale maison de la rue du Parc, que, jusqu'alors, je n'avais pu parvenir à vendre ni à louer, quoique je l'eusse fait annoncer dans les journaux et afficher dans diverses études de notaires. Afin de n'avoir pas à payer des frais de garde éternellement, j'avais fini par autoriser quelqu'un à y faire l'essai d'une pension bourgeoise pour des personnes âgées. Mais le voisinage seul du cimetière eût suffi à empêcher le succès de cette entreprise. L'aspect de tous les objets lugubres qui l'environnent n'est pas propre à y attirer des personnes d'âge.

« Enfin ce ne fut qu'au mois d'avril 1855, que je parvins à la louer à un fabricant. Mais voilà qu'au bout de dix mois le locataire est déclaré en état de faillite. Pour lors ma patience n'y tient plus. Je me décidai à la mettre en vente aux enchères publiques chez le notaire de Belleville, où j'obtins un prix à peine suffisant pour couvrir mes obligations antérieures.

Ainsi dépouillé, il me reste du moins une consolation. C'est d'avoir eu l'honneur sauf jusqu'au dernier jour de ma vie active, malgré les nombreux écueils qui se sont rencontrés sur mon chemin. C'est de pouvoir aller tête levée sans craindre une seule réclamation. Maintenant délivré de toute préoccupation d'affaires, je me résigne à un genre de vie passif, auquel mon âge me condamne aujourd'hui aussi impérieusement qu'autrefois les circonstances m'y avaient condamné par anticipation. Mais cet âge a son triste cortége de maladies et d'infirmités qui réclament des ressources d'autant plus abondantes qu'on est moins en état d'y pourvoir soi-même. A toi l'obligation d'y pourvoir.

« Votre position, Dieu merci, est assez belle pour que vous n'ayez pas à souffrir du tribut, volontaire ou forcé, que vous prélèverez sur vos revenus. Vous avez vendu mon ancien établissement 42,000 francs, indépendamment de tout ce que vous en avez retiré. Ton mari, sans parler de son emploi, a dû recevoir de ses parents d'autant plus, après leur décès, qu'ils lui avaient moins donné de leur vivant. Or, vous avez dit souvent, et avec emphase, que M. Allain père jouissait de 15,000 francs de rentes. Ta mère, aujourd'hui retirée dans une sorte de communauté religieuse, et toujours *de noir habillée*, a restreint sa dépense jusqu'à ses dernières limites. Cependant elle est en possession exclusive d'une maison qui lui rapporte annuellement 5,000 francs de loyer. La majeure partie de ce loyer vous est acquise, puisqu'elle vous a tout donné, et que vous l'avez prise au mot. Eh bien, jouissez, sans rougir de tout ce que vous avez reçu d'elle jusqu'à présent; mais l'immeuble, elle n'a pas, que je sache, qualité de vous le donner. J'ai travaillé comme elle, et pour le moins autant qu'elle, à en payer le prix; j'ai donc droit d'en partager le produit, quel qu'ait été le résultat d'une liquidation défectueuse.

« Je sais qu'il restait, sur cette maison, une créance au profit de M. Michaux; mais je sais aussi que cette créance est soldée depuis longtemps, et cela sans le secours d'aucun emprunt, puisque mon autorisation n'a pas été requise. En effet, outre le rapport de cette maison, dont elle jouit depuis 1848, Madame a su utiliser toutes les valeurs, en espèces et autres, que vous lui avez aidé à me soustraire avant et pendant notre déménagement. On a voulu me faire un crime de lui avoir reproché ses soustractions, et l'on a trouvé plus commode de retourner le reproche contre moi-même. Mais tu n'ignores pas avec quel léger bagage j'ai pu me retirer à Charonne, après avoir discuté, pendant deux heures, avec ton mari, pour en obtenir six chaises parmi les plus fatiguées qu'il put choisir, et à grand'-peine, une fontaine seulement, sur sept qu'il avait trouvées dans la maison. Tous les objets précieux m'ayant été ravis, dès lors je n'ai plus possédé une seule pièce d'argenterie, au point que si je veux me rafraîchir, en rentrant chez moi, c'est avec une clef ou la lame d'un couteau que j'agite mon verre d'eau sucrée. Malgré mes réclamations, vous vous êtes approprié tout le mobilier du salon, fauteuils, canapé, tapis, guéridons, glaces, pendule, flambeaux et tableaux. Quant aux ustensiles de ménage, à la batterie de cuisine, à la vaisselle, aux cristaux, tu sais qu'au moment de notre inventaire, tu prétendis toi-même que tu ne pouvais plus distinguer parmi tous ces articles, ceux qui avaient été apportés par Pascal (de sa chambre de garçon, au cinquième ou sixième étage, rue Saint-Louis au Marais). Nous possédions deux services en porcelaine. Quand je te vis en revendiquer une partie comme appartenant à ton mari, pour avoir été apportée par lui (de sa chambrette sous les toits), j'en rougis pour toi jusqu'aux oreilles, et fis sur-le-champ passer outre; en sorte qu'aucun de ces objets ne fut inventorié, et que le tout resta à la disposition de Madame Laurent.

« Au reste quand je parle de soustractions commises au préjudice de la communauté, c'est M. Duchesne lui-même qui vient confirmer mon assertion. A la page 35 de la deuxième partie de mon Mémoire, je dis que j'avais fait ouvrir, par un serrurier, la chambre de Madame Laurent, pour y chercher notre argenterie dont elle s'était emparée. M. Duchesne a écrit, de sa main, une note jointe à ce passage, note que je possède encore, que je tiens à disposition, et que je copie textuellement : M. Laurent *ment,* car il « a demandé la réintégration de ces objets précieux au domicile « conjugal, à M. le président Barbou qui n'a pas jugé convenable « de l'ordonner, *tant il a pu apprécier la conduite plus qu'extraor-* « *dinaire du demandeur.* » Voilà bien l'aveu naïf qu'en effet Madame avait détourné l'argenterie; et à qui fera-t-elle croire qu'elle a eu plus de scrupules à l'égard de plusieurs autres valeurs, des sacs d'écus, par exemple, dont un témoin a parlé dans l'enquête ? J'ai souligné, dans cette note, d'abord le mot *ment* pour te faire remarquer, en passant, la justesse du raisonnement de M. Duchesne. Selon lui, la preuve que je *mens* en disant que je cherchais mon argenterie, c'est que je l'ai réclamée à M. le Président. Mais notre comparution devant M. le président Barbou, à l'audience préliminaire dite *de conciliation,* n'eut lieu qu'après que j'eus fait ouvrir la chambre de Madame Laurent, puisque c'était un des griefs articulés dans sa plainte, et ma réclamation à M. le Président prouve seulement qu'ayant cherché mon argenterie, je ne l'ai pas trouvée. Où donc y a-t-il mensonge? Dans quel autre but, au reste, M. Duchesne voudrait-il que j'eusse fait ouvrir la chambre de ma femme, puisque je ne l'ai jamais soupçonnée d'intrigues amoureuses.

« Autre aberration ! comment M. le président Barbou aurait-il *pu apprécier ma conduite plus qu'extraordinaire* avant les enquêtes, avant tout débat contradictoire ? Il aurait donc été bien pressé de me condamner ? Et notez qu'en vertu de cette condamnation anticipée, M. le président Barbou aurait encore prononcé *de plano* la confiscation de mon argenterie au profit de ma femme, puisqu'*il n'a pas jugé convenable d'en ordonner la réintégration au domicile conjugal,* parce que, suivant M. Duchesne, *il a pu apprécier,* de prime-abord, *ma conduite plus qu'extraordinaire.* C'est ainsi que M. Duchesne, par ses inconséquences, dont j'ai été si souvent victime, mettrait en suspicion même les mœurs de sa fille, même l'impartialité d'un magistrat.

« Cette note curieuse était destinée à servir de renseignements à l'avocat de Madame Laurent. Mais ce dernier est bien trop habile pour avoir fait usage de pareils documents. Il s'est contenté d'en rire.

« Pour moi qui n'ai nulle envie de rire, j'en conclurai seulement que M. Duchesne, sans qu'il s'en doute, est souvent à côté du vrai.

« Mais, ce qui est incontestable, c'est que les revenus de Madame Laurent sont bien supérieurs à ses besoins, c'est que sa maison, en très-bon état, est affranchie de toutes charges, autres que celles ordinaires d'entretien. J'ai donc le droit de compter sur elle, comme sur vous, pour secourir ma vieillesse.

« Tu ne cesseras pas pour cela, ma fille, d'être *une grande Dame* à ta manière; tu continueras d'aller tous les ans te divertir aux bains de mer; tu conserveras tes jours de grande et petite réception; tu n'interrompras pas tes soirées; tu en seras quitte pour aller, sans doute bien peu de temps, le temps qu'il me reste à vivre, *danser* avec un volant de moins à ta robe, et une plume aussi peut-être de moins à ton chapeau.

« C'est sans en être le moins du monde humilié que je te tends aujourd'hui une main que tu as paralysée pour le travail. Je dis que tu l'as paralysée parce que, sans votre refus de me rendre, au prix de 40,000 francs, l'établissement que vous étiez inhabiles à diriger; sans le dédain avec lequel tu repoussas toi-même l'offre de mon concours, en me disant qu'*une bonne pouvait te rendre le même service que moi;* sans ton opiniâtreté enfin, et les procédés agressifs de ton mari, procédés, de son aveu excités par toi, ce n'est pas Madame Laurent, d'un caractère si mobile, ce n'est pas M. Duchesne, si versatile, qui auraient persévéré pendant cinq ans, dans la voie funeste où vous étiez engagés. Un jour, il en était encore temps, M. Duchesne quitta M. Weinrèbe en lui promettant qu'avant deux heures, il aurait reconduit sa fille au domicile de son mari. C'est vous qui l'en avez empêché. Bien plus; vous avez, même depuis l'arrêt de séparation, éloigné toute idée d'un rapprochement, dans la crainte de voir annuler les promesses qui vous ont été faites dans un moment d'exaltation fébrile, et vous regardez comme une trahison d'en concevoir seulement la pensée. Subissez donc les conséquences d'une situation qui est votre ouvrage, comme je les subis moi-même résolument.

« Oui, résolument; car lorsque s'est trouvé engagé le seul procès que j'aie eu à soutenir dans toute ma vie (et contre qui ?) j'avais montré un assez grand désir d'y mettre fin le plus tôt possible, en consentant niaisement à un premier jugement de condamnation, quoique je ne me sentisse nullement coupable, et je n'aurais pas déféré ce jugement à la Cour d'appel si les engagements pris n'avaient pas été violés. Mais puisqu'on n'a pas su éviter un éclat, et que le procès, au contraire, a eu tout le retentissement qu'il pouvait avoir, je n'hésiterai pas à en renouveler un épisode, en portant ma demande au pied des tribunaux.

« M. Weinrèbe, dans l'un de ses entretiens avec M. Duchesne, lui représenta les frais auxquels un procès entraînerait. M. Duchesne répondit que cela ne lui coûterait rien, parce qu'en effet l'avocat et l'avoué de Madame Laurent lui ont prêté gratuitement, paraît-il, l'office de leur ministère. Eh bien ! moi aussi je pourrai plaider sans qu'il m'en coûte rien ; car j'ai droit à l'assistance judiciaire, et ce sera une compensation des frais considérables que j'ai supportés antérieurement.

« Ainsi, ma fille, je recevrai ta décision, quelle qu'elle soit, sans joie comme sans tristesse ; mais pèse bien les raisons que je te donne, à toi de préférence, puisque tu es la personne prépondérante de la famille.

« J'ai cru devoir entrer dans ces détails parce que, trop jeune pour être tout à fait endurcie, tu peux encore venir à résipiscence, et avoir le temps de reconquérir l'estime publique, ainsi que la faveur céleste, par l'accomplissement de l'important précepte : *Tes père et mère honoreras, etc.* »

Laurent.

IIe LETTRE A LA MÊME.

« Charonne, 25 novembre 1857.

« Dix mois entiers se sont écoulés, ma fille, sans que j'aie reçu un seul mot de toi, en réponse à ma lettre datée du 10 janvier dernier, et que j'ai portée moi-même à ton domicile. Moi qui, dans ma simplicité, craignais de t'avoir trop vivement émue, de n'avoir pas suffisamment adouci mes expressions en t'écrivant, me voilà bien guéri de mes craintes par ta stoïque impassibilité. Maintenant donc, en m'adressant à la justice, je n'ai plus qu'à te souhaiter d'être plus heureuse que moi, sous le rapport de tes enfants. »

Laurent.

Ire LETTRE A MONSIEUR DUCHESNE PÈRE.

« Charonne, 25 novembre 1857.

« Monsieur Duchesne,

« Si vous pouviez remonter le cours de votre vie d'un certain nombre d'années, vous n'appuieriez plus aussi chaudement que vous l'avez fait, la résistance que ma femme et ma fille ont opposée à l'accomplissement de mes desseins. Madame Laurent aussi, n'en est pas à se dire pour la première fois : Ah! si c'était à recommencer... Voilà précisément la différence qu'il y a entre vous et elle d'un côté, et moi de l'autre. C'est que, si c'était à recommencer, dans mon ignorance des événements du lendemain, j'agirais encore avec la même confiance, le même désintéressement, le même abandon ; sentiments, qui du moins, et quoi qu'il arrive, ne sont jamais suivis de remords. Je suis donc certain que vous déplorez amèrement l'obstination de ma fille à méconnaître tous ses devoirs envers son père.

« Je me persuade aussi que vous désapprouvez au moins quelques-uns de ses sentiments pour sa mère, dont elle ne ménage guère la susceptibilité, puisqu'elle va jusqu'à dire que cette dernière lui est à charge, se regardant comme en possession légitime et exclusive de tout ce qui lui a été promis dans un moment de délire; et elle ajoute qu'il faudra bien que Madame Duchesne, son aïeule, l'aide à supporter cette charge. Malheureuse enfant! sa mère à sa charge !... Mais que possède-t-elle donc aujourd'hui, qu'elle ne tienne de sa mère ou de moi? et elle-même qu'a-t-elle jamais su gagner dans sa vie? Tout cela, je n'en doute pas, vous est infiniment pénible.

« Mais comme votre nom se trouve fatalement mêlé à tous nos débats, je ne puis le laisser en dehors de la lutte qui va s'engager de nouveau. Je crois, en conséquence, faire acte de courtoisie, en vous donnant communication des deux lettres ci-jointes que je publierai probablement à ce sujet, dans le désir de sauvegarder mon honneur et ma réputation, seul bien qui me reste. Elles pourront aussi servir d'avertissement à ceux entre les mains de qui elles tomberont, et qui seraient tentés de nous imiter. Ne sauvassent-elles qu'une seule famille de la piteuse situation où la nôtre se trouve, que je croirais encore n'avoir pas perdu mon temps.

« Si le bien était aussi facile à faire que le mal, nul doute que vous ne missiez tout en œuvre pour remédier à l'état actuel des choses ; mais hélas ! je vous l'ai déjà dit, vous avez échoué quand vous avez voulu me servir, et n'avez que trop réussi lorsque vous vous êtes tourné contre moi.

« Quant à Madame Laurent, elle a bien fait, je pense, de se livrer à des pratiques de dévotion qui lui offrent du moins l'avantage d'occuper son cerveau malade. Cependant si sa religion est sincère, ce que j'aime à croire, et éclairée, ce dont je suis moins certain, elle ne laissera pas subsister des calomnies qu'elle peut faire tomber d'un seul mot. Ce serait pour elle un moyen sûr de recouvrer le calme intérieur que, sans cet acte de stricte justice, elle cherchera vainement, même dans sa cellule.

« Mais elle n'en fera rien tant qu'elle restera sous l'influence abusive du sycophante qu'elle regarde comme un oracle, qu'elle va consulter clandestinement à Belleville, et dont elle n'a, dès l'origine du procès, que trop suivi les pernicieux conseils. Cependant elle devrait s'apercevoir que ce personnage est forcé de blâmer en public ce qu'il conseille en particulier pour satisfaire ses vieilles rancunes, et de désavouer ainsi, par pudeur, le triste rôle qu'il a joué dans une question de famille dont il n'aurait dû se mêler que pour concilier, au lieu de diviser. Ou plutôt, ce qu'il aurait dû faire, c'était de ne pas s'en mêler du tout, puisqu'il ne sait que gâter ce qu'il touche, et qu'il a déjà lui-même assez d'affaires personnelles, et des plus épineuses, sur les bras.

« J'ai l'honneur de vous saluer,

« LAURENT. »

Non-seulement les deux lettres que j'avais adressées à ma fille, en date des 10 janvier et 25 novembre 1857, sont restées sans réponse, mais encore tout le mois de janvier suivant était écoulé, et je n'avais reçu d'elle ni lettre ni visite. Alors je lui adressai les quelques lignes ci-après.

IIIᵉ LETTRE A MADAME PASCAL ALLAIN.

« Charonne, 1ᵉʳ février 1858.

« Croirais-tu, ma fille, que malgré toutes les raisons qui auraient dû ne laisser dans mon esprit aucun doute sur ta parfaite indifférence à mon égard, et ton peu de souci de l'estime des honnêtes gens, ce n'a été qu'hier, et bien tard, lorsque l'heure des visites et de la poste a été passée, que j'en suis resté entièrement convaincu. Décidement si tu as pu, après les réflexions de mes lettres précédentes, laisser passer ce long mois de janvier, du moins long pour moi, car le temps dure quand on attend, et j'attendais de jour en jour, d'heure en heure, avec l'inquiétude d'une affection méconnue, une visite ou une lettre de toi ; si tu as pu, dis-je, passer tout ce temps sans avoir à donner une pensée à ton père, j'entends une pensée digne de lui être communiquée par écrit ou de vive voix, décidement, je le répète, tu mérites d'être signalée au monde comme un type infiniment rare, et probablement unique, de piété filiale.

« LAURENT. »

Ces lignes motivèrent enfin une réponse de mon gendre, réponse à la vérité polie quant à la forme, mais au fond très-inexacte. M. Pascal persiste à alléguer le mauvais accueil que j'aurais fait à ma fille. Je ne l'avais, au contraire, jamais mieux accueillie qu'à sa cinquième et dernière visite annuelle, en 1850. Car je lui avais dit : « Puisque tu es venue, cette fois, avec ton mari, j'irai vous voir à mon tour » ce que j'exécutai dans la huitaine suivante, et portai même un léger cadeau d'étrennes à mon petit-fils que je vis alors pour la seconde fois, en comptant celle où je l'avais vu le lendemain de sa naissance, et qui me récita sa petite fable aussi bien qu'un enfant de quatre ans peut le faire. Depuis lors je n'ai plus revu ce pauvre enfant qui est décédé dans sa dixième année. Mon cadeau qui n'était qu'un alphabet illustré, se trouvait en proportion avec l'exiguité de mes ressources pécuniaires. Ces deux entrevues du mois de janvier 1850, l'une chez moi et l'autre chez mon gendre, avaient donc été plus cordiales qu'aucune des précédentes.

Mais au mois de mai suivant, même année 1850, eut lieu le mariage de ma seconde nièce avec M. Allamagny, maître de pension à Belleville, mariage qui fut annoncé officiellement à M. et Madame Pascal Allain, avec invitation d'assister à la bénédiction nuptiale, et depuis lors furent interrompues toutes relations entre nous.

Cependant au 1er janvier 1851, comme je n'avais pas eu de frais de table à payer pendant que je demeurais chez mon neveu Allamagny, à une faible distance du domicile de mes enfants, j'avais préparé une pièce de 20 francs que je destinais pour étrennes à mon petit-fils. Mais je l'attendis en vain toute la journée ; et à mesure que le mois s'écoulait j'ai vu mon espoir s'affaiblir de jour en jour, et s'évanouir enfin au mois de février suivant, époque de la naissance de ma petite-fille, quand je fus bien convaincu qu'on ne tenait pas même, avec moi, à *sauver les apparences.*

Ainsi, pour plaire à ma fille et à son mari, il eût fallu priver ma nièce, orpheline qui m'avait été recommandée par ma sœur à son lit de mort, il eût fallu, dis-je, la priver d'un établissement non-seulement avantageux pour elle, mais encore qui m'offrait la seule combinaison praticable, au moyen de laquelle j'ai pu tirer quelque parti de l'une des deux maisons non louées, inhabitées et dégradées, qui m'étaient restées sur les bras après notre malheureuse liquidation.

Voici cette lettre de mon gendre, du 3 février 1858.

« Monsieur,

« Chaque année, votre fille et moi nous avions l'habitude d'aller
« vous voir pour le jour de l'an. Vous l'avez toujours assez mal
« accueillie, et avez témoigné à son endroit une entière indif-
« férence. Elle aurait pu, d'après votre réception, y renoncer plus
« tôt ; néanmoins, l'an dernier, ce n'est qu'après s'être rendue à
« Belleville pour y chercher en vain votre adresse, qu'elle s'est
« contentée de vous écrire. Sa lettre ayant été l'objet de vos cri-
« tiques, ne vous étonnez plus autant si vous n'avez reçu d'elle,
« cette année, ni lettre ni visite.

« Toutefois, si nous pouvions croire, comme votre lettre paraît
« l'indiquer, qu'une nouvelle démarche de sa part vous fût agréable,
« ce serait pour votre fille un plaisir aussi bien qu'un devoir d'aller
« vous présenter ses hommages. Veuillez seulement nous expliquer
« en quel lieu et à quel moment elle peut espérer vous ren-
« contrer.

« En attendant, j'ai bien l'honneur de vous présenter mes res-
« pectueuses salutations.

« *Signé :* ALLAIN. »

A quoi je répondis sur le champ :

« Monsieur Pascal,

« Vous ririez de la bonhomie que je mettrais à réfuter sérieusement vos assertions, quand vous savez vous-même qu'elles sont de
tous points inadmissibles. Aussi n'est-ce pas pour vous convaincre
que je vous adresse ces courtes observations, parce que je sais qu'il
n'y a pas pires sourds que ceux qui ne veulent pas entendre.

« 1° *Chaque année*, dites-vous, *ma fille avait l'habitude de venir
me voir au jour de l'an.* C'est ce dont je suis convenu dans ma
lettre à ma fille, en date du 10 janvier 1857, où je déclare positivement qu'elle m'a visité cinq fois en cinq ans. Mais pourquoi, lorsque
je me suis transporté à cinq ou six minutes de votre domicile, a-t-
elle laissé passer deux fois l'époque du nouvel an sans venir me voir

ni m'écrire? et sans me faire part d'un évènement aussi important que la naissance de ma petite-fille? Direz-vous encore que vous ignoriez où je demeurais? L'excuse serait par trop plaisante. Non, mais plus tard, vous m'avez dit vous-même que vous aviez craint d'être mal reçu par mon neveu Allamagny. Vous me connaissez bien peu si vous pensez que je consentirais à rester vingt-quatre heures seulement dans une maison où l'on se permettrait de mal recevoir mes parents ou connaissances. C'est là précisément le principal sujet de ma querelle avec Madame Laurent d'abord, et ensuite avec ma fille ; c'est que ces dames ont non-seulement mal reçu, mais encore maltraité trois orphelins, mes très-proches parents, qu'elles savaient n'avoir d'autre appui que le mien. Sachez en outre qu'une fille ne peut que s'honorer en bravant la rudesse même des geôliers pour voir son père, s'il avait le malheur d'être sous les verrous. Troisièmement enfin, que ne m'écrivait-elle, si elle avait une si grande frayeur de la maison Allamagny? Dans ce cas du moins nous aurions pu nous communiquer nos vues, nos projets ; j'aurais su que vous vouliez vous *débarrasser*, selon son expression, de l'Etablissement que je vous avais donné, ce qui m'eût mis à même d'entrer en arrangement avec vous pour le reprendre, et aurait pu singulièrement améliorer ma position sans nuire à la vôtre.

« 2° *J'ai toujours*, ajoutez-vous, *assez mal accueilli* (ma fille). De grâce, abandonnez ce vain prétexte. Autrement vous me forceriez à vous appliquer l'adage : « Quand on veut tuer son cheval, on dit qu'il est morveux. » Accueil froid, j'en conviens; mais citez-moi, je vous prie, un seul témoignage d'affection que m'ait donné ma fille depuis que vous la connaissez.

« 3° *Elle aurait pu, d'après ma réception, renoncer plus tôt* (à me voir). La preuve que ce n'est pas pour avoir été mal accueillie qu'elle a cessé de me voir, d'abord pendant deux ans, c'est qu'aussitôt que j'ai eu quitté la maison de M. Allamagny, elle est venue avec vous, me visiter rue du Parc, et vous avez pu juger vous-même si je l'ai mal reçue. Le tort qu'elle a eu, ç'a été de ne pas m'écrire, au nouvel an suivant, chez M. Orsibal, son parent, où je vous avais dit que je devais passer l'hiver, et dont la famille Duchesne connaissait parfaitement l'adresse, puisqu'on s'écrivait tous les ans. Je voulais alors faire un commerce de crustacés qui abondent sur les côtes de Bretagne ; mais ce projet n'a pu se réaliser faute de capitaux suffisants ; et c'est l'incertitude de son exécution qui m'a empêché de vous en parler. C'est donc encore un fatal sentiment de jalousie qui a dominé ma fille lorsque j'étais chez M. Orsibal, ainsi que chez M. Allamagny. Et ce qu'il y a de singulier, c'est que Madame Orsibal en subit la peine ; car on ne lui écrit plus depuis ce moment ; et ses lettres sont restées sans réponse.

« 4° *L'an dernier elle* (ma fille) *s'est rendue à Belleville pour y chercher en vain mon adresse.* Vous avez oublié d'ajouter : *malgré un temps affreux,* ce qu'elle me dit elle-même dans la lettre que je reçus d'elle à cette époque, la seule qu'elle m'ait jamais adressée. Ainsi, le 1ᵉʳ janvier 1857, elle a affronté le mauvais temps qu'il faisait en effet ce jour-là, pour venir me voir où elle était certaine de ne pas me trouver ; mais pourquoi n'a-t-elle pas fait la même démarche l'année précédente, quand le temps était moins *affreux ?* Si seulement elle m'eût écrit une année auparavant, elle aurait appris que déjà je n'étais plus là ; car sa lettre ne m'en serait pas moins parvenue. Il n'y a que les gens intéressés à se cacher qui laissent ignorer leur adresse, en changeant de domicile ; et je pense que vous ne me supposez pas dans ce cas. Il est vrai qu'elle eût été privée, par là, du malin plaisir de m'annoncer une prétendue méprise faite par un prétendu voisin qui aurait prétenduement confondu l'un de mes neveux avec mon gendre.

« D'ailleurs, outre la publicité que j'avais fait donner à la vente de ma maison, je sais pertinemment que Madame Duchesne mère avait chargé quelqu'un de s'en assurer. Je pourrais citer les personnes de Belleville auprès de qui ces informations ont été prises de sa part, et auxquelles il a été répondu affirmativement ; et cela plusieurs mois avant l'étrange visite de Madame Pascal Allain.

« Enfin, puisqu'*on lui avait appris* (à ma fille) *que je tenais encore à sa visite du jour de l'an,* comment se fait-il qu'on ne lui ait pas dit en même temps où je demeurais ? et pourquoi alors ne l'a-t-elle pas demandé ? Car on ne saurait admettre que des personnes qui connaissaient si bien ma pensée intime, aient ignoré un fait beaucoup plus sensible, qui est mon changement de domicile.

« 5° *Sa lettre ayant été l'objet de mes critiques, voilà pourquoi je n'ai reçu d'elle, cette année, ni lettre ni visite.* Voilà comment ma fille châtie son père pour avoir osé la rappeler à son devoir. Ainsi donc elle n'a rien compris à ma réponse. J'en suis fâché pour elle autant que pour moi.

« 6° Vous terminez en m'invitant *à lui indiquer le lieu où elle pourra me rencontrer.* Ceci est une continuation de la même plaisanterie. Comment a-t-elle fait pour me rencontrer pendant cinq années, lors de ses cinq premières visites ? Quoi donc ? Aussitôt entré chez M. Allamagny, vous en avez été informés, et m'en avez tenu rigueur; aussitôt sorti de chez lui, vous êtes venus me voir rue du Parc, où, quoi que vous en disiez, je vous ai assez bien reçus pour vous rendre compte de mon projet de voyage ; aussitôt revenu de Bretagne, vous m'avez fort bien trouvé à l'hôtel Damrémont ; aussitôt mon hôtel vendu, vous vous êtes présentés rue du Parc; en ce moment je ne me trouvais pas chez moi, mais je vous tenais compte de cette visite qui a été la dernière. Ainsi vous avez très-bien et promptement connu, jusques-là, tous les changements survenus dans ma position ; et depuis plus de trois ans que j'ai quitté Belleville, vous ignorez encore où je suis ! convenez du moins que cela n'annonce pas, de la part de ma fille, un grand empressement à rendre ses devoirs à un père qu'elle n'a pas vu depuis quatre ans, quoiqu'il ait été fort sédentaire pendant tout ce temps.

« Du reste, Monsieur Pascal, c'est le fond de votre lettre que je critique, et non la forme qui est au contraire des plus convenables. Je vous en remercie, ainsi que de ce premier pas que vous faites, lequel peut aboutir à un rapprochement. Mais, pour Dieu, ne me demandez plus où je demeure ; cela me ferait croire que vous voulez encore vous moquer de moi. Bannissons entre nous toute dissimulation, et cette finasserie qui n'est propre qu'à entretenir la défiance.

« J'ai dit à ma fille que je suis loin d'être implacable ; mais ce n'est pas par des récriminations sans fondement qu'elle se rendra excusable. Moi qui en avais de bien réelles à articuler, je m'en suis abstenu pendant douze ans, espérant toujours que mon silence suffirait pour les lui faire sentir ; et vous avez pris ma réserve pour de l'indifférence. L'ironie seule de sa lettre a pu me faire rompre ce silence. Mais une fois lancé dans cette voie, j'ai dû décharger mon cœur. Qu'elle me dise seulement, et dites-moi vous-même si tout ce que contient cette longue lettre, j'entends celle de l'an dernier, n'est pas de la plus exacte vérité, et je me trouverai soulagé. Comme père, je me sens tout disposé à pardonner. Il ne faudrait, pour cela, qu'un peu de sincérité.

« Recevez, je vous prie, mes salutations cordiales,

« LAURENT. »

Enfin ma fille et mon gendre parvinrent à découvrir mon adresse. Ils vinrent me voir le mardi 9 février 1858. Après une accolade silencieuse, mêlée de mes larmes que je ne pus retenir, mais qui contrastaient avec l'œil sec de ma fille, l'entretien s'engagea sur la pluie et le beau temps, et roula, tant que dura cette visite, sur des choses à peu près indifférentes.

Quinze jours plus tard j'allai à mon tour les visiter, et hasardai quelques mots sur nos affaires antérieures. Mais ce fut inutilement. Mon gendre me dit que Madame Laurent lui faisait les mêmes reproches que moi, c'est-à-dire, d'avoir été plus porté pour moi que pour elle ; ce qui prouve qu'il n'a été convenable ni envers l'un ni envers l'autre, et, qu'à proprement parler, il n'a été *porté* que pour lui, ou pour ce qu'il a cru être de son intérêt, se servant tour à tour des arguments de l'un contre l'autre, pour en faire son profit. Je le soupçonnais déjà de n'avoir pas toujours été gracieux pour Madame Laurent, et c'est lui-même qui, en voulant me faire une démonstration toute magistrale de son impartialité prétendue, a changé mes soupçons en certitude. Assurément il n'avait pas plus le droit de régenter sa belle-mère que son beau-père ; et puisque nous lui avions témoigné tous deux une égale bienveillance, en lui accordant au-delà même de ce que la prudence nous permettait de lui accorder, il devait aussi, à l'égard de tous deux, se renfermer dans les bornes de la politesse, et ne s'immiscer en rien à ce qui faisait l'objet de notre division.

Du reste nulle excuse, nul regret du passé, nulle parole affectueuse, nul désir, manifesté par ma fille ou par son mari, d'entrer en rapports plus fréquents avec moi. J'ai eu néanmoins la faveur de voir, pour la première fois, mon petit-fils et ma petite-fille, celle-ci âgée de sept ans, et le garçon de vingt et quelques mois. « Bonjour *Monsieur!* » leur a-t-on fait dire ; et ils ont répété naïvement : « Bonjour *Monsieur!* » Chers petits innocents, ce n'est pas votre faute si je ne suis en effet qu'un *Monsieur* bien insignifiant à vos yeux.

Je me trompe en disant que, lors de cette seconde entrevue, il ne m'a pas été fait plus d'excuses que dans la précédente ; car mon gendre m'a déclaré sentencieusement qu'*on avait eu tort, peut-être, de m'intenter un procès en séparation, mais qu'une fois la requête formulée, il fallait nécessairement que la séparation fût prononcée.* C'est ce résultat, nécessaire selon lui, qu'il considère sans doute comme la justification des moyens employés pour y arriver, et comme une *excuse* suffisante de sa propre conduite dans toute cette affaire.

Ainsi j'ai essayé de tout à l'égard de ma fille. En vain j'ai voulu toucher toutes les cordes de son âme ; je n'en ai pas trouvé de sensible, et n'ai pu en faire vibrer aucune. Elle est donc bien décidément perdue, morte pour moi. Mais que de reproches doivent avoir à se faire, que de remords doivent éprouver ceux qui ont contribué à me ravir le cœur de mon enfant !

IIe LETTRE A MONSIEUR DUCHESNE PÈRE.

« Monsieur Duchesne,

« Avant de communiquer le mémoire ci-joint à quelques personnes que je tiens à désabuser sur mon compte, je voudrais savoir s'il est vrai que vous approuvez l'obstination de ma fille à violer ouvertement le quatrième précepte du Décalogue, jusqu'à ériger cette violation flagrante, et sans cesse renouvelée, en actes d'un courage héroïque, dont elle se targue à tout propos. Dans le cas contraire, un désaveu de votre part, et de celle de Madame Laurent, ne serait nullement déplacé. Votre silence sur ce sujet ne pourrait être considéré par moi que comme la confirmation de ce dont je me suis plu à douter jusqu'à présent ; mais alors vous conviendrez qu'il ne me serait plus guère possible de voir à quels ménagements les convenances m'obligent.

« J'ai l'honneur de vous saluer,

« LAURENT. »

IVe LETTRE A MADAME PASCAL ALLAIN.

« Ma Fille,

« Avant de communiquer cette quatrième partie de mon mémoire à quelques personnes que je tiens à désabuser sur mon compte, je la mets sous tes yeux afin que tu puisses y réfléchir de sang-froid, et voir si tu ne trouves pas préférable de *sauver au moins les apparences* en te soumettant, ne fût-ce qu'extérieurement, à l'observation du quatrième commandement de Dieu : *Tes Père et Mère honoreras*, etc. Si tu optes pour ce dernier parti, tu voudras bien m'en informer. C'est un dernier appel que je fais à ta raison oblitérée, et je te donne quinze jours francs pour y répondre.

« LAURENT. »

La réponse n'est pas venue ; mais j'ai pris mon parti et je n'attends plus. Je n'en serai que mieux résigné à mon sort, et moins malheureux, s'il est vrai que l'appréhension d'un mal est plus poignante qu'un mal réalisé, contre lequel on finit par se cuirasser.

J. LAURENT.

NOTA. — Chacune des quatre parties de mon mémoire ayant été écrite séparément, et à de longs intervalles, il y a nécessairement des redites qui ne s'y trouveraient pas si cet opuscule avait été rédigé d'une haleine.

J. LAURENT.

QUATRIÈME PARTIE

V° LETTRE A MADAME PASCAL-ALLAIN.

« Paris-Charonne, le 7 janvier 1860.

« Ma fille,

« Il y a aujourd'hui six cent-quatre-vingt-dix-sept jours, qu'après quatre années passées sans nous être vus, tu m'as visité par cas exceptionnel et comme à contre-cœur. Te paraîtrai-je donc importun si, dans ce dernier intervalle de bien près de deux ans, je te dérange une seule fois pour t'inviter à prendre connaissance du trait suivant, de piété filiale, que j'ai lu dans le journal le *Constitutionnel*, du vendredi 2 septembre 1859, 2me page, 4me colonne, dernier alinéa, et dont je t'adresse ici la copie, à titre d'étrennes, en considération du renouvellement de la présente année.

« On lit dans la *Semaine du Vermandois* : Une personne très-honorable et bien informée, vient de nous raconter le trait suivant :

« Il y a quelque temps, un homme d'une certaine condition fut
« condamnée à la prison par le Tribunal de police correctionnelle
« de Vervins ; le temps de subir sa peine approchait. La fille, jeune
« femme pleine de cœur, aimant passionnément son père, a résolu
« de lui épargner cette honte, et juré d'y parvenir à tout prix. Ses
« informations lui apprennent qu'à Saint-Quentin, un homme honorable, et toujours obligeant, peut intervenir en sa faveur ; elle
« court à Saint-Quentin. — Monsieur n'est pas visible ; elle attend
« pendant quatre heures à sa porte. — La cause est mauvaise,
« Monsieur ne peut intervenir. Elle prie, elle insiste. Elle crie et
« obtient une lettre pour M. le Procureur impérial de Vervins. Le
« devoir défend à ce magistrat de donner un avis favorable ; à force
« de prières et d'instances, elle en obtient un qui n'est pas défavorable. Elle court à Paris, fait mille démarches, mille prières, ne
« se donne ni repos ni trêve pour sauver à son père la honte de la
« prison ; elle échoue partout. — Il lui reste le recours à l'Empereur, mais l'Empereur est en Italie ! — Malgré les conseils, malgré les obstacles, malgré la faiblesse de son sexe, les dangers de
« sa jeunesse, son parti est pris, elle court en Italie, elle poursuit
« l'Empereur et l'atteint à Brescia. Elle traverse le camp, elle sollicite une audience, elle veut sauver son père, elle veut voir
« l'Empereur ! il faut qu'elle parle à l'Empereur ! L'Empereur, qui
« ne pourrait refuser, ne veut pas la voir. Cette héroïque fille in-

« siste, elle pleure, elle crie, elle supplie, elle campe nuit et jour
« devant la tente impériale, elle attendrit les officiers de garde ;
« elle veut voir l'Empereur ! elle veut sauver son père ! Enfin elle a
« vaincu. *Allez,* lui dit l'Empereur, *votre père fût-il cent fois cou-*
« *pable, vous lui avez cent fois mérité sa grâce !* »

« Assurément cette *jeune femme* s'est fait illusion sur l'effet de la grâce qu'elle a sollicitée avec tant d'instance ; car ce n'est pas la prison, c'est une condamnation méritée qui seule peut flétrir. La grâce ne fait qu'affranchir un coupable de la peine qui eût expié sa faute. Mais avoue que l'excellente fille a été sublime de dévouement pour son père, et qu'elle a dû le rendre bien heureux dans son malheur.

« J. Laurent. »

IIIe LETTRE A M. DUCHESNE PÈRE.

« Paris-Charonne, le 7 janvier 1860.

« Monsieur Duchesne,

« Comme vous avez bien voulu intervenir dans l'éducation de ma fille d'une manière peut-être un peu trop directe, ce dont néanmoins je ne puis que vous savoir gré, puisqu'il n'est pas supposable que votre perspicacité ait été jusqu'à prévoir les tristes résultats de votre active intervention, souffrez que je mette sous vos yeux le seul cadeau d'étrennes qu'il me soit donné d'offrir à votre élève, et cela afin que vous n'en ignoriez, car l'oublieuse, autant qu'ingrate personne, pourrait bien se dispenser de vous faire part de ce qui l'intéresse.

« *Ne te lasse jamais de proclamer ton droit,* dit le sage ; *la question n'est pas de savoir si l'on te donnera raison, mais bien d'établir que tu as raison.*

« J'ai l'honneur de vous présenter mes salutations.

« J. Laurent. »

VIe LETTRE A MADAME PASCAL-ALLAIN.

« Paris-Charonne, le 20 octobre 1860.

« Ne sois pas étonnée, ma fille, si je n'attends plus quatre ans, ni même deux ans, comme la dernière fois, pour te rappeler que je suis encore de ce monde. C'est qu'à mon âge on ne compte plus par années, mais par jours, le temps qui reste à vivre. Je te dirai donc : Il y a aujourd'hui deux cent-quatre-vingt-sept jours que je t'ai transmis un récit bien propre à te faire réfléchir; car il est de principe universellement admis que les exemples sont plus efficaces que les préceptes pour former le cœur. Mais les uns ne t'émeuvent pas plus que les autres, et tu fais exception à toutes les règles connues. Qui donc a pu te pervertir ainsi le sens moral ?

« *Quos vult perdere Deus dementat priùs.* Prie ton mari de te traduire ces paroles qui sont tirées de l'Écriture. Médite-les, et, s'il en est temps encore, tâche d'en faire ton profit en reconnaissant avec franchise qu'en effet, il y a *démence*, hélas trop réelle ! dans ce que tu as dit et fait, ou qu'on t'a conseillé de faire et dire depuis ta sortie de pension jusqu'au moment actuel.

« Je ne t'en citerai pour preuve que cette option impertinente que tu proposes habituellement : « Choisissez entre mon père et moi ; je ne vous verrai plus si vous continuez de le voir. » Mais que j'aie mérité ou non l'exclusion flétrissante que tu cherches à m'infliger, sans succès, bien entendu, comme tu aurais dû t'y attendre, dans l'un et l'autre cas il en rejaillira sur toi des éclaboussures. Quoi ! tu ne sens pas combien ce langage te nuit dans l'opinion publique ? Combien même il te déshonore ? Eh bien, c'est moi qui veux t'épargner cette honte. Je vais me condamner à une sorte d'exil pour y déplorer ton aveuglement, et expier l'acte de faiblesse que j'ai commis lorsque je me suis dépouillé de tous mes droits en faveur de ma fille unique et de son futur époux, que je m'étais plu d'avance à regarder comme un fils. Quand je serai loin du cercle de nos connaissances communes, au moins tu ne seras plus tourmentée de la crainte de parler à des gens qui fréquentent ton père, ni exposée à leur tenir des discours qui ne peuvent, crois-moi, qu'inspirer pitié ou mépris pour ta personne. Alors tu pourras t'applaudir d'avoir tout fait pour m'adoucir le regret de la vie. Mais au loin, comme ici, les besoins matériels se feront sentir. C'est donc pour tâcher d'y suffire, qu'il me faut encore avoir recours aux tribunaux.

« J. Laurent. »

« *P.-S.* — Cette lettre ne sera pas imprimée, ni communiquée manuscrite à personne, si l'on s'arrange à l'amiable pour me faire un sort convenable. »

Note du 20 janvier 1861. — Ma sixième lettre, n'ayant pas produit plus d'effet que les précédentes, a été livrée à l'impression trois mois après l'avertissement qu'elle contient.

J. LAURENT-DUCHESNE A M. DUCHESNE FILS.

« Paris-Charonne, le 11 mai 1861.

« Monsieur Émile,

« J'ai su par notre parent, le capitaine Orsibal, que vous lui aviez dit, lors de son dernier voyage : « Si j'avais eu un peu plus d'âge « et d'expérience, le procès entre ma sœur et M. Laurent n'aurait « pas eu lieu. » Vous avez aussi exprimé plusieurs fois les mêmes regrets à Esther. Ce désaveu, au moins indirect, de la part si active que vous avez prise au susdit procès, m'a fait l'effet d'un baume salutaire, a éteint en moi tout ressentiment à votre égard, et me suggère aujourd'hui le désir d'avoir un entretien avec vous, que je considère comme étant le seul entre les auteurs et acteurs de notre drame de quinze ans, qui ait recouvré la plénitude de sa raison.

« Je me persuade ainsi que vous êtes revenu de quelques-unes de vos préventions sur mon compte; que vous ne croyez plus fondé surtout le reproche que vous m'avez fait d'avoir menacé grossièrement *de mettre à la porte de chez moi* une personne dont je n'ai jamais eu à me plaindre, que j'avais au contraire toujours admirée pour son esprit, la distinction de son maintien, le style et la convenance parfaite de sa correspondance épistolaire. C'est vous, il est vrai, envers qui j'avais fait cette menace, mais pour le cas seulement où vous vous présenteriez comme témoin au mariage de ma fille, sans avoir eu avec moi une explication préalable sur ce dont, à tort ou à raison, je m'étais trouvé blessé. Mais, je le répète, j'étais loin d'éprouver aucun ressentiment contre la personne en question; car il eût été d'une souveraine injustice de m'en prendre à l'un des conjoints des torts de l'autre. Il est vrai aussi que j'avais dit antérieurement : « Puisque, pour avoir la paix dans ma maison, je suis « obligé d'en éloigner ma nièce, j'entends qu'à l'avenir je serai au « moins consulté quand on voudra inviter les membres de la famille « qui va se trouver augmentée par le mariage d'Émile. » Mais il y loin de là au propos grossier qui m'a été faussement imputé, propos surtout dont la grossièreté s'aggrave quand il s'applique à une femme digne de toute considération.

« On a dit que j'avais voulu m'opposer à votre mariage. Cela est encore de toute fausseté. D'abord, je n'en avais pas le droit. Mais ce qui a pu le faire croire à M. Duchesne, c'est qu'après en avoir arrêté toutes les conditions avec la famille de votre fiancée, comme je venais de l'apprendre par Madame Laurent, il m'appela en particulier pour me dire : « Il faut pourtant que je prenne ton avis sur cette alliance. « — A quoi bon, lui répondis-je ? puisque tout est convenu d'hier.» Quelques jours après, M. Duchesne, tout préoccupé et irrésolu, comme il l'est toujours quand il s'agit de prendre une décision, et même après l'avoir prise, me dit encore : « Non, le mariage n'aura « pas lieu, *car le dossier de cet homme est trop sale*. — Mais, petit « père, lui répliquai-je, aujourd'hui c'est trop tard ; tu ne dois plus « reculer ; tu blesserais gratuitement une parenté honorable qui ne « mérite pas cet affront. D'ailleurs, dans le tourbillon des affaires, « à Paris, qui donc va s'occuper de ce qui s'est passé il y a déjà « tant d'années ? » En effet, j'ai toujours été convaincu que les fautes sont exclusivement personnelles. C'est ce mot *trop tard*, prononcé avec une certaine vivacité, qui, joint à la menace dont j'ai parlé plus haut, a été habilement exploité par Madame Laurent, pour vous indisposer contre moi, et vous gagner à ce qu'elle appelait *son parti ;* comme elle y a réussi à l'égard de plusieurs autres personnes, en mêlant adroitement quelques apparences de vérités à beaucoup de mensonges auxquels elle donnait ainsi de la vraisemblance, Enfin, si je voyais d'un mauvais œil votre mariage, qu'est-ce qui me forçait à vous faire un cadeau de noces ?

« Vous m'avez adressé deux observations qui paraîtraient mieux motivées. La première de m'être défait trop tôt de mon établissement. Mais pouvais-je le garder plus longtemps avec une femme qui, soit ouvertement, soit en secret, me contrecarrait sur toutes choses, dans celles surtout qui n'étaient nullement de sa compétence ? qui, loin de me soutenir pour le maintien de la discipline, déjà assez difficile à obtenir par elle-même, décriait moi et mes auxiliaires dans l'esprit des parents des élèves, disant à ces derniers, en propres termes : « Si M. Laurent était juste, il renverrait tel « maître qui vous punit injustement ? » Le pouvais-je garder après les horribles soupçons qu'elle faisait planer sur mes rapports avec ma nièce ? Le pouvais-je surtout après son inconcevable maladresse d'aller dénoncer crûment à un vieillard irascible l'épithète impolie que je lui avais appliquée, mais du moins en son absence, ce qui était encore moins impoli que d'aller la lui rapporter en face, que je lui avais, dis-je, appliquée pour s'être immiscé dans nos affaires d'intérieur jusqu'à venir me proposer brusquement une séparation, parce que j'avais défendu à ma fille de sortir ? Vous m'avez dit que c'est moi-même qui lui ai révélé cet outrage. C'était me supposer stupide. Il y a une grande différence entre ne pas nier un tort que l'on a eu, ou bien aller le déclarer spontanément. Sans doute je n'ai pas nié le propos que le docteur me reprochait; car je n'ai jamais su mentir; même pour m'excuser; mais c'est bien lui qui, ne pouvant maîtriser sa colère, commença par me le reprocher, et qui, entrevoyant aussitôt les conséquences de son emportement, ajouta : « C'est par M. l'abbé Depille que je l'ai su, et non par d'autres. » Or, j'étais certain déjà que M. Depille est incapable d'une pareille indiscrétion, et non-seulement il n'avait pas vu le docteur depuis longtemps, mais encore il ne s'était même pas aperçu que j'eusse tenu ce langage; car il me demanda ingénûment : « Est-ce que vous « avez appelé le docteur *vieille bête*, lorsque nous n'étions que vous « et moi chez Émile? »

« Votre seconde observation est relative à la précipitation avec laquelle s'est fait le mariage de ma fille, à l'absence d'informations suffisantes, etc. Mais il m'avait été proposé par un homme dont la position semblait déjà m'offrir une bonne garantie, et qui était censé ne me présenter que des gens des bons sentiments de qui il devait au moins s'être assuré. Mais les extravagances qui s'étaient produites relativement à une autre alliance étaient pour moi un véritable épouvantail qui, joint à mon complet désaccord, devenu permanent sur quoi que ce fût avec Madame Laurent pilotée par sa famille, me forçait à une prompte décision. Ma position n'était plus tenable, et il fallait en finir. Vous m'avez dit (quand il n'était plus temps) que j'aurais dû consulter M. Depille. Il est vrai que je n'avais pas demandé formellement à M. Depille ce qu'il pensait de ce projet. Mais, sur certaines appréhensions que je lui manifestais, craignant que Pascal, qui avait été dans les grands établissements de Paris, ne voulût marcher trop grandement, M. Depille me répondit : « Ne craignez pas cela; *il est plus intéressé que vous ne* « *croyez.* » C'est la seule information que M. Depille me donna, et qui, d'après la disposition d'esprit où je me trouvais en ce moment, était plus propre à me confirmer dans ma résolution qu'à m'en détourner. J'ai pensé depuis, que M. Depille n'avait pas voulu m'en dire davantage, de peur de contrarier Madame Laurent, qu'il savait si opposée à l'établissement de ma nièce. Cependant quelle différence dans notre position, et dans celle de ma fille, au moins pour son avenir; si mon premier plan s'était réalisé! Les difficultés de toute nature que M. et Madame Le Blévec ont surmontées à Charonne, montrent ce qu'ils auraient pu faire, dans des conditions bien plus favorables, à Belleville. Mais pouvais-je deviner que ce caractère *intéressé* qui m'avait été signalé, à mots trop couverts, par M. Depille,

QUATRIÈME PARTIE 47

se porterait à des extrémités du genre de celle-ci? Environ quatre mois après ma cession, et de retour d'un voyage, je rencontre M. l'aumônier de la maison, qui me cherchait depuis quelque temps pour me dire : « Votre successeur n'a pas voulu me payer, sous pré-« texte que vous n'êtes pas d'accord avec lui sur les comptes que « vous lui avez présentés. » En effet, j'avais voulu tout régler avant mon départ, et dans le décompte des recettes et dépenses de la maison, supputées pour chaque mois de l'année scolaire qui commence partout en octobre, selon l'usage universitaire, Pascal ayant pris possession au 1ᵉʳ mai, j'avais mis cinq mois des honoraires de l'aumônier à sa charge, et sept mois à la mienne. A cette réclamation de M. l'aumônier, le rouge me monta au front, et j'allai de suite chercher 300 francs qui lui étaient dûs pour ses soins de toute l'année, et qui se payaient ordinairement fin de juin, après les exercices de la première communion. Pascal prétendait ne devoir que deux mois, alléguant que les leçons de catéchisme avaient cessé en juin, et qu'il ne devait rien pour les trois mois suivants. Certes je fus moins choqué de sa mauvaise chicane qu'humilié par son refus brutal, autant qu'impolitique, de satisfaire à une obligation légitime contractée par la maison qui venait de passer sous sa direction. Ne devait-il pas payer d'abord, ne fût-ce que pour l'honneur de la maison, sauf à rectifier plus tard ses comptes avec moi, s'il les trouvait erronés? (1) Mais il a préféré mettre un ecclésiastique recommandable au rang des mercenaires qu'on paie à la journée. Et si j'avais montré la même obstination que lui, M. l'aumônier aurait donc été frustré de sa rétribution annuelle? Mais que dirait-il, lui, si l'administration du collége, où il professe aujourd'hui, lui retranchait le temps des vacances sur son traitement? Vous voyez que, malgré la précaution que j'avais prise de m'absenter comme un fugitif, sans en ouvrir la bouche à personne, notre dissidence ne pouvait rester longtemps ignorée.

« Après tant de déceptions éprouvées par Madame Laurent, comment concevoir qu'elle ait conservé si longtemps ses illusions sur la valeur de son gendre, et sur l'effet d'une demande en séparation

---

(1) Si mes comptes étaient erronés, c'était à mon désavantage; car j'aurais pu, à la rigueur, ne rien prendre à ma charge des honoraires de l'aumônier; puisqu'ils étaient compris dans les frais généraux de première communion, supportés par les familles, qui les payaient toujours vers la fin de l'année scolaire. Ainsi je n'ai rien recouvré des sept mois que j'avais pris pour mon compte ; tandis que les 300 francs avancés par moi sont rentrés intégralement dans la caisse de Pascal, de juin à octobre 1845. Mais j'avais cru devoir agir largement, surtout avec un gendre ; précaution qui ne m'a pas mieux réussi que tant d'autres.

dont le succès même devait la réduire au plus triste isolement ! puisqu'elle ne peut vivre ni dans la société de sa mère, ni dans celle de ses enfants. Et pour obtenir ce succès, à quels pitoyables expédients a-t-il fallu recourir ! En vérité, si jamais ce procès figure parmi les *causes célèbres* (et il peut y trouver place, non par la célébrité des personnages, mais par l'étrangeté des incidents qui s'y sont déroulés, les phases diverses qu'il a subies, et les conséquences qui en sont résultées) si, dis-je, il en est mention dans l'avenir, on aura peine à croire qu'en plein XIXe siècle, un avocat à la Cour, jadis royale, de Paris, se soit oublié au point de se donner infiniment plus de peine pour faire condamner son client qu'il ne lui en aurait fallu pour le défendre loyalement. En effet, voici des détails que vous ne connaissez peut-être pas.

« Lorsque la plainte de Madame Laurent me fut notifiée, j'allai annoncer à mon avoué que je désirais confier ma défense à un débutant que j'avais entendu peu auparavant dans une affaire où j'avais siégé comme juré, et dont la plaidoierie m'avait plu singulièrement.
« Il est jeune, ajoutai-je, il se contentera d'honoraires modérés.
« D'ailleurs ma cause est bonne, et il sera heureux de la gagner
« contre Me Chaix-d'Est-Ange, ce qui le mettra en réputation. —
« Y pensez-vous ? me dit mon conseil ; Chaix le foudroiera de son
« éloquence. — Eh bien, je vais demander Me Paillet. — Paillet
« est trop froid pour l'opposer à Chaix. — Dites-moi alors qui il
« faut choisir. » et il me proposa son ami que j'ignorais avoir été clerc dans l'étude de l'avoué adverse. Dès ma première entrevue, l'ami de mon conseil me dit que ce dernier avait à me parler. C'était pour m'avertir que les avocats se font payer d'avance. « Combien
« faut-il lui offrir ? — Ce que vous voudrez. — 300 fr. est-ce assez ?
« — Oh oui ! — Cependant, continuai-je, je tiens à gagner ma
« cause, et j'irai jusqu'à 500 francs s'il faut. — Bon ! 500 c'est
« encore mieux, et en cas d'appel, mon ami plaidera encore sans
« vous demander davantage. » Je déposai donc mon billet de 500 francs. Depuis lors, à chaque entrevue, mon défenseur me conseillait de me laisser condamner. Ce conseil bouleversa toutes mes idées. Je résistai longtemps ; mais à la fin, de guerre lasse, et vaincu par la maladie, je consentis à sa demande. Il m'avait dit un jour : « Émile m'assure que, si vous laissez prendre un jugement
« de condamnation, aussitôt après, Madame Laurent viendra se
« remettre avec vous. » Si je n'avais eu, en ce moment, l'esprit abattu par la souffrance autant morale que physique, je lui aurais répondu : « Émile ne croit donc pas que la vie commune soit im-

« possible ? Or, c'est dans ce cas seulement qu'on est fondé à de-
« mander une séparation judiciaire. » Ce motif que me donnait
mon défenseur, ne prouve pas en faveur de sa pénétration. Il n'avait
qu'à s'emparer de cette déclaration toute spontanée du frère de la
demanderesse, et cela suffisait pour faire mettre à néant sa demande. Mais ce n'était pas tout que d'obtenir mon consentement ;
il fallait encore celui de M. le président et du ministère public ; et
ces magistrats s'y refusaient péremptoirement, attendu que la loi
interdit les séparations par consentement mutuel. Mon défenseur
eut la bonhomie de me tenir au courant de toutes les démarches
qu'il était obligé de faire à ce sujet ; et cela même prouve sa bonne
foi. On lui objectait que les faits exposés dans la plainte, fussent-
ils prouvés, n'offraient pas une gravité suffisante pour motiver une
condamnation *de plano*, et que, dans tous les cas, il fallait une enquête et des débats contradictoires. Ce fut le ministère public qui
opposa la plus longue résistance, et voici le moyen que mon défenseur employa pour la vaincre, moyen au surplus dont il se garda
bien de me rendre confident, et qui mériterait une juste flétrissure,
si je n'étais persuadé, encore à présent, qu'il croyait alors faire une
action méritoire.

« Voyant qu'il insistait sur son avis qu'il fallait me laisser condamner, j'avais rédigé au plus vite la première partie de mon mémoire. Or je venais de lui en remettre trois exemplaires, dont un
pour lui, un pour le conseil de Madame Laurent, et le troisième
pour M. Duchesne, longtemps avant d'en communiquer d'autres à
personne, et bien résolu à ne jamais le communiquer, si la lecture
de ces trois premiers suffisait pour arrêter les poursuites. Mon défenseur, qui, jusque-là, n'avait rien pu obtenir du ministère public
et qui, pour cette raison, avait toujours demandé la remise de notre
affaire, attendit la veille de l'audience pour renouveler ses instances ; et comme il éprouvait toujours le même refus, il présenta mon
mémoire (qui n'était pas encore publié) disant : *En voilà assez pour
faire condamner mon client*. M. le substitut lui fit observer que le
temps lui manquait pour parcourir cette brochure de cent douze
pages (1) et être prêt le lendemain. C'est alors que mon trop officieux
avocat s'offrit de lui en signaler les passages condamnables. Il passa
donc toute la nuit (lui-même l'a déclaré) à marquer au crayon

(1) Cette partie, à laquelle je n'ai pas changé une virgule, n'est plus
que de cent six pages ; cette diminution a pour cause le changement de
caractère typographique qui a servi à la réimpression des différentes parties
de mon mémoire réunies en un volume.

rouge cent-dix-neuf passages de cet exemplaire que j'ai encore entre les mains, tel qu'il est sorti des siennes; puis un quart-d'heure avant l'audience, il le porta au ministère public dont il parvint ainsi à lever tous les scrupules. Ainsi il a trompé M. le substitut, en cherchant à l'étourdir par l'exhibition d'une masse de délits qui n'étaient qu'apparents, et que la haute intelligence de ce magistrat lui aurait fait apprécier tout différemment, s'il avait eu le temps d'en prendre connaissance. Ensuite, lorsque j'eus interjeté appel, il a voulu me tromper moi-même en me présentant son œuvre comme étant celle du ministère public, afin d'obtenir mon désistement.

« Voilà comment j'ai été défendu par l'avocat à qui j'avais donné 500 francs pour me défendre! C'est lui seul, et non mes juges, que j'accuse, à bon droit, de la perte de mon procès. N'est-ce pas là un fait étrange, unique dans les fastes judiciaires?

« Mais je ne l'en considère pas moins comme un honnête homme qui a cru, en se conduisant ainsi, rendre service aux deux parties, quoique ce soit toujours un grand travers d'esprit que de vouloir se substituer à la loi, serait-ce dans les intentions les plus louables. C'est même parce qu'il jouissait au palais, et à juste titre, de la réputation d'homme probe, qu'il m'a été le plus nuisible. Autrement, c'est-à-dire, s'il avait eu une réputation douteuse, il n'aurait pas été cru sur parole. Mais il était dominé par cette idée, louable en elle-même, quoique maladroitement conçue, qu'une condamnation prononcée sans éclat, devant éviter l'aigreur qui résulte de débats irritants, faciliterait ainsi un rapprochement dont on avait fait luire le mirage à ses yeux. Ébloui par cette perspective toujours flatteuse pour un avocat consciencieux dont le premier devoir est de tendre à la conciliation, il n'a pas su découvrir le vrai mobile du procès, qui était un intérêt pécuniaire que Madame Laurent s'exagérait beaucoup; car elle disait dans ses moments d'attendrissement, feint ou réel, pour son mari : « Oh! je ne le laisserai man-
« quer de rien; *j'aurai au moins* 200,000 *francs à ma disposition,*
« et je lui enverrai des secours abondants, sans même qu'il se
« doute de quelle part ils lui viennent. » Position qui ne saurait être acceptée par aucun homme de cœur. 200,000 francs...! Vous voyez qu'elle prétendait modestement à 194,000 francs de plus que sa dot.

« Je n'incriminerai donc jamais les intentions de mon premier défenseur. Mais de ce qui précède, il résulte clairement qu'il ne vous a pas suffi d'obtenir, *sans bourse délier*, comme vous l'avez dit, le concours de l'avocat le plus renommé pour les causes de séparation, mais encore que vous, et M. votre père, avez fait un abus flagrant de votre position de greffiers au palais de Justice pour séduire, non à prix d'argent, mais moralement, mon propre défenseur, homme confiant et crédule, en le prenant par le seul côté qui vous fût accessible, je veux dire, en faisant miroiter à ses yeux un but spécieux que, plus tard, il était de votre devoir de chercher à atteindre. C'est ce qui s'appelle avoir engagé et soutenu un duel avec des armes fort inégales, et conséquemment très-peu courtoises, pour ne pas dire perfides. Il en résulte encore que, malgré la célébrité de votre avocat, vous comptiez bien peu sur la justice de votre cause, puisque vous avez cru devoir recourir à de pareils moyens pour la gagner.

« *Solliciter un juge!* a dit un auteur, *il suffit d'être honnête homme pour n'en rien faire.* Y aurait-il plus d'honnêteté à solliciter un avocat de la partie adverse ?

« Outre les 500 francs payés à mon premier défenseur (je pourrais dire *accusateur*), j'en ai donné 500 autres à Mᵉ Syrot, et 800 pour les deux plaidoieries de Mᵉ Léon Duval, qui a fait preuve de la plus grande loyauté à mon égard, en ne me dissimulant pas son peu d'espoir dans le succès de ma cause, après le consentement qu'on m'avait surpris à un premier jugement de condamnation, consentement qui impliquait nécessairement l'aveu de ma culpabilité. C'est contre cet aveu supposé que j'ai dû protester.

« 1800 francs à mes avocats. Tel est le commencement des dépenses, pertes, frais et dommages qui ont été la suite du procès.

« Et quelle est la cause première de ce désastre ? Le manque de franchise d'une femme se disant *incomprise;* sa propension à se tenir en dehors des réalités de la vie, à dédaigner les avantages présents pour en désirer d'imaginaires. Ne pouvant saisir l'objet toujours indéterminé de ses vagues aspirations, elle s'en prend aux personnes et aux choses qui l'entourent, tantôt à celle-ci, tantôt à une autre. De là son air de malaise presque habituel qui a fait dire d'elle, étant jeune fille, que sa mère la rendait malheureuse, ce que j'ai cru moi-même pendant quelque temps. De là ses doléances qui provoquent les questions plus ou moins indiscrètes de ses interlocuteurs. Elle y répond d'abord par une foule d'exclamations suivies de réticences qui font supposer de profonds chagrins, chagrins mystérieux qu'elle n'ose révéler, mais qui piquent d'autant plus la curiosité. C'est alors que l'intérêt redouble pour la victime prétendue, et qu'on veut pénétrer le mystère. Mais quand il s'agit d'articulations précises, il faut bien en alléguer de fausses, à défaut de véritables. C'est ainsi qu'après avoir commencé par de légers mensonges, on arrive à d'odieuses calomnies.

« Cependant elle n'est pas coupable de ce qu'un mari pardonne le plus difficilement, et un aveu confidentiel, mais sincère, de quelques-uns de ses mensonges, pourrait encore arrêter le mal; sans quoi il empirera toujours; puisqu'il est démontré que toute plaie non cicatrisée, au moral comme au physique, ne fait que s'agrandir et s'ulcérer. Cet aveu suffirait pour me faire oublier bien des choses, que j'attribuerais à un entraînement en quelque sorte irrésistible, suscité par les circonstances extraordinaires où l'on s'est trouvé. Vous ne croyez peut-être pas à tant de générosité de ma part? Croyez toutefois qu'une seule pensée religieuse, accompagnée d'un retour sur soi-même, est capable de l'inspirer; car qui peut se flatter de ne rien avoir à se faire pardonner?

« Il est des maux qui deviennent quelquefois les agents du bien, et je ne croirais pas avoir payé trop cher le retour de Madame Laurent à la vérité, si elle abjurait enfin un système qui a été le seul obstacle à son bonheur comme au mien, et à celui de toute sa famille.

« C'est pourquoi je vous demande une entrevue qui est la première chose que je vous aie jamais demandée, et qui sera peut-être aussi la dernière. Je vous la demande pour l'acquit de ma conscience, et parce que je vous crois à présent en état de me comprendre. Indiquez-moi donc un jour et une heure, n'importe lesquels, où je pourrai vous rencontrer, soit chez vous, soit autre part, si vous le préférez. Prenez votre temps pour me répondre; mais si quinze jours s'écoulent sans que vous m'ayez répondu, j'en conclurai que vous jugez le mal sans aucune atténuation possible, que vous abandonnez votre sœur à ses larmes, à ses regrets stériles; et j'agirai en conséquence, ne consultant plus que mon intérêt et le soin de ma réputation, quoique toujours disposé à vous offrir mes salutations cordiales.

« J. LAURENT. »

Nota. C'eût été vouloir entretenir une polémique inutile que de répliquer à la réponse, d'ailleurs polie, que M. Émile Duchesne a bien voulu m'adresser; d'autant plus que l'empire qu'il exerçait sur l'esprit de sa sœur et de sa nièce, avant et pendant le procès, lui est complétement échappé depuis qu'il s'est montré d'un avis contraire à celui de ces dames. Certains caractères sont ainsi constitués qu'ils font un crime, du moindre échec, à ceux-là mêmes qui étaient le mieux entrés dans leurs vues. Ce serait donc en vain que je chercherais à convaincre M. Émile de l'efficacité du moyen que j'indiquais pour *cicatriser* des plaies qu'on veut tenir toujours ouvertes (1). Il a perdu l'influence qui lui serait nécessaire pour faire adopter ce remède héroïque. Tant il est vrai qu'il est infiniment plus facile de faire beaucoup de mal, par d'imprudents conseils, même dès l'âge de vingt-six ans, qu'un peu de bien, par de sages avertissements, même dans la maturité de l'âge !

Quant à moi, dans la position qui m'est faite, je n'ai plus qu'un parti à prendre ; c'est d'aller reporter mes os aux lieux où ils ont pris naissance, pour y expier la sottise de m'être dépouillé de tout en faveur de mes enfants avant la fin de mes jours. (Je dis *mes* enfants, parce que j'avais cru gagner un fils en mariant ma fille unique. Mais au lieu de gagner un fils, j'ai perdu ma fille.) Là, du moins, à quatre-vingts lieues du théâtre de ses exploits, je n'aurai plus les oreilles rebattues de cette option inqualifiable qu'elle propose à des parents, à des connaissances, à des amis communs, leur disant avec un aplomb sans égal : *Choisissez ; je renonce à vous voir si vous ne renoncez à voir mon père*. Mais là, comme ailleurs, on ne vit pas de l'air du temps ; c'est donc afin de m'y procurer des moyens d'existence que je suis encore obligé d'implorer l'appui des tribunaux.

Deuxième observation, du 20 octobre 1860. (A l'adresse de M. Duchesne père.) Comme les époux Pascal-Allain ont toujours accusé Émile, et non sans raison, d'avoir été la principale cause du procès, et des difficultés de notre liquidation, je n'ai pas voulu leur communiquer ma lettre à celui-ci, pour ne pas leur donner sujet de nouvelles récriminations contre lui, s'ils savaient surtout que, dès la première année de leur mariage, il me reprochait déjà de ne m'être pas suffisamment renseigné sur le mari que j'avais admis pour ma fille. Je désire même n'être point obligé de la communiquer à qui que ce soit, tant, comme je viens de le dire, pour ne pas augmenter l'antipathie entre l'oncle et les neveux, qu'à cause du narré concernant mon premier défenseur qui, malgré le préjudice qu'il m'a causé, a conservé toute mon estime. Mais si l'on ne s'arrange pas à l'amiable pour me faire un sort convenable, et qu'on en vienne encore à plaider, j'ai été assez maltraité précédemment, et

---

(1) On consentirait à un rapprochement, mais sans aucune rétractation, même confidentielle ; ce qui ne serait qu'un renouvellement des luttes antérieures.

j'ai affaire à des adversaires assez redoutables pour me croire autorisé à faire usage de tous les moyens, d'ailleurs légitimes, qui sont à ma disposition, et qui suffiront, je l'espère, à dissiper les nuages dont on s'est enveloppé pour me priver du fruit de mon travail.

Troisième observation, du 20 janvier 1861. (A l'adresse de quiconque pourrait se croire des droits à la reconnaissance de MM. Duchesne.) C'est ici qu'apparaît, dans toute sa nudité, le profond égoïsme de mes adversaires, puisqu'ils se refusent à un léger sacrifice pécuniaire, ayant pour objet de mettre à couvert la considération d'un homme qui leur a été dévoué jusqu'à leur sacrifier son devoir, lorsqu'il faisait partie du barreau.

(Du 28 mars 1861. Note particulière pour M. L., propriétaire à Paris.) Je n'ai adressé le présent manuscrit à M. L. qu'en sa qualité de parrain de ma fille, ayant toujours été bienveillant pour elle. Son titre seul l'investit d'une grande autorité morale, pouvant et devant, au besoin, suppléer à l'insuffisance des parents et grands-parents de celle dont il a bien voulu se déclarer le père spirituel sur les fonts baptismaux. J'ai donc présumé que la juste influence qu'il est en droit d'exercer sur cette *enfant terrible,* ne serait peut-être pas inutile pour la ramener à des sentiments plus conformes aux lois divines et humaines.

J'avais cru devoir adresser à M. Émile Duchesne un second exemplaire de ma lettre, à cause des additions y contenues, comme témoignage de ma manière d'agir ouvertement, et non par surprise. C'était un dernier moyen que je tentais pour me soustraire à la nécessité d'un nouveau procès. Mais M. Émile, par une simple note signée de lui, et datée des Ternes, le 10 juin 1861, me « prévient que si, lors du procès dont il s'agit, son intervention est « réclamée, *il la mettra énergiquement au service des personnes victimes de mes poursuites.* » Je ne crois pas qu'aucun personnage, si haut placé qu'il soit, ose jamais dire qu'*il interviendra énergiquement,* ou agira sur les décisions de la justice, en France, de cette justice reconnue et proclamée dans toute l'Europe pour la franchise de ses allures. Aussi une telle menace ne m'effraie guère.

Ce qui donne tant d'assurance (j'allais dire tant de morgue) à M. Émile, ce sont les honorables fonctions qu'il exerce dans le temple de Thémis ; c'est surtout la haute distinction qui décore aujourd'hui sa poitrine. Je le félicite de ses glorieux succès, et m'y associe d'autant plus volontiers qu'il en rejaillit, je crois, quelques reflets sur moi-même, comme son ancien instituteur. M. Émile n'avait pas encore neuf ans, lorsque j'épousai sa sœur. Depuis lors, jusqu'à l'époque de son mariage, je me suis constamment occupé de lui avec un dévouement qu'il lui est impossible de nier. *Un bienfait reproché,* me dira-t-on, *est un bienfait perdu.* Hélas! les services que j'ai rendus à M. Émile ont été perdus pour moi bien avant que je me crusse obligé, non de les lui reprocher, puisque je n'en ai nul regret, mais simplement de les lui rappeler. Car lorsque je lui témoignai mon étonnement de son ardeur à me poursuivre, après avoir été logé et nourri gratuitement chez moi pendant sept années consécutives, et moins d'un an après qu'il eut cessé d'être mon hôte, il me répondit qu'*il n'avait accepté mon hospitalité que pour protéger sa sœur.* Voilà une protection qui ne lui fut pas onéreuse.

Eh bien! ce n'est pas sous le rapport des intérêts matériels que je prétends lui avoir rendu le plus grand service. C'est quand, sorti des bancs, et âgé de dix-huit ans, il avait obtenu, de la faiblesse paternelle, de pouvoir vivre dans son aparté, affranchi de toute surveillance. Madame Laurent fut vivement alarmée des dangers qu'il courait dans cette conjoncture. Pour moi, sans jeter les hauts cris comme elle, ce qui n'aurait servi de rien, j'attirai doucement mon jeune beau-frère chez moi, lui laissant entrevoir un séjour agréable, et une grande liberté en apparence. Un père même n'oppose pas toujours, sans danger, un *veto* absolu aux désirs de son fils à cet âge, lorsque ces désirs semblent légitimés par les exemples qu'il a sous les yeux. Aussi me suis-je bien gardé de lui faire aucune défense qui aurait pu réveiller ses idées d'indépendance. « Tu pourras, lui dis-je, inviter tes amis à venir passer tout ou « partie de la journée avec toi chez nous. — Prêtez-moi une clef « de votre maison, pour que je puisse rentrer sans déranger vos « gens, quand je vais au spectacle ou en soirée. — Non; j'ai pour « habitude de ne jamais m'en dessaisir passé dix heures du soir. « — Permettez à un domestique de m'attendre; je le dédomma- « gerai de sa peine. — Non; les domestiques ont besoin du repos « de la nuit pour travailler le lendemain. Mais c'est moi qui t'at- « tendrai, et travaillerai en t'attendant; ainsi je t'engage à ne pas « te gêner. » M. Émile a usé quelquefois de la permission, mais avec une grande discrétion. C'est ainsi qu'il s'est conservé bon sujet, en passant les sept dernières années de sa vie de garçon chez nous, où il a fait la connaissance de sa vertueuse compagne. Je suis donc le premier à me réjouir des avantages de sa position actuelle; mais je ne crois pas devoir plus longtemps faire abnégation de mes droits, à l'âge de soixante-six ans que je vais incessamment atteindre.

« Heureux Émile, enfant gâté de la fortune ! Une *institutrice*, autrement sévère que je ne l'ai été envers lui, pourrait seule rabattre quelque chose de ses immenses prétentions ; c'est *l'adversité*. Puisse-t-il ne jamais la connaître !

« J. LAURENT. »

ÉPILOGUE.

A chaque division et subdivision du présent mémoire, je les ai communiquées manuscrites à ma fille longtemps avant de les livrer à l'impression, faisant ainsi appel à ses sentiments de déférence envers son père. Mon appel n'a pas été entendu.

Cette dernière fois encore, en date du 1er février 1862, j'ai ajouté à ma communication les paroles suivantes : « Tant qu'il me restera « un souffle de vie, je me croirai obligé de rappeler ma fille à son « devoir, *dût-elle ne transmettre aux générations futures que le re-« nom de fille dénaturée* » et cette fois, comme les précédentes, même opiniâtreté de sa part, même abstention de toute démarche annonçant une apparence de soumission, une ombre de résipiscence.

Elle n'ignore pourtant pas qu'une seule visite dans le courant de l'année, ou une simple lettre un peu moins ironique que celle qu'elle m'écrivit il y aura bientôt six ans, la seule qu'elle m'ait jamais adressée depuis son mariage, eût suffi pour apaiser mon ressentiment, et enfouir, dans un silencieux et éternel oubli, tous ses actes irrespectueux et hostiles, toutes les marques d'ingratitude et d'insensibilité qu'elle n'a cessé de me donner, depuis qu'en la mariant, selon son désir, en 1845, dès l'âge de seize ans et quelques mois, au prix d'énormes sacrifices, je me suis volontairement dépouillé de mon autorité sur elle. Mais elle persiste à braver le blâme des honnêtes gens, comme à fouler aux pieds les droits les plus sacrés de la reconnaissance.

Cependant, par ma lettre du 10 janvier 1857 (page 11, deuxième alinéa) je lui ai promis de ne pas la maudire, et je tiendrai parole. Mais quoique affranchie de la malédiction paternelle, je crains bien qu'elle n'encoure la malédiction céleste. Cette crainte fait le tourment de ma vie.

Famille Duchesne, père, mère, fils et fille, voilà votre ouvrage ! Voilà jusqu'à quel point le cœur de ma fille a été perverti, et son jugement faussé par le fatal appui que vous avez toujours donné à sa résistance aux prescriptions d'un père ! Ah ! si vous voulez me retirer le droit de me plaindre, commencez donc par me retirer la souffrance.

Avril 1862. — Dieu soit loué ! L'insensibilité de ma fille n'était qu'apparente. Mais après avoir, à mon grand regret, trop dévoilé la sécheresse de son cœur à mon égard, il est juste que je répare, en la réhabilitant, le tort que j'ai pu lui causer dans l'opinion des quelques personnes qui ont lu mes récits antérieurs. Elle est donc venue, avec ses deux enfants, me manifester des sentiments tout différents de ceux que son long silence m'autorisait à lui supposer. C'était, m'a-t-elle dit, par soumission aux volontés de son mari qu'elle s'en est si longtemps abstenue. Mais mon dernier cri de douleur l'a fortement impressionnée, et elle m'a donné des marques palpables d'une véritable émotion. Moi qui ne désire rien tant que de la trouver innocente, j'accepte son excuse comme suffisante, et veux croire que son respect filial n'a fait que céder momentanément à un sentiment plus vif, sans en être étouffé, à son affection pour le père et ses enfants.

Quant à lui, je suis peu sensible à son éloignement pour un beau-père qu'il ne connaît pas, ou plutôt, qu'il n'a connu que sous des rapports mensongers. La cloche de la calomnie n'a cessé de tinter à son oreille, comment aurait-il pu résister à tant de dénigrement, quand des personnes, d'un jugement plus sûr que le sien, n'ont pas su s'en défendre? Je dois donc aussi lui pardonner. O ma fille, infortunée victime de l'aveugle tendresse d'une mère en délire, sois bénie ! et puisses-tu couler des jours heureux dans une parfaite union avec l'époux qu'elle a su me rendre si défavorable !

Avril 1863. — Puisque M. Émile Duchesne avait bien voulu rejeter, *sur son défaut d'âge et d'expérience,* notre désunion de famille causée par le procès dont il a été le plus ardent promoteur, je croyais, dans ma simplicité, qu'il ferait son possible pour en atténuer les effets, et réparer ses torts autant qu'il dépendrait de lui. Mais un événement qui m'attriste autant que le procès même, m'a convaincu de mon erreur. C'est le décès de M. Duchesne père. Je dis dans la première partie de mon mémoire, page 30 : « J'ai toujours aimé la société de « M. Duchesne; sans femme et sans enfants, c'eût été le meilleur « homme du monde. » Tels étaient en effet mes sentiments pour lui, et tels ils n'ont pas cessé d'être. J'aurais donc saisi, avec empressement, toute occasion qui m'eût été offerte, de les renouveler à ce père tant abusé sur mon compte, par sa femme et ses enfants, et qui a été si malheureux des malheurs imaginaires de sa fille. Mais son fils a jugé à propos *d'ajourner* la seule chose que je lui aie demandée, qui était une entrevue avec lui d'abord, comme acheminement à celle que je désirais avec son père. Et ce qui prouve que cet ajournement n'était qu'un refus déguisé, c'est que M. Emile, sans me tenir compte de ma déclaration formelle portant que *j'étais toujours disposé à lui offrir mes salutations cordiales* (1), ne m'a averti ni de la maladie, ni de la mort de mon beau-père et ancien associé avec qui je brûlais du désir de me réconcilier, à cette heure suprême devant laquelle tout s'efface, tout s'absorbe dans la pensée de l'éternité. Aussi, dans ses lettres de faire part, n'est-il pas question du gendre du défunt, quoique ma femme y soit désignée sous le nom de son mari, laquelle néanmoins n'est pas encore veuve. Et voyez la contradiction ! M. Emile m'avait écrit, dans sa réponse d'ajournement à ma demande d'une entrevue, qu'*il n'appartient qu'à Dieu de dissoudre les liens sacrés* (du mariage).

Il m'en coûterait d'être obligé de voir un calcul intéressé, de la part de M. Emile, dans cette persistance à m'interdire toute espèce de rapports avec sa famille, à laquelle cependant je m'étais complètement identifié, ayant vécu dans son intimité pendant dix-huit années consécutives. Mais s'il lui importait, comme à la femme de César, de se tenir au-dessus même du plus léger soupçon, il devait m'appeler au moment de l'inventaire. Il ne l'a pas fait. C'eût été le moyen d'échapper au reproche articulé par Madame Laurent, de s'être fait la part du lion dans l'héritage paternel. Si ce reproche est fondé, M. Emile, affranchi de mon contrôle, aura cru sans doute que le lot de cet héritage, échéant à sa sœur, était encore assez beau pour

---

(1) Expressions textuelles qui terminent ma lettre du 11 mai 1860, à M. *Duchesne fils* (page 52).

une femme qui vit en recluse ; d'autant plus que, par sa puissante intervention dans nos affaires d'intérêt, il avait déjà su lui ménager, à mes dépens, la possession exclusive de notre ancienne maison qui lui rapporte annuellement 5,000 francs de loyer.

Quoi qu'il en soit, ce que je tiens à constater ici, et qui doit me réhabiliter quelque peu aux yeux de certaines personnes trop promptes à me jeter la pierre, c'est que Madame Laurent, qui avait passé dix-huit années les plus prospères de sa vie dans la société de son mari, après avoir déclaré ne pouvoir plus vivre avec lui, et brisé ainsi ma carrière, s'est aussitôt brouillée avec son frère, n'a pu rester que peu de temps chez son gendre, assez toutefois pour l'indisposer contre moi, et se déclare encore aujourd'hui d'une complète incompatibilité d'humeur avec sa mère qui, elle aussi, se dit hors d'état de suffire aux exigences de sa fille. En sorte que la mère et la fille, touchante harmonie ! ne sont d'accord que sur un point, sur la nécessité, qui leur incombe, de vivre dans un prudent éloignement (1) l'une de l'autre, pour leur satisfaction mutuelle.

LAURENT.

---

(1) Depuis la mort de M. Duchesne, Madame Duchesne, sa veuve, reste *seule* aux Ternes ; et Madame Laurent, *seule* aussi, habite la rue de Sèvres, au faubourg Saint-Germain.

FIN DE LA QUATRIÈME PARTIE.

CINQUIÈME PARTIE

En 1858, je commençais la quatrième partie de mon mémoire avec le sentiment exprimé d'un regret et d'une espérance ; le regret d'être obligé de livrer certains détails à une publicité même restreinte, et l'espérance que cette quatrième partie serait au moins la dernière. Mon espérance a été déçue. J'étais loin de croire, en effet, que *le soin de ma réputation et de mon intérêt* (1) me mettrait dans la triste nécessité de donner de nouveaux développements sur le caractère exceptionnel de ce singulier procès.

La lettre suivante, que j'ai eu l'honneur d'adresser à M. le Président de la 2ᵉ Chambre de la Cour d'appel, fait suffisamment connaître l'objet de cette cinquième partie de mon mémoire.

« Monsieur le Président, en date du 18 mai 1864, j'ai interjeté
« appel d'un jugement du Tribunal de première instance de la Seine,
« qui a rejeté la demande que j'avais formée contre ma femme, d'un
« supplément de pension alimentaire. Dépourvu des moyens de ré-
« tribuer convenablement un avocat qui consentirait à soutenir mon
« appel ; et, d'un autre côté, ayant l'âme trop fière pour implorer
« son concours gratuit, je viens vous prier, Monsieur le Président,
« de vouloir bien m'autoriser à me présenter en personne à l'au-
« dience de la Cour, pour lui donner respectueusement, de vive
« voix, de courtes explications sur un point de fait qu'il me semble
« facile d'établir sans être bien exercé sur les questions de droit.

« Dans l'espérance que vous voudrez bien accueillir mon humble

---

(1) Voir page 54, quatrième partie.

« requête, j'ai l'honneur d'être, avec autant de reconnaissance que
« de respect, Monsieur le Président, votre très-humble et très-
« obéissant serviteur. — Laurent-Duchesne. »

Et le 1ᵉʳ août 1864, ayant préparé et appris de mémoire la plaidoirie ci-après, il ne m'a été permis d'en prononcer qu'un peu plus de la moitié. M. le Président m'ayant dit de m'asseoir, j'ai dû céder silencieusement à son injonction. Je regrette principalement de n'avoir pas eu la permission d'en prononcer la fin. La Cour aurait pu se convaincre que ce n'est pas *la haine contre ma femme et mes enfants,* bien moins encore contre *feu mon beau-père,* qui m'a inspiré.

Voici la copie textuelle de ma plaidoirie :

« Messieurs,

« Le jugement qui vous est déféré porte qu'*il n'est pas établi que la situation respective des parties ait été modifiée.* Si cela n'est pas établi, Messieurs, c'est parce que la situation respective des parties a été inexactement exposée. J'en demande bien pardon à mon honorable contradicteur. Certes ce n'est pas lui, pour qui je professe la plus haute estime, que j'accuserai jamais de mensonge. Mais il a pris trop au sérieux les déclarations de sa cliente. Il est vrai qu'elle est bien persuasive : c'est un talent que je lui reconnais. Les larmes, les lamentations, les spasmes, les pâmoisons, les gestes et les poses les plus pathétiques, les objurgations même les plus poignantes, rien ne lui coûte. D'où je conclus que son honorable défenseur a été d'une entière bonne foi devant le Tribunal qui a rejeté ma demande.

« D'un autre côté, Messieurs, il est malséant, dit-on, entre deux avocats d'élite, environnés tous deux d'une considération bien méritée, de paraître se donner un démenti. Voilà pourquoi les affirmations de Madame Laurent n'ont pas été contredites. Cependant Cicéron, cet illustre avocat, et modèle de tant d'avocats, ne rougissait pas de recourir quelquefois au mensonge, si j'en juge par la recommandation qu'il faisait à l'historien de sa vie, l'invitant à *la parsemer de légers mensonges,* pour la rendre plus intéressante. « *Tu, velim,* lui écrivait-il, *eam (vitam) mendaciunculis aspergere* (1), » Mais moi, qui n'ai pas l'honneur d'être avocat, comment donc m'y

(1) J'ai omis, à dessein, la phrase concernant Cicéron, de eur d'être interrompu pour avoir fait des digressions inutiles.

prendrai-je pour démontrer le contraire de ce qu'on a voulu établir, et en même temps ne blesser personne ? Eh bien, j'adopterai le langage des quakers, à qui le mensonge est tellement en horreur, qu'ils n'osent même en prononcer le nom, et ne l'expriment que par le mot *non-vérité*.

« Que de non-vérités, Messieurs, ont été dites, depuis dix-neuf ans, à l'occasion de ce procès ! Chose étonnante ! Lorsque après la séparation prononcée, j'ai fait inviter Madame Laurent à réaliser la promesse qui m'avait été faite en son nom, d'une réconciliation prochaine, promesse sur la foi de laquelle j'avais eu la faiblesse de consentir à une condamnation en première instance, promesse dont mon premier défenseur avait été dupe lui-même ; lorsque j'invoquai cette fallacieuse promesse, Madame Laurent répondit : « C'est par « intérêt que mon mari fait cette demande ; c'est parce qu'il est « ruiné, et qu'il ne sait plus à quel saint se vouer. » Pareille réponse a été faite, pendant quinze ans, aux amis communs qui ont bien voulu s'interposer dans cette affaire. « Au surplus, ajoutait- « elle, mon mari ne peut être mu que par le désir de participer à la « fortune assez *rondelette* que doit me laisser mon père. » Voilà ce que disait Madame Laurent.

« Mais, quinze ans plus tard, lorsque âgé de soixante-deux ans, j'ai parlé de faire valoir mes droits à une pension alimentaire, la position de Madame Laurent s'est trouvée tout d'un coup changée : de florissante qu'elle était, la voilà devenue insuffisante, c'est du moins ce que Madame Laurent déclare. Mais, Messieurs, sa déclaration est-elle appuyée de preuves ? Nullement. C'est donc à moi de suppléer à cette absence de preuves. J'en apporte une qu'il sera, je crois, fort difficile de contester. C'est *l'état des inscriptions subsistantes au 2ᵉ bureau de la Seine, prises nommément contre Madame Marthe-Françoise Duchesne, femme Laurent (non autrement prénommée)*. Cet état, Messieurs, daté du 5 avril 1864, ne mentionne que deux hypothèques, dont une de 4,000 francs et l'autre de 2,000, ensemble 6,000 francs, que j'ai été obligé de prendre moi-même, pour sûreté de ma pension de 300 francs. Nulle autre charge ne grève cette maison qui appartient en toute propriété à Madame Laurent, maison qui rapporte 5,000 francs de loyer annuel, et qui, un peu plus tard, à la fin du bail actuel, en vaudra 7 ou 8,000. Évidemment, Messieurs, le Tribunal n'a pas cru la position de Madame Laurent ce qu'elle est réellement, lorsqu'il s'est borné, une première fois, à m'accorder une pension alimentaire de 200 francs et une seconde fois, 100 francs seulement d'augmentation. On a eu tort néanmoins de dire, à la dernière audience, que le Tribunal avait *déjà écarté ma demande*. Non, Messieurs, puisque j'avais obtenu 300 francs en deux fois. C'était une fiche de consolation que le Tribunal m'accordait, croyant ne pouvoir faire plus, eu égard aux jérémiades de mes adversaires. De mon côté, le tort que j'ai eu a été de ne pas produire cette pièce essentielle, l'état d'inscriptions que j'ai l'honneur de mettre aujourd'hui sous les yeux de la Cour.

« On avait d'abord, lors du premier jugement, en 1858, présenté un prétendu acte de vente sous seing-privé, sans date certaine, puisqu'il n'était pas enregistré, lequel acte, évidemment préparé pour le besoin de la cause, mentionnait une aliénation de la moitié de la propriété, consentie par Madame Laurent, au profit de son gendre. Aujourd'hui on fait encore la même allégation, mais sous une autre forme. Il n'est plus question de l'acte de vente ; mais on soutient toujours que c'est M. Pascal Allain qui a payé, de ses deniers, une moitié de la maison. M. Allain n'a pu payer de ses deniers, car il n'a pas reçu de dot. La maison a été adjugée à Madame Laurent en 1848, et ce n'est qu'à la fin de 1852, ou même en 1853 seulement, que M. Allain a recueilli l'héritage de ses parents. On ajoute qu'il ne payait pas de loyer à sa belle-mère, mais qu'il en a versé l'équivalant pour prix de son acquisition. D'abord, si ce n'est que le montant de ses loyers qu'il versait, lequel loyer, par parenthèse, était de 4,400 francs, et non de 2,000 seulement, comme il a été dit contre toute vérité, c'était toujours avec l'argent de sa belle-mère qu'il payait ; il ne devenait donc pas propriétaire par ce versement qui n'était que l'exécution des conditions de son bail. Mais on va plus loin, et l'on prétend qu'il a aussi payé avec le produit de son établissement. Cette nouvelle allégation n'est pas plus fondée que les précédentes ; car, si M. Allain avait fait d'aussi beaux bénéfices dans son établissement, il l'aurait gardé plus longtemps, et ne s'en serait pas dessaisi aussitôt pour prendre quoi ?... un emploi de 1,200 francs.

« M. Allain n'a pas non plus payé cette acquisition du produit de la vente de son établissement; car cette vente n'eut lieu qu'en juillet 1851, quarante mois après l'adjudication faite à Madame Laurent. Cependant Madame invoque le chiffre de ses reprises dans notre liquidation, lequel chiffre était, selon elle, inférieur à celui de son mari. Inférieur, oui, Messieurs, sur le papier qui se laisse complaisamment écrire. Comment Madame ose-t-elle rappeler cette époque néfaste, cette liquidation si avantageuse pour elle, et si désastreuse pour son mari? D'abord, favorisée en cela par la difficulté des temps, elle a obtenu, pour 59,050 francs, une maison qui me revenait à 90,000 francs, et qu'elle a voulu revendre, un peu plus tard, au prix de 100,000 francs, tandis que son mari n'a eu en partage que deux propriétés dégradées, improductives et des plus onéreuses, qu'il n'a pu revendre qu'à perte, mais qu'il a été obligé de revendre bien vite et à tout prix, parce qu'il n'avait pas d'autre ressource. Cette liquidation, qui a duré cinq ans, et qui aurait duré bien davantage si je n'avais renoncé à des reprises fort importantes qu'on me contestait contre tout droit, je ne l'ai acceptée que contraint et forcé. On m'a pris, comme une citadelle, par famine. Ce mot, Messieurs, peut sembler exagéré, cependant il n'en est rien, et voici comment : Mon gendre et successeur, de connivence avec sa belle-mère, commence à me refuser mes loyers. Incontestablement, en ma qualité de chef de la communauté, j'avais le droit d'en administrer les biens jusqu'au terme de notre liquidation.

« Je sommai donc mon locataire de me payer les trimestres échus. Mais lui, au mépris de mon droit, au mépris de son devoir, si clairement définis par la loi, alla déposer tous ses loyers, à mesure de leur échéance, chez le notaire liquidateur, avec défense expresse de m'en livrer le moindre à-compte ; et M. le Président des référés, à qui j'avais été représenté comme un dissipateur, neutralisa l'effet de ma sommation, dont l'unique résultat pour moi fut l'obligation d'en supporter les frais. Par quel artifice est-on parvenu à faire passer pour dissipateur l'homme qui, par son seul travail, était devenu propriétaire de trois immeubles d'une certaine importance ? C'est ce qui est resté pour moi un mystère impénétrable. Le dépôt chez le notaire fut donc maintenu, et défense à moi d'y toucher. Cependant, Messieurs, j'étais poursuivi, et même déjà partiellement condamné pour dettes de la communauté, dettes contractées, à mon insu, par Madame Laurent qui, au moyen d'un accroissement considérable d'objets de trousseau, achetés à crédit, avait ainsi conquis l'affection et le dévouement absolu, aveugle, de son gendre. Que faire alors ? Ma première pensée, que je manifestai immédiatement à Madame Laurent, fut d'engager notre argenterie. Mais, le lendemain, toute l'argenterie avait disparu, emportée par ma femme sous l'aile protectrice de sa famille. Que faire donc alors, sans argent pour arrêter les poursuites commencées, sans argent pour exécuter les condamnations déjà prononcées, enfin, Messieurs, sans argent pour prévenir les condamnations dont j'étais encore menacé ? Assailli de toutes parts, quel parti prendre ? Nul autre, assurément, que de mettre fin, le plus tôt possible, et au prix des plus grands sacrifices, à une situation devenue intolérable. Mais, Messieurs, je n'ai pu arriver à cette fin désirée qu'en me rendant, bien contre mon gré, et à grands renforts de frais inutiles, adjudicataire du misérable lot dont la mise à prix, malgré trois rabais successifs, n'avait été couverte par personne, et dont néanmoins il a fallu me contenter.

« Sans doute, Messieurs, les loyers capitalisés étaient en sûreté dans la caisse du notaire ; mais il y aurait eu grande utilité à pouvoir les employer alors dans l'intérêt de la communauté, non-seulement pour arrêter les poursuites de nos créanciers, mais surtout pour solder les frais de l'adjudication publique de nos trois immeubles, adjudication devenue inévitable, par suite de l'obstination du fondé de pouvoirs de Madame Laurent. En effet, Messieurs, dans ces temps calamiteux de révolutions sociales, tout propriétaire foncier, déjà bien embarrassé de ses propres immeubles, n'était rien moins que désireux d'en acquérir de nouveaux, s'il n'y était attiré par leur énorme dépréciation. Le puissant protecteur de Madame Laurent, muni de ses pleins pouvoirs, s'étant opiniâtrément refusé à tout mode de partage à l'amiable que je proposais, n'a pu s'arrêter à une résolution si extraordinaire que dans le but de faire passer le plus clair de notre avoir entre les mains de sa protégée. Il fut inébranlable dans sa résistance, au point qu'à toutes mes observations sur les pertes que nous allions subir, il opposa cette seule réponse que je m'abstiens de qualifier : *l'État a besoin d'argent*. Est-il vraisemblable, Messieurs, qu'il se fût montré si dédaigneux, s'il ne s'était assuré d'avance des moyens que Madame Laurent avait de payer, non seulement son prix, mais encore l'excédant énorme de frais occasionnés par la mise aux enchères publiques, excédant qui était au moins de 6,000 francs ? Un tel outrage au bon sens le plus vulgaire n'est pas supposable de la part d'un frère au courant de la situation de sa sœur ; autrement, il l'aurait exposée au danger, à tous les inconvénients d'une folle enchère. Il était encore jeune, à à la vérité, mais enfin, il exerçait déjà, depuis trois ou quatre ans, d'importantes fonctions à la Cour de Cassation ; et il se croirait sans doute, et avec raison, gravement injurié, si j'imputais un pareil entêtement à son ignorance des affaires. Le représentant de Madame Laurent savait donc où cette dernière trouverait les moyens de remplir les obligations qu'elle contractait en se rendant adjudicataire. Or, ces moyens, ces fonds, elle les avait à sa disposition dès avant l'adjudication ; car, Messieurs, quel est le capitaliste, parent ou étranger, qui les lui aurait fournis, sans prendre les sûretés ordinaires, sans même se substituer à un autre créancier de 22,000 francs qui était privilégié sur cette maison? Cette créance de 22,000 francs a été payée ; j'en fournis la preuve par l'exhibition de la grosse d'obligation. Mais elle a été payée nécessairement des deniers de Madame Laurent; car il n'existe pas trace d'emprunts souscrits par elle.

« Cependant, Messieurs, le cas pouvait se présenter où Madame Laurent, plus jeune de quatorze ans que son mari, convolerait en d'autres noces. La chose n'était rien moins qu'invraisemblable de la part d'un caractère aussi mobile que le sien. Et l'on peut voir alors dans quel labyrinthe se serait trouvé le prêteur bénévole qui n'aurait pris aucune précaution. On dit encore qu'au moment de l'adjudication, la maison ne rapportait que 2,000 francs. Nouvelle et grave erreur. C'est plus du double qu'il fallait dire; car je l'avais louée 4,400 francs à mon gendre, loyer des plus modérés, parce qu'il entrait dans mes intentions de le traiter comme un fils. Enfin, l'on dit (car que ne dit-on pas?) que si la maison rapporte aujourd'hui 5,000 francs de loyer, c'est par suite des améliorations, des agrandissements exécutés par mon gendre. A cette articulation, je réponds simplement : La maison, telle que je la lui ai donnée à loyer, a toujours été trop grande pour le nombre de ses élèves.

« Madame Laurent, détentrice de l'immeuble affecté en garantie d'une dette de 22,000 francs, obtint du créancier une prorogation de paiement jusqu'au 15 juin 1855. Alors, Messieurs, j'en conviens, mon gendre a pu concourir à ce remboursement, en compensation du prix des loyers, que Madame Laurent déclare ne pas lui avoir été payés. Il avait occupé la maison pendant six ans, lesquels, pris pour multiplicateurs d'une somme annuelle de 4,400 francs, donnent un total de 26,400 francs. Il y avait là de quoi payer la créance dont Madame était débitrice. Aussi a-t-elle été payée à son échéance ; et ce n'est qu'assez longtemps après, que moi, propriétaire évincé, j'en ai fait opérer la radiation à mes frais, afin de lever toute équivoque sur la position de Madame Laurent; car je me refuserai toujours à croire que son gendre lui ait jamais rien avancé de ses propres deniers, sans un acte quelconque, prouvant, au besoin, un prêt de quelque importance. M. Allain est trop défiant pour s'être ainsi livré à la versatilité d'une belle-mère qu'il devait suffisamment connaître.

« Maintenant, Messieurs, daignez me permettre un mot seulement de l'amélioration qui a dû survenir dans la position de Madame

Laurent, depuis le décès de M. Duchesne père, qui ne possédait que des valeurs de portefeuille, dont lui et les siens ont fait ce qu'ils ont voulu. Je me bornerai à dire que, peu d'années avant sa mort, M. Duchesne, sans doute dans un de ses moments de naïveté expansive, s'est déclaré en possession d'un revenu annuel de 8,000 fr. à une personne avec qui lui et Madame Duchesne ont été constamment liés d'une étroite amitié. Or, M. Duchesne n'avait pas l'habitude de se faire plus riche qu'il n'était. C'est plutôt une tendance contraire que j'ai toujours remarquée en lui. A plus forte raison quand il s'adressait à une personne très-riche elle-même, très-généreuse, sans héritiers directs, chez qui il recevait tous les ans, et plusieurs fois par an, une plantureuse hospitalité, accompagnée de forces gracieusetés et cadeaux dont Madame Duchesne tirait bon parti. L'honorable défenseur de Madame Laurent, a dit, avec raison, que l'emploi de M. Duchesne n'était pas suffisant pour l'enrichir. Mais il ignorait sans doute que M. Duchesne, doué d'une merveilleuse activité, avait toujours su mener, de pair avec son emploi, de nombreuses et fructueuses leçons de langues anciennes, de mathématiques, de géographie, d'histoire et de français, jusqu'aux dernières années de sa vie ; leçons qu'il donnait le soir, qu'il donnait dès cinq heures du matin, entre autres au collége Louis-le-Grand, au prix de 1,800 francs par an. C'est même sa qualité de greffier à la Cour d'appel qui inspirait plus de confiance et donnait un plus grand prix à ses leçons. Tous ces divers produits, concentrés entre les mains de Madame Duchesne, s'y sont accumulés avec toute la puissance de l'intérêt composé, et ont fait ainsi la boule de neige pendant cinquante ans. Il est certain, Messieurs, que, pendant ce long espace de temps, Madame Duchesne n'a jamais laissé passer, je ne dirai pas une année, mais pas même un trimestre, sans faire un nouveau placement de peu ou beaucoup d'importance. J'ai vu maintes fois Madame Duchesne emprunter de petites sommes, qu'elle rendait exactement, bien entendu, pour compléter le *quantum* qu'elle avait jugé nécessaire à l'acquisition d'une action industrielle ou de chemin de fer. J'ajoute que l'éducation de son fils et de sa fille ne lui a jamais rien coûté ; et que ses frais de maison, de table et de toilette ont toujours été réduits à leur plus simple expression. D'après ces données, Messieurs, est-il croyable que M. Duchesne, qui aimait tant sa fille, ait pu supporter l'idée qu'il la laisserait dans un état de gêne après sa mort, sans mettre quelques valeurs à sa disposition, sous forme de présents ou d'avancement d'hoirie ?

« Mais son inventaire après décès ne porte, dit-on, qu'un capital de 60,000 francs jugés nécessaires aux besoins de sa veuve. Est-ce parce qu'on a craint, de ma part, un œil trop investigateur, que je n'ai pas été appelé à cet inventaire, ou bien par tout autre motif? Je l'ignore. Dans tout les cas, les questions que j'aurais pu soulever, dans l'intérêt de ma fille et de ses enfants, sur l'emploi de certaines valeurs spéciales que je connaissais de longue date, auraient peut-être paru embarrassantes. Le principal héritier du défunt a trouvé plus commode de me tenir en dehors de toutes ses combinaisons. D'ailleurs, Messieurs, s'il m'avait appelé, ne se fût-il pas exposé par là à perdre le fruit de toutes les peines qu'il s'était données pour arriver à notre séparation, et mettre ainsi sa sœur dans sa dépendance?

« Enfin, Messieurs, je veux croire que M. Duchesne n'a laissé, ainsi qu'on l'assure, qu'un capital de 60,000 francs. Y a-t-il donc là de quoi pousser des cris de détresse, comme le font Mesdames Duchesne mère et Laurent, parce que je réclame un tribut annuel de quelques centaines de francs, tribut devant cesser avec ma vie qui ne saurait plus être de longue durée? Mais puisque Madame Laurent déclare avoir renoncé, en faveur de sa mère, à la part qui lui était due sur cette succession de 60,000 francs, c'est apparemment qu'elle se trouvait suffisamment pourvue pour le moment.

« Il n'en est pas moins certain, Messieurs, que sa position se trouve aujourd'hui sensiblement améliorée, ne fût-ce que par l'acquit de la dette de 22,000 francs qui grevait sa propriété. La radiation de cette hypothèque la rend aujourd'hui propriétaire définitive et incommutable d'une maison qui ne peut qu'augmenter de valeur, par sa position avantageuse sur les hauteurs de Belleville, et pour la réunion de toutes les commodités désirables. C'est pendant ma gestion que je l'ai considérablement agrandie, en y ajoutant une maison voisine, en construisant un troisième corps de bâtiment qui les relie entre elles, et forme ainsi un tout complet éminemment propre à l'exploitation d'un vaste établissement d'instruction publique. Moi qui la connaissais, cette maison, je ne m'en serais pas dessaisi à moins de 80,000 francs, si le fondé de pouvoirs de Madame Laurent avait admis l'attribution de partage que je proposais. Eh! Messieurs, n'est-ce donc rien que de me voir ainsi dépouillé d'une propriété que j'affectionnais, en raison même des peines et labeurs qu'elle m'avait coûtés, et ne m'en est-il pas dû une légère indemnité sur mes vieux jours?

« Voilà, Messieurs, qu'elle est la position de Madame Laurent

Quant à celle de son mari, deux jugements qui ont aujourd'hui force d'arrêts, en ont déjà reconnu l'insuffisance ; et il est clair qu'à mon âge de soixante-huit ans accomplis, elle ne peut que s'aggraver de jour en jour. Ce n'est pas, Messieurs, que je veuille exciter votre commisération ; car j'ai toujours désiré ne faire ni pitié ni envie. Aussi je me plais à reconnaître deux vérités qui ont été énoncées dans la plaidoirie de mon honorable antagoniste. La première est celle-ci : « Voyez, s'est-il écrié, le mari se porte bien, il se porte « mieux que sa femme. » Mais il me semble que, quand on se porte bien, on consomme davantage ; et jusqu'à présent, ce ne sont pas des remèdes que j'ai réclamés, ce sont des aliments. Quant à la santé de Madame Laurent, pour ceux qui la connaissent, ses maladies n'ont rien d'effrayant. Elle a toujours été très-bien portante ou malade, selon le rôle qu'elle a eu à jouer depuis dix-neuf ans. Aussi s'est-elle trouvée littéralement en danger de mort, depuis la dernière citation qu'elle avait reçue jusqu'au jour du jugement. Mais aussitôt après l'audience, elle s'est montrée radieuse, prônant son triomphe dans tout Belleville. — Voici la seconde vérité que je reconnais volontiers être sortie de la bouche de mes adversaires. C'est que mes frais de table et de logement se bornaient à 600 francs par an. Il est vrai que je jouissais de cet avantage à Charonne, en compensation de quelques services matériels que je rendais. Mais mon âge ne m'ayant plus permis de les continuer, je me suis retiré à Belleville, où j'ai pris un logement de 210 francs par an. Cette situation nouvelle a commencé pour moi en avril dernier.

« Le tribunal qui, quoi qu'on en dise, a fait droit à ma réclamation, mais dans une proportion bien minime, énonce, dans son jugement du 11 novembre 1858, le motif qui suit : « Prenant en con- « sidération qu'il peut encore (le mari) chercher dans son travail, « et dans son ancienne profession, des moyens d'existence, etc. » Messieurs, j'ai suivi ce conseil dans ce qu'il a de praticable, c'est-à-dire dans ce qui a rapport au travail, en me livrant à certaines occupations matérielles. Pour ce qui est de la partie de ce conseil concernant l'exercice de mon ancienne profession, l'exécution m'en a paru impossible ; car l'instituteur qui est sous le coup d'un arrêt de séparation a perdu son avenir, du moins comme instituteur. Quelle confiance, en effet, pourrait-il inspirer ? Mais on insiste principalement sur le caractère *vexatoire* de mes réclamations, trois fois renouvelées dans l'espace de six ans.

« Ceci me rappelle l'histoire de ce contrebandier qui se plaignait sérieusement et très-amèrement des importunités, des *vexations* de la douane et de ses employés qui l'empêchaient d'exercer paisiblement son état. Tout l'actif de notre communauté entre les mains d'une femme qui, malgré sa séparation de corps et de biens, et en dépit même du triomphe judiciaire qui la rend si fière, est, *de par la loi*, incapable, dans bien des cas, de contracter valablement sans l'autorisation de son mari ; tout cet actif qu'elle prétend posséder seule, ne peut-il être assimilé à un article de contrebande dont la loi ordonne la saisie ?

« Si Madame Laurent, détentrice de tout notre avoir, avait consenti, il y a six ans, à m'accorder viagèrement la modique somme de 1,500 francs, les tribunaux n'auraient pas retenti du bruit de mes réclamations. Je l'eusse laissée jouir en paix de ce qui lui a coûté tant de pamoisons, réelles ou simulées ; car avant de m'adresser aux tribunaux, j'avais frappé à la porte de tous les membres de sa famille, de ceux du moins que j'avais constamment choyés chez moi pendant dix-huit ans. Forcé enfin de recourir à la justice, j'ai demandé 3,000 francs tant à elle qu'à ma fille, dans l'espérance, je l'avoue, d'en obtenir la moitié, c'est-à-dire 1,500 francs. Il ne m'a été accordé, par deux jugements successifs, en tout que 900 francs, dont 600 francs à la charge de M. Allain, mon gendre, et 300 francs seulement à celle de Madame Laurent. Mais si j'avais obtenu les 1,500 francs que j'espérais, il serait arrivé de deux choses l'une : ou Madame Laurent, dont j'ai toujours déclaré les mœurs hors d'atteinte, convaincue enfin que ce n'était plus l'extrême besoin qui me faisait agir, aurait consenti à notre réunion, ne fût-ce que dans l'intérêt de nos enfants ; ou bien on se serait tenu coi de part et d'autre ; et alors, devenus complètement étrangers l'un à l'autre, nous n'aurions pas donné au monde le triste spectacle d'hostilités qui semblent devoir durer autant que notre existence, au grand scandale de bien des gens, et au grand dommage de nos propres enfants.

« Ces 1,500 francs, Messieurs, je les ai payés bénévolement à Madame Laurent jusqu'au jour de sa demande en séparation. J'ai encore les reçus qui en font foi. Voici celui de deux mois, s'élevant à 250 francs que je lui ai payés d'avance, parce que je devais m'absenter pendant ces deux mois (août et septembre 1845), et je m'engageais à les lui payer jusqu'à ce qu'il lui plût de réintégrer le domicile conjugal. Mais elle exigeait 4,000 francs, et cependant elle n'avait pas de frais de table ni de logement à payer, puisqu'elle s'occupait très-utilement chez son gendre, où elle avait pris domicile. Sa demande en séparation est datée du 5 novembre 1845. Eh bien, Messieurs, voici son récépissé constatant qu'elle avait reçu, de son mari, 125 francs dès le 1ᵉʳ dudit mois de novembre, ce qui ne l'a pas empêchée de dire que si elle est venue, le lendemain, me trouver à Charonne, *c'est parce qu'elle avait faim*. Elle sortait de chez son gendre qui lui était aveuglément dévoué ; elle venait de recevoir 125 francs, et *elle avait faim…!* La Cour peut juger, par ce seul fait, de la véracité de Madame Laurent, et si elle mérite qu'on s'en rapporte à ses assertions dénuées de preuves. Ainsi Madame Laurent, que son mari laissait maîtresse d'elle-même, libre de suivre son caprice et de trôner chez son gendre, qu'elle croyait s'être asservi pour toujours, ne s'est pas contentée d'une pension de 1,500 francs, dans une position où elle ne manquait de rien ; et maintenant elle trouve extraordinaire et *vexatoire* que je ne me contente pas, à mon âge, d'une pension de 900 francs.

« Messieurs, le gouvernement, d'accord en cela avec le corps législatif, vient d'autoriser la caisse de retraite pour la vieillesse à élever la pension de ses souscripteurs à la somme de 1,500 francs. Cette caisse a été instituée spécialement en faveur des ouvriers dont la prévoyance n'a pu prélever que péniblement de faibles épargnes sur le produit de leur labeur quotidien. La Cour décidera, dans sa sagesse, si je puis, sans trop de prétentions, aspirer à être rangé, par elle, au nombre des ouvriers de cette catégorie. »

Le défenseur adverse a soutenu, en appel comme en première instance, que la maison n'appartient pas en totalité à Madame Laurent, et que c'est son gendre qui en a payé une notable partie. « Cette combinaison, a-t-il ajouté, *a été adoptée par Mᵉ Moulin*, « *conseil et ami de M. Duchesne, pour épargner les frais d'enregis-* « *trement et autres.* » La Cour ne me paraît pas avoir repoussé ce système, puisque j'ai été condamné, et le jugement dont j'appelais confirmé.

Je m'incline devant l'autorité de la Cour, tout en me demandant si le fisc se contentera de la combinaison Moulin, quand M. Allain ou ses enfants hériteront de Madame Laurent. Mais il y avait une combinaison encore bien plus simple, infiniment plus économique, et qui offrait l'avantage de n'être en opposition avec aucune lois fiscale. C'était de nous adjuger les maisons par attribution de partage. J'ai dit avec quelle dédaigneuse opiniâtreté mon beau-frère et ancien élève, avait rejeté ma proposition, malgré tous les motifs d'économie que je lui déduisais ; économie dont auraient surtout profité nos enfants.

Il est donc maintenant admis que Madame Laurent a pu se rendre adjudicataire, ne faire aucune déclaration de command, puis couper en deux sa maison, dont elle a vendu ou donné la moitié à son gendre, sans plus de façons que deux ménagères qui seraient convenues de se partager un melon. Je savais déjà qu'en fait d'objets mobiliers, *possession vaut titre;* mais si j'avais su aussi qu'on pût posséder des immeubles sans aucun titre de propriété, sans aucune hypothèque prise à son profit, sans même avoir pour soi la prescription trentenaire, je ne me serais pas donné la peine d'aller deux fois à pied, par une chaleur tropicale, de Belleville aux Batignolles, pour y chercher l'état d'inscriptions qui m'a été parfaitement inutile.

On croit avoir tout dit quand on cite, comme on l'a déjà fait trois fois en première instance, le nom assurément très-recommandable, de Mᵉ Moulin, *ami et conseil de M. Duchesne.* J'ai rendu moi-même (1) un juste et sincère hommage à son honorabilité, dans ma première lettre à ma fille. Mais était-il donc infaillible? et composait-il, à lui seul, toute la justice? J'eusse aimé, d'ailleurs, qu'on ne rappelât pas son amitié pour M. Duchesne, surtout depuis la mort de ce dernier; amitié que je m'étais, à dessein, abstenu de mentionner dans ma plaidoirie. Mais, puisqu'on m'y oblige, il me faut bien dire aussi que la vive amitié de ces deux hommes l'un pour l'autre, quoique fondée sur de vrais sentiments d'une juste et réciproque estime, les a fourvoyés tous deux. D'abord, peut-on nier que M. Duchesne n'ait été, dans tout ce qui concernait sa fille, sous l'empire d'une constante hallucination? Madame Duchesne elle-même, dans son langage souvent trivial, et parfois pittoresque, n'a-t-elle pas répété souvent, en parlant de son mari : « Le père est si faible pour sa fille que, si elle lui disait de se jeter par la fenêtre, il s'y jeterait. » Donc M. Duchesne, réellement convaincu, quoique à tort, des malheurs de sa fille, a pu facilement faire passer sa conviction dans l'âme de son ami, et de celui-ci dans l'esprit de bien d'autres personnages qui n'ont envisagé l'affaire qu'avec des idées préconçues.

Ces idées ont été d'autant plus facilement admises et propagées que les personnages en question avaient plus d'importance. Aussi, voyez l'effet qu'a dû produire, d'un côté, la réelle, sincère et profonde affliction d'un père gémissant sur le sort lamentable de sa fille ; et, de l'autre côté, la non moins réelle et sincère conviction

---

(1) Voir quatrième partie, page 22, deuxième alinéa.

d'une épouvantable tyrannie, exercée avec une cruelle persévérance, et à l'insu de tout le monde, remarquez-le bien, par un mari aussi pervers qu'hypocrite, sur sa malheureuse femme pendant dix-huit ans. Je conçois la sincérité d'une pareille conviction de la part de tous ceux qui l'ont partagée, quand ils ont vu une jeune et belle femme, à l'air candide, se plaindre, tout en larmes, des mauvais traitements d'un barbare époux, et débiter à sa charge des choses inouïes, avec la réticence perfide qu'elle ne disait pas tout de peur d'un trop grand scandale. Ajoutez que, paraissant s'oublier elle-même, elle déclarait ne s'être résignée à souffrir si longtemps que par dévouement pour sa fille. Ah! c'est qu'ils ignoraient que cette mère, pour corroborer ses plaintes, avait surexcité dans le cœur de mon enfant le pire de tous les sentiments, celui de la jalousie; et que pour alimenter cette jalousie, elle n'avait pas craint de répandre d'odieux soupçons, tendant à ternir la réputation d'une orpheline, dont elle aurait dû être le plus ferme appui. Telles sont les préventions, les idées préconçues qui ont dominé tout le procès jusqu'à ma condamnation définitive. Le désastre de notre liquidation n'a été qu'une conséquence de cette conviction erronée.

M⁰ Moulin débute par la menace de mettre sous séquestre les biens de la communauté. Et cela n'est pas étonnant. On lui avait fait accroire que je tenais cachées des sommes fabuleuses, pour en priver ma fille. Je n'en sommai pas moins mon locataire de me payer les trimestres échus. Je dis dans ma plaidoirie, quel fut le triste résultat de ma sommation. C'est ce passage de mon discours, joint à celui de la soustraction de mon argenterie par ma femme, *sous l'aile protectrice de sa famille*, qui, je crois, a décidé M. le Président à me retirer la parole. Ce sont pourtant des faits dont je puis fournir la preuve irréfragable. Mais l'étonnement que cette révélation causait à mes juges, ne prouve-t-il pas combien tout a été insolite dans cet interminable procès. Si j'ai eu des ennemis bien puissants, j'ai pour moi la puissance de la vérité.

Un des effets les plus funestes de la conviction erronée de M⁰ Moulin a été l'irrésistible influence qu'il a exercée sur son ancien clerc, mon premier défenseur. Celui-ci, encore jeune, plein de vénération pour son ancien patron, qui s'en était montré si digne, n'a pu dire qu'une seule chose pour excuser le fatal conseil qu'il m'avait donné de me laisser condamner, c'est qu'*il avait eu la main forcée.* Par qui? Sans doute par MM. Duchesne père et fils, dont il ne voulait pas encourir la disgrâce, mais surtout par ce patron à qui il devait sa position d'avocat et ses succès dans le monde. Un cœur égoïste ne sait payer les bienfaits que par son ingratitude; mais un cœur sensible et bon s'empresse de saisir tous les moyens de témoigner sa reconnaissance.

Cependant le dévouement si prononcé de M⁰ Moulin pour M. Duchesne fait plutôt l'éloge de son cœur que de son esprit. Car n'ayant eu, pendant trente et des années que des rapports officiels sur des affaires de palais, affaire d'une nature à peu près uniforme, avec son ami, il ne l'a pas connu, que je sache, dans sa vie privée. Qui donc s'avisera de dire que M. Duchesne n'a pas toujours été des plus convenables dans l'exercice public de ses fonctions ? Mais si M⁰ Moulin avait su que M. Duchesne, en déshabillé, ne pensait plus à midi ce qu'il avait pensé le matin, ni le soir ce qu'il avait pensé à midi; qu'il donnait toujours raison à qui lui parlait le dernier, et que ce n'était jamais moi qui avais le dernier mot, il n'aurait pas pris à la lettre les malheurs imaginaires étalés périodiquement sous ses yeux (1). Je sais qu'il a plusieurs fois répondu : « Il n'y a pas là « de quoi motiver une séparation; il faudrait quelque chose de « plus, un acte de violence, *un soufflet,* par exemple. » Lecteurs, vous devinez le reste.

M⁰ Moulin n'a pas connu assez tôt la soustraction de toute notre argenterie, et de bien d'autres objets, opérée par ma femme, sous les auspices de sa famille. On s'est bien gardé de lui dire que je consentais à payer une pension de 125 francs par mois et d'avance, à Madame Laurent, tant qu'il lui plairait de rester chez son gendre, où, d'ailleurs, elle se rendait utile. On ne lui a pas dit non plus que je m'étais mis hors de chez moi, et dépouillé, sans aucune réserve, de toute la valeur de mon établissement, mon seul gagne-pain, en faveur de ma fille, parce que je croyais avoir rencontré un excellent parti pour elle. On lui avait laissé ignorer que la principale cause de notre mésintelligence, en ce moment, venait de ce que Madame Laurent avait travaillé sourdement à faire contracter à ma fille un mariage des plus ridicules. On lui avait dit, au contraire, que, malgré mon consentement donné au mariage actuel, je n'en voulais pas moins ruiner ma fille et mon gendre. Voilà pourquoi M⁰ Moulin, jusque-là, ne m'a cru bon qu'à être jeté aux gémonies; voilà pourquoi, lorsque j'ai demandé à m'entendre avec lui sur la vente de nos immeubles, il a répondu : *Rien de commun avec cet*

---

(1) En 1837, ma fille n'avait encore que huit ans et demi quand j'ai voulu l'envoyer en Franche-Comté, tant pour sa santé que pour la soustraire à une influence pernicieuse ; et M. Duchesne était déjà allé plusieurs fois se plaindre à M⁰ Moulin de ma tyrannie prétendue sur elle et sur sa mère.

homme-là. Mais, j'ai lieu de croire que, plus tard, il s'est repenti de sa précipitation à me juger si défavorablement; car il m'accueillit avec une extrême bienveillance, relativement à un objet de médiocre importance. Malheureusement alors tout le mal était fait, tout était consommé (1).

Je lis dans le journal *la Presse* du 1ᵉʳ août 1864, qui est précisément le jour de mon échec en Cour d'appel, le passage suivant d'un article signé *Eugène Paignon,* sur une œuvre de jurisprudence que publie M. Delamarre, savant jurisconsulte presque centenaire, et j'y vois de l'analogie avec ma position.

« Imbu, saturé des grands principes de loi, M. Delamarre s'est
« demandé en quoi consistait la chose jugée. Ainsi, par exemple,
« un jugement ou un arrêt vous a adjugé la chose d'autrui; ce juge-
« ment ou cet arrêt constitue-t-il la vérité à ce point que le vain-
« queur, par une sorte de crainte révérentielle pour la loi, doive
« retenir ce qui ne lui appartient pas? Non, cent fois non, répond
« M. Delamarre. L'art. 1352 n'a eu d'autre but que de mettre fin
« aux litiges; mais il n'a pas pu avoir la prétention de décréter que
« la chose jugée est toujours bien jugée; il n'a pas eu la prétention
« de proclamer l'infaillibilité humaine, ce qui eût été absurde.

« Cette exception de chose jugée, comme le dit fort bien M. Bon-
« jean, cité par M. Delamarre, n'est point fondée sur l'équité et la
« bonne foi. Il n'y aurait rien d'inique à ce que le vaincu cherchât,
« dans un nouveau procès, le moyen de faire réparer une erreur
« qui lui cause un préjudice. L'utilité générale en a décidé autre-
« ment, parce qu'il importe au bon ordre de la société que les
« procès aient un terme. Mais on ne dit pas que la chose jugée est
« la vérité, car le juge peut se tromper; on dit qu'elle tient lieu de
« la vérité. »

Et moi aussi, après l'arrêt de séparation, je me suis écrié: *Respect à la chose jugée* (2). Mais était-ce une raison pour admettre aveuglément les ruineux effets de la combinaison Moulin? Selon l'art. 209 du Code Napoléon, la fixation des pensions alimentaires pouvant toujours être modifiée, suivant les besoins nouveaux et les

---

(1) J'ai porté moi-même successivement, à l'adresse de Mᵉ Moulin, mes quatre brochures, aussitôt qu'elles ont été imprimées; je suis certain qu'il les a toutes lues, notamment le passage de la troisième partie, pages 47 et 48, où je signale, de sa part, *quatre bévues;* et cependant il ne m'en a jamais fait aucune observation, quoique je me sois transporté tous les trois mois à son étude, pour y toucher ma pension. — J'en ai fait autant à l'adresse de M. le conseiller, commissaire des enquêtes.

(2) Troisième partie, page 43.

ressources nouvelles des parties, j'ai cru qu'après dix-neuf ans de luttes contre les exigences matérielles de la vie, le moment était arrivé pour moi, non certes de recouvrer l'équivalent de ce qui m'a été ravi, nulle puissance humaine n'y suffirait, mais seulement une parcelle de ce que j'ai perdu. Je présumais aussi que Madame Laurent et son frère respecteraient assez la mémoire de leur père pour ne pas l'exposer de nouveau à un litige dont l'issue, quelle qu'elle dût être, ne lui serait assurément pas favorable dans l'opinion publique, quoique j'aie toujours eu grand soin, dans mes écrits, de mettre sa probité hors de cause, et de le représenter comme étant plus à plaindre qu'à blâmer. Je me suis trompé en leur supposant des sentiments un peu élevés. M. Émile, surtout, aurait pu facilement empêcher que mes réclamations eussent le retentissement qu'un arrêt solennel leur donnerait nécessairement; car il est riche à présent. Il possède un château, et, ce dont je ne me permettrai de le blâmer, il tient à ce que sa qualité de châtelain soit connue, puisqu'il a eu soin de mettre en réserve de nombreuses adresses imprimées de son journal, portant ces mots : « M. Duchesne, *au château de Royallieu*, par Compiègne (Oise), » adresses que Madame Duchesne mère distribuait aux amis et connaissances. Je ne blâme pas non plus l'orgueil d'une mère dont le fils, sorti de la rue des Marmousets (1), a fait un si beau chemin ; mais le fils devrait savoir que si *noblesse oblige*, richesse oblige aussi. Pourquoi faut-il qu'à de si hautes prétentions j'oppose une infinité de petitesses? Le soin de ma défense m'y oblige; car j'ai été attaqué par tous les grands et petits moyens, attaques à ma bourse, attaques à ma considération; et moi je prends pour me défendre mes armes où je les trouve. Je dirai donc que pendant les sept dernières années de sa vie de garçon, que M. Émile a passées gratuitement chez nous,

---

(1) C'était en effet la rue des Marmousets, l'une des plus sales et des plus étroites de l'ancien Paris, que M. Duchesne habitait avant notre association et le mariage de sa fille. Il était perché au quatrième étage, dans la maison d'un fabricant de chandelles, où l'odeur dominante n'était pas des plus agréables. Je ne pense nullement qu'un père de famille ait eu tort de mettre le prix de son loyer au niveau de ses ressources pécuniaires. Je l'en loue, au contraire. Mais je dis que la modestie de cette position a été trop tôt oubliée par le fils, qui, livré sans réserve à ses sottes prétentions aristocratiques portées jusqu'au dédain de ses anciens amis et connaissances, dont plusieurs l'avaient même protégé à son début, loin de tenir compte de son élévation à celui qui y avait le plus contribué, n'a cessé de le poursuivre de ses accusations clandestines et mensongères.

Beaucoup d'anciennes connaissances de feu M. Duchesne savent et déclarent que sa famille, d'abord humble et modeste, n'a affiché de grands airs, montée sur des échasses, qu'à dater de son association avec le chef d'institution qu'elle portait aux nues, avant de ne vouloir plus en faire qu'un paria.

j'avais mis, pour unique, mais expresse condition, qu'il paierait son éclairage et son chauffage, et cela afin de le rendre plus soigneux à éteindre avant de se coucher, ou quand il quittait sa chambre. Il n'en a jamais rien payé. Et comme je le lui ai fait réclamer plusieurs fois par la bonne attachée à son service, il a invariablement répondu : « C'est à ma mère à supporter cette petite dépense. » La mère, à son tour, répondait : « C'est mon fils qui doit payer, car « je l'ai prévenu qu'une fois sorti de la maison, je ne paierais plus « rien pour lui. » J'ai fini par rire de l'expédient peu coûteux employé par la mère et le fils, pour s'acquitter des charges qu'ils s'étaient réciproquement imposées, avec une parfaite insouciance des intérêts d'autrui. J'en ai pris mon parti, dans la persuasion que ma fille recueillerait un jour, du moins pour une moitié, sa part légitime de l'ingénieuse économie de son aïeule. Puissé-je, à ce sujet, ne m'être pas fait encore illusion !

Mais M. Émile, au lieu de faire oublier ses torts par un léger sacrifice pécuniaire qui, en fin de compte, n'aurait été qu'un acte de stricte justice, a préféré qualifier du nom de *libelles* (1) les observations toutes modérées que je n'ai livrées à l'impression qu'après les lui avoir toutes vainement communiquées à l'état de manuscrits. Et si j'en ai adressé, plus tard, quelques copies imprimées à d'anciens collègues ou amis de son père, c'était avec l'espoir que ces amis, dans l'intérêt de la famille Duchesne, parviendraient peut-être à lui ouvrir les yeux. Aujourd'hui, Monsieur Émile, pour me laver de la flétrissure imméritée dont vous avez cherché à me couvrir, je serai forcé de donner à mes écrits une publicité plus étendue. Car c'est pour toute mon ancienne clientèle que j'écris ; c'est pour les nombreuses familles qui m'ont confié l'éducation de leurs enfants ; c'est pour mes anciens élèves, qui tous aujourd'hui sont devenus hommes, et la plupart pères de famille. J'ai à cœur de démontrer que je n'étais indigne ni de la confiance des premiers, ni du respect des derniers. Mais auparavant je dois aussi mettre en évidence ce dont vous auriez dû être le premier à vous apercevoir, que mes quatre brochures sont empreintes d'un esprit de réserve qui n'est nullement proportionné à la perfidie des moyens employés pour me ruiner et me noircir.

Ma plus grande faute, hélas ! est d'avoir eu la faiblesse de consentir à une condamnation en première instance. Mais, outre la

---

(1) Dans tous les cas, ces prétendus libelles ont déjà eu pour effet de ramener la fille entre les bras de son père ; comme ils auraient dû aussi ramener la femme sous la protection de son mari.

maladie qui, à cette époque, énervait toutes mes facultés, l'un des principaux motifs qui m'ont déterminé à ce consentement, c'est la promesse que les dépens seraient imputés, avec une égale répartition, sur chacune des deux parties, « ce qui signifie, m'avait dit mon premier défenseur, que les torts sont partagés, et *ce qui facilitera ainsi votre réconciliation.* » Il avait aussi fait valoir l'économie de frais qui résulterait de cette manière de procéder, économie qui devait, en définitive, profiter à nos enfants. Et, en effet, j'ai entendu, de mes oreilles entendu, M. le premier Président du Tribunal prononcer les mots : *dépens compensés.* Mais, le onzième jour après le prononcé de ce jugement, il est signifié, avec l'aggravation de *ma condamnation aux dépens,* à mon domicile, pendant mon absence que j'avais annoncée devoir durer plus de deux mois. Cependant je revins à temps pour interjeter appel, tandis qu'on avait espéré sans doute que les délais seraient expirés avant mon retour. Mais je ne me serais pas permis d'en appeler si la parole donnée avait été religieusement observée, car je me regardais comme lié par le consentement qu'on avait obtenu de moi. Mon défenseur fut indigné de la violation d'une promesse dont il s'était rendu l'organe ; et je suis porté à croire que c'est ce qui le détermina à saisir la première occasion qui se présenterait de quitter le barreau.

Convenez donc, Monsieur Émile, que mes écrits ne méritaient pas la qualification de libelles diffamatoires *que les juges,* avez-vous dit, *jettent au panier ;* ils ne la méritaient pas, puisque j'avais eu soin de passer sous silence ce que je viens de relater ci-dessus. C'est qu'en effet la révélation d'un pareil abus d'influence, qui impliquait l'altération d'un acte authentique, c'est-à-dire la substitution d'une condamnation formelle aux dépens, à une seule compensation desdits dépens, cette révélation, dis-je, m'avait paru trop grave pour être faite sans une nécessité absolue.

Mon appel interjeté, M. Duchesne me fit appeler avec lui chez son avocat. Je m'étais rendu à son invitation, pensant qu'il s'agissait peut-être de me proposer quelque accommodement. Point du tout, c'était pour me présenter son avocat comme un épouvantail, et me témoigner son étonnement de ce que j'osais, contre un tel adversaire, revenir sur une première condamnation prononcée *de plano,* ajouta-t-il (1). Y avait-il audace pareille à la mienne ? Va,

---

(1) N'ai-je pas eu raison de dire que ce malheureux père, sur toute question concernant sa fille, était atteint de monomanie, d'une véritable folie ? Le pauvre homme se sentait si sûr de son fait, qu'il parlait même de me faire interdire. Au reste, je l'ai entendu faire la même menace à sa femme, parce

pauvre mouton, pourquoi tant de façons? Laisse-toi tondre, puis égorger, ce sera plus tôt fait. Ne t'avise pas surtout de rédiger le plus petit mémoire, car on s'en fera une arme contre toi. Après cette tentative avortée d'intimidation, M. Duchesne se fit présenter, par l'un de MM. les conseillers, à M. le premier Président Séguier, qui était déjà prévenu de sa visite; car il lui demanda brusquement : « Vous n'êtes donc pas content de votre gendre? — Non, Monsieur, — Que lui reprochez-vous donc? — Il bat sa femme. » Alors, d'un ton jovial, M. le Président reprit : « *Diable! ce n'est pas le moyen de se faire aimer.* » Ceci prouve d'abord que M. le premier Président n'était pas favorable aux solliciteurs, puisque M. Duchesne eut besoin de faire appuyer sa plainte par un membre de la Cour (1); ensuite que M. Duchesne outrepassait la vérité, car s'il croyait à la réalité d'un soufflet, il devait répondre: *il a battu sa femme,* et non *il la bat,* ce qui suppose une habitude qui ne pouvait être dans sa pensée.

Ainsi, Monsieur Émile, vous appelez *libelle diffamatoire,* tout écrit tendant à repousser la calomnie. Oh! je sais bien que vous redoutez le grand jour; vous aimez agir dans l'ombre, vous préférez les notes secrètes, les accusations clandestines. Écoutez pourtant ce qu'en dit le poète La Chaussée :

> « Si l'on croyait, comme un fait très-certain,
> Les noirceurs que renferme un avis clandestin,
> Les plus honnêtes gens en seraient les victimes. »

J'ajoute :

> Des actes de vertu seraient réputés crimes.

Et cet autre aphorisme :

> « Qui peut être innocent, s'il suffit d'être accusé? »

Ennemi de toute publicité, vous ne souffrez même pas la liberté de la défense. Mais, Dieu merci! nous ne sommes plus au temps des lettres de cachet. Songez qu'il faudrait remonter jusqu'au règne de Louis XIII, et citer exceptionnellement l'administration du cardinal

---

que cette dernière avait eu une grande contestation avec sa fille, ce qui lui arrivait tous les jours; car je n'ai jamais vu ces dames dans un accord parfait que lorsqu'il s'agissait de dauber le gendre.

(1) M. Séguier était alors très-âgé.

de Richelieu pour soutenir qu'en France, la défense n'a pas toujours été libre. Aussi, lors du jugement de première instance, en 1846, avez-vous eu grand soin, vous et les vôtres, de vous assurer du silence de tous les journaux. Je sais bien qu'ils ne sont pas obligés de citer tous les jugements, ils auraient trop à faire ; mais celui-ci était assez remarquable pour mériter une petite mention dans un journal judiciaire. Vous figurez-vous l'effet qu'aurait produit la simple annonce d'une condamnation à la séparation de corps et de biens entre deux époux, après dix-huit ans de cohabitation, condamnation prononcée sans enquêtes, sans débats contradictoires, sans plaidoiries, sans l'assistance d'aucun avocat, sans réquisitions même du ministère public? On se serait demandé, comme je me le suis demandé à moi-même: « Quelle est donc la puissance mystérieuse qui a opéré ce miracle? » Mais voyez les inconvénients de cette sorte de huis-clos qui a eu lieu à notre égard. Il n'est pas d'interprétations malignes, de commentaires injurieux qui n'aient été faits sur les mœurs, la conduite de l'un et l'autre des époux. Il n'était question, dans Belleville, que de flagrants délits de toute nature. Je dois dire que c'est la réputation de Madame Laurent qui a eu le plus à en souffrir, à cause de sa jeunesse jointe à la beauté, et ce n'est que quand ma première brochure a été un peu plus connue que ces imputations ont cessé ; nouvelle preuve que ce n'était pas un libelle diffamatoire, puisque j'y rends justice à la pureté de mœurs de Madame Laurent.

Cependant, Monsieur Émile, vous avez autorisé votre avocat à citer encore, contre moi, ce jugement de première instance, rendu dans les circonstances que je viens de décrire. Est-ce là de la loyauté? Vous allez me dire que, pour justifier à ma charge les rigueurs de la combinaison Moulin, il a cité aussi l'arrêt confirmatif de la Cour d'appel, qui constate *des sévices et des violences* exercées par moi sur votre sœur. Eh bien, c'est là que je vous attends. D'abord, je n'ai jamais vu que, par suite d'une séparation de corps et de biens, la partie, même le plus justement condamnée, ait été dépouillée de tout ce qu'elle possédait : le mot *séparation* ne signifie pas *spoliation*; mais laissons de côté cette considération. Vous dites que j'ai mérité mon sort à cause *des violences et des sévices* que je me suis permis. Mais vous qui, pendant dix-huit ans, n'avez jamais perdu de vue ni votre sœur, ni moi, soit comme frère, comme élève ou comme ami, du moins apparent, de la maison ; vous qui, à l'abri de l'une de ces trois qualités, ou de toutes les trois ensemble, pouviez pénétrer, à toute heure, dans l'intimité de notre vie, oh !

dites-moi si vous avez été témoin d'un seul acte de mes violences? Si vous pouvez m'en citer un, sous la foi du serment, je passe condamnation sur tout le reste. Vous avez accepté mon hospitalité, m'avez-vous dit, *pour protéger votre sœur*, c'est-à-dire que, dans votre pensée, à peine sorti des bancs, vous vous êtes installé chez moi, comme un garnisaire, pour me surveiller et vivre aux dépens de qui vous hébergeait, vous, et souvent aussi vos amis. Mais vous avez donc bien mal exercé votre surveillance que, dans toutes mes actions, publiques et privées, vous n'ayez pu en saisir aucune assez grave pour être révélée au grand jour de la justice? Ah! je vous comprends, vous avez craint qu'une marque, trop sensible, d'hostilité envers votre ancien instituteur et ami de circonstance ne tournât contre vous. Vous avez préféré agir d'une manière moins directe, cherchant à influencer d'abord mon premier défenseur, que vous arrêtiez à toutes les issues du Palais; ensuite mes juges, que vos fonctions vous permettaient d'aborder facilement. Pour moi, je leur étais parfaitement inconnu, et n'avais aucun moyen de pénétrer jusqu'à eux, et lors même que j'aurais eu cette facilité, je n'aurais pas voulu en user, persuadé que toute sollicitation particulière adressée au juge d'une affaire encore pendante, est une insulte faite à son caractère, car c'est le supposer capable de partialité.

Mais, me direz-vous, l'arrêt de la Cour d'appel a été, du moins, précédé d'enquêtes régulières. Je réponds que c'est là précisément ce qui rend inexcusable votre persistance à m'accuser de mauvais traitements. Car le résultat de l'enquête est plutôt en ma faveur que contre moi (1). Quant à la contre-enquête, vous ne pouvez nier qu'il n'en résulte une décharge entière et absolue des violences que vous persistez à remettre sur le tapis, quoiqu'elle n'ait pas été complète, parce que je n'ai pas eu le loisir de faire entendre les vingt-sept témoins qui, tous, avaient bien voulu répondre à mon appel (2). Je conviens toutefois que, parmi les douze témoins qui n'ont pas été admis à *déposer*, tous à l'exception d'un seul, n'auraient pu répéter que l'équivalent de ce qu'avaient dit les premiers; et vous savez qu'une négation ne se prouve pas. Mais la déposition que je regrette est celle de M. Demonclair qui, en qualité de professeur interne, avait passé deux ans chez nous à ma grande satisfaction, mais non à celle de Madame Laurent, aux yeux de qui il s'était donné le tort de ne lui faire jamais de compliments; raison pour laquelle elle

(1) Voir la troisième partie, de la page 13 à la page 30.
(2) *Ibid.*, page 42, troisième alinéa.

voulait le faire *sauter*, c'est-à-dire l'éloigner de la maison. Il ne me faisait pas de compliments non plus, à moi, puisqu'il motiva sa démission sur *ce que ce n'était pas moi qui portais la culotte*. Non-seulement son témoignage aurait anéanti l'accusation de tyrannie arguée contre moi, mais encore il aurait pu donner une nouvelle preuve de la véracité de Madame Laurent, en citant la plainte qu'elle lui avait faite, les larmes aux yeux, au moment même de son départ et en présence de sa fille, que *son mari portait l'avarice jusqu'à lui refuser de quoi payer un omnibus*, ce qui le fit pouffer d'un rire d'indignation, causée par la bassesse de l'accusation dont il connaissait si bien la fausseté (1). Qu'aviez-vous à dire, Monsieur Émile, à ce témoin que vous avez tant recherché au Palais, le jour même de la contre-enquête, parce que vous n'aviez pu obtenir son adresse depuis sa sortie de chez nous? Ah! si vous n'êtes pas parvenu à lui parler, du moins votre but a été rempli, puisque je n'ai pu, uniquement à cause de l'heure avancée, j'aime à le croire, parvenir à le faire entendre. J'oubliais M. Jeanroy, autre témoin qui n'a pu être entendu, et à qui j'avais confié la classe de M. Demonclair, après le départ de ce dernier. Madame Laurent, voulant lui faire perdre sa position au profit de M. P..., qu'elle s'était désigné pour gendre, sema adroitement des doutes dans l'esprit de plusieurs élèves sur la capacité de leur professeur et finit par le taxer ouvertement d'ignorance. Malheureuse femme! qui, en décriant un maître pour satisfaire son caprice, nuisait à l'établissement ainsi qu'à elle-même. Ai-je besoin de dire que M. Jeanroy, encore aujourd'hui en exercice, est l'un des instituteurs les plus distingués du département de la Seine (2)?

Je puis encore citer M. Salgat, architecte, que j'avais prié de diriger certaines constructions chez nous, et qui interrompit brusquement son travail parce que, me dit-il plus tard, Madame Laurent lui avait témoigné la plus grande répugnance à le lui voir continuer.

Voilà donc trois témoins dont la déposition aurait été fort significative, et qui, toujours faute de temps, n'ont pas été appelés à déposer. Mais les quinze témoins déjà entendus étaient bien suffi-

---

(1) M. Demonclair m'avait vu, quelques mois auparavant, tirer de ma caisse 815 fr., destinés à payer, chez M. Butez, un châle qui mit Madame Laurent dans un ravissement d'environ quinze jours de durée; après quoi, les plaintes sur mon avarice et ma tyrannie reprirent leur cours ordinaire. Je cite le nom du négociant qui a vendu le châle, de peur d'un démenti.

(2) Voir première partie, page 98, deuxième alinéa et suivant, concernant M. Jeanroy.

sants pour faire rejeter la plainte, s'il y avait eu moins d'intrigues de la part de mes adversaires.

Dites-moi aussi qui a pu suggérer à M. le conseiller-commissaire l'idée de demander à une bonne de Charonne, l'un de mes témoins, où et avec qui elle prenait ses repas? N'est-ce pas parce qu'on lui avait insinué, clandestinement, bien entendu, que je vivais crapuleusement en commun avec les bonnes de la maison? La bonne répondit, conformément à la vérité, qu'elle mangeait à la cuisine avec les autres domestiques. Et cette autre question, faite aussi à l'un de mes témoins, dont j'ai eu le fils pour élève pendant une dizaine d'années, « s'il ne voit pas souvent M. Laurent dans un café où ils « se rencontrent? » Eh bien, c'est que Madame Laurent, protégée *énergiquement* par vous, était parvenue à faire accroire que je n'avais que des connaissances de café où *j'étais*, selon elle, *toute la journée*. Voici la réponse, aussi simple que vraie, du témoin interrogé : « Cela serait bien difficile, car je ne vais jamais au café. » (1).

Mais la meilleure preuve de l'insuffisance des enquêtes à établir ma culpabilité, c'est le soin, que semble avoir pris votre avocat, d'en détourner l'attention même des juges; car il est trop clairvoyant pour ne pas s'être aperçu, de prime abord, du néant des témoignages invoqués contre moi. Voici, en deux mots, l'analyse de sa plaidoirie, peu digne d'un si grand nom, mais proportionnée à la faiblesse de sa cause : il s'est fait petit pour en rehausser la petitesse; d'où ressort évidemment la souplesse de son immense talent.

Après une première phrase bien sonore sur la nécessité de mettre un terme aux longues souffrances d'une jeune femme *si intéressante et si méritante,* il s'est attaché, devinez à quoi...? à faire la critique littéraire de ma brochure, que mes juges n'avaient pas lue, puisque je n'en avais communiqué confidentiellement que trois exemplaires à mon premier défenseur. Voulez-vous un échantillon de ses critiques? Je dis (page 8, 2ᵉ partie) que j'avais laissé « pour plus de « 1,000 francs de provisions de bouche à mon gendre, sans les lui « faire payer, entre autres, *une trentaine de terrines, dites calottes,* « *de confitures de groseilles.* » Là-dessus le célèbre avocat de s'écrier : « Comprend-on ce que c'est qu'une calotte de confitures? « Quelle expression triviale pour un maître de pension! Il est vrai « qu'il est de la banlieue, chef d'un établissement de médiocre im- « portance, etc., etc. » Et cette autre plaisanterie, pouvant faire

---

(1) Voir troisième partie, page 37, fin de la déposition de M. Gautheron.

suite aux couplets de M. de la Palisse : « Vous déclarez (1) que
« votre beau-père, sans femme et sans enfants, *eût été le meilleur*
« *homme du monde;* mais, dans ce cas, s'il n'avait eu ni femme ni
« enfants, vous ne seriez pas son gendre, vous n'auriez pas épousé
« cette femme *gracieuse, soumise, dévouée,* etc. » Je demande si
M. de la Palisse aurait pu mieux dire. Il a prétendu que je n'agissais
que d'après les conseils de ma nymphe Egérie, désignant, sous cette
dénomination ironique, Madame Conte, de vingt ans plus âgée que
moi, qui, selon Madame Laurent elle-même (2), *avait sauvé la vie
à notre enfant.* Du reste, pas un mot sur le fond de la brochure,
pas un mot des enquêtes ; il s'en est bien gardé, et pour cause. Ce
n'est donc pas à coups de massue qu'il m'a écrasé, ainsi que j'en
avais été menacé. Non ; ce sont ses gentillesses qui ont réussi à
distraire son auditoire, à exciter l'hilarité du grave aréopage. Toute
autre argumentation était inutile. C'est pourquoi M. le Vice-Président, ayant tiré de sa poche son arrêt tout rédigé d'avance, en a
donné lecture, séance tenante. Je m'étais donc vainement évertué
à provoquer des enquêtes fort dispendieuses, à réclamer le concours
de l'un des bons avocats du barreau ; car il était écrit que je devais
être condamné, ruiné, bafoué, battu et content. Oui, content ; car,
immédiatement après avoir cité le texte de l'arrêt, j'ai écrit en
gros caractères : Respect a la chose jugée. (Voir 3ᵉ partie,
page 43).

Vous voyez donc, Monsieur Émile, que je ne méritais pas le nom
de libelliste ni de pamphlétaire, puisque, dans mes précédents écrits,
j'avais gardé le silence relativement à bon nombre des incidents
si variés dont je ne suis aujourd'hui que le narrateur fidèle.

Mais est-ce à dire que je veuille jeter un soupçon injurieux de
prévarication sur les personnages qui ont figuré dans ce singulier
procès ! Oh ! mon Dieu non. Pas plus sur votre avocat que sur aucun
de mes juges. Je crois seulement que tous ont été trompés par une
réunion extraordinaire d'apparences trompeuses, lesquelles ont eu,
pour première cause, l'affection excessive autant qu'irréfléchie d'un
père pour sa fille. Je dis moi-même (page 17, 1ᵉʳ alinéa, 4ᵉ partie)
qu'à la place de mes juges, *je n'aurais pas jugé autrement qu'eux.*
Tous ont cédé à une sorte d'entraînement général, à cette opinion
préconçue, communiquée, de l'un à l'autre, avec d'autant plus de
puissance qu'elle était transmise et sanctionnée par un avoué d'une

---

(1) Page 30 de la première partie, la fin de l'alinéa.
(2) Voir le témoignage de Madame Gallbrunner, troisième partie, page 39,
premier alinéa.

prépondérance incontestable. Tous ont cédé à un sentiment réel de compassion pour un père réellement malheureux, par là même qu'il croyait l'être, contre un homme d'autant plus condamnable qu'il avait su mieux cacher son odieux système de tyrannie sur toute une famille; système dans lequel serait entré, par surcroît, l'abominable projet de réduire sa femme et sa fille à une véritable indigence. Il aurait fallu une pénétration surhumaine pour saisir un fil conducteur dans ce dédale d'intrigues et d'accusations entées les unes sur les autres par la femme, par la fille, par le père, par la mère, par le frère et par le gendre. Coïncidence bien rare, ou plutôt unique dans les fastes judiciaires. Heureusement qu'il n'existe peut-être pas, en France, deux familles organisées comme celle-là; car il n'en faudrait pas beaucoup pour répandre quelques nuages devant le resplendissant prestige de la magistrature judiciaire.

La seule conséquence pratique à tirer d'un tel abus d'influence, c'est qu'il ne faudrait pas *jeter* si vite *au panier*, comme vous le dites, Monsieur Émile, tout écrit ayant pour objet de repousser la calomnie, ni croire un homme condamnable par la seule raison qu'il cherche à se défendre; surtout quand il est tombé entre les mains d'un premier défenseur qui s'est laissé circonvenir par ses adversaires. Voilà pourtant ce que chacun m'a dit au Palais : « Votre brochure seule vous a fait condamner. » Eh bien, qu'on la lise, et l'on verra si elle mérite une pareille réprobation.

Et toi, ma fille, oh! je te pardonne du fond de mon cœur, le sentiment de répulsion que j'ai eu le malheur de t'inspirer, après l'imposant et éclatant anathème de la justice lancé contre moi. Tu sais que déjà ta mère t'a reproché de lui préférer ton père, parce que, depuis bientôt deux ans, tu es venue quelquefois me visiter avec tes enfants. L'exagération de sa tendresse pour toi a pu te nuire autrefois, mais aujourd'hui son inimitié te serait encore plus nuisible; car elle est l'unique dépositaire des restes de l'héritage que je croyais t'avoir amassé. Moi mort, elle en aura la libre disposition. Tu n'ignores pas qu'elle a promptement tourné le dos à ses meilleures amies; à Madame Clausse, ta marraine, qu'elle avait toujours appelée *sa petite maman,* et qui lui a donné, ainsi qu'à toi, tant de marques de sa généreuse amitié; à Madame Lebœuf, qui lui avait fait un riche présent de tous les diamants de sa fille; à Madame la comtesse Desroys, l'un de mes témoins dans la contre-enquête; à Madame Conte qui a porté le dévouement pour toi jusqu'à te sucer, dans ta première enfance, une plaie béante à la joue; à Madame Fougas, sa tante maternelle qui, invitée à venir appuyer sa demande en séparation, a répondu carrément qu'*elle n'avait que du bien à dire de moi;* à Madame Orsibal, sa cousine et amie d'enfance, et à plusieurs autres dont elle a non-seulement repoussé les sages conseils, mais encore qu'elle a traitées en ennemies déclarées. Si donc la continuation de tes visites doit froisser son ardente susceptibilité, je t'autorise à t'en abstenir. Aime-la comme elle veut être aimée, c'est-à-dire à l'exclusion de tout ce qui ne concerne pas son individualité. Va, je ne t'en promets pas moins ma bénédiction que tu recevras, absente ou présente, à mon dernier soupir.

J. Laurent.

FIN DE LA CINQUIÈME PARTIE.

www.ingramcontent.com/pod-product-compliance
Lightning Source LLC
Chambersburg PA
CBHW071341150426
43191CB00007B/808